Die schönsten Sagen aus Wien

INHALTSVERZEICHNIS

Der Basilisk in Wien 8
Die Totenmette 17
Der Meisterkoch und sein Söhnlein 19
Der Weihnachtsritt Leopolds des Glorreichen 28
Die Linde zu St. Stephan 38
Der erste Elefant in Wien 40
Der Klagbaum 47
Das Veilchenfest 49
Die Toten rächen sich 65
Der Pfaff vom Kahlenberg........... 67
Das Agnesbründl 76
Augustin im Sabelkeller 78
Der Hungerbrunnen 82
Der Bieresel 83
Die wilde Fahrt 95
Der Schimmelreiter 97
Das Kreuz auf der Jägerwiese 98
Das Scharlachrennen 100
Der Hermannskogel 116
Das rote Mandl........................... 117
Die Speckseite 119
Alle neun.................................... 131
Die Teufelsmühle am Wienerberg 133
Herr Schab den Rüssel 135
Wunderbilder zu St. Stephan 150
Die Himmelspförtnerin 152
Das Wunderkreuz 153
Das Bäckerschupfen 155
Der Fahnenschwinger von St. Stephan 168
Martin Mux, der Teufelsschlosser 170
Kreuz und Halbmond 174
Küß den Pfennig 177
Der Eselritt in Hernals................ 196
Der Bäckeraufzug 198
Der liebe Augustin 200
Das Donauweibchen 211
Der Wassermann in der Wien 214
Ein Wiener Goldschmied 216
Der Wassergeist zu Wilhelmsdorf 219
Der schöne Werkgeselle 220
Der Kolomanstein 224
Der Stock im Eisen 226
Die Spinnerin am Kreuz 231
Vom armen Weber zum reichen Fabrikanten 233
Das letzte Viertel 236
Der Schleier der Markgräfin 237
Die Bärenmühle an der Wien 238
Der Engelbrunnen auf der Wieden 240
Der Rattenfängervom Magdalenengrund 243
Die Herzogsgruft im Stephansdom 246
Die Gnad' Gottes am Kahlenberg 248
Wiegand, der Bettelstudent 252
Von unserm Kaiser 254
Gevatter Tod 255
Der geheimnisvolle Fremde in Wien 259
Die Rettung Ferdinands II. vor den Rebellen 262

Theophrastus Paracelsus und der Teufel 272

Die ersten Buchdrucker Wiens 275

Wolfgang Schmälzel, der Schulmeister bei den Schotten 277

Die Löwenbraut 281

Das sprechende Kruzifix 283

Von der ersten Türkenbelagerung Wiens 1529 285

Der erste Kaffee in Wien 288

Der Heidenschuß 294

Von der zweiten Türkenbelagerung Wiens 1683 296

Kara Mustapha und die Sterndeuter 301

Marcellus Ortner 303

Fürst Ferdinand Wilhelm Eusebius Schwarzenberg, genannt der „Pestkönig“ 305

Der Schustermichel 306

Pater Abraham a Sancta Clara 314

General Gideon Ernst Freiherr von Laudon und der Dichter Gellert 319

Meister Pilgram 322

Die Grabesflamme am Leopoldsberg 324

Die Brüder am Donaustrome 341

Stierwascher und Flaschenträger 356

Capistranus-Kanzel 358

Des treuen Vorlauf und seiner Gefährtin Grabmal 359

Neidhart Fuchs, der Bauernfeind ... 361

Der vom Münster gestürzte Lehrling 363

Des Starhembergers Sitz 364

Der Löwenritter 367

In der Not frißt der Teufel Fliegen 370

Die Waldnymphe oder: Das „Jungfernbründl“ im Sieveringer Walde 377

Der Prater und seine Geschichte ... 390

DER BASILISK IN WIEN

Vor vielen hundert Jahren befand sich, wie alte Chroniken vermelden, am Lugeck vor dem alten Regensburgerhofe ein tiefer Brunnen, der ob des köstlichen Wassers, das er spendete, viel besucht wurde. Oft und oft rasselte deshalb der Eimer an langer Eisenkette in die Tiefe und förderte die frische Labe zutage. So war es von alters her, und niemand konnte sich erinnern, daß es mit diesem Brunnen einmal irgend etwas Besonderes gegeben hätte.

Einmal schien es, als wollte er eine gar gewaltige Sprache sprechen, freilich in seiner Weise. Und das war eines schönen Tages im Juni des Jahres 1212. Manche Chroniken sagen, es sei dies der 26. Juni gewesen, gewiß ist es nicht, jedoch tut dies nichts zur Sache. Aber das Ereignis selbst soll sich wirklich zugetragen haben. Je nun, auch dessen Wahrheit ruht auf schwachen Füßen; denn damals stand der Aberglaube noch hoch in Ehren, und was man sich nicht gleich zu deuten wußte, das wurde gar oft absonderlich genug ausgesponnen.

Am frühen Morgen besagten Tages herrschte große Wirrnis auf dem Platze um den Brunnen. Ahnungslos hatte ein Regensburger Fuhrmann Wasser emporgewunden und seinen Rossen zur Tränke vorgeschüttet. Die müden Tiere tranken gierig das klare Naß, bis sie nach mehreren Zügen zur Verwunderung des Mannes plötzlich abließen und unruhig scheuend die Köpfe abwendeten. Da merkte der Kutscher, daß dem Wasser ein sonderbarer Geruch entstieg. Zu seinem nicht geringen Entsetzen wurden die Pferde noch unruhiger, sie stiegen bäumend zur Höhe und zerrten wild an dem Gestränge, ein ekler Schaum trat ihnen aus dem Maule, die Flanken bebten, die Beine zitterten, die Nüstern weit und angstvoll aufgeblasen, stürzten die Tiere plötzlich zusammen und verendeten vor den Augen des schreckensbleichen Fuhrmannes. Auf sein Geschrei kamen die Leute von allen Seiten dahergelaufen und umstanden die toten Rosse. Aber das Jammern des Kutschers blieb nicht vereinzelt. Mehrere Mägde, die ebenfalls nach altem Gebrauche aus dem Brunnen Wasser ziehen wollten, ließen plötzlich von ihrem Vorhaben ab, liefen schreiend davon und sanken ohnmächtig auf dem Platze zu Boden. Da merkten auch die anderen Leute, daß es um den Brunnen eine ungewöhnliche Bewandtnis haben müsse; denn nun erfüllte den ganzen Platz ein atemberaubender pestilenzartiger Geruch, der sie erschreckt zurückweichen ließ. Aus der Ferne konnten sie bemerken, wie weißliche Dämpfe der Brunnenöffnung entstiegen, geradeso, als wäre das Wasser mit einem Male in einen kochenden Zustand versetzt worden. Vorwitzige, die sich allzusehr dem Brunnen genaht haben mochten, fielen wie tot zu Boden, und nur mühselig vermochte man sie mit langen Stangen aus dem Bereiche des verderbenbringenden Brunnens zu ziehen. Ratlos umstand die Volksmenge in weitem Bogen den fürchterlichen Schauplatz. Immer mehr mußte sie sich zurückziehen, denn die tödlichen Miasmen entstiegen immer gewaltiger dem Brunnenschachte und erfaßten auch ihre Opfer in der Ferne.

Da wurde ein schrecklich Wehklagen laut, das gar bald die gesamte Bevölkerung der Umgebung aus ihrer beschaulichen Ruhe riß. Trotzdem Türen und Fenster fest verschlossen wurden, drang dennoch der alles vergiftende Geruch in die Wohnungsräume und rief eine schwere pestartige Seuche hervor. Was nützte es, wenn auch der gestrenge Stadtrichter Herr *Jakob von der Hülben* mit seiner Scharwache herbeieilte, um nach dem Rechten zu sehen, ob vielleicht der Stadtbann durch „leidigen Friedensbruch" gelitten habe, er stand machtlos dem schaurigen Ereignisse gegenüber. In den vielen Menschenköpfen wurden, wie es schon so allemal ist, ebenso viele Meinungen wach und jeder verfocht mit hitziger Beredsamkeit die seine, natürlich als die einzig wahrscheinliche und deshalb richtige.

„Ob ihr es glauben wollt oder nicht", rief ein wichtigtuender Schustermeister, „das ist nichts anderes als Erddampf. Ich kenne das! Riecht es nicht nach Schwefel? Merkt, ich habe es gesagt, es gibt noch innerhalb der nächsten drei Tage ein Erdbeben!"

„Was euch nicht einfällt!" entgegnete ein zartes Männlein, seines Zeichens ein Schreiber. „Da müßte es doch donnern, die Sonne müßte verfinstert sein und der Sturm heulen. Vernehmt ihr was von alledem? Nun also! Ich sage, die Erdhitze infolge des heurigen heißen Sommers ist so groß geworden, daß irgend etwas da drinnen schmelzen mußte. Etwas anderes gibt es nicht! Ich lasse mir nichts vormachen! Was ich weiß, das weiß ich; es ist ja übrigens sonnenklar!"

„Aber lieber Meister, redet nicht so albern daher! Dieser pestilenzartige Geruch kommt aus den Katakomben vom Stephansdom, aus den Gräbern vom Freithof dort. Eine unterirdische Wasserader, die all dies von den Leichen aufgenommen, ist plötzlich in den Brunnen gebrochen und hat sein Wasser vergiftet. Spürt ihr denn nicht, das ist Leichengeruch! Zieht nur einmal eure Nasen voll, dann merkt ihr es gleich!" So erklärte mit wichtiger Miene ein Bader aus den Badestuben an der Donau, und beinahe hätte er auch das Richtige getroffen. Aber wer glaubt das gleich? Die Leute wollten eine noch absonderlichere Erklärung haben, diese schien ihnen zu dürftig, denn sie war einfach.

Da hub ein altes Weiblein an, das ja doch immer alles am besten wissen muß: „Nein, nein, das gibt es nicht! Mein Ähnl hat einmal auch so etwas

Ähnliches erlebt, freilich nicht hier in Wien, irgendwo in der Fremde. Da war das ein schrecklich Gewürm, riesenhaft groß, mit Schuppenpanzern und greulichem Schweife und einer zwiegespaltenen Schlangenzunge im Rachen. Aus diesem kam auch solch stickhafter Schwefeldampf in schwerer Menge! Das wird es auch hier sein!"

„Ja, ja, die Alte hat recht!" So riefen die Leute, die deren Worte gehört. Und sie nickten ihr verständnisinnig zu und machten wichtige Gesichter und verstummten, denn ein solch Getier, das paßte ihnen. Da schrie plötzlich ein kecker Schusterjunge, durch die Stille nachdenklich geworden, auf: „Das ist ein Basilisk! Im Brunnen ist ein Basilisk! O Jammer über Jammer! Eine Jungfrau muß geopfert werden, denn er ist wach geworden. Alle hundert Jahre wird er einmal munter! Dann will er seine Atzung haben, sonst ist die Stadt verloren! Meine Meisterin hat's einmal erzählt, und die muß es wissen. Wenn's den Leuten zu gut geht, dann kommt immer ein Basilisk! Ein Basilisk! Ein Basilisk!" So schrie er unaufhörlich und schwang dabei ein Paar Stiefel im Kreise herum und lief davon.

Die Leute erkannten nicht, daß der Junge nur seinen Spaß haben wollte. Sie nahmen vielmehr die Sache ganz ernsthaft, denn niemand wußte, wie denn ein solch Getier aussah, und das Geheimnisvolle und doch zugleich Schauderhafte schien ihnen am ehesten einzuleuchten.

„Ja, der Junge hat ins Schwarze getroffen! Das ist ein Basilisk!"

Und dieser Name pflanzte sich von Mund zu Mund, und verstört flüsterte ihn jeder nach: „Ein Basilisk!"

Das Volk war sich im klaren, das mußte die Ursache sein. Aber nun schien guter Rat teuer. Wie mochte denn ein solch eklig Gewürm aussehen? Das mußte man ja doch wissen. Richtig, bald wurde den Leuten auch die nötige und noch dazu unwiderleglich scheinende Aufklärung zu teil. Eben war zu dem Stadtrichter, der nicht ungern den Worten des Volkes gelauscht hatte, der allbekannte und wohlgeschätzte Doktor aller Weisheit, Herr *Heinrich Vollitzer,* getreten, den die Kunde von dem „erschröcklichen Vorkommnis" aus der stillen Studierstube in die Nähe des Schauplatzes getrieben. „Ei, ei, Herr Medikus, Ihr getrauet Euch auch, der Unheilstätte zu nahen? Was man heutigentags nicht alles erleben muß! Eine solche Pestilenz! Wer sich das erklären könnte?" – „Ihr hört es ja selbst, Herr Stadtrichter. Das Volk urteilt ganz richtig. Wir haben es hier in der Tat mit dem Auftauchen eines Basilisken zu tun. Wollte Gott, des Unheils über die Stadt wäre nicht ärger!"

„So meint Ihr also wirklich, es könnte noch bedeutsamer werden?"

„Sicherlich, wenn man des Untieres nicht Herr werden sollte."

„Wahrhaftig, ich zweifle, ob es wirklich ein solch Giftgewürm auch gibt. Hat man doch nie ein solches gesehen."

„Ihr tut unrecht, Herr Stadtrichter. Es gibt solch greulich Getier. Schon der alte römische Naturforscher Plinius beschreibt es. Aus einem Ei stammt es, das ein siebenjähriger Hahn auf einen Misthaufen gelegt und das eine Wabenkröte ausgebrütet. Der besagte Gelehrte erzählt, daß es nichts Abscheulicheres und Abschreckenderes geben könne, daß sein giftiger Hauch töte, sein Blick allein versteinere, daß er alles versenge und vernichte, dem der Basilisk nahe. Ja, ja, es ist ein entsetzlich Unglück für die Stadt, wird das Ungetüm nicht beseitigt."

„Aber wie sieht es aus? Wie kann es getötet werden?"

„Je nun, es hat die Gestalt eines großen Hahnes mit vielzackigem Schuppenschweife und plumpen warzigen Füßen. Auf dem Haupte mit den großen glühenden Augen, deren Blick das Blut in den Adern erstarren macht, sitzt ein lappiges Krönlein, es sieht ebenso aus, als wäre es aus einem Hahne, einer Kröte und einer Schlange zusammengesetzt."

„Schrecklich!" flüsterten die Leute, die den Worten lauschten. „Wer hätte das gedacht! Ein solch Ungeheuer! Wehe, wehe, wenn es etwa gar den Brunnen verläßt! Wir wären allzusamm' des Todes!"

Und der gelehrte Medikus setzte fort und machte ein recht ernsthaft Gesicht dazu: „Es töten? Es ist fast unmöglich. Keine Waffe greift es an, kein Schwert, keine Lanze kann es verwunden, es ist gefeit gegen Stich und Schlag, gegen Feuer und Wasser. Nur eines vermag es zu töten: der eigene Blick. Vermöchte man es, dem Gewürm eine blanke Stahlplatte entgegenzuhalten, es müßte an dem eigenen Blicke zerspringen und zugrunde gehen. Aber wer wäre dies imstande? Er ginge dem sicheren Tode entgegen."

„Entsetzlich", stöhnten die Leute, und in ihren Mienen war deutlich ein lähmender Schrecken zu erkennen. „Und sonst gibt es keinen Ausweg?"

„Wohl gibt es einen solchen, doch ist er noch entsetzlicher. Alle diese Drachenscheusale sind Vernichter des Lebens. Habt ihr noch nicht von Drachen gehört, die Jungfrauen, die sie geraubt haben, bewachen auf einsamer Insel? Opfert sich freiwillig ihm ein tugendhaftes Mädchen, dann verfällt das Tier in einen hundertjährigen Schlaf und die Gefahr ist für diese Zeit vorüber. Sonst steigt es nach dreien Tagen empor und verheert mit Tod und Brand die Umgebung."

Da schrien die Leute und rangen verzweifelt die Hände. Sie verließen trauernd die schreckliche Unglücksstätte und trugen die Trauermär in die entferntesten Teile der Stadt. Im weiten Umkreise wurden die Straßen und Gassen abgesperrt, damit vorläufig niemand der Unheilstelle zu nahe komme. Auch der Medikus entfernte sich mit dem Stadtrichter, der den Wächtern noch die letzten Maßregeln einschärfte.

Wer wohl eines solchen Opfers fähig wäre? Herr Jakob von der Hülben vermochte die Tragweite des drohenden Unheils gar nich auszudenken.

Bekümmert suchte er sein Stübchen auf, um vielleicht in der Stille der Einsamkeit doch noch einen weniger gefahrvollen Ausweg zu ersinnen. Aber wie er auch dachte und sann, es mochte ihm nicht klarwerden, wie er helfen könnte. Er schritt erregt in seiner Stube auf und ab. Schon eine ganze Weile tat er es, und doch fand er nichts, wie sehr er auch sein Gehirn anstrengte. Wer sollte die kommenden Schreckenstage abwenden, wenn er es nicht vermochte? Und er sah mit einem Male den ganzen gräßlichen Jammer vor sich, das Hinsiechen der Menschen, den verheerenden Brand der Stadt, die schrecklichen Flammen, ein ganzes entsetzliches Meer, den Untergang der Stadt, die Not des Landes. Er fuhr sich verzweifelt in die Haare und rang die Hände.

Da klopfte es leise an die Tür, fast hätte er es in seinem Jammer überhört. Und er sah, wie ein liebliches Mägdlein zur Stube hereintrat. Verwundert blieb er stehen und starrte die Erscheinung an; es war, als stünde ein Himmelsbote vor ihm. Das Mädchen hielt an und senkte das bleiche Gesicht vor dem Stadtrichter, als harrte es der Anrede.

„Was ist Euer Begehr?“ fragte endlich Herr Jakob von der Hülben.

Da fuhr ein Zittern über die zarte Mädchengestalt, und als das schlicht gekleidete Mägdlein das Köpfchen hob, da blickte er in große Augen, die seltsam leuchteten.

„Ich will es sein!“ sprach es sanft, und dem Stadtrichter war es, als klänge ihm liebliche Musik entgegen.

„Was, Ihr?“ Und voll Mitleid schlug er die Hände zusammen.

„Ja, ich!“ erwiderte fest das Mädchen.

„Ihr wolltet?!“

„Ja, ich will es! Ich will meine Vaterstadt vor dem Unheil bewahren. Ich habe alles vernommen, was der weise Herr zu Euch gesprochen.“

„Aber, Kind, bedenkt doch! Eure Eltern!“

„Ich habe nicht Vater und nicht Mutter“, sprach es leise. „Ich stehe ganz allein in der Welt!“

„Armes Kind, und Ihr wißt es, ganz allein und niemand trauert um Euch?“

Da ward das Gesicht des Mägdleins noch bleicher, es neigte den Kopf, und leise rannen schwere Tränen über die Wangen. Ein sanftes Stöhnen glitt über die Lippen, die in verhaltenem Schmerze zu zittern schienen.

„Ja, ganz allein!“ hauchte es. „Ehe der dritte Tag beginnt, will ich bereit sein.“ Und es ward so stille in dem Gemache, daß der Richter das Schlagen seines erregten Herzens zu hören vermeinte. Er stand da ohne Regung, beinahe fassungslos. Er wollte sprechen, aber kein Wort vermochte er hervorzubringen. Er sah, wie das Mädchen sich leicht verneigte, wie es zur Tür schritt und leise die Stube verließ. Erst dann kam er wieder zu sich und wollte nacheilen der Entschwundenen, die ihm wie im Traume erschienen war. Aber er hielt an, ließ sich tief bekümmert auf einem Stuhle nieder und fühlte nun, wie auch ihm die Augen naß wurden. So tief hatte ihn die schlichte Größe des Mädchens ergriffen.

Unter der Volksmenge, die dem berühmten Medikus gelauscht, hatte sich auch ein Bäckergeselle befunden, der bei dem Bäckermeister im Hause der Schönlaterngasse Nr. 7 in Diensten stand. Er war ein schmucker junger Mann, der durch Fleiß und Sparsamkeit sich einen schönen Notgroschen für die Zukunft erworben hatte und nahe daran war, selbstständig als Meister zu arbeiten und eine eigene Familie zu begründen. Die Auserwählte seines Herzens war eine Magd im Hause seines Meisters, die er infolge ihres heiteren Gemütes, ihrer sittsamen und bescheidenen Lebensführung liebgewonnen und die gern eingewilligt, ihm den neuen Hausstand gründen zu helfen. Aber wie es schon kommt, war unter den jungen Leuten ein böser Streit ausgebrochen, der alle die schönen Zukunftspläne über den Haufen zu werfen drohte. So arg war es geworden, daß sie es vermieden, einander zu begegnen, einander zu betrachten, geschweige denn ein Wort des Verzeihens zu sprechen, trotzdem ihnen beiden darüber das Herz schwer genug geworden und sie herbe Schmerzen litten. Aber das kommt davon, wenn man eitlem Klatsche Gehör schenkt und es versäumt, dem starren Eigensinne die Tür zu verschließen.

Auch der Bäckergeselle war nachdenklich nach Hause gegangen. Die Worte des Medikus wollten ihm nicht aus dem Kopfe. Immer wieder fuhren sie ihm zu Sinne, er wußte nicht ein noch aus. Und doch hätte er so gern helfen mögen, nun gar, da ihm die Verzweiflung tief im Herzen saß, wußte er doch, daß all sein Glück in Brüche gegangen. Trübe Gedanken erfüllten seine Seele, als er in den Keller hinunterstieg, wo die Arbeitsräume gelegen. Mechanisch mehr als bewußt, verrichtete er sein Tagwerk, und wiederholt ertappte er sich dabei, daß er dies und das ganz verkehrt getan. Da begab er sich in den Raum, wo das Holz für den Backofen aufgestapelt lag. Und nun bemerkte er zu seiner großen Verwunderung, daß in einer Mauer, eben als er die Scheite wegräumte, ein mächtiges Loch sichtbar wurde, das er vordem nie wahrgenommen. Auch machte sich nun der merkwürdige Leichengeruch ziemlich stark geltend, so sehr, daß ihm fast die Sinne schwanden. Schon wollte er den Raum verlassen, da hatte er noch die Kraft und Besonnenheit, die Abzuglöcher, welche frische Luft zuführen sollten, aufzureißen, dann eilte er spornstreichs von dannen. Wie ein Blitz war ihm der Gedanke gekommen, das müsse ein Schlupfloch des schrecklichen Tieres sein, und hier könnte man ihm vielleicht auch erfolgreich zu Leibe gehen. Die Bestürzung der Hausleute ließ sich denken, als der Geselle seine Entdeckung vermeldete. Fluchtartig verließen sie ihre Heimstätte, das liebe eigene Leben zu retten. Nur der Geselle war zurückgeblieben; er war fest entschlossen, koste es, was es wolle, das Untier zu bekämpfen. Er erinnerte sich der Worte des Doktors, wie er dies bewerkstelligen könnte, und verschaffte sich aus der Wohnung seines Meisters einen großen Spiegel. Also bewaffnet stieg er mutig die Stiege in den Keller hinab, den er zuvor hinter sich fest verschlossen. Mit klopfendem Herzen lauschte er an der Pforte. Er vernahm nicht das geringste Geräusch. Da stellte er den Spiegel zur Seite und verband sich, um gegen die schädlichen Dämpfe einigermaßen geschützt zu sein, Mund und Nase mit einem nassen Tuche. Ein stilles Stoßgebetlein zu Gott um Beistand emporsendend, noch ein letzter Gedanke an sein liebes Mägdlein, dann öffnete er entschlossen, jedoch leise die Tür, hob den Spiegel auf, hielt ihn vor sich hin und schritt nun vorsichtig der Stelle zu. Es war alles unverändert geblieben, nur die giftigen Dämpfe mußten dichter geworden sein, denn trotz seiner Vermummung schien ihm der Atem zu stocken. Gerade dem Loche gegenüber stellte er den Spiegel auf, stützte ihn mit einigen Holzscheitern, daß aus den Kellerfenstern auf die glatte Fläche das Tageslicht auffiel, und eilte wieder nach oben. Er verließ nun ebenfalls das Haus und berichtete auf der Straße der harrenden Volksmenge, was er getan. Ein Jubel sondergleichen umbrauste den beherzten Bäckergesellen, der so heldenhaft sein Leben für seine Mitmenschen eingesetzt. Nun schöpften die Leute neue Hoffnung, vielleicht werde das Werk gelingen, vielleicht werde das ekle Gewürm gänzlich zugrunde gehen, sich selbst am eigenen Blicke töten. Da verbreitete sich mit Windeseile die

Kunde, daß sich auch ein Mägdlein gefunden, welches bereit wäre, das große Opfer zu bringen. Da scholl es wirr durch die Menge: „Wer ist es? Wer wagt die edle Tat?“

In diesem Augenblicke kam das Mädchen still dahergeschritten, welches den Stadtrichter in so hohe Bewunderung versetzt. Herr Jakob von der Hülben selbst leitete es und rief: „Hier seht ihr selbst eure Retterin! Gebt Platz dem Heldenmädchen!“ Und eine tiefe Bewegung ging durch die staunende Volksmenge. Unwillkürlich blickte auch der Geselle auf das Mädchen hin. Da vergaß er alles. Ein Schrei des Schreckens entfuhr seiner Brust, er stürzte wie wahnsinnig vor und eilte, die Arme ausbreitend, auf seine Braut zu.

„Johanna!“ rief er und umschlang in wahnwitziger Angst das zitternde Kind. „Johanna! So wolltest du mich vergessen! Nimm es zurück, das schreckliche Wort, sonst muß ich vor Leid vergehen! Nein, nein, es kann nicht sein! Ich kann dich nicht verlieren, so jung, so schön, so gut!“ In stummem Schmerze lehnte das Mädchen an der Brust ihres Verlobten. Ach, nun war aller Streit vergessen. In heißer Liebe blickte sie in das Auge des jungen Mannes, dann flüsterte sie mit gebrochener Stimme: „O Georg, nun ich dich wieder gefunden, nun ist es zu spät!“

„Nein, nein!“ rief dieser verzweifelnd aus, „noch ist die letzte Hoffnung nicht verloren! Ach, Johanna, ich fasse es nicht! Der liebe Gott wird es gnädigst anders fügen! Ich halte dich und lasse nimmer von dir. Wie schwer bestrafst du mich!“

„Ich glaubte dich verloren! Nun ist es zu spät! Ein solches Versprechen muß ich erfüllen!“

Sanft löste sie sich aus den Armen ihres Bräutigams, eine hohe Begeisterung strahlte aus ihren Augen. „Nun bringe ich gern das Opfer dar, da ich deine Liebe wiedererrungen, und mit meinem Tode rette ich auch dich!“

Fassungslos schaute Georg auf das seelenstarke Mädchen; er wollte sprechen, aber er brachte keinen Laut hervor. Die ganze Qual seines Herzens lag in seinen Blicken. Stumm schüttelte er den Kopf und erfaßte krampfhaft die Hand des Mädchens, als wollte er sie nimmer freigeben. In diesem Augenblick erscholl ein dumpfes Dröhnen, und der Boden zitterte unter den Füßen. Da fuhr ein Strahl seliger Freude über Georgs Antlitz.

„Der Basilisk! Habt ihr's gehört! Der Basilisk, nun ist er tot!“

Jubelnd umarmte er seine Braut und rief: „Nun ist dein Wort gelöst! Nun habe ich dich wieder! Habe Dank, gütiger Gott, nun habe ich den Preis meines Lebens wiedergewonnen! Habe Dank, vieltausendmal!“

Frohlockend verließ er das mutige Mädchen und drückte den Leuten, die ihm herzinnige Worte des Dankes zujauchzten, die Hände. Jeder wollte den Retter aus großer Not sehen, jeder wollte seiner Hände Druck fühlen.

Einer Feuerwelle gleich durchlief die frohe Kunde die ganze Stadt: Der Basilisk ist tot!

Georg, der Bäckergeselle, drang nun mit einigen beherzten Männern in den Kellerraum. Und richtig, hier lag das gräßliche Ungeheuer mit zerrissener Kehle vor dem Spiegel, der über und über mit eklem Geifer bespritzt war. Das Wort des Doktors hatte sich erfüllt. Nun schleppten die Leute das tote Gewürm ans Tageslicht empor und zeigten den schauerlichen Leib der Menge.

„In den Brunnen mit ihm! In den Brunnen!" So riefen die jubelnden Wiener, und in der Tat warf man den Leib des Tieres in die Tiefe des Brunnenschachtes. Dann brachten sie mächtige Steine herbei und Erdreich und verschütteten die Öffnung, damit niemand mehr das Wasser gebrauche. Mag auch der Basilisk die Wiener in tiefen Schrecken versetzt haben, er war doch der Anlaß gewesen, daß echte Proben edelster Selbstverleugnung zutage tragen und daß zwei Herzen, die sonst vielleicht einander verloren gewesen wären, einander wiederfanden.

Noch lange war die Stelle zu sehen, wo einstens der Brunnen bestanden; man erkannte dies an den kreisrunden Randsteinen, die so manche Jahrhunderte von dem Basiliken in Wien erzählten. Zum ewigen Gedächtnisse erhielt das Haus in der Schönlaterngasse Nr. 7 den Namen „Zum Basiliken", und in einer Nische desselben wurde das getreue Abbild des Ungetüms aufgestellt. Noch im Jahre 1577 wurde dasselbe durch den damaligen Besitzer *Hans Spannring* renoviert und mit folgender Aufschrift versehen:

Anno Domini MCCXII

wardt erweldt Kaiser Friedrich der II. Undter seynem Regiment ist von ahnem Hann entsprungen ain Basilisk, welcher obstehender Figur gleich, und ist der Brunn voll angeschütt worden mit Erden, darinnen solliges Thier gefunden ist: ohn Zweiffel, weil ob seyner gifftigen Aygenschafft vill Menschen gestorben und verdorben seyndt. Renoviert A. 1577 durch den Hauß-Herrn Hannß Spannring, Buchhandler.

So weiß die Sage über den Basilisken zu erzählen. Wenn man auch nie annehmen darf, daß es wirklich einstens ein solches Scheusal mit solchen Eigenschaften gegeben hat, so dürfte doch das eine richtig sein, daß durch ausströmende Erdgase in der Tat einmal ein Brunnen in Wien verseucht worden sei, welcher Umstand im Volksgeiste jener Zeit eben den Anstoß dazu gegeben hat, daß Wien zu einem Basilisken gekommen. Noch heute ist das Andenken an denselben wach, wenn es im Volksmunde heißt, es habe jemand Basiliskenblicke, oder sein Hauch wäre so tödlich wie der des genannten Ungetüms.

DIE TOTENMETTE

Der Pfarrer von St. Stephan saß einmal in der Christnacht in seiner Stube und las in einem Buche. Da war es ihm plötzlich, als ob er die Orgel und dazu den Schall von Menschenstimmen höre. Er blickte auf und horchte; die Musik war ihm zu dieser Stunde ganz seltsam und unheimlich.

Aber der Orgelklang wurde immer stärker, und jetzt stand der würdige Pfarrherr schnell auf, warf sich einen Mantel um die Schultern und zündete ein Licht an; dann ging er über den verschneiten Stephansfreithof zum Kirchentor hinüber. Er verrichtete noch schnell ein kurzes Gebet, dann sperrte er das Tor auf und ging in die Kirche hinein.

Zuerst war es stockfinster in dem weiten Raum, und er bemerkte nichts, was ihm fremd gewesen wäre; aber auf einmal wurde es hell, und jetzt sah er die ganze Kirche voll weißer Gestalten. Die einen gingen umher, andre wieder standen ruhig da oder knieten, und überall sah er solche unheimliche Gäste, in den Beichtstühlen, in den Bänken und in den andren Räumen der Kirche, ja sogar auf dem Chore. Nach und nach erkannte er sie; es waren lauter Pfarrkinder seiner Gemeinde, die da in der Kirche versammelt waren, und jedes von ihnen trug ein langes Totenhemd.

Jetzt fiel sein Blick auf den Altar, und er sah dort einen Priester, einen alten Mann mit weißen Haaren, der ganz so aussah wie er selbst; der verrichtete gerade die heilige Handlung. Da drehte sich auf einmal die würdige Gestalt um und sah gerade zum Pfarrer hin, aber der erkannte jetzt an dem Gesicht des fremden Priesters sein eigenes, und es packte ihn kaltes Entsetzen.

Plötzlich hörte man vom Turme herab einen langgedehnten Glockenschlag und alles war vorbei; der Pfarrer stand allein im Dom. Es fröstelte ihn, und er eilte schnell in sein Stübchen zurück und wartete, bis er wieder halbwegs seine Ruhe gefunden hatte. Dann trug er das grauenhafte Erlebnis mit zitternder Hand in die Chronik ein und schrieb die Namen aller Pfarrkinder, die er erkannt hatte, in das Buch, und zuletzt setzte er seinen eigenen Namen darunter.

Und wieder war die Christnacht da; aber in der Morgenmette sah man keinen Pfarrer mehr und beinahe niemand mehr von seiner Gemeinde. Der Schwarze Tod, der grauenhafte Würger, hatte inzwischen alle weggeholt, deren Namen seit der letzten Totenmette im Kirchenbuche verzeichnet waren.

DER MEISTERKOCH UND SEIN SÖHNLEIN

Es war am 24. März des Jahres 1330, als, des herrlichen Tages wegen, der „Berghof" in Wien angefüllt von lustigem Volke war.

Der „Berghof" (in der Krebsgasse, zwischen dem freiherrlich Sinaschen Hause und der Rückseite des Neustädterhofes) war das älteste urkundlich überlieferte Gebäude Wiens, wie auch in der dortigen Gegend die eigentliche Urstadt Wien zu suchen ist.

Die Stadt „Vindobona" (wie Wien vordem hieß) blieb lange Jahre, nachdem die Römer hier an der Donau den germanischen Wandervölkern gewichen waren, in Ruinen liegen. Seitdem verschwand unsere Stadt für Jahrhunderte aus der Geschichte. Erst die siegreich gegen die Ungarn vordringenden Franken haben wohl die alte Ruinenfestung besetzt, und die Stadt lebte wieder auf. Ihr neuer Name „Wien" wird aber erst im Jahre 1030 genannt. Der Babenberger Markgraf Leopold der Heilige erbaute auf der vorspringenden Höhe, die unterhalb des Hohen Marktes mit steiler Böschung zur Donau abfällt, einen Jagdhof, welcher wegen dieser Lage „Perichhof", das ist „Berghof", genannt wurde. Später diente der Berghof als Gerichts- und Renthof der Markgrafen, deren Geschlecht 1156 die Herzogswürde erhielt. Als die Babenberger erloschen, gelangte das glorreiche Haus der Habsburger in Österreich und Wien zur Herrschaft. Nach Friedrich des Schönen Tode übernahmen dessen beide jüngere Brüder, Albrecht der Weise und Otto der Fröhliche, gemeinschaftlich die Regierung.

Zu dieser Zeit war der „Berghof" ein Ort, der von den fröhlichen Wienern häufig besucht wurde, stets angefüllt von lustigem Volke, welches da zechte und spielte, so daß man ihn nicht mit Unrecht den „Volksgarten der vergangenen Jahrhunderte" nennen kann. Auch die Adligen mischten sich gern unter die heitere Menge; gab es doch täglich daselbst ein neues Schauspiel, hervorgerufen durch die originelle Gebarungsweise der schon damals durch ihren Humor und treffenden Witz bekannten Wiener. Auch befand sich eine der beliebtesten Gasthauswirtschaften daselbst, wo man sich bei Geigenspiel, Becherklang und Kegelschieben bis spät in die Nacht hinein gern unterhielt.

Man drängte und stieß sich am eingangs erwähnten Tage mehr als je aneinander; diejenigen aber, welche dem Gedränge ausweichen oder die durstigen Kehlen befeuchten wollten, saßen an den Tischen beim fröhlichen Zechgelage und ließen die beiden Herzoge Albrecht und Otto hochleben. Besonders laut tönte das Jubelgeschrei von einem Tische her, welcher etwas abseits von den übrigen stand; denn da saßen bunt durcheinander die lebensfrohen jungen Männer von Wien und trieben ihre Schnacken, welche stets von den Umstehenden herzlich belacht wurden.

Den Mittelpunkt dieser Tischgesellschaft bildete ein pfiffiger Student namens Wigand, geboren zu Theben in Ungarn, etwa zwanzig Jahre alt, der auf Besuch bei seinem Oheim hier in Wien weilte. Dieser Erzschelm und Spaßmacher wie kein zweiter gab seine Schnurren im sprudelnden Übermaße zum besten. Anekdoten und Witze strömten unablässig aus seinem Munde und gingen auf das nachbarliche Volk über, welches reinen Beifall zollte und in so dichten Massen den Tisch umstand, daß ein dicker, schmerbäuchiger Mann in stattlicher Tracht sich vergebens bemühte, durchzudringen.

„Bei meinen Ahnherren, den Meisterköchen, jetzt gebt endlich Raum!" so rief der dicke Ankömmling. „Hört einmal, Wigand, euer Gefolge ist ja bedeutender als das unserer gnädigsten Herzoge, darum laßt die Reihen eurer Trabanten sich öffnen."

Wigand von Theben, der also Angerufene, erhob nun seine weitschallende Stimme. Er rief: „Gebt Raum für Herrn Stibor Chrezzel (Kreßl), den man nennt ‚vom Niernschlögel', den Meisterkoch Ihrer Hoheiten, Versalzer aller Suppen und Inbegriff des Umfanges der Erdkugel."

Als das Volk den Namen der Person hörte, welche sich so rasch in seine Mitte eindrängte, machten die Leute mit freudiger Achtung Platz und riefen ein dreimaliges Lebehoch: erstens den gnädigen Herzogen, zweitens dem wackeren Küchenmeister und endlich seiner reizvollen Kunst.

Kaum hatte sich jedoch der Raum geschlossen, als in der Mitte der Menschenmenge eine krächzende Stimme sich erhob.

„Ach, Hilfe, Hilfe!" schrie es. „Es ist ja unerhört, daß ich von meinem bestgeliebten, ehrenfestesten Herrn und Meister getrennt werde. Laßt mich doch auch zu ihm. Ich bin Johannes, sein Schüler und Unterkoch."

Der Raum öffnete sich von neuem, und es zeigte sich ein spindelbeiniges, verkrüppeltes, häßliches, ungemein widerliches Männlein: Herr Johannes, beigenannt „Kerindhöll", welches Männlein halb zerdrückt zu Stibor humpelte und sich an ihn anklammerte.

Ihr werdet, liebe junge Leser, bei dem Namen „Kerindhöll" staunen und lachen. Nun seht, vor alten Zeiten gab es noch keine Zunamen, da fügte man dem Taufnamen das Amt, Gewerbe oder den Geburtsort, die Verwandtschaft, Lage des Wohnortes, eine gute oder böse Eigenschaft, besonders erfundene Spottnamen und so weiter bei. So hieß jemand der „Suchenwirt", weil er gern Wirtshäuser besuchte, ein zweiter „Arbeitschnapper", weil er, wo er konnte, die Arbeit für andere verrichtete, ein dritter „Misthäuflein", weil ein solcher Unrat stets vor seiner Türe lag, den er zu faul war, wegzuräumen, einer „Hundsfeind“, weil der die Hunde haßte, einer „Schlaginhaufen“, weil er gleich beim Dreinschlagen war, einer „Trittinsieb“, weil er in ein Sieb getreten und zu Boden gefallen war, einer „Springinklee“, weil er gern im üppigen Grase herumsprang und so weiter.

Unser Kerindhöll war ein heimtückischer und boshafter Mensch, der alle Leute schädigte, wo er nur konnte, und von dem man daher meinte: Er gehöre besser in die Hölle als unter die Menschen.

„Seht doch, Meister Stibor“, rief der lustige Student Wigand, „seht, die Kröte, welche an Eurem Arme hinaufkriechen will. Wartet eine Minute und sie spritzt ihr Gift auf Euch.“

„Dagegen bin ich gut gepanzert!“ erwiderte Stibor verächtlich.

„Oho! Meint Ihr, Meister?“ grinste Johannes höhnisch, fiel aber alsogleich in den Ton tiefster Demut und Freundlichkeit, welcher seiner abschreckenden Fratze tausendmal schrecklicher stand, als deren natürliche Häßlichkeit. „Aber wie kann ich“, fuhr er gleisnerisch fort, „nur so sündhaft sprechen. Behüte Gott, daß ich mit Kraft und Willen meinem bestgeliebten Meister etwas zuleide täte. Ich, als sein Gehilfe in der Küche, bin ihm aufs wärmste ergeben.“

„Es muß doch ein herrliches Leben in dieser Küche sein!“ rief der lustige Student. „Das wäre so meine Lust. Ach, wie wässert mir der Mund danach!“

„Nun, wenn Euch gar so sehr der Mund danach zuckt“, sagte Stibor, so kommt morgen früh zu mir in des Herzogs Küche; Ihr sollt sehen, wie sie eingerichtet ist, und mögt allenfalls einiges daselbst verkosten.“

„Dank, tausend Dank! Das wird eine Freude sein! Schon lange wünschte ich das jämmerliche Bücherleben mit dem herrlichen sorgenfreien Dasein Stibors, des Meisterkochs, zu vertauschen. Vielleicht gelingt es mir jetzt. Ich komme gewiß morgen zu Euch und studiere einstweilen auf ein Mittel, mich bei den hohen Herren einzuführen.“

„Horch, die Abendmette tönt. Es ist Zeit zum Aufbruch. Also, Wigand, morgen ein fröhliches Wiedersehen in der herzoglichen Küche!“

„Ja, ein fröhliches Wiedersehen, baldiger Herr Kollege!“ krächzte Johannes; aber für sich murmelte er: „Warte, stolzes Kerlchen, durch dich muß Meister Stibor fallen.“

Stibor grüßte alle freundlich und entfernte sich mit gravitätischen Schritten. Johannes humpelte zu ihm, und Wigand rief ihnen noch aus der Ferne nach: „Hole der Kuckuck die Scharteken und Pandekten! Hoch, dreimal hoch die edle freie Kochkunst!“ – Dann folgte auch er der sich verlaufenden Menge.

Die göttliche Vorsehung hatte es aber ganz anders mit ihm im Sinne, als er hoffte, wie man gleich sehen wird.

Am andern Morgen in aller Frühe hatte sich Wigand vom Lager aufgerafft und rannte durch die Stadt, ungeduldig die Zeit erwartend, wo er sich schicklicherweise in der herzoglichen Burg vorstellen konnte. Voll Langeweile hielt er sich auf dem Fischmarkte auf, wo er die Menge der dort aufgehäuften großen und kleinen Fische anstaunte. Um eine Fischbude herum war das meiste Gedränge, denn da wurde ein Riese unter den Flußbewohnern feilgeboten. Wigand gesellte sich auch zu den Gaffern und versenkte sich so sehr in seine Träume von zukünftiger Kunstgröße, daß ihn erst ein derber Stoß in die Rippen zur Besinnung brachte.

„Verzeiht, zukünftiger Herr Kollege", krächzte wie gewöhnlich der herzogliche Unterkoch Johannes, „daß ich Euch so unsanft berührte, aber anders kann man ja hier nicht durchdringen. Ei, ei, welch ein prächtiges Stück von einem Fische! Dieser Riese wäre wohl etwas für die Tafel ihrer Hoheiten!"

„Meint ihr?!" rief Wigand aus, und wie ein Blitz fuhr ihm der Gedanke durch den Kopf, sich mit dem Fische in die Hofburg zu begeben. Er fragte um den Preis, welcher sehr hoch gestellt wurde. Wigand, von dem Unterkoch angeeifert, suchte seine letzten Geldesreste zusammen – und der Fisch ward sein Eigentum. Fröhlich jauchzend lud er ihn auf seine Schultern, wobei ihm der Unterkoch dienstwillig half, von Wigand aber unbemerkt, eine kleine Pille in des Fisches Schlund gleiten ließ und ihn unter dem Vorwande wichtiger Geschäfte alsogleich verließ, nachdem er ihm mit hämischer Miene einen Glückwunsch zugegrinst, der den Studenten wohl schneidend berührte, ihn aber nicht das Schreckliche der Zukunft ahnen ließ.

Fröhlich und wohlgemut schritt Wigand nach der Hofburg. Dort, mit dem Fische auf der Schulter und der Losung „Für den Herzog Otto" im Munde, gelangte er bis zu den Gemächern desselben, aber hier scheiterte jeder Versuch an der Bärbeißigkeit des aufgestellten Trabanten, der den Eintritt wie Zerberus die Unterwelt verteidigte. Auf vieles Bitten wurde ihm endlich der Zutritt gestattet, doch mußte er vorher eidlich geloben, mit dem Türsteher die Hälfte des zu erlangenden Gegengeschenkes zu teilen.

So stand Wigand plötzlich vor dem Herzog Otto.

Otto, genannt „der Gutmütige" oder „stets Fröhliche", Herzog von Österreich, der jüngste seinen Vater überlebende Sohn des römisches Königs Albrecht I., mit Elisabeth von Tirol vermählt, stand damals im Alter von 29 Jahren. Er trug seinen Beinamen mit vollem Recht, denn er war freigebig, stets guter Laune und sehr herablassend, auch gegen den geringsten seiner Untertanen.

Gnädig winkte der Herzog den Studenten heran.

„Gott zum Gruß! Netter Junge. Was bringst du denn so Schweres in unsere Hallen?"

„Herzogliche Gnaden, einen seltenen Fisch, einen Riesen, so groß wie meine Wünsche, so frisch wie mein fröhliches Studentenherz, so stumm wie Eurer Gnaden weise Räte und so schwer wie der Einlaß zu Euch, gnädigster Herr."

„Bursche, du hast viel Witz in deinem Kopfe, und wenn du mir auch nicht gesagt hättest, daß du ein Student bist, hätte ich es doch gleich deiner ungezwungenen Fröhlichkeit angesehen. Wie ist dein Name?"

„Wigand von Theben, gnädigster Herr."

„Hab' ich doch schon lange gewünscht, den berühmten Rädelsführer aller Studentenstreiche kennenzulernen, nun siehe, da liefert er sich selbst in meine Hände. Freund Wigand, ich bin dir sehr viel Dank dafür schuldig und freue mich sehr, dir einen Beweis liefern zu können, daß ich lustige Kumpane deines Schlages zu schätzen weiß. Wenn es dir ansteht, kannst du lustiger Rat bei mir werden. Oder hast du anderes Begehr, so nenne mir deine Wünsche."

„Gnädigster Herr, mein höchster Wunsch wäre, wenn ich unter Meisterkoch Stibor als Gehilfe aufgenommen werden könnte, um einst an seine Stelle zu kommen. Dieses zu erbitten, kam ich hierher."

„Es sei gewährt, doch was soll ich dir für den schönen Fisch geben?"

„Laßt mir, gnädigster Herr, hundert wohlgezählte, wohlausgiebige Prügel, so derb sie verabreicht werden können, ausfolgen."

„Hundert Prügel? Bist du wahnwitzig geworden?"

„Ja seht, die Sache ist diese: Der Türhüter ließ mich nicht zu Euch ins Zimmer, bevor ich ihm nicht eidlich die Hälfte des Geschenkes, welches ich von Eurer Huld für den Fisch erhalten würde, abzugeben versprochen."

„Ah, ich verstehe Euch, Ihr wollt dem Schurken euer Versprechen auf verdiente Art halten. Verlaßt euch darauf, er wird nicht zu kurz kommen."

Sogleich wurden Wigand fünfzig, natürlich sehr leichte, kaum fühlbare Streiche zugemessen, dem Trabanten aber die andern fünfzig auf das derbste und nachdrücklichste verabfolgt. Wigand dankte für die Gnade und wurde verabschiedet, mit der Weisung, sich in die Hofküche zu begeben und dort als Gehilfe sich sofort unter Stibors Aufsicht an die Zubereitung des Fisches für die Mittagstafel zu machen, denn Herzog Otto schenkte den Fisch seinem Bruder Albrecht II., da er sich gerüstet hatte, auf die Jagd zu ziehen.

Freudig eilte Wigand in die Küche. Stibor richtete den Fisch zu, wobei ihm der Student treulich half, und zu Mittag prangte das Meisterstück damaliger Kochkunst auf der Tafel des Herzogs Albrecht. Darauf begann erst die Mahlzeit der Diener, welche die Reste des Schmauses erhielten und es sich dabei wohl sein ließen. Wigand schwelgte im seligsten Entzücken und umarmte seinen Gönner Stibor einmal um das andere.

Als sie genug gegessen und getrunken hatten, brachen sie auf, um allesamt nach dem Berghofe zu wandern, wo Wigand einen Festtrunk geben wollte. Schon standen sie an der Türe, als sich diese plötzlich öffnete und der erstaunten Gesellschaft eine Schar Trabanten sichtbar wurde, an deren Spitze sich der von Wigand so bitter getäuschte Türhüter befand. Im Namen des Herzogs besetzten die Waffenknechte die Ausgänge und verweigerten den Austritt jedermann ohne Ausnahme.

„Diese beiden hier", nahm nun der Anführer das Wort und deutete mit hämischem Lächeln auf Wigand und Stibor, „diese Bösewichter nehmet fest. Es sind die eingefleischten Verbrecher, welche unseren weisen Herzog Albrecht und Elisabeth, die liebliche Gemahlin seines Herrn Bruders, mittelst des vergifteten Fisches gemordet haben. Packt sie gehörig und laßt sie nicht entwischen, es gilt sonst euern Kopf. Ja, da wollte sich die Natternbrut einschleichen und brachte so lügenhaftes Zeug vor, um meine Treue und Unbestechlichkeit zu verdächtigen. Nun ist's aus mit den abgefeimten Burschen, man wird sie ohne Gnade und Barmherzigkeit hinrichten."

„Lieber Gausrab – erlaubt, daß ich Euch diesen Namen beilege und mögt Ihr ihn tragen als Andenken bis an Euer seliges Ende – ich, der lustige Wigand, und mein Freund, der würdige Meisterkoch Stibor, stehen in Gottes Hand. Ich fühle mich unschuldig, und für Meister Stibor stehe ich mit Leib und Leben. Ruhig gehe ich in den schmachvollen Tod, aber Stibor soll ihn nicht mit mir teilen, wenn ich es verhindern kann, und sollte ich mir selbst ein Verbrechen andichten müssen, er kann nicht Mitwisser der Schandtat sein. Tut, was Euch Pflicht und Gewissen gebieten."

„Fürs erste", erwiderte der Trabant, „wird man euch beide in den tiefsten Kerker werfen."

„Auch recht. Gott wir die leidende Unschuld retten oder nach seinem weisen Ratschlusse mit ihr verfahren, jedenfalls aber sie an dem Verräter rächen."

„Murret nicht, sondern geht gutwillig Euren verdienten Weg."

„Es soll nicht fehlen, seht nur Ihr zu, daß Ihr mit Euren erhaltenen fünfzig Stockprügeln gut zu Fuße seid."

Wigand und Stibor wurden abgeführt, die anderen Diener blieben frei.

Johannes „Kerindhöll" – und fürwahr kein Mann des damaligen Jahrhunderts verdiente seinen Beinamen mehr – geleitete sie zur Türe hinaus und eilte dann in sein Kämmerlein, wo er wie toll vor Freuden herumsprang und die widerlichsten Grimassen schnitt. Er rieb sich dabei frohlockend die Hände, jauchzte hoch auf, und sein Jubel kannte keine Grenzen. Aus einem verborgenen Fache holte er ein Schächtelchen mit Pillen hervor, betrachtete es inbrünstig und sagte halblaut: „Dir verdanke ich es, daß mein bitterster

Feind und Nebenbuhler aus dem Wege geschafft wird. Ihr Goldpillen, lebt wohl, fort mit euch, ihr könntet mich verraten."

„Darum hebe ich sie Euch auf", sprach es mit rauher Baßstimme neben dem Erschreckenden, und der geprügelte Trabant, der sich unbemerkt eingeschlichen hatte, nahm ihm das Schächtelchen aus der Hand.

Totenbleich und zitternd fiel der Unterkoch vor ihm auf die Knie und flehte um Zurückgabe des Schächtelchens.

„Nein, nein, mein Freund, es ist in den rechten Händen. Ich kann sie vielleicht noch brauchen. Fürchtet nichts von mir, ich bin Euch ja Dank schuldig, daß Ihr mir so herrliche Gelegenheit gabt, mich an dem Bettelstudenten zu rächen. Ich schweige wie das Grab, hoffe aber, daß Ihr mir dafür stets zu Willen sein werdet."

„Von Herzen gern, höchstgnädiger Herr Trabant; alles, was Ihr befehlet, soll geschehen."

Sie verabredeten sich noch eine Weile bei verschlossener Türe zu so manchem Schurkenstreiche, der in Anwendung kommen sollte, dann schieden sie voneinander, und jeder ging an seine Arbeit.

Inzwischen saßen Wigand und Stibor im Kerker. Ersterer lachte und machte Witze über ihre Lage; letzterer weinte vor Zorn und Schmerz und überhäufte seinen Gefährten mit den härtesten Vorwürfen.

„Drei Tage", jammerte er, „sitzen wir nun schon hier im tiefsten Kerker bei Wasser und Brot, und noch haben wir nichts von unserem ferneren Schicksale erfahren. Wenn es wahr ist, was unser Wächter sagte, daß Ottos Gemahlin noch an demselben Tage an dem Gifte gestorben und daß Herzog Albrecht wohl gerettet worden, jedoch für sein Leben gelähmt sei, hört, dann gebe ich keinen Pfennig für unser Leben. Oh, hätte ich Euch nie kennengelernt, so wäre ich nicht in dieses Unglück gestürzt worden."

„Ihr tätet besser, im Vertrauen auf Gott und im Gefühle Eurer Unschuld starkt und fest, wie ein Mann, das über Euch gekommene unglückselige Verhängnis zu ertragen, als daß Ihr weint wie ein kleiner Knabe. Laßt uns nur zum Verhöre kommen; ich will eher unter den gräßlichsten Martern sterben, als Euch Eure Freundschaft so bitter entgelten lassen. Haarklein will ich den ganzen Hergang erzählen, wie ich auf dem Fischmarkte stand und den schönen Fisch sah, wie Johannes dazukam und –"

„Johannes! Um Gottes willen, sprich, was hatte der bei dir zu tun?"

„Er riet mir, den schönen Fisch zu kaufen, der so herrlich für die Tafel der gnädigsten Herzoge passe, und er war es, der ihn mir dann eigenhändig auf die Schulter laden half."

„Wehe, wehe uns! Dann sind wir sicher verloren, denn wer sollte sonst den Fisch vergiftet haben?"

„Glaubt doch so etwas nicht. Johannes ist eine boshafte Kröte, wie gewöhnlich die Leute, welche wegen ihrer abschreckenden Häßlichkeit von jedermann verspottet und verhöhnt werden – weshalb man dies nie tun sollte, da man dadurch ihre edlen Gefühlseigenschaften verdrängt und sie leicht in Haß und Rachedurst verwandelt; aber er ist doch Euer Zögling, dem Ihr soviel Gutes getan, den Ihr – wie Ihr selbst erzähltet – in die Hofburg gebracht und gehalten habt wie einen Sohn. Wie kann der Euch so das Gute lohnen?"

„Junger Freund, du kennst die Welt zuwenig. Leider kann ich es als gewiß behaupten. Er war von jeher heimtückisch und nichtswürdig, machte mir viel Kummer und Verdruß und versuchte bei allen Gelegenheiten, mich vom Platze und sich an meine Stelle zu drängen."

„Dann freilich ist er ein schändliches Ungeheuer, das für die Hölle reif ist! Aber ich werde sprechen, ich hoffe, es wird Herzog Otto, wie uns mitgeteilt wurde, selbst zu Gerichte sitzen, er wird den lustigen Studenten gnädig anhören und Gerechtigkeit üben."

„Lieber Junge, ist es denn schon so gewiß, daß der Herzog uns selbst verhören wird, ja daß man überhaupt geneigt sei, uns zu vernehmen? Was weiß unser Wächter, der übrigens ein teilnehmender Bursche zu sein scheint. Aber die Tat ist augenscheinlich, ich habe zu viele Feinde – wir müssen fallen."

„Nein, nein, Gott verläßt die Unschuld nie; werden wir dieses Mal frei, so gelobe ich heilig, die weltlichen Vergnügungen zu verlassen und mich dem heiligen Priesterstande wieder zu weihen, den ich um des Magens willen so unbesonnen verlassen wollte."

„Was nützt dein schönes Gelübde, gib jede Hoffnung auf; wir werden niemals frei. – Hörst du nicht den Lärm draußen? Gott im Himmel, sie holen uns bereits zum Tode ab."

„Nein, nein", jubelte Wigand, „das sind ja Freudenrufe! Gebt acht, man hat den Täter entdeckt, und wir sind frei!"

Bald rasselten die Schlüssel in der Pforte, und herein trat der Gefangenenwärter, begleitet von Stibors Freunden, und voran eilte des Meisterkochs ältestes Knäblein, das schluchzend sich zu des Vaters Füßen warf und weinend vor Lust und Schmerz ausrief: „Ich habe ihn gerettet, ich allein!"

Wirklich war es so. Der Kleine hatte nämlich die absonderliche Lust, gerade in Johannes' Kämmerlein zu spielen. Eines Tages hatte er sich, da dasselbe offenstand, wieder hineinbegeben, als er den Unterkoch kommen hörte. Früher hatte es ihm der Unterkoch nicht zu verbieten gewagt, doch jetzt war dessen Unwille zu fürchten, und so kroch der Knabe in der Angst seines Herzens unter das Bett. Da hörte er denn die Verhandlungen mit dem Trabanten. Als er später allein war und sich aus dem Versteck davonmachte, lief er sogleich zu seiner Mutter, welche augenblicklich beim Herzog Otto einen Fußfall tat und den Schurkenstreich entdeckte.

Johannes und der Trabant Gausrab – dieser ihm von Wigand angeheftete Spottname war ihm geblieben – wurden eingezogen, verhört, sie widersprachen sich in ihren Aussagen und wurden endlich auf der Folter zum Geständnis gebracht. – Sie wurden hierauf in einen eisernen Käfig eingeschlossen, auf dem Hohen Markte zur Schau ausgehangen, am vierzehnten Tage aber auf dem Stephansfreithofe lebendig eingemauert.

Die Gemahlin Herzogs Otto, Frau Herzogin Elisabeth, war am 25. März gestorben; Herzog Albrecht, mit Mühe gerettet, blieb lahm an Händen und Füßen, daher er noch den Beinamen „der Lahme“ erhielt. Beide Herzöge schenkten den Unschuldigen ein Schmerzensgeld und ließen sie ihre vorigen Dienste wieder antreten. Stibor tat dies mit Freuden, aber Wigand zog sein Bücherleben dem Hofleben vor und verbat sich die Rückkehr in die Küche. Dafür erhielt er nach vollendeten Studien die eben erledigte Pfarrei in dem Kahlenbergerdorfe. Die Einkünfte dieser Pfarrei waren sehr schmal; das beeinträchtigte aber nicht die gute Laune Wigands, der durch seine witzigen Possen und heiteren Einfälle als „Pfaff vom Kahlenberg“ für alle Zeiten berühmt geworden ist. Herzog Otto nahm ihn zu seinem lustigen Rate und behielt ihn bei sich bis zu seinem Tod. Pfarrer Wigand hat seinen Herrn und Gönner noch um neun Jahre überlebt.

DER WEIHNACHTSRITT LEOPOLDS DES GLORREICHEN

Wenige Tage vor dem heiligen Weihnachtsfeste des Jahres 1226 befanden sich mehrere angesehene Bürger und Ratsherren der Stadt Wien in der Behausung des reichen Neidhard aus der wohledlen Bürgerfamilie der Pippinger. Sie saßen in der Prunkstube des Hauses beisammen und pflogen eifrige Beratung, wie man einer schweren Schädigung der Bürgerinteressen erfolgreich begegnen könne.

„Und ich sage euch, so kann es nicht länger gehen!" warf unmutig Hans Kapeller, ein wohlhabender Kaufherr, ein. „Es muß anders werden, sollen wir nicht zusehen, wie allen Gewinn zugewanderte Leute einheimsen, indes wir selbst trotz redlichen Bemühens auf keinen grünen Zweig kommen können, trotzdem wir angestammte Wiener Bürger sind."

„Er ist mit seiner Behauptung im Rechte!" bekräftigte Ulrich Stettinger, der Wildwerker. „Schaut nur das Treiben der Münzer an. Sind wir nicht durch sie ganz an die Wand gedrückt, seit ihnen der liebe Herzog seine alte Burg auf dem Hofe eingeräumt hat? Wer macht die einträglichsten Geldgeschäfte nun?"

„Die Flandrenser!" riefen die übrigen wie aus einem Munde.

„Was brauchen wir die Fremden, gar solche aus Flandern?" fuhr jener fort. „Das Münzgeschäft hätten wir Wiener auch verstanden. Dazu sind unsere Köpfe hell genug!"

Und Kaspar Huber, der Goldschmied, fügte hinzu: „Bereitwillig schießen sie den Edelleuten zu niedrigem Zinsfuße ihre Summen vor, und wir können zusehen, wie wir die alten verbrieften Schulden, die jene in früheren Zeiten bei uns gemacht, hereinbringen. Wer bürgt uns überhaupt dafür, daß wir jemals wieder zu unserem Gelde kommen?"

„Wir haben wahrlich der Welschen genug. Wer es nicht glaubt, der besehe sich die Wallachgasse. Man glaubt, rein in Babel zu sein, wenn man dort einhergeht, und nicht in Wien. Nette Wiener Bürger das!"

So spöttelte Reginhart, ein Meister der Bäckerzunft und wohlweiser Ratsherr.

„Nicht genug an dem", warf nun Pippinger ein, „daß sie bei uns ihren Wohnsitz aufgeschlagen, hat den Münzern am Hofe der liebe, viel zu gütige Herzog noch alle Rechte unserer Bürgerschaft zugesprochen und sie außerdem noch als seine ‚Hausgenossen' unter die herzogliche Gerichtsbarkeit gestellt. Ich sage euch, Freunde, sie tragen ihre Nasen deshalb so hoch, weil sie glauben, sie stünden deswegen über uns. Aber, bei Gott, ich will es nicht länger ertragen. Laßt nur die liebe Weihnachtszeit vorüber sein, dann will ich schon Wandel schaffen. Ich, der alte Pippinger, sage es!“

Ein kleines, schmächtiges Männlein mit blitzenden Augen und langem Knebelbarte hatte bis nun geschwiegen. Das war Florian Buff, Vorsteher der Schneiderinnung. Er sprang auf und rückte ungestüm den schweren Eichensessel zur Seite, so daß die anderen verwundert, fast mit einem Lächeln um die Lippen, zu ihrem Freunde aufsahen.

„Ich hab's, werte Genossen!“ rief er, und eine Röte des Zornes flammte über sein blasses Gesicht. „Wir liegen dem Herzog an und fordern, daß wir unsere Schulden bei Heller und Pfennig mit unnachsichtiger Strenge eintreiben dürfen! Haben wir unser gutes Geld, dann sind wir die Herren; denn wir können uns rühren und sind nicht mehr an gute Worte und scheinheilige Meinung anderer angewiesen. Und erreichen wir dies nicht gutwillig, dann alle Mann vor! Ich habe Mut!“

Erregt schlug er mit seinem winzigen Fäustlein auf den Tisch und blickte siegestrunken umher, als fühlte er das Bewußtsein, den Nagel auf den Kopf getroffen zu haben. Doch gleich seufzte er wehmütig auf: „Wenn's nur nicht unser lieber Herzog wäre! Aber das ist es ja, was uns die Hände bindet. Es gibt keinen Wiener, der ihn nicht wie einen Vater liebte. Da heißt es was, von Gewalt reden, wo ein einziger Blick aus seinen guten Augen uns zu seinen Füßen hinwirft!“

„Wacker, Meister Buff, wacker!“ So riefen seine Freunde und schmunzelten wohlgefällig, worauf Meister Pippinger sprach: „Ihr seid doch immer der Klügste unter uns, und an Eurem Mute ist nicht zu zweifeln. Was Ihr zuerst gemeint, das hat Hand und Fuß und das soll auch geschehen. Wie ich unseren Herzog kenne, liebt auch er seine Wiener von ganzem Herzen, und er wird es sicher erkennen, wo uns der Schuh drückt, und uns deshalb sicher ein williges Gehör schenken, wenn wir unsere Bitte ihm vortragen in gebührender Ehrfurcht. So unrecht hat Meister Buff nicht. Es ist ein alter Spruch: Das Geld macht den Mann. So aber richten wir uns zugrunde, wenn wir auf Zins und Summe schön warten und wie dumme Schäflein nachblikken, wenn uns die hergesiedelten Welschen die besten Brocken wegschnappen. Ja, ja, der Herzog muß helfen. Kommt Zeit, kommt Rat! Ich will die beste Gelegenheit ergreifen, ihm unsere Meinung beizubringen, sintemalen er wieder unter seinen Bürgern weilt. Seid ihr desselben Willens, ehrsame Freunde, so gebt es zu erkennen.“

„Freilich, Meister Pippinger, Ihr habt unser Vertrauen, und am besten unter allen von uns wißt Ihr eine Rede zu setzen. Sprecht nur, sobald Ihr den Augenblick für gekommen erachtet. Unserem Herzog wollen wir nicht wehe tun.“ So endete das wackere Schneiderlein die Beratung. Leichten Herzens trennten sich die wieder beruhigten Bürger, hatten sie doch den

Weg gefunden, wie sie ihrer Notlage abhelfen konnten, und außerdem beglückte sie das Gefühl, dies zu erreichen, ohne den geliebten Herrscher zu betrüben oder den Frieden der Stadt, der ihnen wohl am meisten am Herzen lag, zu gefährden. Ja, ja, das gute, fürsorgliche Herz, heute nennt man es oft das goldene, besaßen die Bürger Wiens schon damals, aber auch den gerechten Stolz auf ihr verbrieftes Bürgertum.

Reges Leben herrschte in den winkeligen und schmalen Straßen, die von kleinen, selten mehrstöckigen, aber stets hochgiebeligen Häusern gebildet wurden. Dennoch besaßen diese ein wohlgefälliges Äußeres, da die Baumeister es verstanden, durch Erkertürmchen und vorspringende Balkone diesen ein schmuckes Ansehen zu verleihen. Der Tag des Heiligen Abends war gekommen. Da ruhten die Gewerbe. In der Traibotenstraße, wo die Waffenschmiede ihren Sitz hatten, war das eifrige Gehämmer verstummt, und auch in der sonst so geräuschvollen Nadlergasse hatten die Schmiede, Klempner und Schlosser ihre lärmende Tätigkeit eingestellt. Auch das eintönige Rufen und Anpreisen der umherziehenden Verkäufer verschiedener Lebensmittel störte nicht mehr, es lag vielmehr auf Straßen und Plätzen jene erhabene Weihestimmung, wie sie eben stets einem großen Jahresfeste, insbesondere aber dem Weihnachtsfeste, vorauszugehen pflegt.

Dafür gab es aber auch mehr Menschen außerhalb ihrer Behausungen. Der ehrsame Bürger schritt mit Weib und Kind dahin; die weitfaltigen farbenreichen Kleider standen den kräftigen Gestalten wohl an. So manche

Pflichten gab es an diesem Tage zu erfüllen, unter denen nicht die geringste jene war, in den verschiedenen Gotteshäusern durch erbauliche Andacht die eigentliche Festfeier würdig einzuleiten. Anderseits mußten auch die verschiedenen Buden besichtigt werden, besonders jene auf dem Petersplatze vor der Peterskirche, die freilich damals mit ihren zwei schlanken Türmen ganz anders aussah denn heute. Da gab es einen förmlichen Markt, wo Christgaben der verschiedensten Art zum Ergötzen der kleinen und großen Menschen in reicher Auswahl feilgeboten wurden. Gar manches Kind betrachtete in naiver Bewunderung die zierlich geschnitzten Krippen, in denen das wächserne Figürchen des Jesukindes mit einem großen Strahlenkranze auf weichem Waldmoose lag, oder die mit Flimmergold überzogenen Nüsse und Früchte, die so verlockend ausgebreiteten Schätze aus süßem Lebkuchen in mannigfachen Formen, oft mit farbigen Zuckerstreifen bunt bemalt, die niedlichen Christbäumchen, an denen allerliebste Kringlein und Brezel hingen, oder an anderen Orten die beliebten Spalten des Dörrobstes, die begehrlich duftenden und durch ihren schimmernden Glanz lockenden gedörrten Pflaumen und wie alle die kleinen Herrlichkeiten hießen, mit denen schon damals die Väter ihren Lieben Freude bescheren wollten. Da wurde dann eifrig gefeilscht und gekauft, die Händler hatten alle Hände voll zu tun, um die oft gar seltsamen Wünsche der Kunden zu befriedigen, und mancher Packen wurde endlich mit freudestrahlenden Gesichtern heimgetragen. In dem Gewühle der Bürger sah man nicht selten die vornehme Gestalt eines Edelmannes, der gern durch seine prächtige, mitunter kostbar geschmückte Gewandung, Wams und Ärmel zierlich gepufft und geschlitzt, die Bewunderung der Leute auf sich zog. Auch unter den Lauben auf dem Hohen Markte gab es verschiedene Laden mit Weihnachtsherrlichkeiten, und auf dem Fleischmarkte hatten die Fleischer ihre Braten, gar sorglich ausgeschmückt, zur Schau gestellt, nicht zu vergessen der Bäcker, die reichlicher als zu anderer Zeit des Jahres ihre Bäckereien, die beliebten Stollen und Flecken, die Wecken, Mohnringel und Salzbrezel angefertigt. Besonders lebhaft ging es auf dem Hohen Markte zu, der Schranne gegenüber, wo die Fischer und Krebser ihre heute sehr stark begehrte zappelige Ware feilhielten, und so manche Hausfrau schritt beglückt von dannen, wenn es ihr gelungen war, in dem Gedränge einen stattlichen Karpfen für ihren Familientisch zu erobern.

So verging der Morgen, die Glocken verklangen, die Mittagsstunde brachte den Händlern die ersehnte Erholung. Doch mit der Vesper kam neuerdings regeres Leben wieder auf die Straßen. Dazu fing es an, leise zu schneien, bis endlich in ziemlich dichtem Gewirre die lieben schimmernden Schneeflocken herniedertanzten und auf Giebel und Türme, Straßen und Gassen das weihnachtliche Festkleid legten. Die Sonne versank eben in rotglühenden Schleiern hinter dem Kahlengebirge und kündigte mit ihrem Scheiden an, daß nun bald das liebe Christkindlein seinen großen Gnadenflug beginnen werde, um all denen, die eines guten Willens seien, das große Glück des Friedens und der Liebe in das lauschende Herz zu versenken.

Da schritten, wohlvermummt, die weiten Mäntel sorglich um die Schultern geschlagen, zwei Männer den Kohlenmarkt hinab, den Tuchlauben und dem Hohen Markte zu; ein großer Mann war der eine, mit gewichtigen Schritten ausgreifend, und neben diesem ein kleiner, zierlicher der andere, eilfertig trippelnd und nur mühsam den Gefährten einholend.

„Nun wißt Ihr's, Meister Buff", beendete der alte Pippinger seine Rede, „heute soll der ersehnte Augenblick kommen. Aus sicherer Quelle hab' ich es, daß Herzog Leopold des Abends durch die Stadt reiten werde, um inmitten seiner Wiener das Weihnachtsfest zu feiern. Mitfreuen will er sich, wenn er durch die erleuchteten Fenster die Freude seiner Getreuen inne wird. Ach, er ist ein gar lieber Herr, den uns Gott noch lange erhalten möge. Da hab' ich mir einen köstlichen Plan ausgesonnen."

„Ach, sagt ihn mir, viellieber Freund, ich will schweigen wie das Grab." So bat das zierliche Schneiderlein.

„Das ist nicht nötig, im Gegenteil, je mehr davon wissen, desto besser. Nur laßt uns beizeiten das Rathaus erreichen, wo die Ratsherren alle auf meine Bitte versammelt sind. Da sollt Ihr alles erfahren."

Endlich war das Ziel erreicht, und Meister Buff seufzte tief auf und wischte den Schweiß von der Stirn. „Gott sei Dank, daß wir hier sind. Ihr lauft, Gott erbarme sich meiner, daß es mir völlig den Atem verschlägt, will ich mit Euch Schritt behalten. Aber so ist es immer, wenn man große Freunde hat."

Pippinger lächelte, schüttelte den Schnee von den Kleidern und schritt in den Hausflur, um gleich darauf mit seinem erhitzten Genossen in die hell erleuchtete Ratsstube zu treten, wo die übrigen Herren bereits versammelt waren. Die Zeit drängte, und daher begann Meister Pippinger, ohne erst seinen Rock abzulegen: „Vielliebe Freunde und Genossen im weisen Rate der Stadt! Wir alle und jeder gute Bürger der Stadt lieben und verehren unseren gütigen Herzog. Nicht besser können wir ihm unsere Liebe beweisen, als wenn wir den heutigen Abend nicht verstreichen lassen, ohne ihm eine Überraschung zu bereiten, wenn er, wie er meint, ungekannt und heimlich durch die Stadt reitet. Vor dem Tore zu St. Stephan wollen wir ihn alle zusammen festlich empfangen und ihm unsere Geschenke überreichen, jede Innung nach ihrer Weise. Nehmt den Vorschlag an, Freunde, und denket der väterlichen Fürsorge, die er stündlich und täglich seinen Wienern zuteil werden läßt."

„So ist's, Meister Pippinger! Prächtig! Die ganze Stadt muß ihm ihre

Huldigung darbringen! Das wird eine wahrhaft selige Weihnacht!" So klang es von allen Seiten in frohsamer Erregung, und die Leute schüttelten dem Alten die Hand.

„Das habt Ihr gut gemacht!" raunte Meister Buff seinem Freunde zu. „Doch gedenket unserer Abmachung, Pippinger."

„Ich will sie nicht vergessen, wenn der Augenblick günstig ist." So flüsterte er zurück und laut rief er: „An die Arbeit, wackere, wohledle Herren, wir müssen uns sputen, soll alles recht gelingen. Hoch lebe Herzog Leopold!" Jubelnd stimmten die Bürger in den Ruf ein und verließen die Stube, die nötigen Anstalten zu treffen. Still lag wieder das Rathaus da, und der Schnee wirbelte seinen Reigentanz weiter. Doch allmählich lichtete sich der Himmel, nur einzelne Flocken tanzten leise hernieder, und als auch diese verschwunden, lächelte der Mond mit tausend und abertausend Sternen über die weißen Dächer und wob einen zauberhaften Schimmer über die glitzernden Schneekristalle.

Nun war der Heilige Abend angebrochen. Nur einzelne Wanderer schritten die Straße entlang, hie und da ein Kriegsknecht, der ein eigenen Heim vermißte, zugewanderte Handwerksburschen, denen ein Anschluß noch mangelte, oder ein Nachtwächter, der mit Partisane, Horn und Laterne bedächtigen Schrittes seines Amtes waltete. Sie warfen alle neugierige Blicke auf die Häuser, denn in diesen entfaltete sich nun ein geschäftiges Treiben. Die kleinen Fensterchen leuchteten auf. Hinter den zierlichen, in Blei gefaßten Butzenscheiben der vornehmen Häuser, wie hinter den mit Öl getränkten Pergamentblättern oder den Scheiben von Marienglas der ärmeren Hütten ward es mit einem Male hell. Öllämpchen und Kerzen wurden angezündet, und um ihren trauten Schein versammelte der Hausvater seine Lieben. Da gab es Freude und Jubel überall. Er klang bis auf die stillen Straßen hinaus, frohsames Jauchzen hier, heller Kindergesang dort. Der Weihnachtsengel hatte seinen beglückenden Flug unternommen und selige Stimmung über Wien verbreitet.

Da öffneten sich die Tore der neuen Herzogsburg, die erst vor kurzem nicht weit vom Kohlenmarkte erbaut worden war, und über die Zugbrücke, die den Burggraben überdeckte, ritten mehrere Reiter. Es war Herzog Leopold mit einigen seiner ritterlichen Freunde. Er saß auf einem prächtigen, blühweißen Rosse, das mit purpurrotem Lederwerke aufgezäumt war. Gebiß und Steigbügel schimmerten golden im hellen Mondschein. Der Herzog trug ein helles, enganschließendes Wams, dem vorn auf der Brust das Wappen der Babenberger kunstvoll eingestickt war, ebensolche enganliegende Beinkleider, und die Füße staken in Schuhen, die kostbares Pelzwerk verzierte. Ein mit Hermelin verbrämter Purpurmantel floß in weiten Falten von den Schultern nieder, und auf dem Kopfe saß ein köstliches Barett, von weichem Pelzwerk umrandet und geschmückt mit roten und weißen Straußenfedern. Über der Brust funkelte die herrliche Herzogskette, und an der Seite hing das mit köstlichen Edelsteinen besetzte Schwert. Das von langen Locken umwallte Gesicht des Herzogs, aus dem die lieben gütigen Blauaugen blitzten, drückte eine heitere Freude aus, wie er jetzt in die hell erleuchteten Fenster seiner getreuen Wiener blickte. Er mäßigte den Schritt seines feurigen Rosses, denn er wollte gemächlich die Freude seiner Untertanen schauen. Da wandte er sich an seinen nächsten Begleiter.

„War es nicht ein guter Gedanke von mir, lieber Hademar von Kuenring! Sagt es selbst. Gibt es etwas Köstlicheres als Eintracht und Frieden unter den Menschen und zu sehen, welche Wunder sie wirken?!"

„Bei Gott, Herr, Ihr habt recht!" stimmte dieser zu. „Wunderlich genug schlägt mir altem Kriegsmanne das Herz unter dem Panzer, da ich den Segen Eurer Liebe staunend betrachte. Wahrhaftig, der Wiener hat Ursache genug, Euch zu lieben und Eure milde Hand zu preisen."

„Daran lassen es meine guten Wiener nicht fehlen, es ist, als wollten sie mit ihrer Liebe mir Ersatz dafür bieten, daß ich von anderer Seite Leid und Kümmernis genug erdulden muß."

„Ach, Herr, gedenkt in dieser Stunde dessen nicht", begütigte der Ritter den Herzog, als ahnte er dessen aufsteigenden Schmerz.

„Und sollte ich es nicht, gerade zu dieser Zeit? Schaut nur um Euch! Hält nicht jeder Vater sein Kindlein umschlungen in überwallender Herzensfreude? Wie weh muß es mir sein, zu wissen, daß fern von mir ein mißratener Sohn dem Vater grollt. Ach, Heinrich, welchen Schmerz bereitest du mir heute?!"

„Grämt Euch nicht, Herzog, noch ist er kein verlorener Sohn. So manches Herz, das in brausendem Zorne aufgeschrien und vermeintliche Fesseln zerrissen, schlägt wieder guten Sinnes und mild, wenn die Zeit reiferes Verständnis gebracht."

„Gott gebe es, doch habe ich selbst die Hoffnung verloren."

Bekümmert schloß der Herzog die Rede und versank in stilles Träumen, indes er dem Roßmarkte zuritt.

Aber Herzog Leopold war nicht unbemerkt geblieben. Das Gepolter der Rosseshufe in stiller Nacht, das Geklirre der Waffen wie des Rüstzeuges der Tiere hatte doch Aufsehen erregt. Manch Fenster öffnete sich, und manch neugieriger Kopf forschte nach der Ursache des Lärmens auf der Straße. Die Leute erkannten den geliebten Landesfürsten und eilten trotz des Abends auf die Straße und begrüßten den Herzog mit lauten Zurufen. Mit einem Male war es in den öden Straßen wieder lebendig geworden. Von des Herzogs Stirn war die düstere Wolke des Unmutes wie verflogen, als er bemerkte, wie die Schar sich immer vergrößerte und endlich von allen Fenstern und Türen ihm die Leute zuwinkten und zujubelten. Nur langsam vermochte er in dem förmlichen Gedränge vorwärts zu kommen, das ihm auf seinem Umzuge zu folgen schien. Eben wollte er zur Stephanskirche nach links abbiegen, als er unwillkürlich den Schritt seines Rosses hemmen und anhalten mußte. Ein überraschender Anblick bot sich seinen erstaunten Blicken dar, einzig in seiner Art, ein Bild, wie es selbst seine Augen noch nie erschaut. Eine Volksmenge, so weit sein Auge reichte, Kopf an Kopf, groß und klein, arm und reich, füllte den Platz und vor derselben, im Halbkreise aufgestellt, die vornehmsten Bürger der Stadt, welche auf bunten Polstern in flachen Reisigkörben kostbare Geschenke trugen. Ihnen zur Seite standen minnigliche Jungfrauen, selbst kleine Knaben und Mädchen und hielten zierliche, mit Bändern und Lichtern geschmückte Tannenbäumchen in den Händen. Und längs der Häuser standen Männer mit mächtigen Kienfackeln, deren rotes Geflacker einen magischen Glanz auf die vielen Gestalten warf.

Als der Herzog sichtbar geworden, da brach die Menge in den vieltausendstimmigen Ruf aus: „Hoch lebe Herzog Leopold! Hoch! Hoch! Hoch!" Des Jubelns wollte kein Ende nehmen, und von allen Fenstern, Giebeln und Erkern winkten Jungfrauen und Kinder mit wehenden Tüchlein und Fähnlein zu. In tiefer Erregung sah Herzog Leopold auf das bunte Gewoge. Er war ob dieser Überraschung seiner Wiener keines Wortes mächtig. Einen stummen, aber beredten Blick warf er auf seinen Begleiter, der ihm lächelnd zuwinkte, als wollte er sagen: Sehet, wie der liebe Gott Euer Leid vergessen macht. Da trat der greise Pippinger vor, entblößte sein Silberhaar und winkte. Sofort verstummte das Freudengeschrei, und tiefe Stille trat an dessen Stelle. Es war ein erhabener Augenblick.

Sich vor dem Herzog verneigend, hub er an:

„Hochedler Herzog, gnädigster Landesfürst! Als wahrer Vater sorgt Ihr voll Huld und Gnade für Eure Untertanen und teilet gern deren Leiden und Freuden. Seht um Euch, hoher Herr, und empfanget des heißesten Dankes Zoll aus allen Blicken. Nehmt, glorreicher Herzog, die schlichten Gaben Eurer Wiener, die sich in liebender Treue hier vereinigten, als ein geringes Zeichen ihrer Dankbarkeit. Gott gebe es, daß Ihr und Euer Geschlecht noch lange uns regiert. Wir bieten Euch ehrfurchtsvoll fröhlichen Weihnachtsgruß! Heil, Herzog Leopold!" Und wieder stiegen brausende Rufe zum nächtlichen Sternenhimmel empor, und die Leute drängten herzu, die Hand des gütigen Herzogs zu küssen, den Saum seines Gewandes zu berühren, den milden Blick aus seinem Auge zu empfangen.

Eine mächtige Bewegung hatte das Herz des Fürsten erfaßt. Tränen der Rührung waren in seine Augen gedrungen, und schmerzlich bewegt zuckte es um seine Lippen. Vordem in herbes Vaterleid versunken und nun so hehre Vaterfreude! Er konnte nur mühsam seiner Ergriffenheit Herr werden. In herzlicher Freude betrachtete er die vielen Gaben, die man ihm auf so sinnige Weise dargeboten. Und als er endlich halbwegs wieder seine Fassung gefunden, da war sein Herz übervoll der Gnade. Auf seinen Wink lauschte die Menge.

„Meine wackeren Wiener Bürger! Nehmt meinen fürstlichen Dank, ihr, meine Getreuen! In opfernder Liebe vergeltet ihr, was ich zu geben allzeit bemüht war. Merket, nicht die Gabe ist es, die so erfreut, nein, der gute Sinn, der die Herzen edelt. Zum Angedenken an diesen schönen Tag der Liebe will ich euch auf der Stelle eine Bitte gewähren, so ich es vermag und meine Kräfte reichen."

Da jubelte ihm abermals das Volk zu, und lautes Stimmengewirr machte sich geltend. Da trat neuerdings Meister Pippinger, nachdem er mit seinem Freunde Buff einen bedeutungsvollen Blick gewechselt, vor und sprach in tiefer Erregung, jedes seiner Worte mit fester Kraft betonend:

„Gütiger Herzog! Eure Huld allein ist uns der Freude genug, um Euch anzuhängen in treuer Ergebenheit für alle Zeiten. Doch da Ihr eine besondere Gnade uns erweisen wollet, so sei Euch ein schweres Anliegen kund, das unsere Herzen längst arg belastet. Nehmt uns Wiener in Schutz vor den Fremden, den Flandrensern und welschen Gewerbsleuten, die uns schwer beeinträchtigen. Gewähret uns die Gnade, die ausstehenden Schuldsummen eintreiben zu dürfen, und unterstützt dies durch Euer Machtwort, da dies uns allein nur schwerlich gelingen dürfte. Dann wäre uns geholfen!"

Meister Buff, den es bei seinen Freunden nicht litt und der gern schon längst der Ehre hatte teilhaftig werden wollen, mit dem Herzog selbst zu sprechen, gesellte sich zu dem Sprecher und rief bekräftigend, wobei er seine kleine Gestalt hoch aufrichtete: „So ist es, hochedler Gönner! Dann ist uns geholfen!" Und zu seinem Freunde gewendet, flüsterte er diesem zu: „Das war ein Wort zu rechter Zeit! Die Bürger werden es Euch gedenken!"

Da sprach der Herzog, wobei ihm allerdings die scheelen Blicke der Münzer insbesondere nicht entgingen: „Wohlan, es sei! Ich verpfände euch mein fürstliches Wort! Für morgen bescheide ich den Rat der Stadt in meine Burg, da möget ihr eure Briefe und Forderungen vorlegen, und ich will sehen, was ich vermag. Nun laßt uns weiterziehen."

Da ordnete sich im Nu ein gar seltsamer Zug vor den staunenden Blikken des Herzogs. Erst kamen die Kinder und Mädchen mit den geputzten Bäumlein, dann folgen die verschiedenen Innungen: die Bäcker in ihrer kleidsamen weißen Tracht mit den Ciphen, Kringeln, Brezeln, Wecken und Fladen, dann die Kaufleute mit kostbaren Gewürzen, Zendal und Seidenzeug, dann die Wildwerker mit seltenem Pelzwerke, Hermelin und Blaufuchs, dann folgten die Tuchscherer mit schöngefärbter Watte, blauen und roten Tuchballen, hierauf die Waffenschmiede mit glänzendem Rüstzeuge, Helmen und Schwertern; endlich die reichen und hochangesehenen und deshalb mit neidischen Blicken betrachteten Münzer, die köstliche Goldgefäße trugen, Becher und Krüge, auf Tassen Silber- und Goldringe und neugeprägte Goldmünzen, und diesen folgten die Fleischer, die prächtige Rinder, Kälber und Schafe, alle mit Reiswerk und Bändern geschmückt, an kurzen Seilen führten. Dann schwenkte Herzog Leopold mit seinen Rittern ein, gefolgt von den übrigen Bürgern und Ratsherren. Der Zug bog in die Wollzeile ein, eine damals neue Straße, lange die schönste Wiens, wandte sich dann der Traibotenstraße zu, kreuzte die Karrnerstraße und kam wieder über den Roßmarkt und Kohlenmarkt zur neuen Herzogsburg zurück. Während des Rittes wollte des Jubelns kein Ende nehmen, überall dieselben Rufe der Freude, überall dieselbe Liebe: Der Umzug war im vollsten Sinne des Wortes ein Zug der Liebe, des wärmsten und edelsten Triumphes.

Der Herzog hielt sein Versprechen und sorgte, daß die Wiener wieder zu ihren Rechten kamen. In herzlicher Dankbarkeit aber, die sie dem Manne entgegenbrachten, der es verstanden hatte, zu rechter Zeit dem Herzog ein rechtes Wort zu sagen, nannten sie die Straße, wo ihr Fürsprecher wohnte, die Pippingerstraße und erhielten dadurch noch durch viele Jahrhunderte das Andenken rege an Leopolds ersten Weihnachtsritt.

DIE LINDE ZU ST. STEPHAN

Das alte Kirchlein zu St. Stephan stand noch außerhalb der Wiener Stadtmauern. Als nun der Plan, an Stelle des Kirchleins ein großes Gotteshaus zu erbauen, verwirklicht wurde, mußte ein Teil der Bäume, die das Kirchlein umgaben, niedergehauen werden.

Aber die Werkleute, die das besorgen sollten, taten des Guten zuviel und wollten auch ein schönes, junges Lindenbäumchen abhauen, obwohl es ganz abseits stand und ihnen gar nicht im Wege war.

Das bemerkte Herr Eberhard, der fromme Pfarrherr der neuen Kirche, der immer fleißig nachsah, ob es beim Bau vorwärtsgehe. Er erbarmte sich des Bäumleins, und weil es gerade im schönsten Blütenschmuck stand, so bat er den Bauherrn, es auf seinem Platze zu lassen, und so wurde es vor der Vernichtung gerettet.

Als man nun endlich daranging, auch für den Pfarrherrn ein bescheidenes Haus zu bauen, da ließ sich Herr Eberhard seinen Pfarrhof so anlegen, daß die Linde neben seiner Haustür stand und daß er sie von seinem Zimmer aus sehen konnte.

Das Bäumlein wuchs prächtig in die Höhe, und der fromme Pfarrherr hatte immer wieder seine Freude daran, wenn es sich zur Sommerszeit mit Blüten bedeckte und duftete.

Aber der Baum war noch jung, Herr Eberhard hingegen war nach und nach älter und gebrechlicher geworden. Einmal an einem Herbstabend kamen Todesahnungen über ihn, wie er sie bisher nicht gekannt hatte, und jetzt dachte er daran, daß er vielleicht keinen Frühling mehr erleben und sein liebes Bäumchen wohl nie mehr im Blütenschmuck sehen werde.

Die ganze Nacht hindurch quälte ihn dieser Gedanke, und dabei wurde er immer schwächer und schwächer, und als der Morgen kam, fühlte er, daß sein letztes Stündlein nahe.

Voll Gottvertrauen verrichtete er seine Gebete, und dann bat er, man möge das Fenster öffnen. Er wollte noch einmal den Baum sehen, der schon fast kahl war und am Tage vorher nur mehr wenig Blätter gehabt hatte.

Als aber Herr Eberhard zum Fenster hinsah, da bemerkte er mit Staunen, daß die Linde über und über mit Blüten bedeckt war, und auch ihren Duft spürte er wie an einem Sommertage.

Da lächelte der fromme Pfarrherr vor Glückseligkeit, und dann hauchte er seine Seele aus.

Mit einem Male erhob sich aber ein Wind, der schüttelte die Blüten vom Baum und trug sie ins Zimmer des Pfarrers, so daß sein Leib über und über damit bedeckt war.

So hatte die Linde dem Toten dafür gedankt, daß er ihr einst das Leben erhalten hatte.

DER ERSTE ELEFANT IN WIEN

Um die Mitte April 1552 herrschte die freudigste Aufregung in Wien; die Plätze, Straßen und Gassen zeigten sich voll schaulustiger Menschen aus allen Schichten der Bevölkerung, wozu die Stadt selbst, die Vorstädte und nächste Umgebung ihre buntgemischten Kontingente lieferten. Es gab da wirklich viel Neues und Schönes zu sehen, das sich zu einem großen Feste vorbereitete in Neubauten und Ausschmückung jener Häuserreihen, welche dabei zunächst in Sicht kommen sollten, was alles bis zum 14. April genannten Jahres vollendet sein mußte und, dank der heiteren Frühlingsluft und dem herzlichen Eifer der Einwohner und dazu bestimmten Arbeiter, auch aufs beste zustande gebracht wurde.

Die Bestimmung dieses Tages aber war der feierliche Einzug und festliche Empfang des Erzherzogs Maximilian von Österreich, der nach langjährigem Aufenthalte in Spanien in sein Geburtsland zurückkehrte.

Prinz Maximilian – wie man ihn gewöhnlich nannte, obwohl er schon seit 1548 den Titel eines Königs von Böhmen führte – geb. zu Wien 1527, zur eingangs bezeichneten Zeit also erst fünfundzwanzig Jahre alt, aber bereits vermählt mit Maria, der Tochter seines Oheims, des Kaisers Karl V., war von seinem erlauchten Vater, dem römischen König Ferdinand I., nach Wien berufen worden, um daselbst seinen bleibenden Aufenthalt zu nehmen.

Dieser Prinz – als nachmaliger Kaiser seines Namens der Zweite, einer der erleuchtetsten und trefflichsten Regenten – ausgezeichnet durch die herrlichsten Eigenschaften, wie durch edle Gestalt und wahre Ritterlichkeit, hatte die allgemeine Aufmerksamkeit und Neugierde durch sein zwei Jahre vorher im Nachtlager zu Granada glücklich bestandenes, lebensgefährliches Abenteuer im höchsten Grade erregt. Alles wollte den ebenso heldenmütigen als schönen Prinzen sehen, der in jener Räuberhöhle – einer Köhlerhütte – gegen eine Schar Mordgesellen so lange aufs mannhafteste standgehalten und die Genugtuung erlangt hatte, die Ruchlosen endlich mit Hilfe seines herbeigeeilten Gefolges ganz zu bewältigen und dem Gerichte zu überliefern. Wer auch hätte nicht den Helden jenes Aufsehen erregenden Abenteuers angestaunt und nicht auch zugleich gern die junge, schöne Frau gesehen, welcher der Prinz seine Rettung zu danken hatte, indem sie ihm bei seinem Eintritt in die Behausung der Räuber die Warnung zugeflüstert, auf seiner Hut zu sein, und die nun, wie verlautete, der dankbare Prinz mit sich genommen, um sie in Wien glänzend zu versorgen.

In der Weinschenke „Zum wilden Mann“ in der Kärntner Straße ging es schon am frühen Morgen des 14. April äußerst lebhaft her, so zwar, daß der

Raum dieser beliebten Gastwirtschaft nur den geringsten Teil der massenhaft zuströmenden Bürgersleute zu fassen vermochte. War es ja doch, abgesehen von dem guten Weine, der dort geschenkt wurde, gerade die Kärntner Straße, durch welche der festliche Einzug des Prinzen Maximilian und seiner erhabenen Gemahlin beginnen sollte, um sich über den „Grünen Markt" (Graben) und „Kohlenmarkt" (Kohlmarkt) in die kaiserliche Hofburg fortzusetzen. Daß der Einzug erst am Mittag stattzufinden hatte, war jenen guten Bürgern kein Grund, nicht schon am Morgen in der Weinschenke Posto zu fassen; sie mußten doch diesen hochwichtigen Gegenstand reiflich erwägen und besprechen, eine Obliegenheit, welcher man zu allen Zeiten beim Becher am liebsten nachzukommen pflegte.

An einem großen runden Tische, inmitten des Hauptschankzimmers, saßen ein Dutzend Wiener Bürger, gemischt mit halb so vielen Bürgern aus Wiener Neustadt, welch letztere bereits vor einigen Tagen im „Wilden Mann" eingekehrt waren, um die Vorbereitung zu all den Herrlichkeiten zu schauen und das Fest gleichsam vorzugenießen.

Ulrich, der Glockengießer aus Wiener Neustadt, ein stattlicher Mann in den besten Jahren, wohlhabend und als Mann von „gutem Ton" auch allgemein beliebt, ließ sich an dieser Tafelrunde zumeist vernehmen; nicht sosehr aber in Bemerkungen oder Behauptungen, wie in Fragen über die heute zu erwartenden Dinge. Als der eigentliche Sprecher des Hauses wies sich daselbst der Bürstenbinder Konrad Etzelt, ein Stammgast dieser Schenke, der dem damaligen Rufe der Bürstenbinder, will sagen, dem bösen Leumund dieser Zunft in Sachen des Dürstens und Bürstens niemals Eintrag tat und das Gespräch, von den Tischgenossen kräftiglich unterstützt, erhielt sich zwischen diesen zwei markigen Bürgern in lebhaftester Weise aufrecht.

„Daß Prinz Max kommt und seine erlauchte Hausfrau", bemerkte der Bürstenbinder nach einem ganz unvergleichlichen Zuge aus seinem Stammbecher, indem er seine buschigen Augenbrauen hoch emporzog, „ist schön, aber bei weitem nicht alles, sondern, was mit dem hohen Paare kommt, das ist das merkwürdigste."

„Und Ihr wißt das schon?" fragte Meister Ulrich.

Herr Etzelt räusperte sich, wie jeder ordentliche Redner bei Eröffnung eines großes Vortrags.

„Alberne Frage", sprach er, „würde ich sagen, wenn nicht Ihr, Herr Ulrich, gefragt hättet! Freilich weiß ich das. Denn sintemal mein leiblicher Vetter im Stadtrate sitzt, höre, vernehme und weiß ich, um was es sich bei Haupt- und Staatsaktionen handeln tut. Und so auch in diesem heutigen ganz pompösen Fall. Noch einmal, die Ankunft der Hoheiten ist das erfreulichste; aber mit ihnen kommen auch die fürtrefflichsten Kostbarkeiten, die unermeßlichsten Schätze und wundersamlichsten Produkte, ja sogar die seltensten Tiere aus der Neuen Welt, nämlich aus dem fernen Indien oder Amerika, und alle diese verwunderlichen Herrlichkeiten als Geschenke, wohl verstanden, als Gratisspende des spanischen Königs Philipp des Zweiten für den Prinzen Max."

Ein Gemurmel von Staunen und Beifall lohnte diese Mitteilung des Bürstenbinders, der zur Interpunktion seines Vortrags einen tüchtigen Schluck tat und dann also fortfuhr: „Wir werden Dinge zu schauen kriegen, die der Stephansturm noch nicht geschaut hat; aber nur wenige werden das, was sie ins Auge fassen, auch kapieren; denn, wie gesagt, die Neue Welt hat ganz andere Siebensachen als unsere alte, und dort ist das Gold leichter zu haben als Messing; nur fehlt's, wie ich höre, dort an Glockengießern und Bürstenbindern."

Lautes, herzliches Lachen folgte dieser Schlußbemerkung, und das Gespräch erheiterte sich in echt wienerischer Weise.

Dieses bürgerliche Spiel mit Fragen und Antworten dauerte ein paar Stündchen durch; dann brachen die Neustädter ab und auf und schickten sich an, mit Herrn Ulrich an der Spitze und Herrn Etzelt in der Mitte, einen, wie letzterer sich ausdrückte, observierenden Streifzug durch jene Teile der Stadt zu machen, die zum Behufe der bevorstehenden Festlichkeit am auffälligsten verändert und ausgeschmückt worden waren.

Zuerst bewegte sich der muntere Trupp, so gut es gehen wollte, auf kürzestem Wege der kaiserlichen Burg zu. Diese bildete damals ein mäßiges Viereck mit starken Ecktürmen. Die Hauptfassade daran war der altertümliche, schon von Herzog Leopold dem Glorreichen aus dem Hause Babenberg gebaute Trakt, welchen dann König Ferdinand I. erweitert hatte und der später „Schweizerhof" (von der daselbst Wache haltenden Schweizergarde) genannt wurde. Die übrigen Seitengebäude waren der Hofkapelle und der Hofwirtschaft gewidmet. Von allen den anderen Gebäuden, welche heute die Burg ausmachen, existierte zu jener Zeit nur der „Cillnerhof" (später Amalienhof), denn die übrigen entstanden erst unter den Kaisern Leopold I. und Karl VI. Es bot sonach die kaiserliche Burg damals nicht die räumliche Gelegenheit, um zwei glänzende Hofhaltungen gebührend zu umfassen; deshalb wurden das alte Zeughaus und die Stallgebäude unterhalb derselben abgebrochen und an ihrer Stelle ein stattlicher Bau aufgeführt, der noch heute die „Stallburg" heißt.

Dies alles betrachteten und erörterten die Neustädter und Wiener Bürger vom „Wilden Mann" ganz genau. Besonders gefiel ihnen die Vorderseite der Burg, die zum Empfange des hohen Paares aufs prachtvollste geschmückt worden war. Es zeigte sich da eine große Galerie zu beiden Seiten des schönen Portals, von deren verschiedenen Abteilungen reichgestickte Teppiche niederhingen, über welche sich malerisch Blumengewinde und grüne Festons hinzogen.

„Zuoberst auf dieser Galerie“ – erklärte der durch seinen stadträtlichen Vetter sehr wohlberatene Bürstenbinder – „wird die kaiserliche Musikbande plaziert werden und sich da des Schönsten und Lautesten sehen und hören lassen.“

Herrn Etzels Erklärung wurde im selben Augenblick lebendig illustriert, denn es erschien soeben hoch oben einer von jenen kaiserlichen Musikern, gefolgt von einigen Männern, welche Instrumente trugen. Derselbe wies sich in heller, weiter, reich mit Gold gestickter und verbrämter Kleidung.

Nachdem unsere Morgenschwärmer das alles betrachtet hatten, verließen sie die Burg und traten ihren wohlgeordneten, nur zeitweilig von Rippenstößen ein wenig belästigten Marsch durch die für den Einzug bestimmten Stadtteile an.

Groß war da überall das Gedränge, besonders an den drei herrlichen Triumphpforten. Eine unzählbare Menschenmenge drängte sich bereits seit Anbruch dieses festlichen Tages durch die Straßen und Gassen des guten alten Wien, und man erblickte da die verschiedenartigsten und wunderlichsten Trachten von der Welt: den Bauer in grober, weiter Jacke und kurzen Hosen, blauen Stümpfen, plumpen Schuhen und breitkrempigem Hute; den ehrsamen Bürger und Zunftgenossen in faltigem Niederkleide, Wams mit schmalem Gürtel und dunklem kurzen Mantel; Männer aus den höheren Ständen in gebauschter, geschlitzter Unterkleidung mit Mänteln aus schwerem Seidenstoffe, Schwungfederbarett mit Silber- oder Goldborten; auch Raizen, Armenier und viele Ungarn in ihren prächtigen und kleidsamen Nationalkostümen, dazwischen endlich schüchtern einherschleichende Juden, mit dem durch das Gesetz jener Zeit gebotenen Abzeichen eines gelben Fleckes auf der linken Seite der Brust.

Gegen Mittag waren die schon bezeichneten Straßen und Plätze wie in einen Zauberhain umgewandelt; wohin man sah grünende und blühende Zweige, Blumen, bunte Tücher, Teppiche und Fahnen, nebst herrlichen Prunksachen aus Silber und Gold, und alles erglänzend in den milden Sonnenstrahlen eines schönen Lenztages.

Aber – gut Ding, heißt es, braucht Weile, und die Menschenmenge hatte an jenem Tage die Wahrheit dieses alten Spruches zu erfahren; denn erst nach vielstündigem, sehnsuchtsvollem Zuwarten ertönte – um zwei Uhr nachmittags – vom Kärtnertore her das Ankunftsignal, der erste Kanonenschuß, dem alsogleich mehrere folgten.

Welche Aufregung! Welche stürmische Bewegung! Welche Erwartungen!

Und all diese so hoch gespannten Erwartungen sollten noch übertroffen werden!

Der Zug selbst, wie prachtvoll auch an sich, überraschte nur jene, besonders aus dem Landvolke, die dergleichen noch nie gesehen hatten; nicht aber die Wiener, deren Augen schon damals ein bißchen verwöhnt waren, obgleich sie noch keine Theaterausstattungsstücke oder Ausstellungspaläste zu Gesicht bekommen hatten. Es wunderte sie nicht einmal der achtspännige, reichvergoldete Wagen, worin das fürstliche Paar in köstlichem, blendendem Schmucke saß und die jubelnden Begrüßungen der Menge mit der huldvollsten, freundlichsten Miene dankend hinnahm, und auch nicht die Pracht des folgenden spanischen Adels. Stutzig wurden sie nur beim Anblicke der offen zur Schau getragenen glänzenden Gaben aus dem fernen Indien, und mancher Absonderlichkeiten, zum Beispiel der schönen „indischen Raben" (Papageien) mit dem bunten Gefieder und dem spaßigen Gekrächze; allein ihre Verwunderung und Bewunderung, ihre höchste Überraschung und Aufregung gab sich kund in tausendfachen Ausrufen beim plötzlichen Anschauen eines zwischen bewaffneten Hütern langsam einherschreitenden, riesenhaften Ungetümes, eines kolossalen schwarzen Vierfüßlers, mit langgedehnter, gewaltiger, immer bewegter Nase und – was daran das entsetzlichste war – mit weit emporgekrümmten, ungeheuren, gelbweißen Hauern!

Was war das?

Schon beim Kärntnertore verbreitete der Anblick dieses auf vier dicken runzeligen Pfeilern so gravitätisch sich vorschiebenden schwarzen Berges mit dem seltsam geformten Felsvorsprung, der einen Kopf vorstellen sollte, was die daran baumelnden Ohrlappen und die pfiffig blickenden Augen glaubwürdig erscheinen ließen, fast in der ganzen Zuschauerschaft panischen Schrecken, und die plötzlich entstandene Unordnung drohte gefährlich zu werden, denn man stürzte übereinander hin, und jung und alt schrie um Hilfe.

Glücklicherweise befanden sich, teils im Zuge selbst, teils unter den Zuschauern, mehrere gelehrte Herren, wie zum Beispiel die kaiserlichen Leibärzte Wilhelm Arragos, Krato von Kraftheim und Wolfgang Lazius, welche sich eifrigst bemühten, den Tumult zu hemmen und die allgemeine Angst durch die laut ausgesprochene Erklärung zu beschwichtigen, daß dieses Tier kein gefährliches Untier, sondern im Gegenteil sehr gutmütig und gelehrig sei; daß es, mit Namen *Elephas Elephantis,* in seiner Heimat, in den Reichen Afrika und Asien nämlich, sogar nützliche Dienste verrichte; daß man aus seinen Zähnen das köstliche „Elfenbein" gewinne, das dem Golde gleich geachtet werde, und mit dem die Türen am Tempel Salomons belegt gewesen seien, und daß sonach der erlauchte Herr, Prinz Maximilian, indem er es aus Hispanien mitgebracht, der Wissenschaft einen großen Dienst erwiesen habe.

Diese naturhistorische Erläuterung des Sachverhaltes mit dem langnasigen Ungeheuer, an sich ganz gut, verschlug nicht viel, und erst als mehrere Herren aus des Prinzen Gefolge, und zwar der Kanzler Widmannstadt, der Geheimschreiber Christobal de Castillejo und der kaiserliche Kammerdiener Leopold Heyberger sich dem vermeintlichen Untiere genähert und dasselbe furchtlos betastet hatten, begann die Furcht des Volkes zu schwinden, ja es entstand allmählich sogar ein Gedränge um den klug dreinschauenden Elefanten, so daß der Prinz freundlich den Zug bisweilen haltmachen ließ, um den Leuten Zeit zur Bewunderung zu gönnen.

So ging es glücklich vorwärts bis in die Mitte des „Grünen Marktes" (Grabens).

Da, bei dem massenhaften Zudrange des Volkes aus allen Seitengassen, wird der Festzug von selbst gehemmt, und plötzlich ertönt aus der dichtgedrängten Menge um den Elefanten ein gellender, markerschütternder Schrei.

Das war die Stimme eines weiblichen Wesens in Todesangst. Frau Maria Gienger, die Gemahlin des kaiserlichen Raitrates (Rechnungsrates) Anton Gienger, eines Mannes, der als Gönner der Wiener Hochschule vom Volke hochgeschätzt wurde und der ein Haus zu eigen besaß, wollte mit ihrem Töchterlein nach Hause eilen, um von ihrem Gemache aus den Zug bequem überschauen zu können, sah sich jedoch, durch den immer wachsenden Andrang da und dort aufgehalten, genötigt, unter den Zuschauern am Platze stehenzubleiben. Mit einemmal von der zuwogenden Menge unwiderstehlich vorgedrängt, ließ sie nur einen Augenblick ihr Kind sich entgleiten, und dieses, fortgestoßen, kollerte vor die Füße des Riesentieres. Dem Entsetzensschrei der vor Schreck halbtot zurücktaumelnden Frau folgt im Nu hundertstimmiger Hilferuf, und all der zunächst Stehenden Blicke starren nach dem Elefanten.

Dieser aber sah ernst um sich, drängte mit seinem Rüssel alles von sich weg, hob, nachdem Raum um ihm geworden, fein säuberlich und gemach das weinende Kind auf, hoch über alle Köpfe empor und reichte es mit dem Anstande eines diensttuenden Kavaliers unverletzt der schreckensbleichen Mutter hin.

Jenen Angstrufen folgte nun ein nicht minder betäubendes Freudengeschrei, ja, es wurden dem edlen Tiere Lebehochs gebracht, und der Jubel währte noch fort, nachdem dasselbe bereits den Blicken aller wieder entschwunden war.

Der Vater des so seltsam gefährdeten und zugleich geretteten Kindes ließ aus Dankbarkeit an der Seitenwand des Eckhauses vom Graben gegen den Stock-im-Eisen-Platz, wo sich das Ereignis zugetragen hatte, zu immerwährendem Gedächtnis den Elefanten abbilden; zuerst aus Sandstein als

Basrelief und darunter in lateinischer und deutscher Sprache folgende Inschriften anbringen:

Sincera Pictura Elephantis,
quem Serenissimus Rex
Maximilianus Primo
Viennae spectandum
exhibuit
Mense Aprili
Anno MDLII.

Dieses Tier heißt ein Elefant,
Welches ist weit und breit bekannt;
Seine gantze Größ, also Gestallt,
Ist hier gar fleißig abgemallt,
Wie der König Maximilian
Aus Hispanien hat bringen lan
Im Monat Aprilis fürwar
Als man zelt 1552 Jar.

Später wurde darunter beigefügt:
Renovatum do Ao. MDCCXXVII.

In diesem letztgenannten Jahre (1727) war aber das Basrelief schon so verwittert und so undeutlich geworden, daß man es ganz wegnahm und an derselben Stelle ein großes Wandgemälde anbrachte, welches noch in den alten Ansichten Wiens von Pfeffel, Delsenbach und anderen zu sehen ist. Erst 1789 wurde während eines neuen Baues das Gemälde übertüncht und dann leider nicht wiederhergestellt. Man verfuhr von jeher gar barbarisch mit den ehr- und denkwürdigen Wahrzeichen unserer an reizenden Legenden so reichen Vaterstadt.

Das altertümliche Haus, später „Zur goldenen Krone" genannt, war auch durch seinen Baustil merkwürdig. Es entstammte mit seinen zwei scharfen, hohen Giebeldächern dem Anfange des sechzehnten Jahrhunderts. Die Gemeindevertretung Wiens hatte es zum Zwecke der Demolierung angekauft, um die enge Passage der dortigen Gegend frei zu machen, und im Jahre 1865 verschwand das interessante, über 360 Jahre alte Gebäude.

Noch aber erhielten das Haus Nr. 31 (früher 647) der Rotenturmstraße und Nr. 47 (früher 1018) der Kärntner Straße das Schild „Zum Elefanten", und am Erker des letzteren befand sich auch ein Sandsteinbild dieses seltsamen Ankömmlings in Wien.

Aus unserer Erzählung erhellt übrigens die Unrichtigkeit der oft wiederholten Meinung, jener Elefant, der Mitte des siebzehnten Jahrhunderts in Leipzig gezeigt wurde, wäre der erste in Europa gewesen. Der erste Elefant in Deutschland war jener, welcher vom Perserkönig Aarun als Gegengeschenk im Jahre 802 zu Aachen dem Kaiser Karl dem Großen gegeben wurde.

Leider erwies sich der erste Elefant in Wien noch weniger widerstandsfähig gegen die Unbilden des Wetters als sein steinernes Bildnis; er verendete schon am 18. Dezember 1553. Aus seinen Knochen wurde ein Stuhl angefertigt, welcher sich jetzt im Besitze des Stifes Kremsmünster befindet.

DER KLAGBAUM

Nahe der Grenze des alten Wiens stand auf einer Anhöhe eine Linde. Dorthin kam jeden Tag im Sommer eine Frau mit einem kleinen Mädchen. Das Kind hatte an den Blumen, die auf der Wiese standen, seine größte Freude und flocht zierliche Kränze daraus.

Als aber der Winter kam und seine rauhen Winde über das Lind schickte, da konnte das Kind nicht mehr hinausgehen zum Baum und klagte um seine geliebten Blumen. Denn sie waren alle abgestorben, und auch die Linde stand kahl da.

Eines Tages bekam das Mädchen ein schreckliches Fieber und erkannte bald seine guten Eltern nicht mehr. Die Mutter war außer sich vor Schmerz und saß Tag und Nacht am Krankenbett ihres Lieblings und weinte und betete.

Das Kind sprach auch im Fieber nur von seinen Blumen und Kränzen. Oft und oft rief es: „Mutter, Mutter, gib mir die Blumen!“ Aber bald schlossen sich seine Lippen für immer.

Seit dem Tode des Mädchens hatte die Mutter keine Ruhe mehr. Bald kniete sie stundenlang an dem kleinen Grabe, in dem ihr Teuerstes lag, bald saß sie oben bei der Linde, klagte um ihr totes Kind und starrte mit tränenlosen Augen vor sich hin. Kein Trost und kein Zureden war imstande, sie aufzurichten.

Als der Frühling wiederkam und seine Blüten über die Wiese streute, da wurde der Schmerz der treuen Mutter grenzenlos. Nirgends fand sie Ruhe, bei Tag und bei Nacht verließ sie jetzt das Haus, ging hinauf zum Hügel und rief mit den zärtlichsten Worten nach ihrem Kinde.

Eines Nachts saß sie wieder oben bei dem Baume, der schon oft ihre Klagen gehört hatte. Da kam ihr Mägdlein auf sie zu, das war licht und schön wie ein Engel, lächelte in himmlischer Milde und sagte: „Mutter, weine nicht, ich habe meine Blumen wiedergefunden, sie blühen so schön auf der Himmelswiese droben; willst du mir helfen, schöne Kränze flechten? Komm doch, liebe Mutter, die Blumen warten auf uns!“

Am nächsten Morgen fand man die gute Mutter tot unter der Linde. Von da an nannten die Leute den Baum nur mehr den Klagbaum, weil die Frau dort so oft um ihr Kind geklagt hatte.

Die Klagbaumgasse in Wien soll darauf ihren Namen zurückführen.

DAS VEILCHENFEST

Längst schon hatte im Donautal das Schneeglöckchen wieder die Ankunft des Lenzes eingeläutet. Die letzten Reste von Eis und Schnee waren verschwunden, und auf den Wiesen und Halden rings um Wien herum durchbrachen in Millionen winziger Schwerter die zarten, frischgrünen Grashalme den feuchten, im warmen Sonnenstrahle dampfenden Boden. Auch die Primeln und Anemonen waren bereits in zahlreichen Heeren aufmarschiert und lugten verständnisinnig der lieben Frühlingssonne entgegen. An Sträuchern und Bäumen gab es schwellende Knospen, aus denen hie und da bereits die ersten weichen lichtfarbigen Blätter hervorgebrochen waren. Und wenn auch zuweilen noch rauhe Winde über die Berge fuhren, sie mußten doch weicheren und laueren Zephiren das Feld räumen. Kamen doch schon von fern und nah die Sänger der Fluren angezogen und begann doch schon, wenn auch anfangs schüchtern, ihr liebes Konzert in manchem Busche zu erklingen. Allenthalben gab es, wohin das Auge blickte, Regsamkeit und neues Leben, denn die Menschenkinder wußten, daß Prinz Frühling wieder sein blumiges Zepter schwang. Der launenhafte April nahte auch seinem Ende, und so konnte es nimmer lange dauern, daß auch das Veilchen sein süß duftendes Köpflein vom Winterschlafe erhob.

Da ritt eines Sonntags ein Ritter auf stolzem Rosse längs der Donau auf der uralten Landstraße dem Kahlenberge zu. In seltener Frühlingsbläue lachte der Himmel hernieder, kein Lüftchen regte sich, und die liebe Sonne schien es recht gut zu meinen, da sie es keinen Augenblick versäumte, von ihrer jungen Frühlingsglut ausgiebigen Gebrauch zu machen.

Das merkte auch der Herr Ritter. Auf dem Wege von Wien her war es ihm sichtlich warm geworden. Er lüftete sein Barett, von dem eine schöne Feder niederhing, und strich mit der Hand die Schweißtropfen von der Stirn zurück. Auch seinen langen faltenreichen Mantel nestelte er auf und schlug die Zipfel zurück, so daß das bunte Wams und die enganliegende Hose deutlich sichtbar wurden. Er war eine prächtige Gestalt, und dem männlich-schönen Kopfe mit dem wohlgepflegten Backenbarte und den herabhängenden Locken sah man es gar nicht an, daß der eben angebrochen Lenz bereits der vierzigste seines Denkens war. Trotz der Wärme, es mochte ungefähr um die dritte Nachmittagsstunde sein, pfiff der Ritter eine heitere Weise vor sich hin und strich dabei öfter zärtlich über den Nacken seines Rosses, dessen Maul in dicken Flocken schäumte. Offenbar hatte es einen scharfen Ritt gegeben, und nun schien der Ritter sich und seinem Rosse etwas Muße gönnen zu wollen.

Eben ging es in einer Biegung um einen vorspringenden Bergesabhang, und jetzt unterbrach der Ritter sein lustig Liedlein, denn ein Ruf der Bewunderung entfuhr seinen Lippen. Vor ihm tauchte plötzlich das steil zur Donau abfallende Kahlengebirge auf, und der Blick verlor sich weit die Donau aufwärts in dem Gewirre von Inseln, deren Sträucher und Bäume das erste Frühlingsgrün bereits angelegt hatten. Dazwischen schimmerten die zahlreichen Arme des mächtigen Flusses, und vom jenseitigen Ufer blinkten längs des Bisamberges weiße Häuschen und rotglänzende Kirchtürme herüber. Die herrlichste Zierde aber, die das Landschaftsbild dem Ritter bot, war die stolz auf dem Berge thronende Burg der Babenberger, welche in sonniger Beleuchtung so klar und deutlich mit ihren Zinnen und Türmen niederlachte, daß man sie schier zu greifen vermeinte, wenn man den Arm nur ausgestreckt hätte, und doch war noch eine gute Strecke Weges bis auf den Gipfel.

„Bei Gott, ein herrlicher Fleck Erde!" murmelte der Ritter vor sich hin. „Die die Burg erbaut, die wußten die Stelle zu schätzen; wie oft ich auch den Weg geritten, noch nie deuchte mir der Anblick so schön. O Väterburg zu Burtbreitenbach, könnte ich dich in solchem Glanze schauen! Wie wäre mir so wohl! So aber muß mir bitteres Gnadenbrot genügen, und heimwärts darf ich nur denken, niemals ziehen. Daß Gott erbarm', schlecht ist es um den Sänger bestellt, der heimatlos in der Fremde sich zu Tode singt!"

Die frohe Stimmung war vorüber, ein schmerzlicher Zug drückte sich in der Miene des Ritters aus, es war, als wäre plötzlich eine finstere Wolke des Unmutes über die frühlingsfrohe Seele desselben geflogen und hätte allen Sonnenglanz verdeckt. „Greif aus, armer Braun, dir winkt die voll Krippe; nicht lange dauert's und wir halten frohe Rast dort im Dörflein am Fuße des Berges. Da soll uns beiden Stärkung werden, ehe es zu Berge geht." Ein Druck mit den Schenkeln und das müde Tier trabte in rascherer Gangart dahin, als witterte es nun auch die verheißene Labung.

Nach kurzem Ritte war das kleine, hart am Donauufer gelegene Fischerdörfchen, um dessen Kirchlein sich die schmucken Häuschen malerisch gruppierten, erreicht. Von der Anhöhe, wo das Kirchlein stand, genoß man einen herrlichen Ausblick das Donautal abwärts bis weit in das gegenüberliegende Marchfeld hinein. Die Bewohner der Siedlung betrieben nebst dem Fischfange in der Donau an den Gehängen und Ausläufern auch eifrigst den Weinbau, der ihnen einen schon damals sehr geschätzten guten Tropfen lieferte, dessentwillen mancher Wiener eine Wanderung in das Dorf am Kahlenberge nicht scheute. Hart an der Straße, wo Wanderer und Fuhrwerk vorüberziehen mußten, lag eine kleine Herberge, welche den Müden und Durstigen gern aufnahm, sintemal man hier den genannten guten Tropfen in unverfälschter Güte behaglich schlürfen konnte. Ein kleines Gärtlein öffnete dazu gastlich seine Pforten. Der nachmittägige Gottesdienst war beendet, und nun trieb der milde Frühlingstag die Leute ins Freie. Die einen stiegen in die nahen Weinberge, das Knospen und Keimen derselben zu betrachten, andere suchten das Plätzchen auf, wo der liebe Herrgott den Finger herausstreckte, und wollten hier Erholung finden von jenen Mühen, die die verflossene Woche gebracht. Da war das Gärtchen gerade recht. Denn hier standen Bänke und Tische im Freien unter den knospenden Bäumen, und auch an gemütlicher Aussprache konnte es nicht fehlen, gab es ja Männlein und Weiblein, die desselben Sinnes waren. So hatte der Schenke samt seiner schmucken Tochter bald genug die Hände voll zu tun, um den Wünschen der Gäste zu genügen.

Hier gedachte auch der Ritter von der Landstraße kurze Rast zu halten. Er sprang behende vom Pferde, übergab dieses zur Pflege einem herbeigeeilten Knechte und trat in das Gärtlein ein. Vor einem Holunderstrauche, der seine ersten duftenden Blütensträuße eben entfaltet, ließ er sich nieder und sprach dem Schoppen Wein, den ihm der Wirt zurechtgerückt, recht herzhaft zu, denn der Ritt auf der sonnigen Landstraße hatte seine Kehle bedenklich ausgetrocknet, und das Schwarzbrot schmeckte ihm gar köstlich dazu. Er saß allein an dem Tischchen und war anfangs ganz in seine Labung versunken, so daß er den anwesenden Bauern wenig Aufmerksamkeit schenkte. Er hatte sein Barett abgelegt, den schützenden Mantel lose um die Schultern geschlagen, und nun dehnte und streckte er sich behaglich aus und gab sich ganz dem Genusse hin, geradeso wie einer, der gern böse Grillen verscheuchen möchte. Doch als der erste Durst und Hunger gestillt, schweifte sein Auge musternd über die anderen Gäste hin. Er lauschte dem frohsamen Geplauder und nickte bald dorthin, bald dahin vertraulich grüßend zu, woraus leichtlich zu entnehmen war, daß er hier nicht unbekannt geblieben. Plötzlich verfinsterte sich seine Miene, es schien ihn etwas peinlich berührt zu haben. Er trank aus seinem Henkelkruge und setzte diesen rasch wieder ab. Einige Brosamen strich er mit unwirscher Bewegung vom Tische, dann setzte er hastig sein Barett auf. Dabei flogen beständig seine Blicke in dieselbe Richtung, als wollte er sich von etwas Ungeheuerlichem immer wieder vergewissern und könnte doch nicht an die Wirklichkeit des Entdeckten glauben. Heller Unmut war deutlich in seinem Gesichte zu lesen, denn dieses war bedenklich rot geworden. Murmelnd bewegten sich seine Lippen, und unruhig rückte er einmal an seinem Kragen, ein andermal an den zierlichen Puffen seines Wamses. Da war der Wirt in seine Nähe gekommen. „Heda, Wirt! Macht Rechnung, ich ziehe von dannen!“ So rief der Ritter und warf ein Silberstück auf den Tisch. Erschrocken eilte der Schenke herbei: „Ihr wollt doch nicht, gnädigster Herr Ritter, im Ernste schon fort? Hat euch der Kahlenberger nicht gemundet? Geduldet Euch, ich habe noch ein feines Tröpfchen im Winkel! Süßen Muskateller! Den müßt Ihr noch kosten, hochansehnlicher herzoglicher Rat! Da schnalzt Ihr nur so mit der Zunge. He, Rosel, einen Schoppen vom besten!" So suchte geschwätzig und begütigend der Schenke den Zorn des Ritters zu beschwichtigen. Und Rosel eilte mit dem leeren Kruge flink von dannen.

„Nein, sag' ich, nein!" entgegnete der erzürnte Ritter. „Nicht Euer Wein ist's, den weiß ich zu schätzen. Aber schaut nur dorthin, die fürwitzigen, blöden Bauernlümmel! Erfrechen sie sich nicht, ritterliche Kleidung anzulegen? Heute, am hellen Tage? Das sollen sie büßen! Ich will es besorgen, in den Kotter müssen sie!"

Immer erregter, immer lauter war seine Stimme geworden, und als er drohend mit der Faust auf den Tisch schlug, da schwiegen die Leute still und sahen bald auf den Ritter, bald auf die Burschen, die seinen Zorn so mächtig erregt hatten. Doch diese schienen sich durch nichts aus ihrer frohen Laune bringen zu lassen, ja, sie brachen in ein höhnisches Gelächter aus, als sie erkannten, warum der Ritter schalt. Keck rief einer hinüber: „Was kümmern Euch unsere Hosen! Ist die Eure schon fadenscheinig, die unseren sind nagelneu! Trollt Euch nur, ehrenwerter Ritter vom Strauch!"

Da wetterte der Wirt erbost darein: „Willst wohl schweigen, loser Lümmel! Wißt ihr nicht, an wem ihr euren Schnabel wetzt? Aber es wäre schon recht, wenn der hochweise herzogliche Rat euch ordentlich in die Tinte brächte! Was habt ihr auch Edelmannskleider zu tragen, ihr tölpischen Bauern! Wer weiß es, wo ihr sie herhabt! Und jetzt verlaßt meinen Garten auf der Stelle – zahlen könnt ihr später! Das wäre so was! Möchten diese grünen Jungen nicht den hochgeschätzten Herrn Rat schmähen! Da soll doch gleich das Wetter dreinschlagen!" Indes der listige Schenke so polterte und schalt, wollte er Zeit gewinnen, damit sich der Unmut des Ritters wieder besänftige, sintemalen, als er bemerkte, wie Rosel den Muskateller in einem funkelnden Kruge eben zierlich kredenzte. Des Ritters Auge ruhte wohlgefällig auf dem frischen Mägdlein, und als dieses vom Weine genippt, faßte er gleich nach dem Kruge, den Inhalt zu verkosten. Und man merkte es, daß er ein guter Kenner war, denn der Zug war gut und tief. Behaglich wischte er den Mund ab und schnalzte mit der Zunge. Sein Streit schien fast vergessen, wenn er nicht plötzlich neue Nahrung bekommen hätte. „Wir haben dasselbe Recht, hier zu sitzen", gab trotzig ein Bursche dem Wirte zurück. „Rat hin oder Rat her! Wir sind ansässige Leute und weichen nicht dem Nächstbesten, der die Straße dahergelaufen kommt. Merkt Euch das!" Ein dröhnendes Gelächter folgte, und die Burschen stießen mit ihren Bechern zusammen und tranken sie leer. Die Lage war bedenklich. Der Zorn des Ritters war aufs höchste gestiegen. Das war zu viel! Wütend sprang er vom Sitze auf, zog mit einiger Beschwernis sein Schwert und wollte auf die freche Rotte zustürzen, als ihm der Wirt jammernd und klagend in den Arm fiel: „Haltet ein, gnädigster Herr, haltet ein, es gibt ein Unglück! Bedenkt, Herr, sie sind berauscht, morgen bitten sie Euch alles wieder ab. Keinen Tropfen sollen sie erhalten! Seid gnädig, lieber Herr, es ist der Mühe nicht wert, sich mit so losem Packe zu balgen!" – „Nein, die Frechheit ist zu groß! Was soll der Herzog denken, wenn man seinen lustigen Rat also beschimpft? Übrigens, Ihr habt recht, es ist keine Ehre, mein Schwert mit Bauernblut zu besudeln. Ich merke eben, es fügt sich leicht, sie für ihr freches Maul und ihre Hoffart zu züchtigen. Seht nur selbst."

Damit deutete er auf den Weg hinaus. Der Zufall wollte es, daß eben einige reisige Knechte von der Burg dahergeschritten kamen. Auf einen Wink des Ritters, der ihnen gar wohlbekannt war, schwenkten sie in das Gärtlein ein und grüßten ehrerbietig den Herrn. Die Buschen waren ganz kleinlaut geworden. „Faßt die beiden Klötze dort", rief er ihnen zu, „bindet sie und führt sie zur Burg hinan!"

Da war plötzlich in die Schar der Bauern Leben gekommen – sie kniffen aus, wo sie nur konnten, und es war possierlich anzusehen, wie sie über Hecke und Lattenzaun kletterten. Aber die Knechte waren nicht faul, sie haßten die Bauern und waren gern bereit, ihnen, wenn es möglich war, einen rechten Possen zu spielen. Und während es den übrigen gelang, beizeiten das Weite zu gewinnen, gerieten gerade diese, welche mit ihren schönen Wämsern geflunkert hatten, in die Hände der Verfolger. Die langen Schnabelschuhe wie die ungewohnte Kleidung, besonders die langen, vorn weit offenen Ärmel hinderten sie, ihren Spießgesellen ebenso flink zu folgen. Unter derben Püffen band man den beiden Gefangenen die Hände fest auf den Rücken, nahm sie in die Mitte und führte sie zum Gärtlein hinaus. Der Ritter hatte unterdessen sein Schwert wieder versorgt, bezahlte seine Zeche dem Wirte, der unter tiefen Bücklingen den gestrengen Herrn Rat wegen der unliebsamen Störung um Verzeihung bat, kniff noch dem lachenden Mägdlein recht wohlgelaunt in die Wange und folgte hoch zu Roß den vorausschreitenden Delinquenten.

„Die sollen es fürder bleibenlassen, Ritterkleidung zu tragen; ich will es gut besorgen. Freches Bauernvolk! Aber so ist es, wenn der Herzog zu gut ist. Dem Herzog will ich sie gehörig ankreiden. Er soll lachen, wenn ich ihm meinen diesmaligen Fang vorweise." So dachte Neidhard Fuchs von Burtbreitenbach, der lustige Rat des Herzogs Otto, als er den Bergpfad langsam emporritt. Und so sehr auch die Burschen, die den Ernst ihrer Lage wohl erkannten, flehten und jammerten, der Ritter blieb unerbittlich, sie mußten mit, und wahrlich, der steinige Reitpfad bereitete ihnen infolge ihrer Fußbekleidung Unbehagen genug. Endlich war der Zug die Höhe hinangekommen, gerade in dem Augenblicke, als rasselnd die Zugbrücke niederfiel und der Herzog in schmucker Jagdkleidung dahergeritten kam, einen Ausflug in die nahen Wälder zu tun. Er erkannten seinen lustigen Rat und rief ihm wohlgemut zu: „Bei Gott, Ritter Neidhard, eine seltsame Beute, die Ihr mir bringt! Woher habt Ihr die bunten Vögel?“

Und lachend erwiderte der Ritter: „Aus ihrem Nestlein hab' ich sie ausgehoben, da sie eben flügge geworden. Seht nur, Edelmannsgefieder tragen sie und sind doch nur blödes Bauerngevögel, das auf dem Düngerhaufen krächzt. Laßt sie stäuben, Herr, daß ihnen die Lust vergeht, bunte Wämser zu tragen!“

„Das mögt Ihr besorgen lassen, mein lustiger Rat“, meinte lachend der Herzog, „dann laßt sie wieder fliegen. Man braucht diese Hähne im Dorfe!“ Dann ritt er von dannen.

Eine kleine Stunde verging. Plötzlich ward die kleine Burgpforte geöffnet, und heulend sprangen die armen Teufel über die Brücke. Sie rieben ihre Glieder, die jetzt in dürftige Fetzen gehüllt waren, und rannten, als ob ihnen der Satan im Rücken säße, den Berg hinab. Doch als sie sich in Sicherheit fühlten, da hielten sie inne und blickten zur Burg empor. Richtig, dort stand ihr Peiniger auf einem Söller und winkte ihnen zu. Da schwangen sie drohend ihre Fäuste und riefen wie aus einem Munde: „Das soll dir nicht unvergessen sein! Wir wollen dir's schon noch einträнken! Du Bauernfänger, elender Bauernfänger, du!“

Ein paar Tage später – Herzog Otto war zu seinem Bruder Albrecht nach Wien geritten – erging sich Ritter Neidhard im Kahlengebirge. Er wanderte einsam durch die Wälder und lauschte dem Jubel der kleinen Waldsänger, die emsig ihr Sommernest bestellten. Das war ein Locken und Rufen, ein Zwitschern und Zirpen, daß wonnige Stimmung in die Seele des träumenden Ritters zog. Die ganze Frühlingsfreude erfüllte auch sein Herz, und unwillkürlich formten sich dem liebkundigen und sangesfrohen Gesellen die Gedanken zu klingenden Reimen. Murmelnd bewegten sich seine Lippen, seine Augen funkelten in warmer Begeisterung, fast streichelnd fuhr seine Hand über das weiche Blätterwerk, das die Buchen eben angesetzt hatten, bis endlich in vollen Tönen eine süße Weise seinem Munde entquoll. Er war so glücklich! Lenzige Gefühle machten auch sein Herz schlagen, es war ihm, als weilte er in der Ferne, in der eigenen schönen Heimat. All sein Kummer um das väterliche Schloß war vergessen, mit mächtigem Schlage war die ganze Kraft seiner Dichterseele erwacht.

„Und kommt der liebe Herre mein wieder zu Berge gefahren, dann will ich ihm singen, was ich in Lenzesschauern erdacht. Und loben soll er seinen lustigen Rat, und gleiche Wonne an dem lieben Frühling soll er empfinden, mein froher Fürst, und lächeln soll er wieder und seine Gunst spenden dem Sänger seines heiteren Hofes. Ach ja, nur Fürstengunst weiß des Sängers Harfe richtig zu stimmen."

So dachte der sinnende Poet, und wie eine Ahnung künftigen Glückes zog es durch seine aufflammende Dichterseele. Er war dahingeschritten, er wußte es nicht, wohin. Aus dämmerigem Waldesdunkel war er in die sonnige Freiheit der Wiesen und Halden gekommen, wo die Lerche jubilierend zur Höhe stieg und ihr Preislied dem Lenze sang. Die Primeln im saftigen Wiesengrün winkten ihm zu, und es war ihm, als vernähme er das feine Geläute der nickenden Anemonen. Entzückt schweifte sein Auge in die Ferne hin, und die Brust sog begierig den weichen und würzigen Frühlingsodem ein.

„Nur eines fehlt dir noch, jungfrischer Geselle, in deinem farbenreichen Königsmantel, den du so zärtlich über die aufatmenden Halden legst! Eines nur mangelt, der süße, köstliche Duft deines Lieblings, des Veilchens! Schwinge dein Zepter und locke es hervor, sehnsüchtig erwarten es die Menschenkinder, die holdeste Fee deines Blumenreigens! Erst dann hast du dich uns ganz gegeben!"

Und sinnend schritt der Poet den Berghang hinab jenseits des Dorfes am Kahlenberge. Forschend lugte er nach allen Seiten aus und blieb bald bei diesem, bald bei jenem Busche stehen, ob denn nirgends ihm vielleicht doch schon die liebliche Blüte entgegenlachte.

„Fänd' ich das erste Veilchen! Nicht sinniger könnt' ich den Herzog erfreuen. Wahrhaftig, ein Fest gäbe es, wie die lieben Wiener noch keines erschaut. Dafür wollte ich sorgen! Und Veilchenkönigin müßte mein Bärbeli sein, des Bürgermeisters Töchterlein, und ich könnte es wagen, offen zu werben, und Herzog Otto wäre mir gnädig und begabte seinen lustigen Rat mit Scholle und Haus, und es winkte wieder dem landfahrenden Sänger ein Heim und eine Zukunft in sonnigem Lichte. Oh, Veilchenkönigin, dein will ich singen und sagen und Maienglanz schimmerte um dich dein Leben lang!"

So spann der sehnende Ritter frohe Gedanken zu lachenden Bildern. Und er achtete dessen nicht, daß funkelnde Augen sein Tun und Treiben beobachteten. Hinter bergenden Sträuchern lugten sie hervor und folgten den Bewegungen des Ahnungslosen. Nichts entging ihnen, und gar höhnisch blitzten sie drein, als die träumenden Worte an die Ohren der Lauscher drangen. Leise, wie schleichende Katzen, folgten sie von Busch zu Busch, jedes dürre Blatt, jedes dürre Ästlein sorglich meidend. Was mochten sie im Sinne haben? Da stutzten sie und hielten inne. Auch der Ritter war stehengeblieben. Ein Schrei des Jubels entfuhr seinen Lippen, er beugte sich hernieder, als glaubte er, seinen Augen nicht trauen zu können.

„Wahrhaftig, ein Veilchen! Das erste Veilchen! Habe Dank, gütiger Lenz! Sei mir willkommen, du süße, liebliche Blüte, du Bote meines Glükkes! Nun will ich glauben an die sonnig strahlende Zukunft! Sei mir gegrüßt, vieltausendmal!"

Er konnte sich nicht satt sehen an der holden Blume, die voll erblüht am Rande eines Busches ihm entgegenlachte. Wonneschauernd sog er den köstlichen Duft ein. Dann nahm er sein Barett vom Lockenhaupte und legte es schützend auf die junge Frühlingsblüte. Dann sprang er empor und eilte spornstreichs, als gälte es, das vor ihm schwebende Glück zu erhaschen, talwärts der Stadt zu. Er wollte es künden, jubelnd verkünden, daß er das erste Veilchen gefunden.

Kaum war er den Blicken seiner Lauscher entschwunden, so traten hämisch lachend zwei Bauernburschen hervor – die Gestäubten vom Kahlenbergerdorfe. Auf derselben Suche wie Ritter Neidhard hatten sie ihn schon längst erblickt. Sie mochten es ahnen, daß der Augenblick gekommen, ihre Rache an dem Verhaßten nehmen zu können. Fast gleichzeitig durchzuckte ein teuflischer Gedanke ihr Inneres. Galt auch in jener Zeit ein solcherweise hingelegter Hut samt dem darunter geborgenen Veilchen für unantastbar, durch die Sitte fast geheiligt, sie waren nicht gesonnen, ihrem Feinde den Ruhm des ersten Veilchens zu gönnen.

„Höre, Jörg", rief der eine, „jetzt haben wir ihn! Jetzt ist unsere Rache gekommen! Bei Gott, elender Bauernfänger, jetzt sollst du uns nicht entgehen!"

„So ist es!“ entgegnete der andere. „Wir selbst wollen die Beute heimtragen und das Fest feiern, das er so schön sich ausgesonnen. Ans Werk, Hannes!“

Dabei ergriff Jörg das Barett des Ritters, warf es jubelnd in die Lüfte und fing es wieder geschickt auf. Schon wollte er die schöne Feder herabreißen, als sein Spießgeselle sagte: „Nein, nein, Jörg, er soll es nicht ahnen, daß sein Schatz entdeckt wurde. Fein säuberlich soll das Barett hier liegen; aber ein Veilchen will ich ihm hinsetzen, dessen er gedenken soll sein Leben lang.“

Und Hannes grub vorsichtig das zarte Blümlein aus und barg es an seiner Brust. Wilde Schadenfreude flammte in seinem Gesichte auf, dannn legte er, als hätte niemand es berührt, sorgfältig das Barett an dieselbe Stelle, winkte seinem Kameraden, der ein Stück vorausgegangen war, und dann eilten die beiden Übeltäter den Berghang hinauf und waren bald in der Richtung ihres Dorfes verschwunden. Da fuhr eine Wolke über die Sonne, als trauerte sie über die verruchte Tat, die sie soeben mit angesehen.

Und Ritter Neidhard von Burtbreitenbach war erhitzten Gesichtes und schweißtriefend zu Wien angekommen. Gar keuchend ging sein Atem, und das männlich-schöne Gesicht war hoch gerötet, Staub deckte sein Gewand, aber glückstrunken leuchteten seine Augen. Er verspürte keine Müdigkeit. Und als er am Schottentore angekommen und ihn die Leute ob seines sonderbaren Aussehens verwundert betrachteten und fragend anblickten, da rief er ihnen zu: „Das erste Veilchen, ich hab’ es gefunden!“ Und fast jauchzend klang sein Ruf. Eilfertig schritt er weiter über den Hof bei der alten Burg vorüber, wendete sich durch die Bognergasse dem Kohlenmarkte zu, um zur neuen Burg zu gelangen. Und wie wenn der Ruf von seiner Entdekkung ihm vorausgeeilt wäre, so grüßten ihn von allen Seiten die Leute und nickten ihm freudig zu. Da traf er, gerade als er durch die Pforte in die herzogliche Burg eilen wollte, den ihm wohlbekannten Bürgermeister von Wien, genannt Otto der Wülfleinsdorfer, den Vater seines geliebten Bärbeli, der eben vom Herzog kam und nach Hause eilte. Nichts konnte ihm willkommener sein als dieses Zusammentreffen. Hastig rief er ihm zu: „Hört die frohsame Kunde, wohledler Herr, das erste Veilchen, ich hab’ es gefunden! Laßt es verkünden den Bürgern von Wien! Wenn die Vesperglocke schlägt, soll es gepflückt werden und Euer Bärbeli soll die Veilchenkönigin sein! Ich eile, dem Herzog Otto die frohe Nachricht zu vermelden!“

Und indes bald darauf Ausrufer durch die Straßen zogen, die Frühlingsmär den Leuten mitzuteilen und sie aufforderten, an dem Festzuge ins Freie sich zu beteiligen, stand der glückstrahlende Ritter vor seinem Herrn in der Burg. Eben mochte er seinen Bericht beendet haben, und der Herzog konnte erkennen, wie tief seinem lustigen Rate Freude und Stolz zu Herzen gefahren. Nicht umsonst nannte das Volk ihn Otto den Fröhlichen. Diese Gelegenheit sollte ihm nicht entgehen, seinen Namen zu bewahrheiten; darum fragte er:

„Wohlan, Ihr lustiger Schalk, es sei so, wie Ihr es ausersonnen. Mit all meinem Gefolge, Rittern und Damen, Ratsherren, Bürgern und deren Frauen und Mägdlein, so sie mir zu folgen gesonnen sind, will ich fröhliche Lenzfahrt tun und den lieblichen Frühlingsboten grüßen. Spiel und Tanz, Ihr mögt dafür sorgen, Imbiß und Trunk sollen uns erheitern und erquikken, und wer mitzieht, soll mein willkommener Gast sein. Ich lade sie alle an Lenzes Statt! Doch, wer soll es pflücken, das erste Veilchen? Wer soll nach alter Wiener Sitte Königin des Festes sein, mein Vielgetreuer?"

„O Herre mein! Ein Fest des Volkes soll es sein! Ich dächte, ein sittsam Bürgerkind mag die Krone tragen, das schönste und tugendhafteste Wiener Mägdelein. Damit fesselt Ihr noch enger die Liebe Eurer Wiener an Euch, so Ihr diesen die Ehre des Tages schenken wollt!"

„Wohlgesprochen, lustiger Rat! Und ich meine, sintemalen mein Auge mich selten trügt, Ihr kennt nur zu gut ein solches Kind. Fast möcht' ich wetten, die Wärme Eures Vorschlages ist verräterischer Minne entsprungen. Gesteht es nur! Ist es nicht so?"

Da flammten die Wangen des Ritters in hoher Glut, und aus den Augen sprühte heißer Dank. Demütig senkte der Ritter vor dem Herzog seine Knie, und übervollen Herzens sprach er:

„Wohl ist es so, edler Herr, ich kenne dieses Mägdlein. Und da Ihr so tief in meine Seele geschaut, ja, in heißer Minne bin ich diesem zugetan und habe zärtliche Liebe gefunden. Doch arm und fremd stehe ich hier in Wien, und nichts nenne ich sonst mein eigen als Eure gütige Huld. In Eurer Macht steht es, dem landfremden Sänger ein Heim, eine Heimat zu schaffen. O edler Herre mein, seid mein Werber um Wiens edelste Blüte. Ich liebe Bärbeli, des Bürgermeisters gutes Kind!"

Bewegten Tones hatte der Ritter gesprochen, und sein Auge hing voll innigen Flehens an den Mienen des Herzogs. Und lächelnd blickte dieser auf seinen Sänger nieder, sein stets zu Milde und Fröhlichkeit geneigter Sinn prägte sich deutlich in seinen gütigen Augen aus. Schalkhaft drohend erwiderte er: „Also doch! Ein Verräter seid Ihr eigentlich, Ritter Neidhard, und ich sollte Euch zürnen, daß ich Eure Treue mit anderen zu teilen habe. Aber ich gedenke so mancher frohen Stunde, die ich Eurem Schalke verdankte, und will sie vergelten. Ja, draußen vor allem Volke, inmitten des aufgeblühten Lenzes, dem Ihr das Veilchen danken müßt, will ich, ein anderer Frühling, für Euch um das Veilchen Eures Liebeslenzes werben. Bei meinem Herzogsworte, mein Hofpoet soll sich der Heimstätte rühmen, die ich ihm bereiten will. Steht auf, Ritter Neidhard, und preist den Zauberknaben, der Euch so sichtlich begnadet hat!“

„Habet Dank, edler Fürst, tausend Dank! Ich wußte es, daß ich bei Euch nicht vergeblich flehen werde. Doch wisset, Herr, nicht mich allein beschenkt Ihr mit großer Huld! Ihr ehret die deutsche Poesie aufs neue, der Ihr so oft schon so gnädiglich Euch erwiesen. Wahrhaftig, solange meine Seele fühlen, solange ich der Minne Lied noch singen kann, so lange will ich Eure Güte preisen!“

Es war um die dritte Nachmittagsstunde, als es auf dem Hohen Markte vor der Bürgerschranne gar lebhaft zuging. Die Kunde, daß Herzog Otto selbst den Zug führen wolle, hatte sich rasch verbreitet. Viel Volk, müßige Zuschauer und Teilnehmer waren versammelt, trotzdem der Tag eigentlich ein Werktag war. Aber dieser Umstand bildete in einer Zeit, da die Lebensbedürfnisse noch recht bescheiden waren, kein Hindernis, man konnte damals das Versäumte noch leichtlich einbringen, war doch das Leben noch kein solch Hasten und Jagen wie heutigentags und die Gemütlichkeit der Wiener noch keineswegs angekränkelt.

Man harrte des Herzogs. Endlich vernahm man Pferdegetrappel vom Kohlenmarkte her, Herzog Otto nahte mit seinem Rittergefolge heran. Da zog man ihm durch die Tuchlauben entgegen, und als das Zusammentreffen erfolgte, gab es Jubel und Freude auf beiden Seiten. Und die Fenster der Häuser waren geöffnet, und Kopf an Kopf sahen die Leute dem festlichen Aufzuge von Ritterschaft und Bürgertum in lebhafter Mitfreude zu. Besonders Lebhafte schwenkten Tüchlein und riefen laut ihr „Hoch lebe Herzog Otto!“, und der Gruß pflanzte sich dann immer wieder durch die gaffende Volksmenge längs der Häuser fort. Nun ordnete sich der Zug. Voran schritten die Pfeifer und Flötenbläser, gar festlich angetan und mit Blumen geschmückt. Dann kamen zu Paaren sittig geordnete Männlein und Weiblein im Festtagskleide, schäkernd und lachend und doch die Würde wahrend. Gar sonderlich war es anzusehen, wie sie einherschritten, als ginge es zum Tanze, die Frauen und Mägdlein züchtig die Augen zu Boden gesenkt, mit der einen Hand den langen Rock etwas schürzend, mit der anderen Hand jene des Begleiters fassend. Und wunderlich genug war die Kleidertracht. Man sah es, daß jeder nach seinem eigenen Geschmacke gekleidet war, feste Formen gab es nicht. Denn trugen die einen Röcke mit Ärmeln von zweierlei Tuch, von denen der linke weiter war als der rechte, so waren dieselben bei anderen gleich weit, aber mit schmalen, viele Ellen langen und herabhängenden Bändern verziert. Wieder andere trugen eng am Körper anliegende Kleider, deren Nähte mit kleinen Schellen, Knöpfen oder Glöckchen besetzt waren, was einen besonders zierlichen Eindruck hervorbrachte. Um die Schultern trugen die Männer einen kurzen, leicht zurückgeschlagenen Mantel, der bis zu den Hüften reichte, zuweilen auch einen besonders faltenreichen, mit feinem Pelzwerke umrandeten Mantel, der dann bis zu den Füßen herabwallte. Je farbenreicher das Gewand war, desto schöner schien es den Augen des Trägers. Eigentümlich genug war die Fußbekleidung. Die Schuhe liefen in lange Spitzen aus, die nicht selten nach aufwärts gebogen und mit anmutig klingenden Glöcklein behangen waren. Und auf dem Kopfe saß keck das mit Federn und Bändern geschmückte Barettlein. So die Herren. Verschwenderischer noch in Farbe und Stoff erschienen die Frauen gekleidet. Leibchen und Ärmel waren zierlich gepufft und mit glitzernden Spangen reich geschmückt, ein hoher Kragen umschloß weit ausladend den schimmernden Nacken, und von den Hüften fiel ein oft phantastisch benähter Rock aus feinem Tuche oder aus Linnen mit langer Schleppe zu Boden. Ein besonderes Zierat bildete der Gürtel mit dem an langen Riemen oder feinen Kettchen hängenden Täschchen, das für jede Frau nahezu unentbehrlich war. Eigentümlich sah die Kopfbedeckung aus. Wohl bildete den Hauptteil derselben der Schleier; aber damit derselbe in recht artigen Falten sich um den Kopf lege, trugen die Frauen unter dem Schleier Gestelle aus Draht, oft in den absonderlichsten Formen. Viele Frauen trugen auch feine Tücher turbanartig um den Kopf gewunden, manche wieder hohe, sehr spitz zulaufende Hüte, von denen der Schleier, oft viele Ellen lang, über Gesicht und Rücken fiel, nebst seinen Bändern oder zart gefügten Kettchen.

Das Auge wurde nicht satt an dem reichbewegten Bilde, an den tausend Farbenschattierungen, an dem Gewoge, Geklingel und Geplauder. Wieder folgten Bläser und Spieler, dann kamen die Ratsherren gar würdig dahergeschritten, an der Spitze Herr Otto der Wülfleinsdorfer in höchsteigener Person, die schwere Bürgermeisterkette um den Hals geschlungen. Merklich tief war der Eindruck, den die Ratsherren auf die Zuschauer ausübten. Ihr würdevoller, behäbiger Schritt nahm sich gut aus, doch gefielen auch ihre schönen, mit Madrein besetzten Samtgewänder. Hinter ihnen kam eine Schar weißgekleideter Jungfrauen, in deren Mitte, von blütenweißen Rossen getragen, eine Sänfte sichbar wurde, in welcher in holdester Zier, fast bräutlich angetan, Jungfer Bärbeli saß, die erwählte Veilchenkönigin. Wenn sie erschien, da reckten die Leute die Hälse, um ja dies wunderliebe, in üppiger Jugendfülle prangende Mägdlein zu sehen. Und dann gab es immer Gejubel, Händeklatschen und Freudengeschrei. Und Bärbeli lachte nach allen Seiten hin und winkte und nickte mit dem holden Kopfe wie eine rechte Königin.

In seinem Glücke stand Ritter Neidhard. Er ritt einen prächtigen Rappenhengst und befand sich stets zur Seite seines Herrn, wohl deshalb, um ungehindert die Sänfte betrachten und zuweilen einen Blick seines lieben Bräutchens erhaschen zu können, dessen holdes Erröten sein Entzücken zu süßen Wonnen steigerte. In sein junges Glück versunken, ritt er wortkarg dahin, es deuchte ihm, als ging es einem Feenreich entgegen, von dem er Besitz ergreifen sollte. Verstohlen hatte ihn der Herzog wiederholt von der Seite betrachtet, er wollte seinen Spaßmacher nicht aus dessen Träumereien erwecken; aber ein stilles Lächeln überflog stets sein heiteres Gesicht, wenn er seinen sonst so fröhlichen Genossen in so tiefernsten Betrachtungen verweilen sah. Endlich konnte er sein Wort nicht mehr zurückhalten.

„Nun, ich denke doch, Ritter Neidhard, ich ritte auch nicht weit von Euch! Ist Euer Redebronnen gänzlich versiegt? Wer hätte doch geglaubt, daß Ihr meiner gänzlich vergessen konntet! Wachet auf, girrender Tauber, und kommt in die Wirklichkeit zurück!"

Ein tiefer Seufzer war zunächst die Antwort des Ritters.

„O Herzog, wenn Ihr den Sturm in meiner Seele fühlen könntet! So nahe vor dem ersehnten Ziele und doch, wer weiß, was noch kommen mag! Bald ein Schauern der Wonne, bald ein quälendes Bangen, so wogt es in meiner Brust. Seid gnädig, Herzog, wenn ich meines Dienstes vergesse!"

„Schämt Euch, Herr Neidhard, das ist keines stolzen Mannes Rede. Kecke Zuversicht im Auge, Frohsinn im Herzen, das sind die besten Genossen der Tat!"

„Weiß Gott, Herr, daran hat es mir nicht gemangelt. Aber heute, ich gäbe was drum, wäre das Fest vorüber!"

„Da soll einer klug aus Euren Reden werden! Erst seid Ihr eitel Jubel, und nun steckt Euer Herz im Hosensack. Wer das verstände! Ist uns nicht Frau Sonne hold? Lacht uns nicht die Welt im Frühlingszauber zu? Laßt Eure Grillen und frohlockt mit! Genossen erst, mundet des Bechers Inhalt am besten; erst gelebt, freut uns der Augenblick. Was kommt, muß heran, dann wollen wir erwägen, ob es uns frommt!"

„Habet Dank, o Herr! Wahrhaftig, Ihr habt recht. Und ich glaubte, des Lebens Weisheit zu besitzen, und sehe mich als zaghaften Träumer! Wahrlich, ein schlechter Schalk bin ich!"

Nur langsam kam der frohe Zug seinem Ziele entgegen. Und mochte auch die Sonne es nicht so gut meinen und so manches Tröpflein des Schweißes auf Stirn und Wange locken, dem fröhlichen Treiben, der glücklichen Stimmung der Menge konnte dies keinen Eintrag tun. Jetzt bog der Weg ins Tal hinauf, und man sah die alte Babenbergerburg stolz auf ihrer Höhe thronen. Nun ritt Herr Neidhard dem Zuge voran, er mußte den Weg zur Fundstätte weisen. Wie pochte sein Herz, als er in der Ferne den Strauch erblickte! Ein fester Druck in die Weichen seines Rosses, und er flog mit Windeseile dem Ziele zu. Wahrhaftig, hier lag noch sein Barett, so wie er es verlassen, unentdeckt und unberührt. Fast wollte er vom Pferde steigen und nochmals sein Blümlein schauen, das ihn so großen Freuden entgegenbringen sollte. Aber er bezwang sich. Der Herzog sollte der erste sein, der es zu schauen bekam. Er harrte und wartete. Da huben die Spieler von neuem an, sie hatten die Stelle erreicht, schwenkten zur Seite, und nun kamen die Paare frohlächelnd geschritten und umstellten in weitem Kreise die Stätte des Frohsinns. Und die Räte kamen daher, und die Sänfte erschien und hielt unmittelbar vor dem Veilchen. In strahlender Schöne entstieg ihr die wonnige Maid und harrte bescheiden des Glückes, das ihr zuteil werden sollte.

Herzog Otto war mit seinem Gefolge vom Pferde gestiegen und schritt nun grüßend und winkend in den weiten Kreis und freute sich sichtlich des Jubels, der ihn umbrauste. In echt ritterlicher Haltung trat er auf das holderrötende Bärbeli zu und reichte diesem die fürstliche Hand. Da bliesen die Pfeifer, die Posaunen erklangen, und die Menge brach neuerdings in stürmische Hochrufe aus.

„Seid mir willkommen, schönes Bürgerkind! Ich preise den Lenz, der eine solche Königin sich erwählt. Kommt mit, nach altem Ahnenbrauche wollen wir den schönsten Lenzesboten pflücken. Er soll fürderhin Euer Zepter sein, mit dem Ihr die Menschenkinder beglücken mögt und nicht zuletzt meinen lustigen Rat, den Euch, wie mir scheinen mag, wohlbekannten Ritter Neidhard."

Da schlug Bärbeli die Augen nieder und tat einen tiefen Knicks. Dann folgte sie hochklopfenden Herzens dem frohen Herzog. Auch Herr Neidhard war von seinem Rosse gestiegen, und seine Augen folgten begehrlich dem Paare. Da blieb der Herzog stehen, er beugte sich nieder. Jetzt mußte er das Veilchen erblicken, er hob das Barett in die Höhe – ein Schrei des Unwillens entfuhr seinen Lippen. Eine tote Unke lag statt des Veilchens unter dem Hute. Auch Bärbeli hatte hingeblickt, sie erblaßte und sank fast ohnmächtig in die Arme ihrer Freundinnen. Eine flammende Zornesröte war im Gesichte des Herzogs aufgestiegen, und einen wütenden Blick schoß er auf seinen lustigen Rat. „Erbärmlicher Wicht! Solch frechen Spottes habe ich mich bei Euch wahrlich nicht versehen! Das sollt Ihr büßen!"

Sprach's und wandte dem vor Schrecken erstarrten Ritter den Rücken. Er schritt auf Bärbeli zu, das weinend und beschämt ob der Schmach, die man ihr angetan, unter ihren Mädchen stand. In fassungslosem Schmerze rang sie die Hände und konnte nicht Trost und Ruhe finden. In tiefem Erbarmen ergriff er die Hand des Mägdleins und sprach: „Weinet nicht, ehrsame Jungfrau! Wenn auch ein Frechling uns in so schöner Stunde genarrt, wir wollen trotzdem des Frühlings Ankunft fröhlich feiern, und Ihr sollt dennoch für heute meine Königin, meine Dame sein."

Ob solcher Ehre versiegten die Tränen des Mägdleins, ein schelmischer Blick lohnte des Herzogs Güte, und sie folgte Otto, der sie mit allen anderen auf einen nahen Wiesenplan führte. Da brach der Tumult in der Menge los. Eine Flut von Schmähungen erging über den geprellten Ritter, der wie sinnlos, bleichen Gesichtes, auf sein Barett starrte. Fast wollten sich die Leute an ihm tätlich vergreifen, daß er sie in so elender Weise zum besten gehabt, und nur die Anwesenheit des hohen Fürsten hielt sie zurück. So verließen sie ihn denn und folgten dem Herzog, denn – ein Fest sollte es dennoch geben.

So stand nun Ritter Neidhard wie aus allen Himmeln gefallen da. Wie ein böser Traum kam ihm alles vor. Ein einziger Gedanke nur erfüllte ihn und stieg ihm quälend zu Gehirn: Wer hat mir das getan? Und er konnte keine Antwort finden, so sehr er auch bemüht war, sie zu finden. Und so ergriff denn der Einsame den Zügel seines Rosses und verließ trauernd den Platz, wo er gehofft, das süßeste Glück zu empfangen. Nun war ihm alles, alles versunken und verloren. Ohne zu wissen, wohin er schritt, stieg er den Bergesrücken hinan, den ehedem die beiden Übeltäter gelaufen, und war bald den Augen des Volkes entschwunden.

Träumend hatte er die Höhe erreicht, und träumend stieg er sie jenseits nieder. Er kam in die Nähe des Dorfes am Kahlenberge. Schon hatte er die ersten Häuser erreicht, schon wollte er Rast halten und in der Schenke seinen Schmerz vertrinken, da störte ihn Jubelgeschrei und wüstes Toben aus seinen Sinnen. Er blickte forschend umher. Da vermochte er kaum seinen Augen zu trauen. Dort umtanzte auf grünendem Anger eine Bauernschar, Burschen und Dirnen, einen hohen Stab, auf desse Spitze das Veilchen thronte.

Wie mit Blitzesschnelle durchzuckte ihn der Gedanke: „Das ist mein Veilchen! Die elenden Bauern haben es mir angetan!“

Er erkannte die Burschen wieder, die er vor einigen Tagen gefangen zur Höhe geführt, sie tollten und schrien am meisten.

„Ich hab’ sie, die Verruchten!“ schrie er bebend, und in sinnloser Wut riß er das Schwert von der Seite, sprang hinzu in die aufschreiende Schar und hieb die beiden Strolche mit gewaltigen Streichen nieder. Dann brach er die Stange, löste das Veilchen ab, setzte sich zu Rosse und sprengte den Weg in tollem Laufe zurück, den er soeben gekommen war. Wie ein Siegeszeichen hielt er sein Veilchen in die Höhe, als er dem Herzog nahte. Und als er den Platz erreicht, da sprang er behende von seinem Renner, schritt auf den Herzog zu und beugte vor ihm das Knie und sprach:

„Zürnet mir nimmer, edler Herr! Hier mögt Ihr erkennen, daß ich in Wahrheit das erste Veilchen gefunden. Freche Buben haben die arge Schmach mir angetan und den bösen Streich gespielt. Im Dorfe am Kahlenberge umtanzten sie den lieben Frühlingsboten, den ich gefunden, den sie in böser Arglist mir gestohlen. Habt Gnade, gütiger Herzog, und wendet Eure Huld nicht von mir. Nehmt das Blümlein aus meiner Hand und schmücket das liebe Bärbeli zur Königin."

Mit flehenden Blicken überreichte er das so blutig eroberte Veilchen seinem Herrn, aus dessen heiterem Antlitze aller Unmut geschwunden war. Dann erhob er sich, trat zu seinem Rappen, schwang sich schnell auf dessen Rücken, grüßte mit froher Handbewegung die bestürzte Menge und gab dem Tiere heftig die Sporen, daß es wie ein Pfeil von dannen schoß.

Ritter Neidhard hatte seine Ehre gerettet. Ob er auch sein Bärbeli erhalten, das weiß die liebe Chronika nicht zu vermelden.

DIE TOTEN RÄCHEN SICH

Vor langen Jahren war die Stephanskirche von einem Gottesacker umgeben, in dem mehrere Weinhäuser lagen. Im großen Weinhause brannte damals einem Christusbilde zu Ehren immer ein Öllämpchen, davon wird folgende Sage erzählt: Ein Mesner von St. Stephan war einmal bei einem Freunde zu Besuch. Er hielt sich dort lange auf, und als er sich auf den Heimweg machte, war es schon spät am Abend. Sein Freund getraute sich aber nicht, ihn allein heimgehen zu lassen, und begleitete ihn. Als sie auf den Friedhof kamen, löschte ihnen der Wind die Laterne aus und sie standen im Finstern.

Da sagte der Mesner, der tüchtig angetrunken war, zum andern: „Du, weißt was, gehn wir ins Beinhaus hinein, dort brennt ein Öllamperl, daran können wir unser Licht anzünden!“ Der andre antwortete: „Geh nur allein, komm aber bald wieder!“ Nun wurde der Mesner zornig und schrie: „So ein Hasenfuß! Geh z’Haus’, wann du keine Courage hast!“ Und er ging allein ins Beinhaus.

Als es aber ringsum so totenstill war, wurde ihm ganz „entrisch“ zumute. Er wollte aber mutig sein, fing laut zu lachen an und rief: „Na, ist denn gar kein Freund da oder ein Schwager, der mir das Licht nachtragen könnte, damit ich was seh'! Was braucht denn ihr da ein Licht? Ihr seid doch schon längst schlafen gegangen!“

Bei diesen Worten wollte er seine Laterne an der Öllampe entzünden, aber plötzlich flog ihm etwas an die Brust, das war lang und schmal und so licht wie ein Stück Holz, und als er schnell eine Hand vorhalten wollte, flog schon ein zweites Stück daher, dann wieder eines und immer mehr und mehr, daß es ihm grün und gelb vor den Augen wurde. Er wußte nicht, wie lange das schon so fortging, es kam ihm aber wie die Ewigkeit vor.

Auf einmal war das Werfen wie mit einem Schlage zu Ende, und vom Turme herab klangen zwölf Glockenschläge. Schon mehr tot als lebendig schleppte sich der Mesner ins Freie und fiel draußen ohnmächtig nieder. Am nächsten Morgen wurde er dort gefunden, im Beinhaus aber war der Boden über und über mit Knochen bedeckt. Der vorwitzige Mesner verfiel in eine schwere Krankheit und starb bald danach.

DER PFAFF VOM KAHLENBERG

Vor vielen hundert Jahren war unser liebes Wien noch ein kleines unansehnliches Städtchen, es reichte kaum bis an unsere heutige herrliche Ringstraße. Und doch glaubten unsere biederen Vorfahren in jener Zeit – und dies mit Recht –, es wäre ihr Gemeinwesen eines der gewaltigsten. Ja, wer hätte es damals gedacht, daß sich das kleine, unscheinbare Städtchen aller Orte weit und breit bemächtigen, daß es noch über den Strom hinausgreifen und selbst das kleine Fischerdörfchen am Kahlenberge in sich aufnehmen würde. Ja, wer hätte das damals gedacht. Der Pfarrer des kleinen Kirchleins im Kahlenbergerdorfe sicher nicht. Und doch war dies ein heller Kopf und weit und breit bekannt ob seiner lustigen Einfälle. Als *Wigand von Theben* oblag er eifrig dem hochgelahrten Studium der Theologie und führte als Student ein gar lustiges Leben. Dieweil er aber an guten Pfennigen sicher mehr Mangel litt als an guten Einfällen und seines Lebens Notdurft ihn doch zwang, auch seinem Körper zuweilen Speise und Trank zuzuführen, so mußte er von seinem einzigen Reichtume Gebrauch machen, und das war sein Mutterwitz.

Ich sage euch, Kinder, der ist glücklich, der solchen sein eigen nennt. Er führt oft mit großen Herren zusammen, die Kurzweil lieben, und dann hat man nicht selten sein Glück gemacht. So war es auch mit unserem lustigen Studentlein. Sein Gönner ward der huldreiche Herzog Otto, den die Wiener den „Fröhlichen“ genannt haben. Da konnte es ihm an nichts fehlen, sintemalen der Herzog tolle Einfälle und lustige Streiche liebte. Ja, als es für den Studenten an der Zeit war, vergalt ihm der hohe Herr die Späße damit, daß er ihm die Pfarre am Kahlenberge verlieh. Freilich, das Amt dort war kärglich genug, aber machte doch einen Mann und gab diesem einen Namen. Aber nach der derben Art jener Zeit fiel dieser auch derber aus, das Volk hieß den Mann nur den „Pfaffen vom Kahlenberge“, und dieser Name ist ihm bis auf den heutigen Tag geblieben.

Bei aller Lustigkeit, welche eine gewisse Grenze nie überschritt, war Pfarrer Wigand doch ein sehr frommer Mann. Daß Meister Schmalhans bei ihm Küchenmeister war, focht ihn nicht geradezu an, denn noch nie in seinem Leben war er mit Glücksgütern überschüttet worden. So war er ganz und gar nicht verwöhnt geworden. Wenn er nur sein Auskommen finden konnte, für die Zukunft ließ er den lieben Gott sorgen, der ja auch der Lilien auf dem Felde nicht vergißt, geschweige denn eines Mannes, der ihm redlich dient.

Also erging es dem frohen Gottesmanne recht gut in dem kleinen Dorfe zunächst dem Kahlenberge. Wenn auch die klingenden Einkünfte seiner Pfarre recht gering, kaum des Nennens wert, zugemessen waren, so versorgten ihn doch seine lieben Pfarrkinder mit den nötigsten Lebensbedürfnissen, so gut sie es eben vermochten, und Pfarrer Wigand brauchte wenigstens nicht zu darben. Eine kleine Wirtschaft bei seinem bescheidenen Häuschen unterstützte ihn ebenfalls, und so konnte es ihm gerade nicht fehlen, des Lebens Notdurft zu befriedigen. Und so war es ihm gerade recht. Üppiges Leben, dachte er, bringt zeitliches Ende, und wer hienieden zur Enthaltsamkeit gezwungen ist, darf dereinstens auf desto größeren Lohn rechnen, vorausgesetzt, daß sein Erdenwandel ein lauterer und gottgefälliger gewesen.

Von diesem Standpunkte aus versah er sein Amt und hatte er alle seine übrige Tätigkeit eingerichtet. Dieser Gedanke war der rote Faden, der sich durch seine derben und urwüchsigen Predigten hindurchzog, aber auch das Mittel, das ihn bei allen seinen Pflegebefohlenen angenehm und beliebt machte. Und diese wären für ihren lustigen Pfarrherrn durchs Feuer gegangen. Ja, ja, er verstand seine Leute, die biederen, einfachen Bauern an der Donau, und wußte auch, sie zu behandeln. Darum gedieh seine kleine Wirtschaft recht prächtig, besonders der Weinberg an der besten Berglehne, den ihm des Herzogs Gnade zur Aufbesserung seiner schmalen Einkünfte gnädigst zugesprochen. Aus dem Erträgnisse desselben zog er den meisten Nutzen, und daher war es ihm nicht gleichgültig, wie derselbe ausfiel. Aber wie es schon so kommt, so gab es auch für des Pfarrers Weingarten eine Zeit der traurigsten Nöten; es war im Jahre 1331. Kälte und Nässe taten ein übriges, und die Folge davon war – saurer Wein. Ja, wenn es nur dabei allein geblieben wäre! Aber was hatte Pfarrer Wigand von seinen gefüllten Fässern im Keller, wenn ihren Inhalt, der sonst so gern begehrt worden war, niemand verlangen mochte. Überflog doch jedesmal sein Gesicht selbst ein schreckliches Grauen, so er von dem mißratenen Getränke verkostete. Und nichts wollte helfen, auch nicht die zärtlichste Behandlung. Sauer blieb sauer und dabei – und dies war das Mißlichste – der Geldbeutel dieses Jahres ganz schlaff und leer. So gab es natürlich rechte Sorgen und arges Kopfzerbrechen, wie diesem Übel denn doch abgeholfen werden könnte.

Pfarrer Wigand, der für andere die besten Einfälle und Ratschläge zur Hand gehabt, nun er selbst in arger Klemme war, wußte er sich lange nicht zu helfen.

Und so saß er denn eines schönen Tages in dem Gärtchen seines Hauses und blickte träumend und sinnend vor sich hin. Und der Gedanke an seinen schmählichen sauren Wein wollte ihm durchaus nicht aus dem Kopfe. Wie von ungefähr schaute er zu dem Turme seines Kirchleins empor, den lustig die Schwalben umzwitscherten. Sie sammelten sich eben zur bald bevorstehenden Abreise in die fernen sonnigen Landstriche, allwo sie den winterlichen Unbilden der Heimat ein Schnippchen zu schlagen hofften.

Ganz heiß stieg es dem Betrachter zu Kopfe, daß die Zeit der nächsten Weinlese mit Riesenschritten herannahe – diesmal versprach sie eine treffliche nach Güte und Menge zu sein – und daß er noch immer kein einziges leeres Faß besitze, den diesjährigen Segen zu bergen, daß vielmehr noch alle Gebinde voll seien, eben des – sauren Weines.

„Mein Gott, mein Gott, was wird das werden? Selber trinken? Nein! Auslaufen lassen? Auch das geht nicht. Wovon dann leben?" Also wogte es im Kopfe Wigands bunt durcheinander.

Sinnend folgte er dem blitzschnellen Fluge der lieben Tiere, wie sie die letzten Mücken haschten, wie sie fröhlich zwitscherten, als freuten sie sich der Abschiedsstunde, wie sie sich auf die Gesimse setzten und wieder aufflogen, wie sie die alten Nester am Turme, die ihnen lieb und wert geworden sein mochten, nochmals aufsuchten, wie sie in die kleinen offenstehenden Turmfenster flogen und wieder herausfuhren gleich kleinen schwarzen Blitzen, wie sie über die Donau fegten, als wollten sie auch dem alten Strome ihren Abschiedskuß nicht versagen, kurz, wie sie alle die kleinen Szenen ins Werk setzten, die wir so gern bewundern.

Da ging es mit einem Male dem sinnenden Pfarrer Wigand zu Gehirn. Ein Schmunzeln voll Sonnenschein und Schalkhaftigkeit flog ihm über die Lippen, die kleinen Äuglein blitzten fröhlich auf, und eifrig nickte er mit dem Kopfe. „Dank euch, ihr lieben Schwalben! Wenn ihr wiederkommt, will ich es euch vergelten! Ja, ja, so wird es gehen, und meines sauren Weines werde ich los dabei." So murmelte der lustige Rat bei sich selbst und schritt in das Haus hinein. Ei, wie ihm das Herz im Leibe lachen mußte, brach er doch selbst dabei in ein frohes Gelächter aus.

Pfarrer Wigand war schnurstracks in die Küche gegangen, allwo er dienstbare Geister zu finden hoffte, denn ihrer bedurfte er, um seinen Plan auszuführen. Richtig, hier traf er seine alte Haushälterin und deren Nichte, die lustige Lisei. Sein Eintreten unterbrach ein ziemlich eifrig geführtes Wortgefecht. Verwundert betrachteten die beiden ihren Gebieter, denn schon lange hatte dieser nicht so frohgemut dreingesehen wie eben jetzt. Es lag etwas ganz Besonderes in dem freundlichen Gesichte. Unwillkürlich hielten sie in ihrer Arbeit inne, die eine mit dem Scheuern des Bodens, die andere mit dem Putzen der Zinnteller. Die alte Frau konnte sich der Worte nicht enthalten:

„Ei, ei, gestrenger Herr, ich meine, Ihr habt doch endlich ins Schwarze getroffen und es klüglich ersonnen, wie wir wieder ein Huhn in den Topf bekommen."

„Hab' ich auch, liebe Frau Ursula! So Gott will und er seinen Beistand nicht versagt, soll die Not bald ein Ende haben."

Und er rieb sich vergnügt die Hände und rückte sein Käpplein zurecht. Da hatte sich auch Lisei vom Boden erhoben und richtete nun ihre großen blauen Augen fragend auf den Pfarrherrn. Und dieser schien die stumme Frage zu verstehen. Er nickte schelmisch und meinte:

„Freilich, freilich, die Lisei wird nicht vergessen!"

„Also darf ich hoffen?" Und dabei schlug das Mädchen fröhlich die Hände zusammen und wußte sich vor Freude kaum zu fassen.

„Ja, ja, hoffe getrost! Gelingt das, so ich plane, dann magst du deinen Michel heimführen, ich will es an guter Aussteuer nicht fehlen lassen. Aber, höre, Lisei, laufe geschwind und bringe ihn zu mir, ich habe einen höchst wichtigen Auftrag für ihn."

Da sprang Lisei pfeilgeschwind von dannen, ohne den Ruf ihrer gestrengen Frau Base zu beachten, die erst die Arbeit in der Küche fertig wissen wollte. Fast schien es, als stiege ein gefährliches Gewitter daselbst auf, und darum eilte auch Wigand in seine Stube, um die frohe Laune nicht zu verlieren. Und es dauerte nicht lange, da klopfte es bescheidentlich an die Tür und Michel trat mit verschmitztem Lächeln in die Stube. Er mochte es ahnen, daß er mithelfen müsse, einen frohen Spaß auszuführen, denn er hatte wiederholt bei solchen Anlässen die Hände mit im Spiele gehabt. Wohl guckte auch Lisei zur Tür neugierig herein, aber unerbittlich schloß ihr Verlobter die Tür. Und nicht einmal horchen konnte sie, denn Frau Ursulas Ruf hallte durch das Haus; also mußte sie von dannen eilen.

Was aber im Stübchen ausgefochten wurde, es dauerte ziemlich lange, das blieb vorerst ein tiefes Geheimnis, trotzdem Frau Ursula alle Anstrengungen machte, dasselbe zu erfahren, es war alles umsonst. Doch sollte ihre Geduld keine allzu harte Probe zu bestehen haben, denn schon am anderen Tage wurde es nicht nur ihr, sondern auch allen Dorfbewohnern kund, was Pfarrer Wigand heimlich ausgeheckt. Um die Mittagsstunde nämlich, da die Leute alle zu Hause ihrem frugalen Mahle oblagen, stolzierte Michel durch die einsamen Gassen und rührte – eine mächtige Trommel. Und so gewaltig schlug er drein und ein solch würdevolles Ansehen gab er sich, daß der Pfarrer sich eines vielsagenden Lächelns nicht erwehren konnte, als er vom Fenster aus das Treiben seines Gehilfen beobachtete. Ja, wer dieses Lächeln verstanden hätte!

Die Wirkung von Michels Beginnen konnte nicht ausbleiben. Mitten im tiefsten Frieden die Trommel! Das mußte doch die Aufmerksamkeit erregen. Und es war auch so. Erst kamen die Kleinen dahergetrippelt und folgten dem Burschen, der stumm und ernst mit ohrenbetäubendem Getöse das Trommelfell bearbeitete. Und es war eigentlich lustig anzusehen, wie die Schar der lieben Dorfjugend immer mehr und mehr anwuchs, bis sie schier vollzählig zu sein schien, wie die Fenster geöffnet wurden und die Köpfe der neugierigen Weiber hinausfuhren und verwundert dem Zuge nachschauten, wie allmählich auch Erwachsene dem Trommler folgten, nicht selten noch auf der Straße an manchem Bissen weiterkauend. Endlich war Michel auf den kleinen Dorfplatz gekommen. Hier machte er halt und beschloß nach einigen kunstvollen Wirbeln seine mächtigen Lockrufe. Er tat gut daran, denn als er seine verschmitzten Blicke umherschweifen ließ, konnte er bemerken, daß sicher die meisten Dorfbewohner sich um ihn geschart hatten. So senkte er denn die Arme, zog seine Mütze vom Kopfe herab und ließ sich nun mit weithin schallender Stimme vernehmen: „Liebe Leute allzusamm', groß und klein, alt und jung, schweiget still und höret an, was ich euch zu sagen han! Ein Wunder sollt ihr sehen, mit eignen Augen selbst erspähen. Am nächsten Sonntag, nachmittag, wird Pfarrer Wigand, wie ich sag', von Kirchturms letzter Stiegen stracks über die Donau fliegen. Je mehr die Leut' zusammenstehn, um desto besser wird man's sehn. Doch so nur einer Zweifel setzet und gar sein Lästermundwerk wetzet, so tätet ihr des Wunders euch berauben, denn solche Taten muß man ehrlich glauben. Drum, liebe Leut', vertraut und kommt und schaut!"

Sprach's und ging stolz von dannen, ohne sich um die Leute zu kümmern, die sprachlos und mit geöffnetem Munde ihm nachstarrten, als wäre vor ihnen in der Tat schon das angekündigte Wunder geschehen. Und als sie endlich unter bedenklichem Kopfschütteln wieder ihre Stuben aufsuchten, war der Ausrufer schon längst verschwunden. Michel wanderte die Straße entlang von Ort zu Ort und tat überall desgleichen, und selbst bis Wien pilgerte er und verkündigte sein Sprüchlein. Und überall, auch bei den neugierigen Wienern, die eher gleich einen Spaß denn ein Wunder in dieser Wundermär vermuteten, erregte er das größte Aufsehen. Und als er wieder bei Pfarrer Wigand schon in stiller Nachtstunde eintraf, da konnte er ihm vermelden, daß die Neugierde der Leute aufs höchste gespannt wäre und daß sicher am kommenden Tage des Herrn eine kleine Völkerwanderung das Dorf am Kahlenberge aufsuchen werde. Da lächelte Wigand zufrieden und traf im stillen seine Anstalten, nicht zum Fluge, sondern für seinen – sauren Wein.

Was er sich noch erhofft hatte, das traf auch ein. Der Himmel war wolkenlos und von einer seltenen Bläue, und dazu brannte die Sonne hernieder, daß es eine Art hatte. Die Straße war trocken und staubig und schien in ihrer blendenden Weiße zu glühen, kein Lüftchen, auch nicht das leiseste, mochte sich rühren, und selbst die Wellen des nahen Stromes schienen träger dahinzufließen als sonst. Trotzdem schon die ersten Septembertage herangekommen waren, erfüllte die Sonne mit einer drückenden Schwüle die Luft, als wollte sie noch einmal so ganz ihre hochsommerliche Macht den armen Menschen fühlen lassen, ehe sie ihren Wintergang antrat.

Und wie es Michel vorausgesagt, also traf es auch ein. Auf der sonst menschenleeren Straße wimmelte es von Wanderern; sie strebten alle demselben Ziele zu. Geduldig ertrugen sie die Hitze, geduldig wischten sie die Schweißperlen von Stirn und Gesicht, geduldig unterwarfen sie sich den Qualen des Durstes, denn alle erhofften sie im Beschauen des angekündigten Wunders Entschädigung ihrer Opfer zu finden. Neugierde, Neugierde, schon damals hast du die Menschen am Narrenseile geführt und harten Demütigungen unterworfen.

Von weit und breit kamen die Leute gezogen, denn die Kunde von dem Wunderfluge hatte sich pfeilschnell nach allen Richtungen verbreitet, und selbst über den Strom kamen zahlreiche Schifflein dahergerudert und setzten Menschen ans Ufer, die alle Zeugen der seltsamen Tat sein wollten, und alle litten unter der schrecklichen Hitze und fühlten die Zunge am Gaumen kleben.

Längst schon stand eine große Volksmenge derart zusammengetrieben auf dem kleinen Kirchenplatze und harrte geduldig der großen Dinge, die da kommen sollten, Städter und Bauern, Männer und Frauen, Kinder und Erwachsene. Aber noch immer waren der Menschen zu wenige, noch immer wartete Pfarrer Wigand mit seinem Fluge. Und die Sonne brannte heiß hernieder, und die Zungen lechzten nach Labung. Da öffnete sich das Pfarrhaus, und Michel trat herfür und tat merkwürdige Dinge. Er trug ein paar Holzschragen auf die Straße, dann rollte er ein artig Fäßlein heran und hob es mit Hilfe anderer auf die Unterlage. Und dann setzte er die Pipe an und hielt einen mächtigen Humpen unter. Und als dieser gefüllt war, da tat er einen tiefen Zug und wischte sich voll Behagen den Mund ab. „Wollt ihr ihn verkosten, liebe Leute? Drei Batzen den Schoppen! Echter Kahlenberger, frisch vom Zapfen, fein säuerlich und gut!“

Und die durstenden Leute griffen zu. Wohl verzogen sie anfangs ihre Gesichter zu greulichen Fratzen und krümmten sich und wanden sich, aber schließlich siegte doch der Durst, den die brennende Sonne ihnen angetan. Da hatten Michel und Lisei bald die Hände voll zu tun. Denn ehe die Männer aus der Weingegend zu Wasser gegriffen, tranken sie lieber den sauren Wein des Pfarrers, sintemalen sie von ihm die Erfüllung seines Versprechens erhofften. Indes nun Lisei die Batzen einsammelte, schenkte Michel das endlich heißbegehrte Tränklein aus und rollte bald ein zweites und dann ein drittes und viertes Faß herbei, und bald schien überhaupt des Pfarrers köstlicher Vorrat zu Ende zu gehen. Die muntere Lisei kargte dabei nicht mit fröhlichen Worten und trieb noch allerlei Späße, sah es nicht ungern, wenn ihr jemand in die glühenden Wangen kniff, und schäkerte und lachte und nötigte zum Trinken und meinte immer, jetzt werde dann bald der Herr Pfarrer seinen Flug unternehmen, er wolle seine lieben Gäste im Genusse seines guten Weines nicht stören, und wenn dieses Faß, das nun endlich das letzte sei, leer würde, dann wäre sicher der große Augenblick gekommen, und dieser werde sie gewiß für alles entschädigen.

Und die Leute tranken und zahlten willig ihre Batzen für den schauerlichen Krätzer, der ihnen tief in die Gedärme schnitt. Und Lisei mußte wiederholt in des Pfarrers Stube ihr Täschlein leeren, und da betrachtete Wigand mit frohem Schmunzeln an dem stets wachsenden Berge von Münzen den klingenden Segen, den ihm ein guter Gedanke gebracht.

Nun aber der Durst der Leute gestillt, begann ihre Ungeduld zu wachsen. Ein bedenkliches Murren ward immer vernehmlicher, schließlich war ihnen auch der in vollen Zügen genossene Wein zu Kopfe gestiegen, und endlich erschollen laute Rufe des Unwillens, denn fast mochten sie die Absicht Wigands durchschauen. Die Leute weigerten sich endlich, den sauren Tropfen weiter zu vertilgen, und wurden unwirsch, die anfangs leidlich frohe Stimmung schlug jählings in eine bitterböse Erregung um. Zum Glücke war auch das letzte Faß geleert, der Vorrat des Pfarrers erschöpft, und darum räumte Michel seine improvisierte Schenke wieder ab, und

Lisei verschwand mit artiger Verbeugung und herzlichen Dankesrufen im Pfarrhause und schüttete ihre letzte Ernte vor dem Pfarrer aus. Da war diesem ein mächtiger Stein vom Herzen gefallen, und er ging nun daran, sein Versprechen zu erfüllen. „Wo ist der Pfarrer?! Seinen Wein haben wir getrunken! Nun wollen wir das Wunder sehen! Warum läßt er sich nicht blicken?“

So scholl es nun vielhundertstimmig aus der Menge, und aller Augen waren auf den Kirchturm gerichtet.

Endlich öffnete sich ein Fenster, und der Kopf des Gerufenen ward sichtbar. Hei, wie der Pfarrer Wigand lachte. Und die Menge lachte mit, mit einem Schlage beruhigt, da sie den allgeliebten Herrn erblickte. Und die Hände regten sich, und die Mützen und Hüte flogen vom Kopfe, und Tüchlein wehten ihm grüßend zu.

Da ward der ganze Oberkörper Wigands sichtbar, und er regte die Arme, die Menge, die jubelnde, zu begrüßen und zu beruhigen. Aber dies wurde mißverstanden.

„Seht, seht, jetzt will er fliegen, wahrhaftig, er hebt sich schon empor!“ So riefen lachend einige Spötter. „Wer hätte es geglaubt, daß der lustige Rat auch fliegen könne!“

Da hub Wigand an: „Meine lieben Leute! Zunächst meinen Dank, daß ihr allhier meinen guten Wein getrunken! Hat er euch geschmeckt?“

„Nein! Nein!“ brüllte die Menge ihm entgegen.

„Mir auch nicht!“ scholl es vom Turme herunter.

„Den Flug! Wigand, fliege!“ tönte es brausend empor.

„Habt ihr, liebe Leute, schon einen Menschen fliegen gesehen?“

„Nein! Nein! Wigand fliege!“

Und der Pfarrer: „Glaubt ihr, liebe Leute, daß ich fliegen kann?“

„Nein, wir glauben es nicht, aber sehen wollen wir, wie du fliegst!“

„Nun, wenn ihr es noch nicht gesehen habt und es auch nicht glauben wollt, so sollte ihr es auch heute nicht sehen. Ich fliege erst dann, wenn ihr's glaubt!“ Sprach's, grüßte lachend hinab und verschwand vom Fenster.

Da erkannten die Leute, daß sie einem derben Spaße aufgesessen und daß sie eigentlich nur zu dem Zwecke ins Dorf am Kahlenberge genarrt worden seien, um Pfarrer Wigand von seinem bösen Weine zu befreien. Nun, diese Befreiung war prächtig gelungen. Wohl blickten die Leute verdutzt drein und schnitten klägliche Gesichter, höchst ergötzlich anzuschauen, aber weil sie den lustigen Rat des Herzogs Otto liebten und schon manche Kurzweil durch ihn erlebt hatten und weil sie zu ihrem Schaden nicht auch noch den Spott desselben davontragen wollten, so verließen sie lachend und schäkernd das Dorf. Ein andermal wollten sie gewitzigt sein und in solch saurer Weinzeit nimmer zu Gaste beim Pfaffen vom Kahlenberge erscheinen. Wer aber war froher, daß der Schwank so köstlich gelungen, als Pfarrer Wigand selbst. Denn nun hatte die Not ein Ende. Und als der Herbst gekommen, der gute Tropfen in den Fässern lag, da gedachte Wigand der lustigen Lisei und seines wackeren Helfers in schwerer Zeit. Die Weinlese mit ihrem frohgemuten Sing und Sang war vorüber, die Hände feierten, indes in stillen Kellern der Segen der Berghalden zu goldigem Weine gedieh. Da spendete auch Wigand reichlich von seinem Segen und tat Michel und Lisei zusammen. So gab er dem Volke in guten Tagen wieder zurück, was er sich in böser Zeit auf derbe Weise von diesem entlehnte.

DAS AGNESBRÜNDL

Auf der Jägerwiese oberhalb von Sievering liegt am Abhang des Hermannskogels das Agnes- oder Jungfernbründl. An Sonn- und Feiertagen, besonders aber am Johannistag, am Karfreitag und am Dreikönigstag, wird es von vielen Leuten aufgesucht und förmlich belagert.

Geht man zu Mittag oder zu Mitternacht zum Bründl, so soll dies die günstigste Zeit sein. Es gibt sogar Leute, die im Wald übernachten und mit einer geweihten brennenden Kerze drinnen umhergehen. Wenn sie dann müde sind, so machen sie mit geweihter Kreide einen Kreis und legen sich darinnen auf die Erde nieder. Sie glauben, daß sie dadurch vor den Geistern geschützt seien, die sich in der Gegend dort aufhalten.

Auch am Tage geht es in der Nähe des Bründls oft geheimnisvoll zu. Da gibt es eine Menge Leute, die um eine „Prophetin" herumstehen, um zu erfahren, wie sie sich zu verhalten haben, wenn ihnen der Karl oder die Agnes erscheint, welche Nummern sie in die Lotterie setzen sollen, was ihnen die Zukunft bringen werde und dergleichen. Andre wieder kaufen Glücksnummern und Heilmittel, doch wirken diese nur dann, wenn man fest an ihre Heilkraft glaubt.

Beim Bründl selbst hängen Bilder an den Bäumen, Weiber blättern in „Planetenbüchern“, und ringsherum stehen Tische mit Würfeln, die zum Glücksspiel einladen. Nach der Zahl der „Augen“, die beim Wurfe fallen, wird die Zukunft des Spielers vorausgesagt.

Andre Leute drängen sich zum Bründl hin und schauen mit der größten Neugierde und Erwartung ins Wasser. Sie hoffen, darin Nummern zu entdecken, die sie in die Lotterie setzen könnten.

Hat eines von ihnen eine solche Nummer entdeckt, wie sie der Schlamm oder die Steine auf dem Grunde bilden, so wäscht es sich mit dem Wasser die Augen und schreibt die Ziffern auf.

Kartenaufschlägerinnen, meistens alte Frauen, die in den Planetenbüchern lesen, fragen jeden, an welchem Tag und in welchem Monat er geboren ist, und prophezeien ihm dann die Zukunft. Andre Weiblein erzählen geheimnisvoll von dem grünen Tor, das unter dem Bründl zum Kristallpalast führe, es können aber, so sagen sie, nur solche Leute den Eingang finden, die an die wunderbare Wirkung des Bründls glauben.

AUGUSTIN IM SABELKELLER

Wo die Wipplingerstraße den Tiefen Graben überquert, hart an der Hohen Brücke, befand sich schon im frühesten Mittelalter ein kleines Gasthaus. Es führte ehemals den Namen „Zum Weingott Bacchus“, doch nach den Schrecken der Türkenbelagerung sollte es sein Schild ändern.

Der Wirt des Bacchusschankes, Ambros Frank, hatte so tapfer auf den Stadtwällen gefochten, daß er mehr als einen Türken hingestreckt und manchen krummen Türkensäbel und Turban zur Beute gewonnen hatte. Und als der grimmige Gegner endgültig verjagt war und endlich der Friede in der schwergeprüften, schönen Kaiserstadt seinen Einzug hielt – da hängte der tapfere Weinwirt einen krummen Säbel, an dem noch Feindesblut zu sehen war, als Wahrzeichen in seiner Schenkstube auf, gerade unter den Bildern der beiden ruhmgekrönten Heerführer, des Grafen Starhemberg und des Bischofs Kollonitz. Der immer schlagfertige Wiener Volkswitz benannte nun den kleinen Bacchusschank bald „Zum roten Sabelkeller“, denn von der Wipplingerstraße aus führten viele Stufen in die Wirtsstube hinab, die im Tiefen Graben zu ebener Erde lag.

Es dauerte nicht lange und der „Rote Sabelkeller“ wurde eine Wiener Berühmtheit. Jeder wollte von dem tapferen Ambros hören, wie er gegen die grausamen Türken gefochten und sie verjagen geholfen hatte. Und eine zweite Merkwürdigkeit des Kellers war, daß dort der berühmte Dudelsackpfeifer Augustin seine frischen Lieder sang.

Jeden Mittwoch und Samstag abends drängten sich die Wiener Bürger in die kleine Schenkstube, um den lieben Augustin zu hören, der stets voll übermütiger Schwänke war. Auch alle die Studenten der Universität scharten sich um Augustin, und viele vornehme Junkerlein wollten seine Lieder lernen. Sie hielten ihn dafür zechfrei und warfen obendrein noch manch ein blinkendes Geldstück in Augustins spitzen Pfeiferhut. Der liebe Augustin aber lächelte verschmitzt, strich sich seinen braunen Schnurr- und Kinnbart und summte sein Lieblingslied vor sich hin:

„O du lieber Augustin,
Alles ist hin,
's Geld ist hin,
's G'wand ist hin
Und selbst das reiche Wien,
Arm ist's wie Augustin.“

„Aufhören, Augustin, aufhören!“ riefen die Studenten, „das Lied vom lieben Augustin kennen wir schon auswendig. Erzähl lieber was von deinen Abenteuern!“ Der schlaue Augustin aber hielt ihnen seinen spitzen Hut hin, und als viele Münzen darin klingelten, legte er den Dudelsack beiseite und hub zu erzählen an. „Wie ihr wißt, meine Lieben, bin ich ein echtes, rechtes Wienerkind. Beim ‚Roten Hahn‘ auf der Landstraße ist meine Wiege gestanden, aber meine Eltern haben das Essen und Trinken besser verstanden als das Wirtschaften und Sparen, und da ist's halt bald mit der ganzen Wirtschaft bergab gegangen. Um mich, ihr einziges Kind, haben sie sich nie so recht gekümmert. Wie's ihnen noch gutgegangen ist, haben sie alle Hände voll zu tun gehabt, die vielen Gästen zu bedienen, und keine Zeit gehabt, auf mich zu schauen. Dann aber, als sie im Elend waren, haben s' erst recht nicht auf mich geschaut. So bin ich aufgewachsen wie ein wildes Füllen und wär' gewiß elend verdorben und gestorben, wenn nicht ein alter, braver Spielmann sich meiner angenommen hätte. Der bucklige Harfenmichl, wie er hieß, hatte in früheren, guten Tagen manche Wohltat im Haus meiner Eltern empfangen, und zum Dank dafür lehrte er mich Dudelsack und Harfe spielen. Ich mußte den alten, halbblinden Mann führen, ihm Dudelsack und Harfe nachtragen und mit meiner frischen Stimme Lieder zu seinem Spiel singen. Auch auf seinen großen Wanderfahrten mußte ich ihn begleiten und, schaut, da hab' ich mehr erlebt als mancher!

Einst war ich im Rathauskeller einer Stadt am Rhein. Mein alter Meister lag krank daheim, und ich mußte allein das liebe Brot suchen gehen, wenn wir nicht beide am Hungertuche nagen wollten. Dort hatten sich, wie heute hier, lustige Studenten und Junker um mich gesammelt. Ich mußte spielen und singen. Märlein und Schnurren wurden erzählt, mit selbsterlebten und auch mit erdichteten Abenteuern wurde geprahlt. Aber in die beste Unterhaltung platzte auf einmal der Wirt hinein, ein gar grober Kumpan. Zornesrot rief er: ‚Aus ist's mit dem Zechen, meine feinen Junkerlein! Ich borge nichts mehr! Und wenn ich nicht zuerst mein Geld habe, gibt's auch keinen Wein mehr!‘ Da gab es traurige und bestürzte Gesichter an der Tafelrunde. Einige fuhren rasch mit der Hand in die Tasche, um sie aber bald beschämt leer hervorzuziehen. Andere drehten gar ihre Taschen um, aber nicht das kleinste Silbermünzlein wollte herausfallen. Ärgerlich wollten die Studenten die Wirtsstube schon verlassen, als sich plötzlich ein Fremder erhob, der bis dahin unbeachtet in einer Ecke gesessen war.

‚Wenn ich den Junkerlein aushelfen dürfte!‘ rief er mit seiner unheimlich dünnen, krähenden Stimme und warf einen strotzenden Goldbeutel auf den Zechtisch hin. Mir lief ein Schauer über den Rücken hinunter, denn der Fremde sah gar zu fürchterlich aus, wie er so dastand in einem knappen, blutroten Gewand. Auf dem Haupte hatte er einen Hubertushut mit einer roten Hahnenfeder, sein Gesicht war gelblich und faltig, und ein Paar glühende Augen leuchteten daraus hervor. Außer mir schien niemandem die absonderliche Erscheinung des Fremden aufzufallen. Die Studenten waren ja zu gierig, nach der angebotenen Hilfe zu greifen. ‚Wann sollen wir Euch das Geld zurückzahlen?' fragte Rembold, der tapferste unter den Studenten. Der Fremde brach in ein widerliches Lachen aus, streckte seine krallenartigen Finger wieder nach der auf dem Tische liegenden Geldbörse aus und schob sie mit einem Ruck in die Tasche zurück. ‚Junkerlein', sagte er, ‚ihr könnt Geld haben, soviel ihr wollt.' Und dabei klingelte er mit den Münzen in seiner Tasche. ‚Soviel ihr wollt! Ich stelle nur eine Bedingung: Einer von euch muß mit mir gehen!' O weh, nun wußte ich, wer der Fremde war ... Schon wollte ich meinen Nachbar leise warnen, daß er sich mit dem Mann ja nicht einlasse. Denn das war gewiß, ganz gewiß ... der leibhaftige Teufel! Doch konnte ich meine Warnung nicht vorbringen. Die Studenten hatten dem Weine zugesprochen und huben zu unterhandeln an.

‚Wer soll denn mit Euch gehen, werter Herr?' fragte Rembold. ‚Das könnt ihr unter euch ausmachen!' krähte der Unheimliche. ‚Dann soll das Los bestimmen!' jubelten die Studenten, denn dies war ein neuer Spaß für sie. ‚Gut! Loset!' sagte der Fremde. ‚Aber der, den das Los trifft, der muß als letzter aus der Kellertür gehen und mit mir kommen!' – ‚Es gilt!' riefen die Studenten. Einer schrieb eiligst die Lose auf Pergamentblättlein, ein zweiter ergriff meinen Pfeiferhut und schüttete die Lose hinein, und nun begannen die Studenten der Reihe nach ein Blättchen zu ziehen. Das verhängnisvolle Los traf ein blutjunges Gräflein. Der unheimliche Fremde warf den Goldbeutel auf dem Tisch, und im allgemeinen Jubel gelang es mir endlich, dem Opfer des Bösen ein Wörtlein unbemerkt zuzuflüstern. Er drückte mir verstohlen dankbar die Hand.

Der Wirt, dem nun bezahlt wurde, trug reichlich auf und brachte immer neue Kannen blinkenden Rheinweines herbei. Es war schon gegen Morgen, als die Studenten endlich sich anschickten, den Keller zu verlassen. Ich war ganz müd und matt, auch ganz heiser schon von dem vielen Singen. Gespannt wartete ich nun den Ausgang des Vertrages ab und ob das Gräflein meinen Rat befolgen würde.

Die Studenten verließen im Gänsemarsch, einer hinter dem anderen gehend, den Rathauskeller. Der rote Fremde hatte sich an die Tür aufgestellt und blickte lauernd auf den Zug. Ich legte mich anscheinend gleichgültig auf die rauchgeschwärzte Ofenbank hin, wo fahrende Spielleute ihr Bett haben. Ich war ja nicht zu den Zechern gezählt worden und hatte nicht mitlosen müssen. Der Ausmarsch der vielen Studenten dauerte schon eine ganze Weile – endlich kam das Gräflein daran. Der unheimliche Fremde wollte sein Opfer schon fassen, da sagte der junge Graf kaltblütig: ‚Ihr irrt, werter Herr, ich bin nicht der letzte, hinter mir geht noch einer!‘ und wies auf seinen Schatten hin. Das Frührot fiel blendend durch die weitgeöffnete Tür zum Keller herein und blendete auch die Augen des lauernden Teufels, so daß er den Schatten des Grafen wirklich für einen letzten Studenten hielt. Mit scharfem Griff fuhr er auf den Schatten los, während das Gräflein glücklich entkam.“

Lächelnd schloß der liebe Augustin seine Erzählung. „Bravo, bravo!“ riefen die Wiener Studenten, „das habt Ihr fein gemacht, Meister Augustin. Erzählt uns nun einen Schwank, lieber Augustin“, baten die Junker . . . „Es ist Sperrstunde, meine Herren!“ mahnte Ambros Frank, der Wirt. „Gleich wird die Stadtwache die Runde machen!“

Bald hörte man auch richtig das Horn der Nachtwächter, und der „Rote Sabelkeller“ schloß sein Tor hinter dem letzten Studentlein, das sich noch scheu umblickte, ob nicht ein roter Teufel nach ihm auf der Lauer läge.

DER HUNGERBRUNNEN

Im Jahre 1271 wurde ein großer Teil der Stadt Wien durch einen furchtbaren Brand zerstört. Überdies herrschte damals eine so fürchterliche Hitze, daß alle Wasserläufe und Brunnen austrockneten und die Feldfrüchte verdorrt auf dem Boden lagen.

Zu dieser Zeit trat ein seltsames Ereignis ein. In der Nähe der Stadtgrenze stand ein Brunnen, der schon seit vielen Jahren gänzlich ausgetrocknet war. Plötzlich bemerkte man, daß er viel Wasser enthalte. Außerhalb der Stadt und in der Stadt selber redeten bald alle Leute nur mehr von diesem Vorfall. Sie wußten aber, daß das Wasser nichts Gutes bedeutete. Manche hatten von ihren Großvätern oder Großmüttern gehört, daß Mißwachs und Hungersnot zu befürchten seien, sobald ein solcher Brunnen wieder Wasser gebe. Deshalb erfaßte die Leute ein arger Schrecken, und man sah mit Angst und Sorge in die Zukunft.

Wirklich ließ die unerträgliche Hitze erst nach Monaten nach. Inzwischen hatten die Wiener durch die Kriegsnot viel zu leiden, ebenso durch den allgemeinen Wassermangel. Mißernte und Teuerung trugen erst recht zu tiefster Verzweiflung bei. Kaum fiel der erste Regen, so vertrocknete der rätselhafte Brunnen sogleich wieder und gab bis zu seinem Verfall kein Tröpflein Wasser mehr. Die einstige Vorstadt „Hungelbrunn“ soll dann von diesem „Hungerbrunnen“ ihren Namen erhalten haben.

DER BIERESEL

Frau Chronika erzählt uns, daß die ersten Weinreben um Wien zu einer Zeit gepflanzt wurden, als noch die Römer Herren des wichtigen Platzes am Danubia gewesen, und daß Kaiser *Probus,* der gegen Ende des dritten Jahrhunderts n. Chr. hier geweilt, durch seine Legionäre in der Gegend des heutigen weingesegneten Grinzing die für die spätere Entwicklung der Stadt hochbedeutsamen Rebenkulturen habe anlegen lassen. Noch heute erinnert die im XIX. Bezirke befindliche Probusgasse an diese Tat.

Im Laufe der Jahrhunderte gelangte die Pflege des Weinbaues zu einem derartigen Umfange, daß Wien bald von einem dichten Kranze von Weingärten umgeben war, der an manchen Stellen fast bis vor die Tore der Stadt reichte. Zu Anfang des 15. Jahrhunderts waren Weinbau und Weinhandel zu einem Erwerbszweig der Wiener Bürger geworden, aus dem auch die Regierung bedeutende Steuern zog. Daher war es dieser nicht gleichgültig, zu welchen Preisen der beliebte Segen Gottes verkauft wurde, und es war deshalb so weit gekommen, die Neuanlage von Weingärten behördlich zu verbieten, damit ja nicht durch einen weiteren Preisfall des Weines der Säckel des Staates geschädigt würde. Fast jeder Bürger der Stadt Wien, der nur einigermaßen zu Wohlhabenheit gelangt war, besaß seine Weingärten, so daß später der Kanzler *Äneas Sylvius,* der nachmalige *Papst Pius II.,* mit Recht sagen konnte: „Die Weinkeller sind also weit und tief, daß man spricht, die Stadt sei nicht minder unter als über der Erde gebaut. Es ist nicht glaublich, zu sagen, in welch großer Menge der Wein eingeführt und daselbst getrunken wird." Die Wiener müssen also schon zu jener Zeit tüchtige, man könnte sogar füglich behaupten, eingefleischte Weinbeißer gewesen sein, Leute, die auf einen guten Tropfen etwas hielten. Aber unsere guten Väter jener Zeiten waren nicht nur bedachtsame Schätzer dieses köstlichen Römererbes, sie konnten auch, insbesondere was Lebensgenuß anbelangt, ihre germanische Abstammung nicht verleugnen, insofern sie nämlich auch durchaus keine Verächter des heute zu einem wahren Volksgetränk gewordenen Gerstensaftes, des Bieres, waren. Ja, es kam so weit, daß der Genuß des Bieres so erheblich stieg, daß er den Weinhandel der Bürger bedeutend zu schädigen drohte, weshalb sich wiederholt die Herzoge gezwungen sahen, mit energischen Forderungen den mächtigen und gefährlichen Rivalen zu bekämpfen. Die Regierung riß einfach das Recht des Bierbrauens an sich, verpachtete es an verdienstvolle Personen, beschränkte die Zahl der Bierschenken und gebot, daß Bier überhaupt nur bis zu gewissen Stunden des Tages verabreicht werden dürfe. Die älteste dieser Beschränkungen reichte bis in das Jahr 1340. Da wurde merkwürdigerweise bestimmt, wenn die Glocke im linken Heidenturme des Stephansdomes zu einer bestimmten Stunde des Spätabends erklinge, dürfe kein Bier mehr ausgeschenkt und die Bierschenken müßten geschlossen werden. *Herzog Albrecht V.* schrieb sogar 1430 dem Bürgermeister vor: „Wir haben vernommen, wie das maniger in dem purkfried gesessen, offenleich [öffentlich] pier schenkhen, das uns nicht gevält, wan darauß der Stat und unsern burgern, die weinwachs habent, großer schad geen mag. Empfelchen wir dir ernstleich, daz du das underleest [abstellst] und underschaffet [verbietet], daz das hiefür nicht mehr geschehe. Welch aber darin nicht gehorsam sein und dawider pier offenleich schenkhen wollten, daz du dich desselben piers underwindest [einziehest]."

Ja, ja, so wurde durch die Obrigkeit vorgesorgt, daß der Wein recht gedeihe und bei allen recht in Ehren bleibe. Und derjenige, dem das Bier besonderen Gaumenkitzel bereitete, durfte dem Genusse desselben anfangs nur im geheimen, später, als es eben im allgemeinen Werte als Volksgetränk zu steigen begann, doch nur bis zu einer bestimmten Stunde des Tages frönen. Das war eine gar stiefmütterliche Behandlung, die heute nur schwer begreiflich erscheint. Ja, aber damals war so manches ganz anders und sonderbar.

Nun aber laßt euch folgendes Geschichtchen erzählen, das sich im Jahre 1416 zu Wien zugetragen:

In der Weidengasse vor dem Widmertore (Burgtor) bestand eine herzogliche Bierbrauerei, deren Pächter *Hans Zink* die Befugnis des Bierbrauens von Herzog Albrecht IV. als alleiniges Recht für Wien erhalten hatte. Das weitläufige Gebäude der Brauerei enthielt auch einen Raum für „offenleichen" Ausschank, die Bierstube, an die sich noch ein besonderes Bierstübchen schloß, allwo die besseren Bürger den nicht minder edlen Gerstensaft schlürften. Sogar einen Garten gab es mit Tischen und Bänken für sommerliche Zeiten, wenn es in der Stube gar zu dumpfig war.

Eines Tages saßen nun in trautem Vereine des Nachmittags einige Bürger in dem Stübchen beisammen und ließen sich den kühlenden Gerstensaft recht wohl schmecken. Meister Zink, ein loser Schalk, der weit in der Welt umhergekommen, saß mitten unter ihnen und füllte höchst eigenhändig die Krüge, so sie leer geworden. Er wußte seine Gäste mit den tollsten Schnurren zu unterhalten und duldete es nicht, daß es in der Runde ernste Gesichter gebe. Zu jedem guten Streiche aufgelegt, fand er stets Zeit und Muße, denselben auszuführen, selbst wenn er auch ziemlich derb ausfallen sollte. Daß er sich dazu am liebsten seine Gäste ausersah, läßt sich leicht begreifen, sintemalen diese nie abgeneigt waren, helfend mitzuwirken, damit der Spaß desto baß gelinge. Damals nahm man es eben gar nicht krumm, die gute Freundschaft litt nicht darunter, wenn der eine oder der andere die Zielscheibe des Spottes wurde und auch manchen Schaden davontrug, konnte man ja doch gegebenenfalls die lustige Unbill mit Zins auf Zins wieder heimzahlen. Nun, Meister Zink hatte wieder einen tüchtigen Schabernack ausgeheckt und als Opfer das beliebte Mitglied des Kreises, den Ratsschreiber *Balthasar Schnittlein,* ausersehen, der heute noch in der Runde fehlte. Und das war um so besser, als der Plan nach allen Seiten recht überlegt und ausgedacht werden konnte. Und Meister Zink entwickelte nun, oft unterbrochen von dem schallenden Gelächter seiner Freunde, wie das Schreiberlein geneckt, gelenkt und geleitet werden müsse, damit es einen recht vergnügten Abend gäbe.

„Seht, liebe Freunde“, beendigte er schmunzelnd seine Rede, „so wird es gehen, und nur so allein werden wir Balthasar Schnittlein, den wohlehrsamen Ratsschreiber, von seiner Gespensterfurcht und seinem abergläubischen Wesen heilen. Drum sage ich euch, es lebe die Bierglocke, es lebe der Bieresel, der in meinem Keller rumoren soll wie nie zuvor!“

Er erhob seinen Humpen, die Freunde taten desgleichen, und sie stießen fröhlich an, daß der Streich wohl gelinge. Eben war der Wirt damit beschäftigt, die geleerten Krüge aufs neue zu füllen, da öffnete sich die Tür und es trat Herr Balthasar Schnittlein wohlgemut ins Zimmer. Noch lag in den Gesichtern der Freunde der ganze Übermut in deutlichen Zügen offenbar zutage, und ein schalkhaft Lächeln lag verräterisch ob manchem Munde, aber der Schreiber schien es nicht zu bemerken. Er tänzelte zierlichen Schrittes auf den Tisch in der Ecke zu, lüftete sein Barett, verbeugte sich in vollendeter Grazie und sprach:

„Gott zum Gruße, liebe Freunde! Ist's erlaubt, so nehme ich Platz in eurer werten Runde.“

„Nur zu, Herr Balthasar! Ihr fehltet eben noch, sie vollzählig zu machen. Gott zum Gruße!“ Und die Männer schüttelten dem Eingetretenen die Hand und hießen ihn herzlich willkommen. „Ei, ei“, rief Herr Balthasar, „wie doch der rasche Gang warm macht!“

Und er wischte mit einem feinen Tüchlein, das er zart und bedächtig aus seinem dunkelroten Wamse zog, die Schweißperlen von der Stirn und stieß einen bedenklichen Seufzer dabei aus, als wollte er damit bekunden, daß auch sein Durst ein gewaltiger sei. Aber da kam schon Meister Zink mit den Maßkrügen, auf denen eine gar köstlich ladende Schaumkrone lag, herbei und verteilte sie an die Gäste.

„Wo Ihr nur so lange geweilt haben mochtet, Herr Ratsschreiber?“, so fragte der Wirt und zwinkerte listig auf die anderen hin.

„Ach, mein Gott, wo denn anders als unter Akten und Schriften! Man kann sie ja nicht loswerden! Immer neue Arbeit und immer Wichtiges! Da muß nur so die Feder fliegen.“ Und er hob sein blasses, dünnes Angesicht mit dem feinen Spitzbarte am Kinn mit unbeschreiblicher Würde empor und ließ seine Äuglein, vor denen eine mächtige Hornbrille saß, im Bewußtsein der großen Kunst, daß er unter allen hier zu Tische sitzenden Männern allein des Schreibens kundig sei, in der Runde stolz umherschweifen, als wollte er die stumme Frage tun, wer denn imstande sei, sein wichtiges Amt auch gehörig zu schätzen.

„Ja, es ist erstaunlich“, meinte ein wohlbeleibter Bäckermeister, „was Ihr leisten müßt! Das wäre mein Geschäft nicht!“

„Ich glaube es Euch gern“, erwiderte stolz der Schreiber, „es ist nicht jedermanns Sache, die Feder fein säuberlich zu führen und schwere Gedanken in zierliche Buchstaben zu drechseln. Ja, ja, das muß gelernt sein, und nicht jeder Kopf taugt dazu.“

Er hob seinen Humpen, guckte liebäugelnd dessen Inhalt an, blies den schimmernden Schaum etwas zur Seite und tat einen tiefen Schluck. Ein wonniges Wohlbehagen verwischte den etwas hochmütigen Ausdruck in seinem Gesichte, als er den Krug auf den Tisch stellte.

„Meister Zink, es ist ein Labetrunk! Alle Achtung vor *Eurer* Kunst!“ Sein blasses Gesicht hatte sich etwas gerötet und sein dünnes Stimmchen einen beinahe vollen Klang angenommen.

„Danke, Herr Ratsschreiber, es soll mich freuen, so Ihr zufrieden seid. Aber ich sage Euch, leicht ist es nicht, ein solches Bier zu brauen. Je nun, man muß sich zu helfen wissen. Ihr wißt ja, was ich meine. An jedem Tage gelingt das nicht. Man muß auf die Zeit fein achthaben und es an gewissen Sprüchen nicht fehlen lassen. Wißt, wegen des Geistes, der nötig ist.“

Er verdeckte ein ausbrechendes Schmunzeln, das ihn hätte verraten können, dadurch, daß er rasch seinen Krug zum Munde führte; aber desto mehr lachten seine blitzenden Augen, die vielsagend über die anderen leuchtende Blicke schossen.

„Es muß wohl so sein“, meinte bekräftigend Meister Körber, ein stämmiger Waffenschmied, „Geister müssen gebannt werden, sollen sie unschädlich sein.“

„Bei manchen aber werden sie wieder lebendig, dann gibt es Unheil genug.“ So ergänzte Meister Stark, seines Zeichens ein Gerber.

„Besonders, wenn man zuviel des Guten getan. Es ist sehr bedenklich, der reine beherzte Zustand; leider kommt es oft genug vor.“ Und bedeutungsvoll, doch sehr bedächtig, als ob er seine Worte bewahrheiten müsse, trank Meister Jürgen, der Bäcker.

„Je nun“, setzte der Brauer das angeschlagene Gespräch fort, „ich weiß die Formeln und Sprüche von einem alten Weibe her. Die mußte es verstehen, sie ist ja doch als Hexe vor kaum zwanzig Jahren verbrannt worden.

Erinnert Ihr Euch nicht mehr, Herr Ratsschreiber? Wenn ich nicht irre, seid Ihr doch dabeigewesen und habt das Urteil verlesen. Wißt, damals auf der Gänsweid!"

„Ja, ja, ich weiß es!" Ein großer Schrecken war dem Schreiber zu Leibe gefahren, daß dessen Antlitz sich kreideweiß verfärbte. Unruhig fuhren seine Finger auf dem Tische umher, und er warf mißtrauische Blicke auf den Humpen, der ihm eben noch so köstliche Labe gespendet.

„Aber Ihr meint doch nicht, daß ..." Das Wort erstarb ihm im Munde.

„Daß es im Braukessel nicht ganz geheuer ist? Natürlich meine ich das. Kommt, wollt Ihr ihn Euch ansehen?" Und schon ergriff der schelmische Brauer einen Arm Meister Balthasars. Doch dieser schob fast schreiend die Hand desselben zurück, wobei sein langer Knebelbart bedenklich zitterte.

„Nein, nein, beileibe nicht! Ich will es Euch glauben. Wer hätte das gedacht! Und so unschuldig sieht das Getränke aus, so verlockend. Laßt ab, Freunde, da hat der Böse seine Hand im Spiele! Ich trinke keinen Tropfen mehr davon! Nun ist mir so manches klar!"

Und er schob erschauernd seinen Humpen weit von sich und blickte verstört auf die Zecher, die ihm voll Ernst entgegenschauten.

„Ach, das ist noch gar nichts", erzählte Meister Zink, „aber habt Ihr vom *Bieresel* noch nichts gehört?"

„Vom Bieresel? Nicht daß ich wüßte! Und ich bin doch ein alter Zecher." Und Herr Balthasar warf sich stolz in die Brust und strich seinen Bart hinab. „Das ist wohl nur ein artig Geschichtchen, um schlimme Kinder zu schrecken. Mir dürft Ihr mit solchen Dingen nicht kommen."

„Da seid Ihr aber übel beraten, wenn Ihr das nicht glauben wollt. Ich sage Euch, es gibt einen Bieresel! Nicht wahr, liebe Freunde!" Und die Köpfe der Männer neigten sich zustimmend, und ihre Mienen drückten einen furchtbaren Ernst aus. Da hub der Gerber an:

„Da gibt es nichts zu zweifeln! Es ist richtig! Ich habe ihn selbst schon schreien gehört. Mich gruselt es, wenn ich daran denke, und es läuft mir kalt über den Rücken. Ich möchte Euch nicht wünschen, einmal in diese Lage zu kommen."

„Was Ihr nicht sagt! Erzählt doch, bitte, erzählt! Ich fürchte mich nicht!"

„Aber sprecht doch leise", meinte der Waffenschmied, „wie leicht könnte er es hören. Er ist nicht allzu weit von uns, und Geister haben feine Ohren."

Erschreckt blickte Herr Balthasar im Stübchen umher und warf einen Blick unter den Tisch. „Er wird doch nicht ...", flüsterte er ganz verstört.

Da kicherten leise die anderen und rückten enger zusammen, und der Wirt nahm das Wort:

„Seht, das ist so: Bei jedem Brauhause ist ein tiefer Keller, wo in mächtigen Fässern der gute Gerstentrunk eingelagert ist, bis er endlich reif und gar geworden ist. Ich sage Euch, das ist ein Schatz! Und weil jeder Schatz, sintemal er noch unter der Erde liegt, von einem Geiste bewacht wird, so ist es auch hier. Wo anders sind es Kobolde und Zwerge, auch von Feen und Nixen habe ich schon gehört, aber im Bierkeller wacht der Bieresel. Wie gerade ein Esel dazu kommt, das weiß ich nicht, aber es ist so."

„Ja aber, wie bringt Ihr denn das Bier heraus?" warf das Schreiberlein ein, das ängstlich jedes Wort zu verschlingen schien.

„Hört nur und unterbrecht mich nicht! Eifersüchtig wie ein richter Geizhals wacht er über seinen Schatz, und kein Mensch wäre imstande, auch nur einen Tropfen herauszuholen, wenn man nicht eine List wüßte."

„Und die wäre?!" flüsterte Balthasar, dessen Neugierde aufs höchste gespannt war.

„Er trinkt selbst gern das Bier, aber aus einem Fasse es zu nehmen, das täte er um keine Welt. Nur was so abtropft, das leckt er begierig auf. Darum muß man alle Tage, ehe man den Keller versperrt, ein flaches Gefäß mit Bier füllen und auf die Erde in einen Winkel stellen. Um Mitternacht geht er dann durch die Gänge und sucht seinen Trunk. Und hat er ihn zu sich genommen, dann schläft er ein. Diese Zeit muß man nun benützen, dann kann man selbst Fässer herausrollen, er hört und sieht nichts. Aber wehe, wenn man dies nur einmal vergißt! Ich sage Euch, es ist schrecklich! Ich habe es selbst erlebt und weiß, wie es ist."

„Entsetzlich, Meister Zink! Und das ist wahr?" unterbrach das Schreiberlein die Erzählung.

„Wollt Ihr es versuchen? Macht nur die Probe!"

„Nein, nein, Gott soll mich behüten! Ich mag mit einem *solchen* Esel nichts zu tun haben. Aber erzählt weiter."

„Einmal habe ich es ganz vergessen, den Nachttrunk des Esels zu bestellen. Damals hatte es noch keine Bierglocke gegeben. Oder man nahm es mit ihr nicht so genau. Kurz und gut, es saßen bis in die späte Nacht einige Gäste hier in demselben Stübchen, mein Fäßlein heroben war ausgegangen und ich mußte frischen Stoff aus dem Keller holen. Ahnungslos trete ich ein und suche die Krüge zu füllen. Aber da kam ich schön an. Auf einmal höre ich ein furchtbares Gepolter, noch heute liegt es mir in den Ohren, und ich fühle, wie mir ein mächtiges Ungetüm auf die Schultern springt – ich sage Euch, Herr Ratsschreiber, ich spüre noch heute den entsetzlichen Druck der Beine – ich erhob mich mit aller Anstrengung und schüttelte mich und wollte um Hilfe rufen. Doch die Stimme blieb mir versagt, und das Ungetüm, das erbärmlich zu schreien anhub, jagte mich gangauf, gangab. Wie lange das gedauert hat, ich weiß es nicht, ich glaubte damals, so lange könne nur die Ewigkeit sein. Einmal gelingt es mir, aufzublicken. Was ich da sah, preßte mir das Herz zusammen! Einen schauerlichen Eselskopf mit mächtig langen Ohren: den Bieresel!" Und Meister Zink schlug erregt mit der Faust auf den Tisch und starrte dem Schreiber ins Gesicht.

„Ha!" schrie dieser und hüpfte in die Höhe.

„Ja, so war es. Doch auf einmal war alles verschwunden. Ich füllte nun die Krüge und schlich mit schlotternden Knien empor. Meine Gäste waren mittlerweile mit der Zeche durchgegangen, und ich kam mir wie ein richtiger Esel vor. Das hat man von seiner Güte. Seitdem habe ich es nie vergessen, dem Bieresel im Keller dessen Trunk hinzustellen. Wenn Ihr es nicht glaubt, kommt und seht."

„Schrecklich!" stöhnte Herr Balthasar. „Ich wollte um alles in der Welt kein Brauer sein. Erst der Böse im Bier, vor dem man sich fürchten muß, daß er nicht loskommt, dann der Bieresel auf den Fässern. Da habe wer anderer Lust, dieses Gebräu zu vertilgen, ich nicht. Da muß einem ja jeder Appetit vergehen!"

Gleichwohl konnte es der Waffenschmied nicht unterlassen, einen guten Trunk aus seinem Humpen zu nehmen.

„Nu, nu", meinte er, „so arg ist es nicht! Man muß nur die nötige Kraft haben, dann kann man auch den Bösen verdauen. Freilich Ihr!" Er hielt zögernd inne. „Nun was?"

„Ihr seid eben zart und fein gestaltet, da ist es leicht möglich, daß *Ihr* unterliegt." Da lachten die anderen dröhnend auf, und dem Schreiber stieg eine Blutwelle ins blasse Gesicht; er war an seinem heikelsten Punkte gefaßt. Alles vermochte er zu ertragen, nur nicht den zweifelnden Hinweis auf seine Person. Da war er zu allem fähig.

„Oho", rief er energisch aus, „ihr kennt mich nicht, ihr wißt nicht, was ich vertragen kann! Was gilt die Wette! Fünf Maß will ich geleert haben, ehe zu Abend um acht Uhr die Bierglocke schlägt, die armselige Gurgelabschneiderin, trotz Sprüche und Formeln, trotz Hexe und Teufel! Ich will es euch zeigen, daß ich den Bösen bezwungen halte!"

„Wacker, Meister Schnittlein, das ist ein Wort! Angenommen, die Wette gilt! Wir zahlen die Zeche!"

So ging es wirr durcheinander, und jubelnd tranken ihm die wackeren Zechbrüder zu, die fröhlich bemerkten, wie prächtig ihnen der Spaß gelingen werde.

„Merkt es wohl, ehe die Bierglocke vom Stephansdome klingt. Keine Minute später! Ich kann und darf das Zeichen des Rates nicht versäumen. Amt und Stellung fordern es, und ich könnte gewaltige Buße erleiden."

„Gewiß, wir gehen alle um diese Zeit; doch haben wir doch drei gute Stunden bis dorthin, da könnt Ihr längst die Wette gewonnen haben." So der Bäcker.

Doch der Brauer meinte noch mal, indem er ein unsäglich komischernstes Gesicht dabei schnitt:

„Überlegt es doch noch einmal gut, Herr Schreiber. Wir wollen nicht, daß Ihr etwa Schaden erleiden sollt. Nicht wahr, gute Freunde!"

„Natürlich, Ihr mögt Euch noch zehn Minuten bedenken. Ihr sollt sehen, daß wir es ehrlich meinen."

„Was gibt es da zu überlegen, zu bedenken? Ich habe es gesagt und nehme nichts zurück. Sorgt nur für guten Stoff, Meister Zink, das übrige überlaßt gefälligst mir!"

Meister Zink konnte zwar ein gewisses Zucken um den Mundwinkel herum nicht unterdrücken, doch sprach er ernsten Tones: „Ihr habt es gehört, liebe Freunde, nun wird es ernst. Aber damit uns der Trunk besser munde, will ich für einen guten Bissen dazu sorgen; er schmecke euch auf meine Kosten!"

Und der schelmische Wirt brachte kalten Schweinsbraten herbei, auch ein paar geräucherte Zünglein und guten Landkäse nebst Brot und Salz. Hei, wie das trefflich mundete! Der Braten besaß eine so knusperige Rinde, und die Zünglein waren so weich gesotten und so saftig und würzig, daß der Bissen rein im Munde zerschmolz. Wie sich das alles Herr Balthasar schmecken ließ! Er langte tapfer zu und trank fleißig von seinem Humpen, wobei er fast ganz auf die bösen Geister im Biere vergaß. Saßen doch auch seine Zechgenossen wohlgemut herum und hoben fleißig die Krüge. Warum sollte gerade ihm der Böse etwas anhaben, ihm, der Riesenkräfte in seinen Gliedern spürte. Aber freilich, es kam anders. Schon hatte er die dritte Maß vertilgt und schon zum viertenmal lachte ihm die schaumige Bierblume entgegen. Er sah es freilich nicht, aber seine Äuglein begannen gar eigentümlich hinter den großen Augengläsern zu glänzen, und manchesmal stieg ihm ein beängstigendes Gefühl zu Kopfe, dann hämmerten ihm die Adern im Kopfe, es ward ihm schwül, und die Gesichter seiner Freunde begannen ihm zu verschwimmen, und es war, als sähe er vor sich lauter lachende Teufelsfratzen. Aber dann freilich tat er einen mächtigen Ruck und dachte an seine Wette. Da stieg ihm dann der Stolz zu Herzen, er dürfe nicht unterliegen, er müsse doch den durch Formeln und Sprüche gebannten Bösen im Zaume halten und müsse es ihnen zeigen, seinen Freunden, die ein solches Mißtrauen in seine Kraft setzten. In solchen Augenblicken war ihm mit einem Male die Zunge so leicht, und er redete, redete in einem Flusse, in einem solchen Zuge, so unaufhörlich von allen möglichen Dingen, daß er selber über seine Beredsamkeit staunte und sich wie ein Held vorkam. Allerdings, manchmal fühlte er in seinem Innern ein ganz merkwürdiges Bewegen, ein leises Grimmen, es schnitt ihm ganz flüchtig durch die Gedärme und war eigentlich nicht unangenehm. Aha, dachte er dann bei sich, und es wurde ihm angst und bange dabei, das ist schon der Böse, er rührt sich schon. Aber nur nichts merken lassen. Nimm dich zusammen, Balthasar, du kannst es, die anderen sollen dich nicht auslachen. Doch dabei stiegen ihm Schweißperlen auf die kleine Stirn, und er bemerkte mit Entsetzen, daß ihm der Arm fast zu schwer werde, sie abzutrocknen. Sei tapfer, Balthasar, bald ist die Wette gewonnen und du kannst triumphieren. Aber all seine Vorsätze nützten ihm nichts. Noch hatte er kaum die Hälfte der vierten Maß getrunken, da kam es über ihn. Sein zartes Körperlein war solcher Anstrengung nicht gewachsen. Mit einem Male ward ihm der Kopf so schwer wie Blei, daß er wie ein Pendel auf dem Halse hin und her schwankte, er vermochte ihn kaum zu tragen, die Zunge erstarrte ihm im Munde, und die Augenlider sanken ihm zu, unaufhaltsam, als lägen schwere Gewichter an den Wimpern. In allen Gliedern ergriff ihn eine unsägliche Müdigkeit, der er nicht mehr Herr werden konnte.

„Nein! Nein!" schrie er da verzweifelt auf. „Ich muß ihn bezwingen! Hört ihr! Was möchte der Rat ...!"

Aber er sank schwerfällig auf den Tisch nieder und war im Nu eingeschlagen. Da sprangen seine lieben Freunde, die schon längst insgeheim den schweren Kampf ihres Opfers beobachtet hatten, freudig auf und lachten und lachten. Hei, war das ein Spaß!

„Tapfer hat er sich gewehrt, das muß man ihm sagen“, spöttelte vergnügt der Brauer. „Aber mein Mohnsäftlein, das ich in den dritten Humpen insgeheim geschüttet, hat ihn doch niedergezwungen. Aber jetzt nur schnell. Faßt an, wir tragen ihn in den Keller hinab, dort wird er ein Stündchen schlafen, und dann wollen wir die Heilung vollenden.“

Und Herr Balthasar Schnittlein, der wohlehrsame Ratsschreiber, wurde in den Keller getragen, auf eine Bank gesetzt und mit Armen und Kopf auf den Tisch gebettet, so sanft und fein, als gälte es, ein Kindlein zum Schlafe zu legen. Ei, welch große Augen werde Herr Balthasar machen, wenn er erwache! Wie köstlich werde dies zu schauen sein! Und seine guten Freunde setzten sich zu ihm und tranken ruhig weiter, und hier schmeckte das Bier noch einmal so gut, denn es war gar kühl und angenehm unter den großen Fässern. Sie warteten, bis ihr Opfer wieder erwache.

Ein kleines Stündlein mochte vergangen sein, da begann Herr Balthasar zu stöhnen und wirre Worte zu reden; es war, als träumte ihm vom Bieresel. Da schlichen seine Freunde von dannen und verbargen sich hinter den Fässern. Nur Meister Zink war sitzen geblieben, dem Schreiber gegenüber. Aber wie sah er aus! Er hatte seinen Körper in eine richtige Eselshaut geschlagen und den Kopf des Esels mit den aufgespreizten langen Ohren sich selbst aufgesetzt. Und bei dem rötlichen Geflacker eines Kienspanes, der in einer Ecke brennend stak, mußte er geisterhaft genug aussehen.

Und der Brauer verhielt sich ruhig und wartete. Endlich regte sich Herr Balthasar. Er hob den Kopf sachte empor und rasch duckte er wieder nieder; er glaubte noch zu träumen. Eine Weile blieb er so. Dann noch einmal, aber leise, leise, nur um so weit, daß die Augen über den verschränkten Armen hervorblinzelten. Jetzt war er vollständig munter.

„O Graus, der Bieresel!“ flüsterte er, am ganzen Leibe zitternd und fahl im Gesichte wie die Mauer. Er richtete sich langsam auf und lehnte sich an die Wand, und die roten Strahlen des Lichtes hüpften wie im Spiele über sein bleiches Gesicht.

„Jetzt ist's dein Ende!“ stöhnte er. Aber dann sprang er plötzlich auf die Beine und suchte davonzueilen. Aber auch der Esel reckte sich empor. Da schrie Herr Balthasar:

„Alle guten Geister loben ...“ Das Wort erstarb ihm, die Haare schienen ihm zu Berge zu steigen, angstvoll blieb sein Mund geöffnet, und die Arme streckte er wie zur Abwehr vor sich hin. Der Esel begann zu reden.

„Wo ist mein Bier?!“

„Ich weiß es nicht!“ erwiderte zitternd der Schreiber.

„Elender Erdenwurm! Du hast es getrunken!“

„Nein, nein – ja doch – aber nicht hier – oben im Stübchen – bei Meister Zink!“

„Das sollst du büßen!“ donnerte der Esel. „Zulängst bist du Ratsschreiber gewesen. Hier unten sollst du fortan hausen – als Bieresel, so wie ich!“

„Ach, habt Erbarmen, lieber Esel, laßt mich nur hinaus, ich schaffe Bier! Laßt mich nur hinaus! Ich wäre ein schlechter Esel, ja, ja, ich tauge nicht dazu!“

„Du bist mir verfallen, längst ist die Stunde der Mitternacht da! Was wagst du dich in mein Gehege!“

Das war dem Schreiber wie ein Donnerschlag. Jetzt hatte er auch noch die Bierglocke versäumt! Was wird der hochweise Rat dazu sagen? Ach, dieses unseliger Bier! Wäre er nur wie bisher beim Weine geblieben! Aber so rächt sich alles in der Welt.

„Ach, der Rat, der Rat!“ so jammerte Herr Balthasar, und seine Zähne schlugen klirrend aufeinander. „Habt Erbarmen, lieber Herr Bieresel, der Rat kann mich nicht vermissen! Geduldet euch nur bis morgen, ich weiß genug, die bessere Esel sein könnten. Laßt mich aber ziehen!“

Da konnte sich der Brauer nicht mehr beherrschen. Er warf seine Hülle ab und schüttelte sich vor Lachen und krümmte sich nach allen Seiten, und die anderen sprangen hervor und lachten und lachten und lachten. Verwundert nur und stumm stand Herr Balthasar Schnittlein da. Er konnte die Situation nicht erfassen. Endlich ward es ihm klar. Kein Spuk, kein Bieresel! Er wieder, der Ratsschreiber, der er war. Da fiel ihm ein Stein vom Herzen, und zum erstenmal atmete er erleichtert auf. Was sollte er tun? Es blieb ihm nichts anderes übrig, als gute Miene zum bösen Spiele zu machen. Er setzte sich wieder nieder, und an dem tollen Gelächter seiner Freunde erheiterte sich auch sein gar arg verdüstertes Gemüt wieder. Ein leichtes Schmunzeln flog ihm über die Lippen, und er harrte, bis sich die Erregung gelegt.

„Ach, das war zu köstlich!“ brüllte endlich der Waffenschmied.

„Herr Balthasar, Ihr hättet Euch sehen sollen!“ rief der Gerber, und Tränen rollten über seine Wangen. „Das war zu schön!“

Da machte Herr Balthasar ein gar ernsthaft Gesicht: „Freunde, mit Geistern ist nicht zu spaßen. Merkt euch das! Heute war's nur ein Spaß, aber ein andermal …“

„Aber Herr Ratsschreiber“, fiel ihm der Brauer ins Wort, „so wie es keinen Bieresel gibt, so gibt es auch keine Gespenster. Das ist doch nur Sage! Die Leute erzählen's doch nur so.“

„Also glaubt Ihr wirklich?“ Noch immer zauderte der Schreiber ungläubig. „Also gibt es keinen Bieresel?“

„Natürlich nicht!“ schrien ihm die Freunde entgegen.

„Aber der Böse im Bier?“

„Der ist derselbe wie im Weine. Trinkt Ihr wenig, so kann er Euch nicht an. Aber Ihr habt zu tief in den Humpen geschaut und daher auch …“

„Die Wette verloren!“ ergänzte Herr Balthasar. „Es ist gut so! Gespenster will ich nimmer fürchten, sie bestehen nicht, ihr habt mir's bewiesen. Aber eines besteht, dem ich mich fügen muß. Wißt ihr es?“ Da riefen die Männer wie aus einem Munde: „Die Bierglocke!“

„Seht, die haben wir versäumt. Was soll ich tun? Ich als Schreiber des wohledlen Rates?“ Da griff Meister Zink dem verzweifelten Freund unter den Arm und sprach: „Kommt und seht!“

Und alle verließen den Keller, der Schreiber nicht, ohne daß er noch einen ängstlichen Blick umhergeworfen, und traten wieder in das Stübchen ein. Da öffnete der Wirt die Fenster, und in hellen Klängen ertönte eben die Bierglocke.

„Nichts für ungut, Herr Balthasar! Des Lebens Würze ist ein guter Spaß! Ehe wir scheiden, noch einen Abschiedshumpen geleert, er wird Euch wohl bekommen.“

Und er füllte einen Krug und reichte ihn dem Schreiber.

„Euch gebührt die Blume!“

Und trotz Geist, Bieresel und Bierglocke tat er einen tiefen Zug, worauf er lächelnd sagte:

„Jawohl, es ist ein edle Gabe Gottes; man muß sie nur zu würdigen wissen, dann wird sie zum Labsal.“

Und als der Krug geleert, schritten die guten Bürger Wiens fröhlich dem Widmertore zu und lagen bald darauf in ihren weichen Pfühlen.

DIE WILDE FAHRT

In Inzersdorf am Wienerberge ging einmal ein Bauer gegen Abend in seinen Garten hinaus. Da hörte er von weitem einen Fuhrmann schelten und lärmen, und als der Wagen in seine Nähe kam und der Fuhrmann eben auf die Pferde stark losschlug, da meinte der Bauer: „Es hilft Euch nichts, auf die Pferde so einzuhauen; der Weg ist sehr schlecht, und Ihr prügelt ja die armen Tiere zu Tode. Ich will Euch ein wenig helfen."

Da der Wagen gerade wieder in einer Grube steckengeblieben war, so faßte der Bauer tüchtig an und hob ihn aus dem Loch heraus.

Nach einer kleinen Weile fragte der Fuhrmann, wie weit es noch bis in den nächsten Ort sei, und als es der Bauer angegeben hatte, sagte der Fuhrmann zu ihm: „Setzt Euch doch hinauf auf den Wagen und fahrt noch eine Zeitlang mit mir, vielleicht kommt wieder so ein schlechtes Stück Weg."

Der Bauer war damit einverstanden und stieg sogleich auf den Wagen. Nach einiger Zeit sagte der Bauer zu dem Fuhrmann: „Setzt Euch zu mir!" Der Fuhrmann erwiderte aber: „Ich gehe lieber neben dem Wagen, da sehe ich den Weg besser."

Bald danach setzte er sich aber gleichfalls auf den Wagen. Kaum war er droben, so faßte die Pferde ein wildes Feuer, und im Hallo ging es über Stock und Stein.

Erst am vierten Tag danach kam der Bauer heim, ganz zerschunden und mit arg zerrissenen Kleidern. Als ihn die Leute fragten, wo er denn die ganze Zeit hindurch gewesen sei, meinte er, der böse Feind habe ihn durch dick und dünn, bald auf der Erde, bald in der Luft bis zum Hetscherlberg am Wege links nach Mariazell gefahren.

DER SCHIMMELREITER

Eine Frau war in großer Not, und deswegen ging sie einmal am Abend mit ihrem Kinde auf die Jägerwiese bei Sievering. Sie legten sich bei der Jägersäule nieder, denn die Frau hoffte im stillen, es werde ihnen die Agnes erscheinen und ihnen helfen.

Das Kind schlief bald ein, die Mutter aber wartete, bis die Mitternachtsstunde herankam. Plötzlich sah sie auf der Anhöhe der Jägerwiese einen großen Reiter aus dem Walde herauskommen, der saß auf einem gewaltigen Schimmel, und das Tier leuchtete wie die Sonne, so daß es im selben Augenblick im Walde taghell war.

Ohne daß man einen Laut hörte, sprengte der Reiter in drei Absätzen über die Jägerwiese herab. Als er die Frau erblickte, fragte er, was sie da suche. „Holz“, antwortet sie erschrocken.

„So nimm dieses da mit nach Hause“, sagte der Reiter, „es ist viel besser als das andre!“ Die Frau folgte dem Ratschlage, sie nahm aber nur wenig von dem Holze mit, weil es halb verfault war.

Während sie sich bückte, war der unheimliche Schimmelreiter verschwunden. Jetzt nahm die Frau das Kind schnell auf den Arm und lief voll Schrecken nach Hause.

Am nächsten Tage wollte sie das Stück Holz aus der Tasche nehmen, aber als sie es ansah, war es schweres Gold. Sie lief schnell noch einmal zur Jägerwiese hin, aber von dem Holze war nichts mehr zu erblicken.

DAS KREUZ AUF DER JÄGERWIESE

Auf dem Boden des heutigen Unter-Sievering war vorzeiten ein großer Wald, und darin stand eine Jägerhütte. Einmal schickte der Jäger seinen Gehilfen auf den Anstand. Der Bursche ging zur Jägerwiese hinauf und stellte sich hinter einen Baum.

Spätabends kam eine Prozession des Weges. Es waren lauter weißgekleidete Frauen, aber eine von ihnen, die in der Mitte ging, war schwarz und trug in der linken Hand ein weißes Tüchlein. Alle hatten brennende Fakkeln, nur die Frau, die in der Mitte schritt, hatte eine abgebrochene Kerze in der rechten Hand.

Als der Zug an dem Baum vorüberkam, hinter dem der Jäger stand, ging die schwarze Frau auf den Burschen zu und winkte ihn zu sich heran. Er ging mit ihr und den andern Frauen über Wiesen, Berge und Täler, und endlich kamen sie vor ein schönes Schloß. Das war ganz aus Kristall und hatte goldene Tore, die aber verschlossen waren. Jetzt trat die schwarze Frau aus der Reihe heraus und murmelte etwas, da sprang eine Tür auf und sie gingen beide hinein.

Der Bursche war vor Staunen ganz außer sich und brachte kein Wort hervor. Er stieg mit seiner Begleiterin über eine gläserne Treppe empor, und nun wies sie mit der Hand auf eine Tür. Darauf verschwand sie. Der Bursche öffnete die Tür, kam in eine Küche und wärmte sich am Feuer. Da der ganze Palast hell erleuchtet war, so wußte er nicht, ob es Tag oder Nacht sei.

Plötzlich ging eine Tür auf, und ein schwarzgekleidetes Männlein trat herein. Es trug einen Hut mit einer sehr breiten Krämpe, mit silbernen Borten rundherum und mit einer silbernen Quaste. Sein Höslein reichte ihm nur bis an die Knie. Die übrige Kleidung des Männleins bestand aus einem kurzen Wams, roten Strümpfen und Schuhen mit silbernen Schnallen.

Der Kleine sah dem Burschen ins Gesicht, machte eine seltsame Miene und ging wieder hinaus, ohne ein Wort zu reden. Dem Burschen wurde immer ängstlicher zumute. Er wollte ins Freie, fand aber keinen Ausweg. Plötzlich hörte er ein furchtbares Getöse, so daß das Schloß bis in die Grundmauern erzitterte.

Auf einmal stand die schwarze Frau wieder vor dem Jäger. Sie begehrte seine Jagdtasche und ging damit fort. Nun suchte der Bursche wieder voll Angst einen Ausweg. Plötzlich war er wieder ganz allein auf der Jägerwiese, das Schloß aber war verchwunden. Seine Jagdtasche lag neben ihm auf dem Boden. Er hob sie rasch auf und lief nach Hause.

Dort wunderten sich alle über seine Wiederkehr und fragten ihn, wo er denn das ganze Jahr gewesen sei. Sein Dienstherr hatte inzwischen einen andern Jagdgehilfen genommen, und deswegen gab der Bursche seine Jagdtasche zurück. Als sie aber der Herr öffnete, sah er, daß sie mit Goldstücken gefüllt war.

Nun mußte der Bursche alles, was er erlebt hatte, erzählen. Darauf verlangte der Jäger, daß ihm der Bursche den Platz zeige, wo er der schwarzen Frau zuerst begegnet sei; sonst müßte er glauben, der Bursche habe das Gold auf unredliche Art erworben.

Als aber beide auf die Jägerwiese kamen, hob der Jäger schnell das Gewehr und wollte auf den Burschen abdrücken. Die Kugel drehte sich jedoch sogleich nach dem Schusse um und traf den Schützen selbst. Wegen dieser Begebenheit wurde damals, so heißt es, auf der Jägerwiese ein Kreuz errichtet.

DAS SCHARLACHRENNEN

Es war Sonntag. Der Lärm der Werkstätten war verstummt, und die ehrsamen Bürger der Stadt Wien pflogen der Ruhe nach den harten Tagesmühen der Woche. In festtägigem Gewande schritten sie durch die engen und winkeligen Gassen dahin und freuten sich der schimmernden Maiensonne. Ihr Weg führte sie zur sonntägigen Andacht. Von allen Kirchtürmen erschollen in weithin hallenden Tönen die Glockenrufe, und die bald hell, bald dumpf verschwimmenden Akkorde klangen wie die Stimme Gottes, welche die Gläubigen zum Gebete rief. Und die frommen Wiener säumten auch nicht, wußten sie doch, daß ihrer Hände Arbeit nur unter Gottes Segen gedieh, und dessen wollten sie auch fürderhin teilhaftig sein.

Auch in der Traibotenstraße, wo die meisten Waffenschmiede ihre geräuschvollen Werkstätten aufgeschlagen, war beschauliche Ruhe eingetreten, und die großen Essen derselben hatten ihre qualmende Tätigkeit eingestellt. Um so ärger trieben es auf der Straße die kecken Sperlinge, die nun kein Hammerschlag, kein Rossegetrappel in ihren tollen Spielen störte. Aber da öffnete sich knarrend das große Hoftor im Hause des reichen und wohlangesehenen Waffenschmiedes Grasmus Puchhaimer. Surr! ging's und die lieben Wildlinge der Straße flogen erschreckt auf die nächsten Mauern. Und ihre Furcht wäre gar nicht notwendig gewesen, denn nun schritten zwei gar sittig und doch stattlich gekleidete Frauen aus dem Tore heraus und wendeten sich der Kärntner Straße zu. Die eine hoch und prächtig gewachsen, voll Ebenmaß, im Besitze einer lieblichen Fülle voll aufgeblühter Mädchenschönheit, die andere klein, gebückt, mit einem Kranze weißer Haare um das faltige, aber doch noch mit lebensfrischem Rot gefärbte Gesicht, der anmutigste Gegensatz zwischen weiblichem Frühling und Winter: Jungfer Bärbeli, die schöne Waffenschmiedstochter, und Frau Martha, die würdige Haushälterin seit vielen, vielen Jahren, so lange eben die Ehefrau des Meisters verstorben. In züchtiger Würde schritten sie dahin, gar sorgfältig die in spitzen Schnabelschuhen steckenden Füße setzend, das mit Silber beschlagene Gebetbüchlein fromm an die Brust gedrückt. Die redselige Alte vermochte nicht lange das Schweigen des Mädchens zu ertragen. Noch waren sie nicht in die Kärntner Straße eingebogen, da hub Frau Martha an:

„Nun habt Ihr, Jungfer Bärbeli, eine Nacht darüber geschlafen, da ändert sich so manches, das einem vorher gar nicht zu Gesichte gestanden. Seid Ihr anderen Sinnes geworden, Jungfer Bärbeli?“

„Ach, daß es Gott erbarm'! Geschlafen meint Ihr? Jeden Glockenschlag hab' ich gezählt bis ins Morgengrauen. Wer hätte das gedacht! Anderen Sinnes? Nein, nein, redet mir nicht davon, Frau Martha, es ist ein abscheulicher Handel, sonst nichts."

Und gar zornig blickten die lieben blauen Augen des holden Mägdleins drein, und die Mundwinkel zitterten in verhaltenem Schmerze. Aber Frau Martha ließ sich nicht so leicht abweisen, denn ihr lag das Wohl ihres Pfleglings sehr am Herzen. „Nu, nu", sprach sie besänftigend, „müßt doch nicht gleich mit Eurem lieben Köpfchen gegen die Wand rennen. Der Vater meint es ja gar nicht schlecht mit Euch. Bedenkt doch nur, welche Zukunft sich vor Euren Augen auftut. Eines reichen Patriziers von Augsburg Frau zu sein, ist so übel nicht."

„Seht, das sage ich ja auch. Aber ich geize nicht darnach. Ich bin ein Wiener Kind und will in Wien bleiben, so wie es bei meiner seligen Mutter war. Ach, lebte die noch, da hätte ich diese Sorge nicht!"

„Ihr seid recht garstig, Jungfer Bärbeli, und hab' ich für Euch nichts getan? Aber es ist allemal so, wenn ..."

„Seid mir nicht böse, liebe Frau Martha. Ich weiß es ja, daß Ihr mir die Mutter ersetztet, solange ich zu denken vermag. Ihr wißt auch, wie ich Euch liebe. Soll ich's Euch zeigen?" Ein mutwilliges Lächeln spielte um ihre roten Lippen, die sich verräterisch aufrollten. Erschreckt wich Frau Martha zur Seite und rief ängstlich:

„Nein, nein! Wir sind doch auf der Gasse! Was möchten die Leute denken!"

„Ja, ja, das sage ich auch, wenn ich dem albernen Cyprian Würzlein, hochangesehenen Kaufherrn von Augsburg, dem das Zipperlein schon in den dürren Gliedern liegt, als Ehefrau folgen wollte. Was wollten doch die Leute nicht alles sagen! Passen wir denn überhaupt zusammen, Frau Martha? Sagt es selbst!"

Da fühlte sich Frau Martha in die Enge getrieben, denn im stillen mußte sie ihrem Lieblinge beipflichten, ein ungleicheres Paar hätte es nimmer geben können. Aber der Vater hatte ihr doch deutlich genug aufgetragen, das Mägdlein umzustimmen. Hohe Geschäftsinteressen müßten berücksichtigt werden. Freilich, von diesen verstand ihr alter Kopf blutwenig, und darum dauerte sie auch im Grunde ihres guten Herzens das arme Mägdlein, dessen Lebensglück auf dem Spiele stand. „Passen, ach passen, darauf kommt es doch nicht an!" meinte sie recht hinterlistig. „Wenn man sich nur gern hat, dann übersieht man so manchen Mangel."

„Das habt Ihr einmal nach meinem Herzen gesagt, Frau Martha, das war einmal ein Wort! Seht, ich vermag Herrn Cyprian Würzlein aber gar nicht auszustehen, dieses salbenduftende Männlein mit der spitzen Nase und dem langen Zitterbarte am Kinn. Nein, nein, kein Wiener Kind wird ihn bezaubernd finden und säße er bis an den Hals in lauter funkelnden Goldstücken. Ich bleibe dabei, das ist ein abscheulicher Handel. Wenn mein Herz nicht mitsprechen kann und soll, dann bleibe ich lieber zu Hause ..."

„Ja, und werdet lieber ein altes Jüngferlein, das den alten Steffel mit dem Strohkranze abreibt alljährlich, wenn der Fasching vorbei ist. Da seid Ihr was Rechtes."

So polterte jetzt das liebe Weiblein und konnte nur schwer den Unmut unterdrücken. Aber da lachte Bärbeli hell auf:

„Nein, nein, so gefährlich ist es nicht, das weiß ich gewiß!"

Errötend senkte sie das liebe Köpfchen, aber die hohe Glut ihrer Wangen konnte sie vor Frau Martha nicht verbergen. Unwillkürlich hatte diese zu dem Mädchen emporgesehen und die verräterische Röte bemerkt. Da begann es im Kopfe der Alten zu dämmern. Jetzt wurde es ihr klar, daß der Grund der Weigerung Bärbelis tiefer stecken mußte, als sie es vorhin vermeint. Ein Zittern überfiel sie. Mein Gott, mein Gott, dachte sie, wenn das nur kein Unglück gibt. Was einem diese Kinder doch für Sorge machen, sobald sie herangewachsen sind. Man sollte es gar nicht glauben. Dann hielt sie einen Augenblick inne, wie um Atem zu schöpfen, und schaute ihrer Begleiterin fest ins Auge.

„Also daher weht der Wind, Bärbeli? Nun weiß ich auch, was Ihr so gewiß wißt! Jetzt ist mir so manches klar."

„Ach, geht doch, Frau Martha, ich meine, Ihr wißt gar nichts. Aber was sollt Ihr denn auch wissen wollen?"

Und schmunzelnd setzte Bärbeli, das die Fassung wiedergewonnen hatte, mit rechter Schalkhaftigkeit hinzu:

„Weiß ich doch selber nichts!"

Aber Frau Martha ließ sich nicht irreführen, für sie war das jähe Erröten Bärbelis eine gar deutliche Sprache. War sie doch selbst einmal ein jungfrisches Mägdlein und wußte sie doch selbst, wie süß es sei, ein Geheimnis, das nur zweien Menschen frommt, im Herzen zu tragen und recht lange vor Unberufenen zu bewahren. „So, so, Ihr wißt also selber nichts? Ei, ei, da muß ich Euch helfen. So sagt mir doch, Jungfer Bärbeli, warum doch ein gewisser Ulrich ... Ei, was zuckt Ihr doch so erschreckt zusammen? Hab' ich's getroffen? Und weiß ich es nun? ... so oft durch unsere Gasse streicht, wo er sonst gar nichts zu suchen hat?"

Da war wieder das garstige Erröten gekommen, und Bärbeli schwieg recht beklommen und senkte noch tiefer das Köpfchen. Auf einmal mußte sie langsamer gehen, denn vor ihren Augen begann es zu verschwimmen. Und das war sicher recht merkwürdig. Und Frau Martha war jetzt gar hartnäckig.

„Glaubt Ihr, daß er mich auf einmal so heiß ins Herz geschlossen, seine alte Muhme, wenn er jeden Sonnabend an meine Tür klopft? Was meint Ihr, Jungfer Bärbeli?" Aber Bärbeli schwieg auch auf diese Frage, doch ihre Wangen wurden blaß, so blaß wie Frau Marthas weiße Haube. Und dabei fiel ein mächtiger Tropfen zu Boden, und es regnete doch gar nicht. Und dieser Tropfen sprach noch deutlicher, er ward ein abscheulicher Verräter an dem verwirrten Kinde. Da fühlte Frau Martha ein herzliches Erbarmen. „Ach, so geht doch, Bärbeli! Bin ich Euch denn ein gar so arger Drachen? Hab' ich Euch nicht von Herzen lieb? So lieb, als wenn Ihr mein eigen Töchterlein wäret?"

„Ach ja!" entfuhr es Bärbelis gepreßtem Herzen, „nun wißt Ihr, warum ich nicht nach Augsburg ziehen mag."

Längst waren die beiden Frauen durch die Kärntner Straße gewandert und in die Rotenturmstraße gekommen, von wo sie zum Rupprechtskirchlein langsam hinanstiegen, da konnten sie sich noch so manches sagen. Und Frau Martha, die eine Weile geschwiegen, zu sehr war ihr das eigene Herz ob des Ereignisses plötzlich der widersprechendsten Gedanken voll geworden, hub nun wieder an; doch leuchteten ihre lieben guten Augen in einem sonderbaren Glanze. Ob den nicht ein gewisser Stolz auf ihrer Schwester Kind verursachte? Wer weiß es auch?

„Also der Ulrich ist es, dieser heuchlerische Schlingel?"

Da lächelte Bärbeli froh auf, und all ihr Kummer war versiegt.

„Ob er gerade heuchelt, das weiß ich just nicht. Aber Ihr habt recht, Frau Martha, er ist's!"

„Nun denn, Bärbeli, daß Ihr es nur wißt, er ist ein arger Heuchler, wenigstens mir gegenüber gewesen. Ich will ihm's heimzahlen! Aber Ihr könnt ruhig sein, Ihr habt in mir eine starke Helferin, so wahr ich Martha heiße. Und nun ist mir Herr Cyprian Würzlein auch in die Seele hinein zuwider. Laßt Euch das gesagt sein."

„Ach, Frau Martha, wenn wir nicht auf der Gasse gingen, an mein Herz wollte ich Euch drücken, ach, ach, so fest."

„Nein, nein, lieber nicht! Wartet nur, bis wir zu Hause sind. Da steht schon unser Kirchlein."

Und Bärbeli schritt seligen Herzens in die Kirche, und als der sonntägliche Gesang an ihre Ohren klang, da war es, als hörte sie die Engel vom Himmel singen, und so inbrünstig betete sie wie nie zuvor.

Gar züchtig saß sie neben Frau Martha im Betstuhle und blickte in ihr aufgeschlagenes Büchlein, und wenn sie die Augen erhob, dann geschah es nur, um recht fromm den Handlungen des Priesters zu folgen. Ihre Seele war tief andächtig gestimmt und nur von dem einen Flehen erfüllt, der liebe Gott möchte es gnädiglich fügen, was sie so heiß ersehnte.

Frau Martha blickte wiederholt verstohlen auf ihren Pflegling und empfand innige Freude, da sie die tiefe Andacht des Mädchens erkannte. Ihre Finger zitterten, wenn sie die Kugeln des Rosenkranzes vorwärts schob, denn auch ihre Seele stand unter dem Eindruck einer mächtigen Bewegung. Ihr frommes Gemüt richtete sich vertrauend zu Gott empor, und was sie bedrückte, das stellte sie der großen Güte des Lenkers aller Schicksale anheim. Sie sah im Geiste, wie Bärbelis Mutter auf dem Sterbebette lag, sie hörte wieder die leise Bitte, das Kind, dem bald die schirmende Hand der Mutter fehlen werde, in ihre Obhut zu nehmen, sie fühlte den schwachen Druck der Hand, und sie sah den verklärten Blick, als sie treue Pflege versprach. Und wenn sie die ganze lange Zeit seither überdachte, so mußte sie erkennen, wie der liebe Gott ihr Bemühen gesegnet, wie er das mutterlose Kind von allem Ungemach bewahrt habe und wie ihr das schwere Werk, Mutterstelle zu vertreten, recht leicht geworden sei bis in die letzten Tage. Denn jetzt sollte eine Entscheidung gefällt werden, inhaltsschwer für das ganze kommende Lebensglück ihres Lieblings.

Das konnte der treuen Seele nicht gleichgültig sein. Darum zitterten die alten Finger, und darum betete sie so andächtig. Da sanken ihr die Hände in den Schoß. Sie blickte tränenden Auges zur Muttergottesstatue und ihre Lippen flüsterten:

„O Maria, in deine Gnadenhände lege ich das Glück des Mädchens! Bewahre es erbarmend und lenke alles zum Besten. Füge es gnädig, daß diesem Kinde kein Unheil widerfahre!“

Da segnete der Priester seine fromme Gemeinde und entließ sie.

Die beiden Frauen beendeten ihr Gebet und strebten dem Ausgange zu, doch ging dies nur sehr langsam, da das kleine Kirchlein dicht mit Menschen gefüllt war. Meister Ulrich hatte schon früher seinen Platz verlassen, sich unter dem Tore aufgestellt, wo die beiden Frauen vorüberkommen mußten; jetzt schritten sie vorbei an dem argen Frevler, der bis in die Kirche gedrungen war. Ein glückseliges Lächeln umschwebte seine Lippen, und die Augen grüßten in einer herzlich-beredten Sprache. Aber Frau Martha schoß auf ihrer Schwester Kind einen Blick des Zornes, daß Ulrich schier erbleichen mußte und ein Gruß, den er eben stammeln wollte, gänzlich erstarb. Und Bärbeli schaute beharrlich zu Boden und schien niemand zu sehen. Es war recht bedauerlich.

Und jetzt standen sie vor der Tür und wollten eben ihre Finger in das Becken mit Weihwasser stecken. Und da geschah etwas ganz Sonderbares.

Ein fein und junkerlich gekleideter Herr trat ihnen in edlem Anstande entgegen, tauchte seine Hand in das Wasser und hielt sie den beiden Frauen, wie es damals Sitte war, recht artig entgegen, und als Bärbeli die Augen erhob, da schrak sie ersichtlich zusammen, denn vor ihr stand – Herr Cyprianus Würzlein, der Ratsherr von Augsburg. Frau Martha hatte die

Situation rasch erfaßt. Sie berührte den Finger Herrn Cyprians und versetzte Jungfer Bärbeli unvermerkt einen gelinden Stoß, da diese sich gar nicht zu helfen wußte. Sie sah nur das widerlich in häßliche Falten verzogene Gesicht, den gekräuselten Knebelbart und roch den Duft von tausend Salben. Das hatte ihr alle Fassung geraubt. Endlich betupfte auch sie die langen, dürren Finger des eitlen Mannes, neigte kühl ihr Köpflein und schritt zur Kirchentür hinaus. Es war ihr, als hätte sie eine Schlange berührt, und all ihre Freude war mit einem Schlage dahin.

Herr Cyprian Würzlein aber hatte sich nicht abschrecken lassen. Er tänzelte zierlich den beiden Frauen nach, und brachte nun auf der Gasse seinen Morgengruß an.

„Ei, ei, das nenne ich ein Glück!" näselte Herr Cyprian und lüpfte sein funkelndes Barett. „Jungfer Bärbeli und Frau Martha im Sonntagsstaat, wie niedlich! Es ist wohl gestattet, die Damen zu begleiten?"

Aber da kam Herr Würzlein übel an. Frau Martha war empört, sie, die ehrsame Matrone, und niedlich! Sie war doch kein Kind mehr wie Bärbeli. Und gar, seit sie wußte, wie es um ihren Liebling stand. Na, dem wollte sie heimleuchten, recht wienerisch aber. Resolut meinte sie deshalb: „Seid bedankt, wohledler Patrizier, das ist in Wien nicht Sitte. Ehrsame Frauen finden bei uns allein nach Hause. Übrigens obliegt uns noch ein wichtiger Besuch. Seht, hier in diesem Hause, Herr Cyprian. Wollet Ihr hier warten, so laßt Euch die Zeit nicht lange werden. Wir grüßen Euch!"

So sprach die wackere Frau, nickte stolz mit dem Kopfe und verschwand mit Bärbeli in einem Hause, das sie auf der anderen Seite wieder verließ. Und Herr Cyprian blickte den beiden Frauen nach und es schien, als wäre er etwas verblüfft. Er schüttelte sein Haupt und murmelte etwas über die Wienerinnen. Ob das gerade eine Schmeichelei enthielt, blieb ein Geheimnis. Aber er wich nicht vom Platze, sondern stolzierte feierlich vor dem Hause auf und ab.

Die ganze Sache hatte der junge Waffenschmied aus der Ferne beobachtet. Der Blick, den ihm die Muhme zugeworfen, war ihm tief zu Herzen gefahren und hatte ihn in arge Unruhe versetzt, welche noch mehr stieg, als er bemerkte, wie der feine Herr die beiden Frauen begrüßte. Sollte dies der Freier sein, von dem er munkeln gehört? Er fühlte, wie ihm das Blut zu Kopfe stieg. Aber nun erkannte er die Tat seiner Muhme. Nun war viel gewonnen. Jetzt wußte er, daß er an Frau Martha eine starke Helferin finden werde. Ein frohes Lächeln flog über sein Gesicht, und er beschloß, das Eisen zu schmieden, so lange es warm sei. Er verließ den Kirchenplatz und suchte sein Heim in der Bognergasse auf.

Nur Herr Würzlein verblieb auf seinem Posten. Wie lange? Auch dies hielt er verschwiegen.

Dem Meister Puchhaimer, dem angesehensten Waffenschmiede der Stadt, hatte der Sonntagsbraten gar trefflich geschmeckt. Nun lehnte er sich behaglich in seinen großen Sorgenstuhl zurück und schlürfte zuweilen aus dem blinkenden Glaspokal seinen alten Lieblingstropfen, goldgelben Grinzinger, den er selbst noch in jungen Jahren gekeltert. Der wunderbare Geruch, der liebliche weiche Geschmack des Weines mußte den sonst recht gestrengen Mann milde gestimmt haben, man merkte es an dem leichten Schmunzeln, auch daran, daß er sanft streichelnd, liebkosend über den Becher fuhr und daß seine kleinen Augen verschmitzt blinzelten, so er auf sein Bärbeli schaute, das ihm gegenüber zu Tische saß und die Nadel fleißig schwang. Zuweilen trat Frau Martha ein und räumte bald dies, bald das zur Seite, und als sie endlich fertig war, da setzte sie sich zum Fenster und schlug die dort liegende Bibel auf zu beschaulicher Betrachtung. Meister Puchhaimer war die tiefe Stille in der Stube sonst nicht unangenehm, pflegte er doch stets, sintemalen ihm Kost und Trunk wohl geschmeckt, in seinem großen Stuhle ein Schläfchen zu tun; aber heute berührte ihn diese Stille ganz absonderlich. Es war ihm, als läge etwas Besonderes in der Luft, was ihm nicht behagen wollte. Er tat einen tiefen Schluck und hub an:

„Mein Bärbeli, du tust gar nicht so, als ob du dich freutest, bald eines reichen Patriziers Frau zu werden. Mich dünkt, du solltest über deines Vaters Sorge mehr Freude bekunden, meinst du nicht?“

Da stach Jungfer Bärbeli daneben, gerade in ihr zartes Fingerlein, und ihr Gesicht wurde so blaß wie das weiße Linnenstück, das sie in Händen hielt. Sie seufzte tief auf und erhob ihre Augen flehentlich zum Vater. „Ach, Vater! Wie könnt Ihr dies glauben!" Da umwölbte sich die Stirn des Meisters, und ernsten Tones sagte er:

„Merke, Bärbeli, mein Kind, was ein sorgender Vater tut, dem die Zukunft seines Kindes am Herzen liegt, ist immer wohlgetan! Nicht von einfältigem Grillen darf er sich leiten lassen. Seine Sorge gilt der Zukunft. Und hier fügt es sich wunderbar! Herr Würzlein ist hoch angesehen in seiner Vaterstadt und gilt dort als der reichste Mann. Was gibt es da zu zaudern? Für uns ist es eine hohe Ehre, fast möchte ich sagen, selbst für unser liebes Wien."

Da senkte Bärbeli ihr liebes Köpfchen und trauerte tief im Herzen. Still legte sie die Arbeit zur Seite, erhob sich und trat zu dem Vater hin. Und wie sie so ihm zur Seite hinkniete und seine Hand ergriff und wie sie den Vater mit einem Blicke betrachtete, in dem ihr ganzer Schmerz rührend zum Ausdrucke kam, da konnte sich Meister Puchhaimer eines leisen Schauerns nicht enthalten. Sollte er doch nicht recht getan haben? „Liebst du mich denn gar nicht, Vater?" fragte leise Bärbeli. „Willst du denn wirklich, daß ich dich verlassen soll? Siehe, ich bin so gern in deiner Nähe, Vater. Wer sollte dir denn deine alten Tage froh gestalten, wenn ich in Augsburg weilen muß?"

Daran hatte der Meister nicht gedacht. Ach, sein Bärbeli war ja doch sein ganzer Stolz, seine ganze Freude. Betroffen blickte er drein, und er fühlte, daß das Herz in seiner Brust heftig rumorte. Aber durfte er an sich selbst denken, wo er seinem Töchterlein eine so glänzende Zukunft bereiten konnte? Nein, nein, da mußte er schweigen. Er fuhr zärtlich über Bärbelis Gelocke und sprach:

„So arg ist es doch nicht, Bärbeli, wie oft werde ich dich heimsuchen und mich freuen an deinem Glücke. Hab' ich doch viel in Augsburg der Geschäfte wegen zu tun. Das soll dann immer ein Jubel sein, Bärbeli!"

Aber fester umschloß er die Hand seines Kindes, als wollte er es nicht von sich lassen.

„Und wer wird die Blumen pflegen auf der Mutter Grab? Wer wird dir die Sorgen von der Stirn küssen, wenn du stille Sehnsucht trägst nach ihr? Ach, Vater, laß mich bleiben!"

Da hörte man vom Fenster her ein heftig Schluchzen. Erschreckt blickten beide hin und sahen Frau Martha, deren sie ganz und gar vergessen. Und diese tat ihre Schürze von den Augen weg und rief:

„Ihr seid ein harter Vater, Meister Puchhaimer! Dauert Euch das arme Kind nicht? Habt Ihr denn kein Herz im Leibe, und seht Ihr nicht, daß das Glück, das Ihr meint, gar nicht des Mädchens Glück bedeutet? Ich sehe schon, Ihr wollt Bärbeli und mich aus dem Hause haben, denn ich bleibe bei dem Kinde und ziehe mit. Ich verlasse es nicht, das habe ich Eurem seligen Weibe versprochen. Und dann hauset allein in Eurem Heime wie ein Wilder!“ Da mußte Meister Puchhaimer lächeln, aber trotzdem schüttelte er den Kopf. Und es wäre vielleicht zu scharfer Rede gekommen, wenn es nicht eben an der Tür geklopft hätte. Da sprang Bärbeli auf, und Frau Martha wischte rasch ihre verräterischen Tränen fort. Auch der Meister erhob sich und rief: „Herein!“ Und in das Zimmer trat Ulrich Rosner, der junge Waffenschmied.

„Gott zum Gruße!“ sprach er bescheiden. Doch als er die Frauen sah, da stockte ihm die Rede; er wagte es nicht, weiter vorzutreten.

„Seid willkommen, Ulrich Rosner! Kommt nur heran und nehmt Platz. Geschwind, Bärbeli, einen neuen Becher! Ihr sollt meinen Tropfen kosten! Was ist Euer Begehr?“ Des jungen Meisters Verlegenheit wollte nicht weichen. Wohl trat er näher heran, aber seinen Hut drehte er unbeholfen in seinen Händen. Vor dem Tische blieb er stehen. Frau Martha blickte erstaunt drein, und Bärbeli war zum Kasten geeilt und vermochte lange keinen Becher zu finden. Da faßte sich Ulrich. Ein edler, männlicher Stolz war in seinem blühenden Gesichte zu lesen, hoch aufgerichtet stand er da.

„Ehrsamer Meister, Ihr kennt mich und meine Familie und wißt, daß ich fleißig die Hände rühre. Großes begehre ich heute von Euch und erflehe es aus tiefstem Herzen – Euer Bärbeli ...“

„Was, Ihr wolltet ...?“

„Ja, Meister, Euer Bärbeli zum Weibe.“

Da blickte der alte Waffenschmied zu seinem Töchterlein hin. Und dieses stand zitternd da, das Gesicht von hoher Glut bedeckt. Es wagte nicht, dem Blicke des Vaters zu begegnen.

„Also darum, Bärbeli?“

Da entfiel der Becher klirrend den Händen seiner Tochter, und sie lief zum Vater hin und umschlang ihn und vergrub ihren Kopf an seiner Brust.

„Nein, nein, Vater, nicht darum! Ach, ich wußte es ja selbst nicht; aber selig bin ich, Vater, ach, so selig!“

Frau Martha aber winkte ihrem Neffen ermunternd zu und nestelte wieder an ihrer Schürze herum.

„Seid gnädig, Meister, zweier Menschen Glück haltet Ihr in Händen. Der liebe Gott gibt es nur einmal. Und er hat es so gefügt!“

Der Meister Puchhaimer runzelte die Stirn. Er erkannte ja deutlich die ganze Sachlage und fühlte, wie unendlich teuer ihm doch sein liebes Töchterlein sei. Er schätzte auch den jungen Mann, der so edel warb, und wußte auch, daß er in Wien keinen besseren Eidam fände. Dann fiele ja der schwere Abschied weg, vor dem er sich im stillen doch selbst so gefürchtet. Aber hatte er Herrn Würzlein nicht schon fast zugesagt? Mit seinem Worte es bekräftigt? Wie gern wollte er seinem Liebling zum vollsten Glücke verhelfen, ach, wie gern. In schwerem Seelenkampfe stand er da und hielt sein Bärbeli umfangen. Er wußte sich keinen Rat, und Frau Martha sann mit ihm. Es war, als würde sie die gleichen Gedanken erwägen, als litte sie mit unter des Meisters Qual.

„Ihr schafft mir arges Leid!" hub endlich der bekümmerte Alte an. „Bärbeli ist so gut wie verlobt mit Herrn Cyprian Würzlein, dem reichen Bürger von Augsburg. Ihr seid mir lieb und wert, Ulrich Rosner, doch wie löse ich mein Wort?" Da seufzte der junge Mann tief auf und senkte den Blick zu Boden.

„So ist mein Hoffen begraben, und doch hätte ich Euer Bärbeli auf Händen getragen! Ich will es männlich erdulden, Meister! Lebt wohl!"

„Nein, Ulrich, harret aus!" rief da plötzlich Frau Martha hervor. „Ich hab's, Meister Puchhaimer, was helfen soll. Im edlen Wettstreite sollen die beiden Werber um unser Bärbeli ringen. In wenigen Tagen gibt es das Scharlachrennen, da mögen beide ehrlich mittun; wer früher zum Ziele gelangt, erwirbt den Preis! So meint es die alte Martha, und Ihr, Meister, seid erlöst aus banger Qual!"

Da flog über alle Gesichter, die vordem so traurig dreingeschaut, ein Strahl der Freude. Und Bärbeli blickte auf und rief dem Vater zu:

„Ja, Vater, so soll es sein! Ach, willigt ein, Vater, es gilt Eures Kindes Glück! Wie Gott es dann fügt, so will ich folgen und, müßte es sein, selbst nach Augsburg ziehen!"

Und Meister Puchhaimer fand auch Frau Marthas Rat als den noch einzig möglichen Ausweg. Der Vorschlag war aller Ehren wert, die Beteiligung am Rennen rühmlich, nur so konnte er sein Gewissen beruhigen.

„Wohlan, es sei! Ihr habt es vernommen, Ulrich Rosner! Der Sieger führt die Braut heim!"

Aufjauchzend rief der junge Werber voll froher Hoffnung:

„Ich will es wagen, Meister! Habt Dank, tausend Dank, Meister! Der Sieger führt die Braut heim!"

Noch einen Blick des innigsten Dankes warf er seiner getreuen Muhme zu, dann verließ er die Stube.

Und wie es beschlossen worden, also geschah es auch. Herr Würzlein hatte sich lächelnd in die Schrulle des Meisters, wie er es nannte, gefügt. Er verstände ein Roß geziemend zu reiten, es sei ihm nicht bange vor dem Siege, denn sicher werde niemand ein besseres Pferd auf die Bahn bringen als er. Die Wiener sollten sehen, wie ein Augsburger Patrizier die Zügel zu führen wisse, und der Tag des Rennens werde ihm nur neue Ehren einbringen. So meinte er und ging daran, die notwendigen Anstalten zu treffen. Aber für

Ulrich Rosner war guter Rat teuer. Wohl war auch er des Reitens kundig, wie so mancher Bürgerssohn aus guter Familie, doch wo ein Pferd auftreiben, edel und wohlgebaut, das ihm zum sicheren Siege verhelfen könnte. Und sein Gegner wäre nicht zu unterschätzen, denn der sparte die Goldstücke gewiß nicht, um den besten und tauglichsten Renner zu stellen. Da empfand er es bitter, daß ihm der Reichtum mangelte, und doch mußte er einen Ausweg ersinnen, koste es, was es wolle. Auch sein Stolz als eines Wieners Kind war erwacht. Schon darum mußte er alles daransetzen, den Fremdling aus dem Felde zu schlagen. Bitteres Kopfzerbrechen quälte ihn, und seine Arbeit freute ihn nicht. Täglich war er auf der Suche nach einem guten Rosse, aber die er gesehen, entsprachen ihm nicht, und der Tag des Rennens war nimmer allzu fern.

So schritt er denn eines Tages durch die Straßen dahin, fast verzweifelnd und unmutig, als ihn der Zufall gegen den Hohen Markt führte. In sein Leid tief versunken, achtete er kaum der Menschen, die ihm begegneten. Da schreckte ihn plötzlich ein freundlicher Zuruf aus seinem Brüten auf. Er hob seinen nachdenklich gesenkten Kopf, und vor sich sah er ein kleines Männlein, dessen Augen ihm freundlich zufunkelten.

„Ach, Ihr seid es, guter Abraham!"

„Natürlich, wer denn sonst?" klang es ihm lachend entgegen. „Auf der Straße muß man Euch treffen? Was soll das heißen? Und da geht Ihr dahin und höret und sehet nichts. Das ist bedenklich, junger Meister!"

„Ach, wenn Ihr wüßtet, wie mir zumute ist!"

„Und darf das der alte Abraham nicht wissen? Gott sei es geklagt, Ihr habt auf mich vergessen! Hab' ich Euch nicht gesagt, Ihr sollt an mich denken, so Ihr eines Rates bedürft! Der alte Abraham kann helfen!"

„So wißt Ihr bereits, wo ..."

„Ei freilich weiß ich's, wo Euch der Schuh drückt! Oder glaubt Ihr, ich sehe und höre nichts wie Ihr? Was wäre ich für ein Geschäftsmann, wenn ich nicht wüßte, was in Wien vorgeht!"

„Ihr habt recht, Vater Abraham, aber solange man glaubt, noch selbst ein Ziel zu erreichen, denkt man nicht der Freunde, auch wenn sie es noch so gut meinen. Ich denke einmal so!"

„Ja, ja, ich kenne Euch. Aber jetzt?"

„Nun sollt Ihr raten und helfen, Vater Abraham, wenn Ihr mir noch gut gesinnt seid."

„Wie heißt, gut gesinnt sein! Werde ich doch meinen Lebensretter nicht verlassen! Oder glaubt Ihr, der alte Abraham hätte es vergessen, wie Ihr ihn auf der Straße von Buschkleppern erretet?"

„Ach, sprecht nicht davon, Abraham!"

„So! Damals habt Ihr Euer gutes Rößlein im harten Streite eingebüßt für mich. Nun kommt der zahlende Tag, Ihr braucht einen Renner, gut, der alte Abraham wird Euch ein Pferd schaffen, daß Ihr Euch sehen lassen könnt. Ein besseres, als es Herr Cyprian Würzlein hat. Braucht keine Sorge zu haben, ich halte mein Wort und zahle meine Schulden."

„Könnt Ihr das, Abraham!? Wirklich, könnt Ihr das?"

„Was kann der alte Abraham nicht? Ich weiß, was Ihr erreiten wollt, so muß ich es können. Kommt in drei Tagen zu mir, dann sollt Ihr sehen. Herr Würzlein hat schwere Goldgulden mir bezahlt, Ihr sollt haben alles umsonst und feines Sattelzeug dazu. So straft der alte Abraham seine Freunde, die nicht denken wollen an ihn. Seid Ihr's zufrieden?"

„Ihr habt mein Glück in Händen, Abraham!"

„Gut, gut, junger Meister, Ihr sollt es zu rechter Zeit bekommen! Und nun, Gott befohlen!"

Der alte, freundliche Jude wartete nicht erst den Gruß Ulrichs ab, er drückte ihm rasch die Hand und eilte davon. Und Ulrich Rosner trug nun feste Zuversicht im Herzen, und als er von dannen schritt, da strahlte der alte Glanz voll Mut und Hoffnung aus seinen Augen.

So war der Vortag des Pferderennens am Himmelfahrtstage im Mai herangekommen. Es war für die lieben Wiener damals ein gar wichtiger Tag. Da erfuhren sie es denn von behördlicher Seite öffentlich, ob das Rennen abgehalten werde oder nicht. Auf dem Hohen Markte ging es recht lebhaft zu. Erwartungsvoll stand eine große Volksmenge vor der Schranne, allwo der gestrenge Stadtrichter sein Regiment führte, und harrte geduldig des feierlichen Augenblickes, da das „Berueffen des Scharlachs" stattfinden sollte, alter Sitte gemäß. Endlich öffnete sich die Tür, und es trat auf den Altan hinaus der „Stadt-Trumetter" mit dem „Rueffer". Da verstummte unten die tobende Menge. Der „Trumetter" stieß dreimal in seine lange, mit dem Stadtwappen geschmückte Posaune, und dann verkündigte der „Rueffer", daß am kommenden Tage nach alter Sitte das Rennen um den Scharlach stattfinde. Dem Sieger falle ein Stück Scharlachtuch im Werte von dreißig Goldgulden zu, dem zweiten ein neue „Armprust", dem letzten eine „Spen-Saw". Auf dem Wege nach St. Marx werde das Rennen abgehalten, und wer ein Pferd zu demselben stelle, habe dieses im Rathause in der Wipplingerstraße anzumelden und die Gebühr von einem Goldgulden zu erlegen. Für die „lauffunden" Männer zu „Fueß" seien „zwey stukh Parchant" (Barchent) ausgesetzt.

Dann stieß der „Trumetter" wieder ins Horn und beide traten in das Haus zurück. Da verlief sich nun bald auch die Menge, denn es war längst 10 Uhr geworden, damals die Mittagsstunde der Wiener. Unter den mannigfachen Vorbereitungen zu dem morgigen Feste, das zu jener Zeit im vollsten Sinne des Wortes ein Volksfest war, da sich an demselben, wer nur halbwegs konnte, beteiligte, verging der Tag. Für die beiden Werber, namentlich für Ulrich, mochte er gar nicht zu Ende gehen. Der junge Waffenschmied hatte es taktvoll vermieden, das Haus seiner Muhme zu besuchen, entweder als Sieger oder nie mehr wieder, so lag es in seinem Sinne. Und wahrhaftig, der Jude Abraham hatte glänzend seine Versprechungen erfüllt. Ulrich Rosner konnte ein Pferd anmelden, wie er es selbst noch nie geschaut, edelrassig durch und durch, fein und zierlich gebaut, mit schlanken, aber sehnigen Gliedern, für ein Rennen wie geschaffen. Er hatte es nicht unterlassen, in vielen Stunden seinen edlen fuchshaarigen Renner einzuproben, so daß er vollstes Vertrauen auf die Leistungsfähigkeit gewonnen. In gleichem Maße war auch Herr Würzlein mit seinem Rappen zufrieden, den er um schweres Geld gekauft. Das Tier war ebenso edel, nur noch viel feuriger und erforderte einen gewandten Reiter, der es zu behandeln verstände. Nun, der Augsburger Ratsherr war selbstbewußt genug, als daß er für sich in dieser Beziehung gezagt hätte.

Endlich war der entscheidende Tag angebrochen. Ein klarblauer Maienhimmel lachte hernieder, und die Luft war so mild und würzig, als wüßte sie, was es gelte, und daß es notwendig sei, denn da zeigten sich die schönen Wienerinnen zum erstenmal in ihrem luftigen Sommerstaate. Darum hatte auch die liebe Sonne schon in den ersten Stunden des Morgens alle Nebel und Wolken weggeküßt, damit ja nicht die guten Frauen und Mädchen um ihre farbenprächtigen Kleider, um die wehenden, oft kostbaren Schleier hätten sorgen müssen, von heimtückischem Regen überrascht zu werden. Und kaum hatte die Sonne ihre ersten Strahlen durch die Butzenscheiben in die Häuser geworfen, da waren auch die Wiener schon alle auf den Beinen, groß und klein, arm und reich, Männer und Frauen, Buben und Mädchen. War das ein Hasten und Schaffen, ein Schauen und Plaudern, ein Lachen und Schäkern, ein Spotten und Rühmen: echtes Wiener Blut. In der Kärntner Straße herrschte arges Getriebe. Da warteten die Leute auf den Zug des Rates, der doch den Reigen eröffnen mußte. Da schlug es auf St. Stephan die siebente Stunde, und jetzt kamen sie dahergeschritten, würdevoll und stolz, die ehrsamen Ratsherren. An der Spitze des Zuges ritten der „Stadt-Trumetter" und der „Rueffer", dann folgten, prächtig aufgeschirrt, die „lauffunden" Pferde, von ihren Reitern am Zügel geführt, die „Mannen oder Knecht", so zu „fueß" um den „Parchant" ringen mochten, hierauf die erst neu aufgenommenen Bürger, dann die „Armprust-Püchsen- und Hackenschützen" mit ihren zwei „Bännleins", stramm geordnet in Reih und Glied, an diese reihten sich die Pfeifer und Spielleute, worauf die Träger der Preise kamen, Scharlach, „Armprust" und „Spen-Saw". Nun erst folgte der Rat hoch zu Roß, darunter auch Meister Puchhaimer, alle in

Prachtgewändern, mit goldenen Ehrenketten um den Hals, an der Spitze der Bürgermeister Hans Scharfenberger selbst, der um 1425 ein strammes Stadtregiment führte, und jetzt erst reihten sich die an den Gehwegen stehenden Bürger an, und je weiter der Zug vorwärts schritt, desto länger wurde er auch. Der Stadtknecht unterließ es nicht, seine „Spen-Saw" zuweilen zu ungebührlichem Gequietsche verstohlen anzuregen, was natürlich allemal schallende Heiterkeit verursachte. Die Pfeifer ließen lustige Stücklein ertönen, und wiederholt stieß der „Trumetter" in seine Posaune. Und von den Fenstern grüßten die Zurückbleibenden und winkten mit Tüchlein und Fähnlein, und wenn der Rat vorüberschritt, da gab es frohsames Rufen und Jauchzen. Maienfreude überall, Ernst und Scherz nebeneinander, so weit Wiener Art reichte.

Auch Ulrich Rosner hatte die allgemeine Lustbewegung ergriffen. Stolz erhobenen Kopfes schritt er dahin, in schmucke, aber einfache Reitergewandung gekleidet, auf dem Kopf ein Samtbarett mit wehender Feder. Er war unter den 15 Männern, die sich um den Preis bewarben, wohl einer der stattlichsten. Sein Auge blickte scharf suchend die Kärntner Straße hinab, so sehnsüchtig, als wollte er des mächtigsten Anspornes noch teilhaftig werden. Aber er schaute lange vergebens. Fast hätte ihn ein Gefühl der Bitterkeit erfaßt, ihn allein in dem großen Jubel, der ihn umgab, als er doch in der Nähe des Kärntner Tores jene erschaute, nach welchen er so eifrig ausgespäht: Jungfer Bärbeli und Frau Martha. Hier wollten sich die Frauen dem Zuge anschließen. Auf einen Wink des Vaters traten sie gleich hinter dem Rate in den Zug ein. Ei, wie war Bärbeli so schön! So schön in ihrem langen, wallenden lichten Maienkleide, mit dem hohen spitzen Hute auf dem Kopfe, unter den wehenden, feinen Schleiern! Hellauf leuchtete Ulrichs Antlitz, als er den holden Preis erschaute, um den er nun heiß ringen wollte. Beider Augen trafen just zusammen, als hätte eine geheime Gewalt es gefügt, und Frau Martha winkte freundlich ihrem stattlichen Neffen zu. Wie klopfte ihm gewaltig das Herz, als er Bärbelis stummen Gruß verstand. Nun mochte kommen, was da wolle, er fühlte tausendfach seine Kräfte verstärkt.

Und neben ihm schritt Herr Cyprian Würzlein, die zarte, schmächtige Gestalt; aber der sah und hörte nichts. Aufgebläht wie ein stolzer Pfau führte er seinen prächtigen Rappen am Zügel, einzig und allein darauf bedacht, die Füße, die in kostbaren Schnabelschuhen staken, recht würdevoll zu setzen, sein seidenes Mäntelchen, gelb und blau gepufft, recht zur Geltung zu bringen, damit ja nur alles blitze und gleiße, was er an Schmuck an demselben hatte anbringen lassen. Ja, ja, die guten Wiener sollten ihn bewundern und den Tag sich merken, an dem er zur Wette geritten. Und in der Tat, die Leute zeigten mit Fingern auf das Männlein im gelben Seidenwams, aber sie schienen dessen Bedeutung nicht zu verstehen, denn oft lachten sie hell auf, wenn er vorüberschritt. Dann schoß Herr Cyprian nur wütende Blicke aus seinen kleinen Äuglein auf sie und murmelte giftige Worte. Aber was focht das die guten Wiener an, heute, am Tage des Festes, wo es so viel zu schauen gab. Närrische Freude empfanden sie, sonst nichts.

Jetzt kam der Zug zur Straße, wo das Rennen stattfinden sollte. Da schwenkten die Reiter heraus und hielten am Anfange der Straße, doch der andere Teil des Zuges schritt weiter, die Leute stellten sich zu beiden Seiten auf, der Rat mit dem Bürgermeister zog noch bis gegen St. Marx zu. Dort stiegen die Stadtväter von ihren Rossen und nahmen an langem Tische Platz. Hier war auch das Ziel aufgesteckt, eine hohe Stange mit wehender Fahne. Scharwächter der Stadt drängten nun die Leute zurück, spannten zu beiden Seiten des Weges lange Stricke und säuberten die schnurgerade Bahn. Noch einmal walteten „Trumetter" und „Rueffer" ihres Amtes, dann gab der Bürgermeister das Zeichen, und die Reiter schossen von ihrem Standplatze ab wie fliegende Pfeile. Hei, wie da die Funken stoben und die Erdstücke flogen, wie wenn plötzlich eine Wilde Jagd losgelassen worden wäre. Die wackeren Rosse streckten die langen Hälse vor, die Nüstern weit aufgebläht, die Augen hervorgedrängt, Muskeln und Adern zur äußersten Kraftleistung angestrengt. Anfangs war der Trupp ein dichtgedrängtes, wildes Rudel, aus dem nur Schnauben und wahnwitziges Geschrei hervortönte, allmählich aber begann sich die Gruppe zu lösen, die schwächeren Pferde blieben weit zurück. An der Spitze jagten die beiden Rivalen dicht nebeneinander dahin, der heißblütige Rappe des Herrn Cyprian hatte die Führung aufgenommen, denn der Augsburger schlug wie toll auf sein armes Roß ein und spornte die Weichen desselben blutig; aber Ulrich war ihm hart auf der Ferse, doch weise schonte er die Kräfte seines schlanken Renners. Nun war schon mehr als die Hälfte der Bahn zurückgelegt, das Ziel nicht mehr fern. Jetzt galt es zu handeln. Ulrich tat einen leisen Pfiff, sein Roß spitzte die Ohren, ein Satz, und vorwärts sprang der schlanke Fuchs, wie von unsichtbarer Macht plötzlich geschoben, er lief an der Spitze. Da ertönte ein wilder Fluch zur Seite des jungen Waffenschmiedes, ihn hatte im mächtigen Grimme Herr Cyprian ausgestoßen. Mit aller Macht schlug er seinem Pferde die biegsame Gerte in rasenden Schlägen an den Körper und preßte gleichzeitig dem Tiere, dessen Maul von blutigem Schaume umgeben war, die Sporen tief in die Seite. Das ertrug der Rappe aber nicht mehr, dessen Kräfte aufs äußerste angespannt waren, er stieg plötzlich in die Höhe, und Herr Cyprian flog im Bogen zur Erde nieder. Wohl raffte er sich gleich auf und vermochte seinen zitternden Rappen einzuholen, aber es war zu spät. Alle anderen Reiter hatten ihn überholt. Wohl suchte er noch einmal vorzukommen, aber all seine Reiterkunst nützte ihm nichts mehr, denn sein Rappe hatte überdies ein Eisen verloren und hinkte jämmerlich die Bahn entlang. Ein Jubel sondergleichen verkündete ihm nun, daß sein Rivale das Ziel glücklich erreicht, daß er ihn besiegt. Als er zur Stelle kam, war er der Letzte.

Wutschnaubend und beschämt sprang er von seinem Rosse. Aber wie sah er aus. Sein seiden Mäntelchen hing ihm in Fetzen vom Leibe, seine Beinkleider waren über und über beschmutzt, an manchen Stellen klafften bedenkliche Risse und die so wohlgepflegten und gedrehten Locken hingen ihm in wirren Strähnen über das bleiche Gesicht, er bot das Bild kläglichsten Jammers. Da huben die Wiener ein unbändig Gelächter an, und kaum, daß er wußte, wie ihm geschah, hielt er in seinen Armen die quietschende „Spen-Saw". Ja, ja, es ist immer so: Wer den Schaden hat, der hat den Spott.

Er stieß einen derben Fluch aus, schleuderte das arme Tier weit von sich, bestieg nochmals seinen hinkenden Rappen und trabte davon, so schnell es eben ging, auf Nimmerwiedersehen.

Da stieß der „Stadt-Trumetter" in seine Posaune, und dann überreichte der Bürgermeister dem Sieger das kostbare Scharlachtuch, dem Zweiten die funkelnde Armbrust.

Wie leuchteten dem jungen Waffenschmiede die Augen, als die Ratsherren ihm fröhlich die Hände schüttelten, als jubelnd sein Name durch die Menge flog und seinen Ruhm verkündete. Auch Meister Puchhaimer war an den glücklichen Mann herangetreten, er drückte ihm herzhaft die Rechte und sprach in freudigem Tone: „Ulrich Rosner! Ich halte mein Wort, kommt und holt Euch die Braut!"

Und er führte ihn zu seinem Bärbeli, das hoch errötend neben Frau Martha stand, so schön wie der lichte Mai selbst, und sagte zu seinem Kinde:

„Sei guten Mutes, Bärbeli, jetzt magst du in Wien bleiben zu deinem und meinem Glücke. Der Sieger führt die Braut heim!" Nur einen Blick wechselten die beiden, aber er kündete ihr ganzes Glück. Da drängte sich auch der alte Abraham hervor und rief:

„Nun, hab' ich zu viel gesagt?"

„Nein, nein, Vater Abraham", sprach Ulrich tief bewegt, „ich bleibe allezeit Euer Schuldner!"

„Was heißt Schuldner? Jetzt nehmt Euer Glück fest in die Hand! Wir sind quitt!"

DER HERMANNSKOGEL

Auf dem Hermannskogel, von Wien nordwärts an der Stadtgrenze, stand vorzeiten ein Kloster. Dieses wurde von einem fremden Ritter namens Hermann gegründet, nach dem seither der Berg auch den Namen führt. Die Sage berichtet von diesem Kloster folgendes: Eine der Nonnen brach ihr Gelübde; sie war einem Jäger zugetan, der sich öfters verstohlen bei dem vergitterten Fenster ihrer Zelle einfand und leise mit ihr redete.

Eines Tages kam er später als sonst und erzählte ihr recht geheimnisvoll, er habe ganz nahe im Wald einen Schatz entdeckt, den wolle er heben. Er bat die Nonne, ihm dabei zu helfen und dann mit ihm in ein fremdes Land zu fliehen. Sie glaubte alles, was er sagte, nahm schnell die notwendigsten Sachen mit und lief heimlich zu ihm hinaus.

Kaum hatte aber die Nonne das Kloster verlassen und war im Walde draußen, so wurde auf einmal ihr Begleiter größer und größer, aus seinen Händen wurden Klauen, seine Füße wurden zu Hufen, seine Hutfedern zu Hörnern, und sein Mantel ward in Riesenflügel umgewandelt. Als das Mädchen erkannte, wer ihr Gefährte sei, schrie sie vor Schrecken laut auf und fiel ohnmächtig nieder.

Der höllische Bräutigam packte sie aber mit seinen Klauen und fuhr mit ihr unter wildem Geheul in die Luft. Seitdem irrt der Geist der Nonne am Hermannskogel ruhelos umher, und in stillen Nächten hört man ihn leise weinen. Auch am Fuße des Berges, auf der Wiese beim Bründl, soll der Geist schon öfters gesehen worden sein. In die Steine, die im Walde umherliegen, ritzt er Kreuze hinein, und all das wird noch so lange dauern, bis er endlich Erlösung findet.

DAS ROTE MANDL

Der weltberühmte Doktor Faust, der unerreichte Meister der Zauberkünste, hielt sich oft in Wien auf. Er zechte gern im Kreise seiner Bewunderer und gab da manches von seinen vielbegehrten Zauberstücklein zum besten.

So erschien er einmal in der Kellerschenke „Zum Bühel“ in der Nähe der Freiung. Die Gäste erkannten ihn sogleich, begrüßten ihn mit Jubel und baten ihn voll Ungeduld um ein paar Kunststücke.

Er setzte sich aber ganz gelassen nieder und bestellte ein Glas vom besten Wein. Der Schankbursche brachte es ihm. Das Glas war aber so voll, daß er dabei ein wenig über den Tisch goß.

Da sagte der Doktor grimmig: „Wenn du mir noch einmal Wein verschüttest, so fresse ich dich mit Haut und Haar!“ – Den Burschen ärgerte diese Zurechtweisung, und als er das leere Glas zum zweitenmal gefüllt hatte, verschüttete er vorsätzlich etwas vom Inhalt.

Da sperrte der Doktor den Mund weit auf – und der Bursche war augenblicklich verschwunden. Darauf nahm der Schwarzkünstler noch eine große Flasche mit Wasser und goß den ganzen Inhalt in einem einzigen Zuge nach.

Die Gäste waren sprachlos vor Entsetzen und Verwunderung. Der Wirt aber fing an zu jammern und rief: „Herr Doktor, wie soll ich denn heute die große Arbeit bewältigen ohne meinen Gehilfen? Gebt ihn mir wieder, ich bitte Euch inständig darum!“

„Spart Eure Worte“, sagte darauf der Hexenmeister mit gleichgültiger Miene, „er sitzt doch draußen auf der Stiege.“

Als der Wirt hinausschaute, saß wirklich der Kellerbursche auf der Stiege, klapperte vor Kälte mit den Zähnen und war tropfnaß.

Er kam gleich danach ins Schankzimmer, ging zornig zum Tische des Doktors hin und rief: „Mit Euch will ich in meinem ganzen Leben nichts mehr zu tun haben! Ihr seid mit dem Teufel im Spiel!“

Kaum war das Wort gesprochen, so entstand sogleich im ganzen Saal eine lärmende Unterhaltung über den Höllenfürsten und über seine Macht in der Menschen- und Geisterwelt.

Da stand mitten im ärgsten Lärm einer der Gäste auf, ein Meister der edlen Malerkunst, der erst kurz vorher aus dem Auslande gekommen war, und rief mit lauter Stimme, daß er den Teufel an die Wand malen werde. Die Leute horchten neugierig auf, und es wurde mäuschenstill im Saale.

Es dauerte nicht lange, so sah man wirklich an der Wand das Bild eines

Junkers in der Tracht eines Edelmannes mit einer Hahnenfeder am Hut, einem Spitzbart, einem Degen und einem wallenden Mantel.

Die Gäste starrten alle mit verhaltenem Atem auf das gelungene Konterfei des Satans hin, das gar schrecklich anzuschauen war und dabei doch genauso aussah, wie sie sich den Höllenfürsten längst schon vorgestellt hatten.

Plötzlich wurde es im Saale finster; das Bild bekam Leben und fing an, sich zu rühren und zu bewegen. Die Kleider des Satans waren jetzt blutrot, die Feder am Hut, die immer hin und her schwankte, war gleichfalls rot, die Quasten und die Verbrämungen waren kohlschwarz und das Mäntelchen spielte ins Grünliche.

Die Leute getrauten sich nicht einmal, Atem zu schöpfen, sie blickten nur in einem fort auf die schauderhafte Erscheinung mit dem wachsbleichen Gesicht und den schrecklichen Augen, aus denen fortwährend ein unheimliches Feuer herausflammte.

Plötzlich erhob sich das Satansbild und stürzte mit einem furchtbaren Getöse mitten in die Menge hinein. Da schrien die Leute voll Schrecken laut auf und rannten wie verrückt dem Ausgange zu.

Dem Doktor machte der Höllenspektakel einen riesigen Spaß, und zu guter Letzt rief er noch den Leuten mit wahrer Donnerstimme die Worte nach: „Man soll den Teufel nicht an die Wand malen!“ Es war aber niemand andrer gewesen als er selber, der mit seinen Zauberkünsten den Höllenfürsten lebendig gemacht hatte.

Wegen dieses Vorfalls bekam hernach die Schenke den Beinamen „Zum roten Mandl“.

DIE SPECKSEITE

Auf einem Blatte des berühmten Babenberger Stammbaumes im Stifte Klosterneuburg befindet sich die Darstellung der Schlacht, in welcher Friedrich II. seinen Tod gefunden. Merkwürdig ist es, daß den Hintergrund hiezu eine Ansicht von Wien bildet, die wir als eine der besten von allen uns erhaltenen bezeichnen müssen. Sie soll aus dem Jahre 1483 (1485) stammen und zeigt uns den Blick auf die Stadt vom jenseitigen Donaukanalufer aus. Dieses höchst interessante Bild kann jedermann in einer vortrefflichen Vergrößerung im Volkskeller des Wiener Rathauskellers sehen, wo es eine ganze Seitenwand ziert. Der Wiener des 20. Jahrhunderts kann hier bei einem Gläschen echten Landweines seiner guten Vorfahren gedenken, die in engbegrenzter Gemeindefreiheit doch großen Sinnes waren und in schweren und heiteren Zeiten bewiesen, daß sie das Herz auf dem rechten Flecke hatten. Die ganze Auffassung des Bildes, die Lage der einzelnen besonders bedeutsamen Bauwerke, verglichen mit dem, was noch heute an deren einstiges Vorhandensein erinnert, läßt erkennen, daß wir es mit einer sehr getreuen, ja künstlerisch wertvollen Abbildung Alt-Wiens zu tun haben. Den Mittelpunkt des Bildes bezeichnet der Stephansdom, an der äußersten rechten Seite desselben erblicken wir noch den merkwürdigen Kuppelturm von Maria am Gestade und an der äußersten linken Seite einige Häuser und Holzschuppen dort, wo heute die Prachtpaläste gegenüber der Ferdinandsbrücke stehen, also ungefähr die Ansicht von Wien zwischen Stephanie- und Ferdinandsbrücke. Den Häuserblock gegen den im Vordergrunde ersichtlichen Donaukanal abschließend, erblicken wir einen Teil der gegen diese Seite ziehenden doppelten Befestigungsmauer mit dem Werdertor und dem Rotenturmtor. Vor letzterem sehen wir auch noch den Mautschranken mit dem Mauthäuschen. Hinter dem Rotenturmtor, welches die Rotenturmstraße gegen die Donau abschloß, erhebt sich der eigentliche Rotenturm, dessen Seitenmauern schachbrettartig rot und weiß bemalt waren, daher der Name.

Die Rotenturmstraße bildete im 15. Jahrhundert die Hauptverkehrsader gegen die Donau, und deshalb war der Verkehr durch das Rotenturmtor ein sehr lebhafter. Hier legten die von der oberen Donau, namentlich aus Oberösterreich kommenden Holz-, Salz- und Obstschiffe an und entledigten sich ihres für die Wiener besonders wertvollen Inhaltes, ein Gebrauch, der sich, was Holz und Obst anbelangt, noch bis in unsere Zeit erhalten hat. Daher waren auch hier große Holzlagerplätze; das sogenannte „Schanzl“ hat sich bis in die letzten Tage daselbst noch erhalten, und der Name „Salzgries“ deutet ebenfalls noch auf jene Behältnisse hin. So wie links vom Riesentore zu St. Stephan die behördlichen Maße der großen und kleinen Elle noch heute zu sehen sind, so gab es auch am Rotenturmtor einstens das Maß für die Rebstecken, die hier in nächster Nähe abgeladen wurden. Wir sehen daraus, wie einerseits die Wiener praktisch gewesen sind und wie sie anderseits durchaus darauf bestanden haben mochten, daß sie von fremden Händlern nicht übervorteilt würden und daß ihnen für ihr gutes Geld auch richtig zugemessen werde. Aber auch noch in anderer Beziehung ist gerade dieses Tor merkwürdig gewesen.

Durch viele Jahrhunderte hing in der spitzbogigen Torhalle, an Stricken und Ketten stark befestigt, eine Speckseite, erst in natura, später ersetzt durch eine hölzerne Nachbildung. Welchen Zweck dieselbe dort erfüllen sollte, sagte ein artiges Verslein an der Wand:

„Welche Frau ihren Mann offt rauft und schlagt
Und ihn mit solcher alten Laugen zwagt,
Der soll den Pachen (Speckseite) lassen henken,
Ihr ist ein anderer Kirchtag zu schenken.
Welcher kommt zu dieser Porten,
Dem rath ich in getreuen Worten,
Daß er halt Fried in der Stadt,
Oder er macht ihm selbst Unrath,
Daß ihn zween Knechte zum Richter weisen
Und schlagen ihn in Stock und Eisen.“

Daraus ist zu ersehen, daß schon in jener Zeit die Wiener Ehefrauen eine gar bedeutende Macht im Kreise ihres Hauswesens besessen haben müssen, und der sich auch die gestrengen Eheherren gern unterwarfen, so sie nicht den Frieden der Familie und damit die alte, für die Wiener speziell sprichwörtlich gewordene Gemütlichkeit in arge Gefahr bringen wollten. Darum hat auch der damalige wohlweise Rat der Stadt im Rotenturmtore die Speckseite aufhängen lassen, sicher eingedenk des lieben Spruches: Mit Speck fängt man Mäuse. Gewiß meinte er dabei mit den Mäuslein jene, die sich nicht gerne etwa dem löblichen Hausregiment unterwerfen wollten. Diese sollten dann vor aller Öffentlichkeit ihre eigene hausherrliche Kraft dadurch beweisen, indem sie es versuchten, den Packen herabzuholen. Aber auch dem zuwandernden Fremden sollte dieses Wahrzeichen schon bei seinem Eintritte in die Stadt sagen, daß er den „Frieden“ derselben nicht anzutasten habe. Ja, ja, das war eine gar weise Verfügung, und die Väter, die sie erlassen, schmunzelten vergnüglich, freilich nur verstohlen, wenn sie bemerken konnten, wie der liebe gute Friede wirklich gewahrt blieb. Sollte heutzutage nicht auch irgendwo so ein segenspendender Pachen hängen? Einmal aber hat wirklich ein Bramarbas von Wien den Versuch gemacht, den Pachen herabzuholen und seine Gewalt zu zeigen. Aber der Versuch ist schmählich mißglückt. Frau Chronika, die alles weiß, erzählt:

Es war am 31. Oktober des Jahres, ja, dieses hatte Frau Chronika nicht genau bezeichnet, gewiß aber zur Zeit, als noch genannter Pachen im Rotenturmtore hing, da saß der ehrsame Schneidermeister *Wolfgang Tröxl* ganz mutterseelenallein in seinem traulichen Stübchen und blickte träumerisch auf die Butzenscheiben hin, die eben noch im letzten Abendrot goldig schimmerten. Das Tagewerk war vollbracht, und nun harrte der Meister seines wohlverdienten Abendbrotes. Er saß in der Zimmerecke, gerade unter dem Kreuze, das dort an der Wand angebracht war, und stützte die Arme auf den Tisch, geradeso, als ob er längst vergangener Zeiten denken wollte. Vielleicht erinnerte er sich eben der Zeit, wie er als flotter Wanderbursche auf Schusters Rappen frank und frei die Welt durchmessen, vielleicht gedachte er des einen oder des anderen lustigen Streiches, den er miterlebt oder gar angestiftet (da zuckte er ängstlich zusammen und blickte nach der Tür ob dieses schrecklichen Gedankens), vielleicht kam ihm der Tag wieder zu Sinne, da er seine liebe Barbara heimgeführt, vielleicht, kurz und gut, Meister Tröxl schmunzelte einmal, dann fuhr es wieder wie ein böser Wetterstrahl über sein Gesicht. Ob dieses Mienenspiel aber gerade mit seinen Gedanken zusammenhing, wer weiß es? Doch das war gewiß, daß er plötzlich tief aufseufzte und merklich mit den Fingern auf dem Tische trommelte. Ganz unabsichtlich trommelte er. Plötzlich fuhr er zusammen und hielt ein, wobei er das freundlichste Gesicht von der Welt machte. Denn er sah, wie sich die Tür öffnete und ein Kopf hereinblickte. Ja, warum mußte denn da auch Meister Tröxl erschrecken, das war ja der Kopf seines lieben Weibchens, das war doch kein Anlaß, sich zu ängstigen. Wenn er nur nicht getrommelt hätte, dachte er sich. Aber Frau Barbara fragte doch so lieb: „Willst du was, lieber Wolfgang? Bist du vielleicht schon hungrig?"

„Ich, hungrig? Nicht die Spur!" meinte der Meister ganz energisch, dieweil ihm aber der Magen bedenklich krachte.

„Ich meinte nur so, weil ich dich trommeln hörte, lieber Wolfgang." Und ihre Augen funkelten.

„Wirklich, habe ich getrommelt? Merkwürdig, wie nur das so kommen mag. Ich bin gar nicht ungeduldig."

„Warte noch ein wenig, aber trommle nicht wieder!" Sprach's und schloß die Tür, aber etwas unsanft, denn Meister Tröxl zuckte wieder sichtlich zusammen. Und die freundliche Miene verschwand wieder, und es war, als nähme des Meisters schmales Gesicht den Ausdruck eines Dulders an. Jetzt trommelte er nicht, aber ziemlich aufgeregt strich er über den schütteren Knebelbart, und manchmal drückte er auch in der Magengegend herum, wo ein Knurren sich deutlich vernehmbar machte. Wenn das sein liebes Weibchen in die Küche hinaus hörte! Und Frau Barbara hatte so feine Ohren. Leicht könnte sie meinen, er trommelte wieder, und dann gäb' es vielleicht gar noch Zank und Streit. Nein, nein, lieber etwas drücken. Auf einmal hob er die Nase und schnupperte. Ei, ei, was soll denn das sein? Das wird doch nicht? Aber es duftete so lieblich, so fein, so köstlich, gerade als ob ... „Vielleicht gar Brat ...? Aber das ist ja gar nicht möglich?"

Und wieder zog er durch seine Nase, tief aufatmend, den seltsamen Geruch begierlich ein. Jetzt lauschte er beklommen. Richtig, richtig, erst ein leises Surren, dann immer stärker, jetzt gar ein heftiges Prasseln und Schmoren, wie wenn etwas in die Pfanne geworfen worden wäre, und jetzt ein Zischen und Sausen. Nun zweifelte Meister Tröxl nimmer.

„Ja, ja, mein Weib schmort mir was, aber was? Und warum? Sonst hat es ja nur immer eine dünne Milchsuppe gegeben mit harten Brotschnitten! Was nur Barbara hat?"

Aber die Augen des Meisters glänzten, und er mußte öfter schlucken, so sehr war ihm das Wasser in den Mund geronnen. Da fuhr es ihm zu Sinne:

„Wenn das Bratwürstlein wären?! Ach, das wäre herrlich!"

Wenn auch Meister Tröxl über das „Was" mit sich so ziemlich einig geworden wäre, das „Warum" machte ihm bedenkliche Sorgen. Je nun, er wüßte schon einen Grund, aber der war doch zu unbedeutend, als daß es darob gleich Bratwürste geben sollte und gar mit Sauerkraut auch noch. Doch wie er so sann und überlegte, flog die Tür auf und Frau Barbara brachte auf einem Brette mehrere verdeckte Schüsseln herein. Ja, war das eine Frau! Nicht zu groß, aber auch nicht zu klein; nicht zu stark, aber auch nicht zu zart, gerade recht für das schmächtige kleine Schneiderlein, gerade recht, um im Hause Zucht und Ordnung im Zaume halten zu können. Und das Gesicht eigentlich nicht unschön, jetzt sogar allerliebst wegen der Röte vom Herdfeuer. Wenn nur nicht dieser Blick in den Augen liegen möchte, dieser merkwürdig gestrenge Blick, und dieser sonderbare Zug um den Mund, dieser merkwürdig gestrenge Zug! Und dann der Schritt! Der Boden zitterte dann und auch der Tisch, die Bank – und sogar das Schneiderlein. Um den Leib trug sie eine zierliche Kette, und an dieser hing ein gewaltiger Bund Schlüssel, große und kleine, aus denen als der größte der Torschlüssel hervorragte.

Aber jetzt stellte sie mit herzlichem Ausdrucke ihres Gesichtes ihre Bürde auf den Tisch, faltete die Hände und sprach ein Verslein zum Gebet, natürlich auch Meister Tröxl mit. Dann setzte sie sich nieder, gerade ihrem Manne gegenüber, und blickte ihn fast zärtlich an.

„So, lieber Wolfgang, jetzt wollen wir essen!"

„Ja, liebe Barbara, jetzt wollen wir essen."

Der Meister hatte schon Gabel und Messer in den Fäusten und schnupperte gewaltig nach den verdeckten Schüsseln. Ei, wie da Frau Barbara schmunzelte, als sie den Appetit ihres Mannes merkte! Aber gemach, Herr Meister, nur langsam, erst mußte doch die sorgliche Hausfrau die Schüsseln abdecken. Und diese ließ sich Zeit, sie gedachte des Trommelns. Und es war eigentlich garstig, recht häßlich von ihr, sintemalen das Gesicht des Meisters recht lange wurde, noch länger, als es ohnedies schon war. Da lächelte Frau Barbara ganz offenkundig, beinahe verführerisch: „Nun, lieber Wolfgang, was meinst du wohl, was es gibt?"

„Ja, mein Gott, ich meine, das heißt, ich nicht, nur was du etwa meinen wolltest. Nach dem feinen Dufte zu schließen, wären es wohl gar, ach, du spaßest mit mir, wären es wohl gar Brat...? Nein, nein, es ist gar nicht möglich!" Und das Schneiderlein wand und krümmte sich höchst possierlich hin und her.

„Sag's nur heraus! Getraue dich doch nur, mein viellieber Wolfgang!"

„Also wirklich?!"

„Ja, ja, ganz und gar wirklich!" Und Frau Barbara lüftete etwas den Deckel, und der Meister hatte alles gesehen.

„Bratwürstlein!!" schrie er, sich und sein Weib vergessend. Doch dieses lächelte wieder recht innig ihrem lieben Manne zu und sagte: „Erraten, mein Lieber, willst du sie verkosten?"

„Ei, freilich, liebe Barbara, wenn du glaubst?"

„Warum hätte ich sie dir denn gebraten? Ist doch dein Namenstag heute! Weißt du es nicht?"

„Ach ja!" seufzte der Gequälte. „Erst zuvor, als der süße Geruch ins Zimmer kam, da dachte ich es mir. Aber deswegen gleich Bratwürstlein?"

„Nu, nu, ich wollte dir doch eine Freude bereiten, mein lieber Wolfgang."

„Ei, mein liebes Weibchen, wie gut du bist! Aber, bitte, jetzt gib mir doch endlich!" Und Frau Barbara hatte Erbarmen und gab ihm die kleinere Wurst, die größere nahm sie selbst, und es blieb noch eine halbe in der Schüssel. Und aus der anderen Schüssel schöpfte sie ihm sorglich Sauerkraut dazu und goß auf dieses noch einen Löffel Bratensaft. Und ein Stück Brot gab es auch. Und beide aßen vergnüglich in der Dämmerung, und es schmeckte ihnen ausgezeichnet. Leider war der Meister mit seinem Teile gleich fertig, und begehrlich blickte er auf das halbe Würstchen in der Schüssel hin. Und Frau Barbara verstand gleich seinen Blick.

„Nein, lieber Wolfgang, so viel verträgt dein schwacher Magen nicht. Ich will es lieber selber essen." Und sie aß es vor seinen Augen, und Meister Tröxl schaute recht traurig drein, als er es rasch zwischen den schönen Zähnen seiner Gattin verschwinden sah. Er legte nun Gabel und Messer fein bescheidentlich weg und wartete.

„So gut schmeckt es dir, liebe Barbara, ei, so gut, es freut mich recht."

„Freilich, es ist doch dein Namenstag, den müssen wir doch feiern!"

„Wenn du glaubst, mir ist es recht. Aber ein bißchen gepfeffert war das Würstlein, meinst du nicht?" Und er spielte ganz verdächtig mit den Schlüsseln, die Frau Barbara auf den Tisch gelegt hatte, besonders mit dem großen Torschlüssel. Sollte das vielleicht eine zarte Andeutung sein? Oh, Frau Barbara war klug, sie verstand sie gleich.

„Du bist wohl durstig geworden, lieber Mann? Warte, ich bringe dir frisches Wasser, das nimmt den Pfeffergeschmack wieder weg. Meinst du nicht?"

„Ach ja! Aber Wasser?" Und wieder spielte er mit dem großen Torschlüssel.

„Möchtest wohl gern ein Gläschen Wein, hm? Sollst ihn heute haben, lieber Wolfgang, ist ja dein Namenstag." Da freute sich Meister Tröxl königlich und war stolz auf sein verständiges gutes Weibchen. Glaubte er doch schon, er werde den Schlüssel bekommen, um unter seinen Genossen in der Herberge der Schneiderzunft einen Schoppen trinken zu dürfen. Aber Frau Barbara stand auf, holte eine Flasche aus dem Schranke und ein kleines Gläschen dazu, goß dieses voll und versperrte wieder die Flasche.

„So, lieber Wolfgang, damit du erst nicht fortgehen mußt, heute an deinem Namenstage, hab' ich auch dafür gesorgt. Laß ihn dir schmecken! Aber trinke langsam!"

Und sie kostete selbst aus dem Gläschen und schob dieses ihrem Manne zu. Dann räumte Frau Barbara Eßbesteck und Schüssel wieder ab, zündete das Öllämpchen an und bereitete die Betten vor. Und Meister Tröxl muckste nicht und trank langsam, wie ihm geheißen, sein Gläschen leer.

Ein paar Tage später hatte Meister Tröxl all seinen Unmut verschlafen; er bot seinem fürsorglichen Weibchen wie gewöhnlich einen freundlichen „guten Morgen!" und begab sich frisch an die Arbeit. Er werkte recht fleißig bis gegen die neunte Morgenstunde, dann legte er Schere und Nadel beiseite und rüstete sich, eine Kundschaft zu besuchen. „Ich muß außer Hause, liebe Barbara, dem Herrn Gevatter das neue Wams probieren. Soll ich dir etwas besorgen?"

„Ach ja, lieber Wolfgang, aber wird es dir nicht zuviel werden?" Und mit einem honigsüßen Lächeln überreichte sie ihm ein Stückchen Papier, auf dem in langer Reihe alle ihre Wünsche fein säuberlich aufgeschrieben standen.

„Und damit du dies alles leichter trägst, liebes Männchen, nimmst du wohl das Körbchen mit; für die lieben Kindlein des Herrn Gevatter habe ich süßes Backwerk hineingelegt. Indessen du die Probe nimmst, mögen die

Kleinen das Körbchen leeren. Und auf dem Rückwege kaufst du dann wakker ein. Kommst du dann heim, so wartet deiner als Lohn ein guter Schmatz."

Der Meister Tröxl erwiderte den Blick seiner Gattin freilich mit gemischten Empfindungen, nahm Zettel und Korb und schritt tapfer von hinnen. Doch auf der Straße blieb er ob seines Korbes nicht unangefochten. Die Leute schmunzelten und kicherten und drehten die Köpfe, wenn sie das schmächtige Männlein mit dem großen Korbe einherschreiten sahen, und mancher lose Gassenjunge rief laut seine spottenden Glossen. Da wurde der Gang für ihn ein Leidensweg. Und wenn er auch des öfteren fühlte, wie ihm das Blut heiß zu Kopfe stieg, er wanderte doch tapfer seinen Weg weiter, wenngleich er am liebsten den Korb weiß Gott wohin geworfen hätte. Nein, daß ihm seine Barbara so etwas auftragen mußte! Er schämte sich und in seinem Herzen fing es gelinde zu kochen an. Freilich entschädigte ihn teilweise die Freude der Kinder für all das, was er auszustehen hatte; aber das mitleidige Lächeln des Herrn Gevatters entging ihm nicht. Na, einmal und nicht wieder, dachte sich Meister Tröxl. Er sputete sich mit dem Probieren, nahm einigermaßen beschleunigten Abschied und trollte sich mißmutig von dannen. Der Korb war ihm zur Qual geworden. Aber jetzt begann erst das eigentliche Leid. Er mußte bald in dieses Geschäft, bald in jenes, wie es eben auf dem Zettelchen geschrieben stand, und überall konnte er deutlich genug verwunderte Blicke, verstohlenes hämisches Lächeln beobachten, wobei er nicht selten die wunderlichsten Fragen zu beantworten hatte. Ob denn die Frau Meisterin verreist sei, ob sie so viel zu arbeiten habe, warum man sie denn jetzt gar so selten sehe, ob sie vielleicht krank daniederliege und dergleichen mehr. Meister Tröxl wurde dadurch recht übel gelaunt, und in seinem Herzen wuchs die Erregung immer mehr. Der Korb wurde auch schwerer, und das liebe Meisterlein fing recht zu schwitzen an, bald klebte ihm die Zunge am Gaumen, er empfand heftigen Durst. Da kam er in die Rotenturmstraße, wo die ihm wohlbekannte Schenke „Zum goldenen Lamme" sich befand. Ach, ein Gläschen Wein wäre jetzt nicht schlecht, dachte Meister Tröxl still bei sich. Und mit lüsternen Augen betrachtete er den Reisigbuschen, der auf einer Stange weit in die Straße ragte. Schon von weitem konnte er ihn sehen. Da blieb er einen Augenblick stehen und trocknete sich die Stirn. Der Zufall wollte es, daß gerade ein bekannter Bürger auf ihn daher des Weges kam.

„Ei, ei, Meister Tröxl, woher des Weges? Schon so fleißig? Was schleppt Ihr denn da?" Und neugierig wollte er den Deckel des Korbes heben. Doch Meister Tröxl litt es nicht.

„Ach, verschiedenes Handwerkszeug, auch ein neues Bügeleisen und dergleichen", log er unverschämt, doch fühlte er das Erröten im Gesichte,

„das macht den Korb so schwer und mir so warm. Es ist eigentlich merkwürdig, jetzt im November!“

„Kommt mit, trinkt ein Gläschen, das wird Euch den Durst löschen“, meinte der andere.

„Ich wollte schon, aber ...“

„Aber Ihr getraut Euch nicht! Das gäbe Schelte von der gestrengen Frau Barbara!“

Das hatte ihm noch gefehlt. In seiner Brust bäumte sich etwas auf, so ungefähr wie Mannesstolz. Der sollte doch nicht glauben, daß er unter dem Pantoffel stehe. Nein, nein! Dem könne er es schon noch zeigen. Energisch warf er seinen Kopf zurück und sagte verächtlich:

„Was Euch nicht einfällt?! Meine Barbara ist viel zu klug. Kommt, trinken wir einen Schoppen!“

Freilich klopfte ihm das Herz recht bedenklich dabei, aber er überwand es. Sie traten ein und ließen sich in einer Ecke nieder. Ei, wie das wohltat. Und erst das Weinchen! Wie das gar köstlich schmeckte! Und der Meister tat einen tiefen Zug um den anderen. Eine Riesenkraft spürte er plötzlich in den Gliedern und einen Mut, er hätte es mit der ganzen Welt aufgenommen. Und noch einige Freunde hatten sich an dem Tische niedergelassen, und ein Wort gab das andere, und das Gespräch war im besten Gange. Da hub einer an: „Ja, wo waret Ihr denn an Eurem Namenstage, Meister Tröxl, wir erwarteten Euch doch?“

„Ach, Gott sei es geklagt! Es war mir recht leid. Aber wißt, das Zipperlein, das ist ein böses Ding, es hat mich gerade an diesem Tage recht geplagt. Ich wäre gern gekommen!“

Da schmunzelten alle am Tische herum und sahen gar nicht so drein, als ob sie dies glaubten. „Das Zipperlein?!“ meinte recht arglistig der Frager.

„Was denn sonst?“ rief Meister Tröxl erregt.

„Nu, nu, nur nicht gleich so hitzig! Ich meinte, Frau Barbara ...“

„Da meint Ihr eben schlecht!“ schrie das Meisterlein, dem der Wein zu dieser ungewohnten Stunde zu Kopfe gestiegen war. „Ihr müßt nicht glauben, ich sei ein Pantoffelheld! Der Herr bin ich im Hause!“

„Wer das glaubte!“ rief der Nachbar. „Da seht, was Meister Tröxl zu schleppen hat!“ Er hatte den Deckel abgehoben und zeigte die Tüten und Pakete, die den Korb bis oben füllten.

„Ist das Euer Handwerkszeug? Wo steckt denn das neue Bügeleisen?“

Da gab es ein Gelächter, das nimmer enden wollte, und Meister Tröxls blasses Gesicht wurde purpurrot. Er sprang auf und warf zornige Blicke umher. Jetzt konnte er seinen Mut beweisen.

„Ich will es Euch zeigen! Ja, ich will es Euch zeigen, daß ich trotz allem das Regiment im Hause führe!“

„Denkt an den Pachen, Meister Tröxl!“ rief man ihm belustigt von allen Seiten zu.

„Was Pachen! Pachen her, Pachen hin! Ich hol’ ihn herab! Ihr sollt mich noch kennenlernen!“

„Ihr habt es gehört, Freunde“, rief nun des Meisters Nachbar. „Nun kommt doch endlich der Pachen herunter.“

„Wacker, Meister Tröxl, wacker! Das ist ein Mann! Da werden die Wiener Augen machen!“ So ging es wirr durcheinander, und die Gläser klangen und der Wein schmeckte. Und Meister Tröxl kam sich wie ein Held vor. Sein Gesicht strahlte vor Vergnügen, und seine kleinen Augen blitzten wie feurige Kohlen. Endlich hatte er sich alles heruntersagen können, und es war ihm, als wäre ein mächtiger Stein ihm vom Herzen gefallen.

„Das wollen wir gleich dem löblichen Rate vermelden, und nachmittags werden wir ja sehen.“ So rief der Versucher des Meisters und zahlte und eilte von dannen. Auch die anderen taten desgleichen. Nur ihr Opfer blieb zurück. Es war ihm doch etwas schwül geworden. Aber das machte der Wein. Meister Tröxl trank aus, beglich seine Zeche und ergriff seinen Korb. Ei, der war ja federleicht, aber die Beine waren so merkwürdig. Festen Schrittes, er hatte seine ganze Kraft zusammengenommen, verließ er die Schenke. Entschlossen schaute er drein.

„Ja, ja, ich will es ihr schon zeigen. Der Pachen muß herunter! Meinen Namenstag will ich fürderhin anders feiern!“ So sprach Meister Tröxl vor sich hin und lieferte seinen Korb ab. Frau Barbara sagte nichts, keine Miene verzog sie, aber sie wußte schon alles. Auf den Schmatz schien sie ganz vergessen zu haben.

Wien war damals noch ein kleines Städtchen, daher wußten es denn bald alle Leute, daß der Pachen im Rotenturmtor arg gefährdet sei, daß Meister Tröxl aus der ehrsamen Schneidergilde alle Männer Wiens übertrumpfen und das gefürchtete, aber doch geduldete Zeichen herabholen wolle. Wie da die Leute staunten und verwundert die Köpfe schüttelten! Ein Schneiderlein! Ha, ein Schneiderlein! Sie wollten es anfangs gar nicht glauben, bis sie es mit eigenen Ohren hören konnten, als die städtischen Ausrufer die Nachricht von der Bürgerschranne am Hohen Markte in die aufhorchende Menge schrien. War das ein Gejubel und Gelächter! Die Leute versprachen sich einen köstlichen Spaß. Ein Schneiderlein und gar Meister Wolfgang Tröxl, das stadtbekannte „Simandl“! Das mußte urkomisch sein. Aber Meister Tröxl verstand keinen Spaß. Er hatte die Sache blutig ernst genommen und hielt sein Wort. Seine Barbara sollte ihn kennenlernen und vor ihm Respekt bekommen. Er hatte ihr nicht ein Wörtchen von seinem Vorhaben gesagt. Dazu war er zu stolz. Oder hatte er dies aus einem anderen Grunde unterlassen? Wer kennt die unerforschlichen Tiefen des menschlichen Herzens!

Kaum hatte es vom Stephansdome zwei Uhr geschlagen, verließ Meister Tröxl sein Haus und wanderte hoch erhobenen Hauptes der Bürgerschranne zu. Er trug sein Festtagsgewand. Die dünnen Beinchen staken in engen Hosen, die Füße in spitzen Schuhen mit silberner Schnalle, ein dunkelrotes Wams hüllte den Oberkörper ein, um die Schultern hing ein schmuckes Mäntelchen, und auf dem Kopfe mit dem mutigen Gesichte saß keck ein spitzer Hut mit langer Hahnenfeder. Als er die Menschenmenge erblickte, da wechselte er einigemal die Farbe; aber sein Mut verließ ihn nicht. Er stieg die Stufen zur Schranne hinan und meldete sich dem wohlweisen Rate, er sei bereit, das kühne Wagnis zu unternehmen.

Darauf schritt der Bürgermeister voran, ihm zur Seite der Meister, dann folgten einige Räte und hinterdrein das jubelnde Volk. Es war nicht weit zum Rotenturmtore. Aber dem Meister kam die Zeit wie eine Ewigkeit vor. Gar mächtige Bedenken stiegen ihm auf. Wie werde die Sache enden? Wenn es ihm doch nicht gelingen sollte? Und wenn seine Barbara alles erführe? Je näher er dem Ziele kam, desto schwerer wurde ihm zumute. Sein fester Vorsatz geriet bedenklich ins Wanken. Aber es gab keine Umkehr.

Jetzt waren sie an Ort und Stelle. Da hing der verhängnisvolle Pachen, und eine Leiter stand schon in Bereitschaft. Und Leute gab es, Kopf an Kopf, lauter lachende Gesichter mit funkelnden Augen. Und eigentlich gab es doch rein gar nichts zu lachen, das war doch ein ganz schreckhaft ernstes Beginnen. So dachte das Meisterlein, und kalter Schweiß stand ihm auf der Stirn, und es war ihm, als ginge es zum Hochgerichte.

Da sprach der Bürgermeister:

„Wolfgang Tröxl, Meister der Schneiderzunft, seid Ihr noch festen Willens, den Pachen zu holen?"

Und das jetzt zitternde Schneiderlein erwiderte: „Ja, wohlweiser Herr Bürgermeister, ich bin's."

„Und könnt Ihr bei Ehr und Gewissen geloben, das Regiment in Eurem Hause zu führen?" Und Meister Tröxl hob die Hand, die freilich etwas bebte, und sprach:

„Ich kann es geloben!" Aber kreideweiß war sein schmales Gesichtchen geworden.

„So geht ans Werk! Wir wollen die Zeugen sein!"

Meister Tröxl warf nach allen Seiten die Blicke umher, wie wenn er noch im letzten Moment irgendwo eine Ausflucht gefunden hätte, aber es war vergebens! Überall starrten ihm die lachenden Gesichter entgegen, und sie erschienen ihm wie Teufelsfratzen; er sah sie wohl alle, doch erkannte er keines. Jetzt war ihm auch alles gleichgültig geworden. Wie wenn sich plötzlich ein Schleier um die Augen legen würde, so verschwamm vor ihm alles und zerrann in Nebel. Nur des Bürgermeisters große runde Augengläser sah er funkelnd, wie zwei glühende Räder auf sich gerichtet, als ob ihn ein Teufel der Rache anstarren würde, und ober sich sah er den Pachen. Fast verführerisch fettig-glänzend winkte dieser ihm zu und schien ihm zu sagen: Was zögerst du, Meister Tröxl? Sei ein Held! Die Männer Wiens werden es dir danken! Und Frau Barbara sieht es nicht, sie sitzt ja daheim! – Nun war das Beben und Zagen überwunden. Er setzte den Fuß auf die erste Sprosse. Da wuchs sein Mut. Er erklomm die zweite, die dritte. Helle Zuversicht strahlte aus seinen kleinen Äuglein. Nur frisch voran, dachte er sich, jetzt ist alles gewonnen. Und mutig stieg er weiter. Schon konnte er beinahe den Pachen fassen; aber nein, noch einige Sprossen, dann muß es leichter gehen. Was liegt denn daran? Jetzt roch er schon die Speckseite, ganz ranzig war sie schon geworden und fett und glitschig sah sie aus. Unwillkürlich erfaßte ihn ein Grausen, es ekelte ihn der Pachen unsäglich an. Das sollte er angreifen?

Auf einmal hörte er von unten eine helle Stimme rufen:

„Schade, das neue Wams wird Fettflecke bekommen!"

Und wie die Donnerstimme Gottes am Jüngsten Tage, so klang ihm der

Ruf aus der Tiefe. Und es hatte ihn nur sein Lehrjunge ausgestoßen, der der Heldentat seines Meisters mit gespanntester Aufmerksamkeit folgte. Wie ein Blitz durchdrang den Schneider dieser Satz; er war ihm eine Warnung zur rechten Zeit!

„Bei Gott", murmelte er hoch auf der Leiter, „fast hätte ich darauf vergessen." Und er hielt inne, stieg behende die Leiter wieder herab und wollte sein Mäntelchen und sein Wams ablegen. Doch dem Bürgermeister kam die Sache bedenklich vor.

„Was tut Ihr doch, Meister Tröxl? Was soll das bedeuten?"

Da zwinkerte der Meister listig mit den Äuglein und meinte schmunzelnd:

„Es hat nichts zu sagen. Nur den Rock will ich noch abtun, sonst kriege ich arge Flecke drein und Frau Barbara täte schelten!" Da war es nun offenbar! Ein Sturm des Gelächters umbrauste ihn, er wollte nicht enden. Ganz verdutzt stand Meister Tröxl da und wußte nicht, wie ihm geschehen. Plötzlich verstand er es, wie schmählich er sich selbst verraten. Und als der Bürgermeister sagte: „Meister Tröxl, laßt ab von dem Pachen, Ihr seid der rechte Held nicht!", da schlich er beschämt von dannen, und alle seine großen Gedanken waren vernichtet und zerronnen. Wie wenn die Hölle hinter ihm nachjagte, so brausten ihm die Spottrufe der Menge um die Ohren, er rannte, was er nur konnte, seinem Hause zu und dachte gar nicht daran, daß hier Frau Barbara seiner harrte. Endlich hatte er das Tor erreicht, er schlüpfte in den Flur und schlug krachend die Tür ins Schloß. Einer Ohnmacht nahe, lehnte er an der Mauer und fühlte, wie ihm die Tränen des Zornes über die Wangen liefen.

Da ergriff ihn jemand am Arme; er blickte auf und sah in das lachende Gesicht seiner Barbara.

„Komm, Wolfganglein, ich wußte es, daß dir das Werk nicht gelinge. Ich habe es dich ja nicht geheißen, und allein vermagst du es nicht."

„Und du bist nicht böse?" Flehend schaute er sein Weib an.

„Nein, nein, lieber Mann! Jetzt weiß ich es erst recht, daß du ein wackerer, mutiger Geselle bist, und bin stolz auf dich. Es nützt nichts, Mann und Weib müssen zusammenhalten, dann wird alles gelingen."

Und sie neigte sich über ihn, der in seinem Glücke all seine Schmach vergaß, und gab ihm nun den versprochenen Schmatz.

Den Pachen hat aber niemand mehr herabholen wollen; er blieb so lange hängen, als das Rotenturmtor bestand.

ALLE NEUN

Zu St. Stephan im Dom sieht man neben der Wohnung des Turmwächters ein kleines Zimmer, in dem war vor langen Jahren eine Kegelbahn, und da ging es oft lebhaft her. Hier kamen an Sonntagen immer mehrere Leute zum Kegelspiel zusammen, meistens junge Burschen aus der Umgebung.

Weil aber der Raum eng und niedrig war, so wendeten sich die Spieler mit dem Rücken gegen die Bahn statt mit dem Gesicht, senkten den Kopf hinab und ließen so die Kugel durch die quer gestellten Beine hindurch über das Brett hinausrollen.

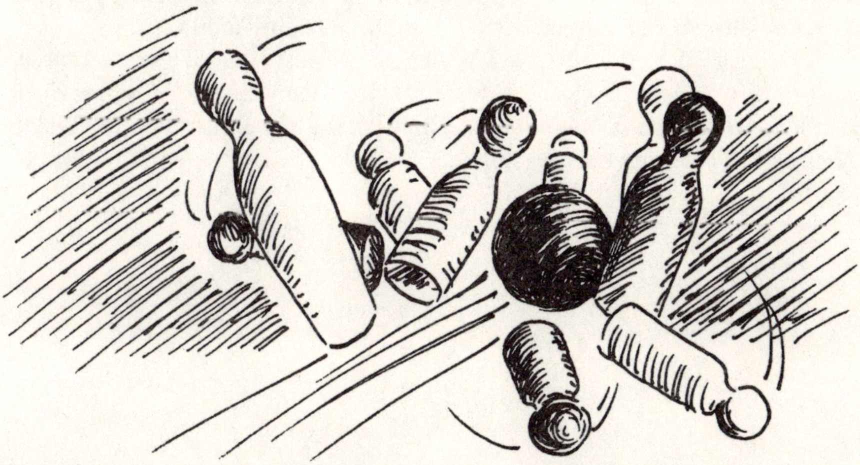

Da hatten sie nun einmal zu St. Stephan einen Türmer, einen argen Trunkenbold, der das Kegelspiel mit einer wahren Leidenschaft betrieb und darüber gar oft auf seine Pflicht vergaß. Dabei hatte er aber ein ganz besonderes Glück. Er traf nämlich bei jedem Wurf immer alle neun Kegel, und deshalb fand sich bald niemand mehr, der mit ihm ein Spiel wagen wollte.

So spielte er wieder einmal in später Nachtstunde für sich allein auf der Kegelbahn und trank dabei tüchtig, daß es ihm im Kopfe ganz heiß wurde, auf seinen Beinen aber stand er gar nicht mehr recht sicher.

Da schlug es auf dem Turme die Mitternachtsstunde, und plötzlich stand eine hohe, graue Gestalt neben ihm und sprach mit hohler Stimme ein paar Worte, die klangen ungefähr wie eine Mahnung oder wie eine Drohung.

Der Türmer war sonst gerade kein Hasenfuß und fürchtete sich vor gar nichts, aber als er die greuliche Erscheinung sah, bekam er augenblicklich eine solche Angst, daß die Kugel zum erstenmal danebenging. Aber er faßte sich schnell wieder und bezwang seinen Schrecken. Dann lachte er laut auf und rief: „Was predigst du mir da, du grauer Wicht, komm lieber her zum Spiel und zeig einmal, ob du auch alle neun triffst so wie ich!"

Bei diesen Worten hatte er alle Kegel wieder aufgestellt bis auf einen, den warf er heimlich zum Fenster hinaus. Kaum war das geschehen, so reckte sich der Graue hoch in die Höhe, ließ den Mantel fallen, daß sein schlohweißes Gebein sichtbar wurde, und schrie mit furchtbarer Stimme: „Neun muß ich treffen oder acht – und einen!"

Der Türmer stand bleich und zitternd an der Wand, und jetzt ließ der Graue mit seiner knöchernen Hand eine Kugel hinausrollen, daß alle acht Kegel gleichzeitig zu Boden klapperten. In demselben Augenblick fiel aber auch der Türmer mit lautem Gepolter tot auf den Boden hin.

Noch lange danach packte jeden, der das Schicksal des Türmers kannte, ein Grauen, sobald er diesen Ort betrat. Noch um die Mitte des vorigen Jahrhunderts zeigte man den Besuchern des Stephansturmes das kleine Zimmer mit der früheren Kegelbahn.

DIE TEUFELSMÜHLE AM WIENERBERG

Am Wienerberg stand vor alters eine Mühle, in der hauste eine Zeitlang ein Ritter. Er gab sich wie ein Müller, aber im geheimen betrieb er das Räuberhandwerk, und mancher Wanderer, der bei ihm in der Mühle übernachtete, kam durch ihn und seine Gefährten ums Leben.

Der Ritter hatte aber ein herzhaftes, frommes Weib, das wollte von seinem gottlosen Treiben und von seinen Untaten nichts wissen und empfand darüber einen tiefen Abscheu.

Als sie ihn einmal wieder händeringend bat, doch sein grauenhaftes Handwerk zu lassen und ehrlich zu leben; da war er ganz außer sich darüber, ein fruchtbarer Zorn kam über ihn, und er ließ die Frau auf der Stelle in den Mühlbrunnen werfen.

Kaum war dies geschehen, so entstand in der Natur weit im Umkreis ein schrecklicher Aufruhr, ein rasender Sturm erhob sich, die Erde zitterte, öffnete sich wie ein Schlund und verschlang den Ritter samt seinen Spießgesellen.

Von da an stand die Mühle leer und verödet da, und die Leute wichen ihr in einem weiten Bogen aus. Es ging sogar die Kunde von Mund zu Mund, daß der Teufel darin hause und um zwölf Uhr mitternachts mit einem ungeheuren Getöse die Mühlräder in Bewegung setze. Darauf komme der verwünschte Ritter hervor, der in jeder Nacht mit seinen Gesellen schwere Säcke Mehl daherschleppe und Getreide in den Mahlkasten schütte und samt seinen Knechten wie im Fluge die Arbeit verrichte. Das alles werde aber noch so lange dauern, bis der Leib der unglücklichen Rittersfrau in geweihter Erde ruhe und ihre Seele erlöst sei. Wer die Erlösung vollbringe, der könne auf reichen Lohn hoffen.

So erzählten sich die Leute in der Gegend dort, und darüber gingen viele Jahre hin.

Einstmals kam des Nachts ein junger Ritter mit seinem Knappen an der verrufenen Teufelsmühle vorüber. Weil aber gerade ein schreckliches Unwetter niederging, so suchten beide in dem verfallenen Haus einen Unterstand, so unheimlich es ihnen darinnen auch war.

Sie gingen in die geräumige trockene Stube, setzten sich mit den Schwertern in der Hand zum Tische hin und wollten auf diese Art den Morgen erwarten.

Ringsum war es totenstill, und darum eilten jetzt die Gedanken des Ritters zu seiner Braut. Er sollte sie ja für immer meiden, denn ihr Vater wollte ihn wegen seiner Armut nicht zum Schwiegersohne haben und hatte seine Bewerbung verächtlich abgewiesen.

Der Ritter wurde aber in seinen Gedanken plötzlich gestört, als die bestaubte Wanduhr zu schlagen anfing. Als gerade der zwölfte Schlag ertönte, da setzte sich das Mühlrad mit tosendem Lärm in Bewegung und gespenstige Gestalten mit schweren Säcken liefen an ihm vorüber.

Nachdem er sich vom ersten Schrecken erholt hatte, faßte er sein Schwert fest am Griff und rief mit starker Stimme: „Bei Gott und allen Heiligen, wer ihr auch seid, ich will euch erlösen!"

Sogleich war der Lärm zu Ende, und eine matte Frauenstimme rief traurig: „Herr Ritter, erbarmt Euch meiner. Ich liege am Grunde des Brunnens und warte auf meine Erlösung. Mein Gatte hat mich im Zorn hinabgestoßen. Wenn Ihr mich in geweihter Erde begraben lasset, wird Gott auch ihm gnädig sein."

Da schlug es eins, und es war wieder ringsum so ruhig wie in einem Grabe. Der Ritter und sein Knappe redeten aber noch lange über die Erlebnisse dieser Nacht, und als es hell wurde, stiegen sie sogleich in den Brunnen hinab. Sie fanden wirklich die Leiche einer Frau und sorgten dafür, daß sie in geweihter Erde begraben wurde.

Als bei der Bestattung das letzte Gebet eben zu Ende war, da hörte der Ritter die Frauenstimme wieder, aber diesmal sagte sie voll Freude: „Oh, ich danke Euch, edler Ritter, jetzt haben wir beide unsere Ruhe gefunden. Eilet schnell zu Eurer Braut, ihr Vater wird Euch freudig aufnehmen, denn sein Sinn hat sich gewendet und er liebt Euch von Herzen. Werdet glücklich mit Eurem Weibe!"

Die Voraussage der Rittersfrau traf ganz genau ein, von der Teufelsmühle aber war von dieser Stunde an aller Spuk gewichen.

HERR SCHAB DEN RÜSSEL

Es war zu Anfang Oktober des Jahres 1520, als am Salzgries zu Wien eine „Plätte" landete, welche eine schwere Ladung Salz vom Lande ob der Enns herabgebracht hatte. Der Salzhandel spielte in jener Zeit eine gar wichtige Rolle und war mit allerlei Rechten und Befugnissen ausgestattet. In unserer Vaterstadt befaßte sich damit eine eigene Gilde. Es waren die Salzer, welche am Donaukanale, der damals hart an dem Steilrande der Stadt vorüberfloß, ihre Sitze hatten. Ihre Häuser machten einen ganzen Stadtteil aus, den *Salzgries,* und schon zur Zeit der Babenberger scheinen nur jene Wiener Bürger die Befugnis des Salzverschleißes gehabt zu haben, die eben in diesem Stadtteile ansässig waren. Man kann sich nun leicht denken, daß es unter den Salzern auf Grund einer solchen Befugnis reiche und angesehene Leute gegeben haben muß. Und das war auch der Fall. Den Namen eines derselben hat die Sage ausgeschmückt, die so geschäftig oft gar anmutige Geschichten zu weben weiß.

Nun, jene Plätte wurde eben nach der mühevollen Arbeit des Anlegens mit starken Seilen an Uferpfosten, die mit mächtigen Eisenringen versehen waren, festgebunden. Und nun begann die zeitraubende und ebenso arbeitsreiche Tätigkeit des Ausladens. Die Männer, welche während der Fahrt die mächtigen Ruder geführt hatten, luden nun die schweren Holzkufen und Säcke auf ihre starken Schultern und trugen sie in die nahen Vorratshäuser, von denen aus dann der Kleinverkauf bewerkstelligt wurde. Endlich war die Arbeit beendet, die Salzer hatten in der Faktorei ihren Lohn erhalten. Sie verließen das Schiff mit ihren wenigen Habseligkeiten und wanderten, das Bündel unter dem Arme, der Heimstätte ihrer Lieben zu, die nicht allzu ferne in kleinen Häuschen wohnten, armselig von außen und innen. Die Männer waren zumeist beweibt und mußten für eine gewöhnlich zahlreiche Familie sorgen. Daher freuten sie sich, wenn sie wieder heimkehren konnten. Denn da hatten sie allemal ein hübsches Stück Geld in der Tasche und konnten dann so manche Sorge beseitigen.

Die Dämmerung war hereingebrochen und das Ufer vor dem Rotenturmtor ziemlich menschenleer geworden. Der Mond warf sein bleiches Licht über den Wasserspiegel und legte gespenstisch lange Schatten an all die Gegenstände, die da im Freien geordnet und ungeordnet umherlagen. Auch um die Plätte wob es seine magischen Schleier, und einzelne Strahlen sprangen auf dem straffgespannten Seile auf und nieder, wie eben leichte Wolken vor der breiten lachenden Mondscheibe vorüberzogen.

Nur ein Mann befand sich noch auf dem Schiffe. Das war Michael, der

Schiffsführer. Er hatte seine Knechte entlassen und war eben auch daran, seine Habseligkeiten zu schnüren. Bald war er damit fertig. Er warf das kleine Bündel vor die Tür des Holzverschlages, in dem er die Nächte zugebracht, und setzte sich noch einmal auf einen der mächtigen Balken, die das Schiff zusammenhielten. Er schien gar nicht in frohgemuter Stimmung zu sein. Nachdenklich stützte er den Kopf in eine Hand und blickte hinaus auf die kleinen Wellen, die da gurgelnd und flüsternd an dem Schiffe vorbeieilten. Er sah, wie sie manchmal aufspritzten und im Silberglanze des Mondes wie glühende Tröpflein aufleuchteten; er sah, wie zuweilen ein Fischlein über den schimmernden Wasserspiegel emporsprang und wieder verschwand; er sah, wie allmählich die feinen weißen Nebelfäden über dem Strome emporstiegen und in dem leichten Luftzuge ein tänzelndes Spiel begannen, aber seine Mienen blieben stumm und sein Auge blickte traurig, fast verdrossen in die Weite. Welche Gedanken mochten ihn durchschwirren? Empfand er nicht die Freude der Wiederkehr in die geliebte Vaterstadt? Drängte es ihn denn nicht, seine Lieben nach langer Abwesenheit wiederzusehen und sie fröhlich zu umfassen? Warum zauderte er noch, das Schiff zu verlassen?

Da entquoll ein tiefer Seufzer seiner Brust. Es fröstelte ihn und enger zog er den weitfaltigen Oberrock an sich und fester drückte er den Hut auf die Stirne. Die Gedanken, die ihm so wirr durch den Kopf gezogen, nahmen eine festere Gestalt an, seine Lippen bewegten sich, und er flüsterte vor sich hin: „Es ist umsonst. So sehr ich mich mühe und arbeite, ich kann es auf keinen grünen Zweig bringen. Nun ist diesmal die letzte Fahrt getan, und was besitze ich? Ein paar armselige Schillinge, kaum genug, mein und meiner Kinder Leben über den Winter hindurch notdürftig zu fristen. Gott sei es geklagt, so kann es nicht fortgehen!"

Und er fuhr in die Tasche und betrachtete wehmütig die Silbermünzen, die in seiner Hand glänzten.

„Wäret ihr wenigstens golden, dann könnte ich es wagen, auf eigene Faust schwere Salzlasten herabzubringen, ein eigener Herr zu sein, ein eigenes Schiff zu besitzen und Wohlstand in meine armselige Hütte dort zu bringen. Ja, wäret ihr von Gold, dann gäbe es ein ander Leben! Aber so seid ihr nur elende, abgebrauchte Schinderlinge, die es kaum wert sind, daß man sich plagt um sie. Wäret ihr nur ..."

Da rauschte es plötzlich merkwürdig vor ihm auf, unwillkürlich hielt er in seinen Betrachtungen inne und starrte über den Bord des Schiffes auf das strömende Wasser, aber er sah nichts als die ruhig dahingleitenden Wogen. Doch wie er den Körper wieder zurückbog, da bemerkte er etwas ganz Seltsames im Schiffe selbst. Es näherte sich ihm ein kleines, zartgebautes Männlein in blutrotem Gewande, das im Mondscheine merkwürdig leuchtete. Auf dem Kopfe saß ein spitzes Hütlein mit langer Feder. Das Gesicht des Fremden war vollkommen bartlos und geisterhaft bleich. Nur aus den tiefen Augenhöhlen blitzten dunkle Augen und erhöhten den Eindruck des Seltsamen bis zum Geisterhaften. Sonderbar war das stete Mienenspiel im Gesichte. So forschend auch Michael den Nahenden betrachtete, er vermochte nicht zu entscheiden, ob er einen Jüngling oder einen Greis vor sich habe. So blitzschnell veränderten sich dessen Züge. Darum überschlich ihn ein tiefes Grauen, dem er sich nicht zu entwinden vermochte. Sprachlos saß er da und beobachtete. Das Männlein war bis auf ein paar Schritte herangekommen. Nun legte sich ein flüchtig Lächeln um dessen Mund, es lüftete das zierliche Hütlein und sprach:

„Ei, ei, so sinnend, Herr Michael? Nicht wahr, schäbig genug ist der Lohn, den Ihr eben in der Hand haltet! Ihr hofft auf Besseres! Sollte ich mich getäuscht haben?!"

Da schrak der Salzer zusammen und barg rasch die Münzen in seinem Sacke. Finster aufblickend, sagte er:

„Wen sucht Ihr hier, ich kenne Euch nicht!"

Der Fremde trat noch näher heran und flüsterte, süßlich lächelnd:

„Daß Ihr mich nicht kennt, tut nichts zur Sache. Ihr sollt mich noch kennenlernen, guter Freund, ja, ja, bald genug! Und wen ich suche? Nun, gerade eben Euch!"

Noch einen Schritt tat der Geheimnisvolle, und jetzt stand er unmittelbar vor Michael, der unbeweglich, beinahe starr auf dem Balken saß. Unruhig flogen seine Blicke an der Gestalt des Fremden auf und nieder, und so oft er in dessen Augen sah, die ihn zu durchbohren schienen, empfand er ein banges Schauern. Und das Männlein setzte sich ihm gegenüber auf Michaels Bündel und tat die Hände in den Schoß. Nach einer Weile sagte es:

„Müht Euch nicht ab, lieber Michael, mir etwas zu verbergen. Ich weiß ganz gut, wie es um Euch steht, und kenne Eure Wünsche. Seht, ich will Euch helfen!"

Zutraulich fuhr er mit der einen Hand dem Salzer über das Knie und blickte ihm tief in das Auge, als wollte er ihn bannen. Aber Michael widerstand fest seinen Blicken. „Ihr wollt mir helfen? Was fällt Euch ein! Ich kenne Euch nicht. Laßt mich lieber meinen Gedanken nachhängen und stört mich nicht. Für Eure Späße bin ich mir zu gut. Geht Eurer Wege!"

„Wer sagt Euch, daß ich spaßen will? Mir ist es ernst. Hört mich nur, lieber Freund. Ihr sollt der reichste Mann unter allen Salzern sein, ja, der reichste Mann von Wien. Ein herrlicher Palast soll Eure Wohnung sein, und Gold sollt Ihr haben in Hülle und Fülle. Und angesehen sollt Ihr sein wie kaum einer an der Donau, und Ihr sollt aller Sorgen los und ledig sein, die Schwielen Eurer Hände sollen vergehen, und Ihr sollt mit Weib und Kind die Freuden des Edelmannes haben. Wäre das nichts?“

Da lauschte Michael, der arme, schlichte Mann, begierig auf, und in seiner Seele entstand ein heißer Kampf. Das war es ja, was er sehnlich herbeigesehnt in vielen stillen Nächten, was er sich selbst so oft im Geiste ausgemalt, nach dem er gelechzt, wie ein Verdurstender nach einem Tropfen Wasser. Ja, Reichtum und Freiheit, das waren die Ziele, die er in tausend Bildern sich ausgeträumt. Walten und schalten zu können nach eigenem Belieben, nicht sorgen zu müssen um den nächsten Bissen Brot, nicht mehr mit Weib und Kind die zahllosen Stiche der Armut und Not auf Schritt und Tritt fühlen zu müssen, stets im vollen wühlen und geben können nach Herzenslust, ei, das war's, wonach der Sinn ihm gestanden schon seit langer Zeit. Und jetzt sollte sich ihm eine so verlockende Aussicht bieten! Und er sollte diese Gelegenheit zurückweisen? Wenn ihm auch der Unheimliche ein gewisses Bangen einflößte – wer weiß, welche Bedingungen er an ihn stellen wollte –, so empfand er anderseits doch das Verlangen einer Aussprache mit dem seltsamen Männlein. Der Kampf in seinem Innern spiegelte sich nur zu deutlich in seinen Mienen ab, und die starren Züge verwandelten sich in ein neugieriges Forschen. Dem Fremden war dies nicht entgangen. Aufmunternd sprach er deshalb: „Überlegt es, Michael, Ihr braucht Euch nicht zu übereilen. Gut Ding braucht Weile!“ Da faßte Michael seinen Entschluß:

„Wohlan, ich heische Eure Hilfe! Doch nennt Eure Bedingungen. Ich denke, umsonst gebt Ihr sie nicht!“

Nun flog ein freudiges Grinsen blitzschnell über des Fremden Gesicht, so häßlich und widerlich, daß Michael unwillkürlich zurückschauderte.

„Je nun“, kicherte das Männlein, „Ihr müßt nichts Arges von mir denken. Was ich verlange, könnt Ihr leicht gewähren und erfüllen.“

Das Männlein erhob sich und setzt sich knapp an die Seite Michaels.

„Ihr braucht mir nur zu geloben, durch drei Jahre hindurch das Zeichen des Kreuzes nicht zu machen, sonst ist Eure Seele mein eigen.“

Da fuhr Michael entsetzt zurück. Nun wußte er, wer der Fremde war. Wie abwehrend streckte er beide Hände von sich, denn alles Gute in seinem Herzen krampfte sich zusammen und bäumte sich gewaltig auf vor den Lockungen des Bösen. Aber dieser ergriff erbarmungslos die Hände und zog sie an sich, stark und unwiderstehlich.

„Seid nicht unklug! Ein Mittelchen gebe ich Euch dafür, das alle Eure Bedenken zuschanden macht, das Euch ein Wohlleben verheißt, wie es Könige nicht zu führen vermögen. Sehr nur, dieses kleine und unscheinbare Reibeisen, das Euch stets im Sacke bleibt, wird Euch Reichtümer verschaffen, wie Ihr sie nie geahnt. Ihr braucht nur zu sagen: ‚Schab den Rüssel!‘, und es fährt Euch über die Lippen und drei blanke Goldstücke fallen Euch allemal in die Hand!"

Dabei hatte der Versucher ein kleines Eisenstück mit rauher Fläche aus dem Sacke gezogen und in Michaels Hand gedrückt. Und unwillkürlich hatte Michael die Hand fest verschlossen, als wollte er das Zaubergut nicht mehr von sich lassen. Und der teuflische Versucher lächelte wohlgefällig. Jetzt war sein Plan gelungen.

„Probiert es nur, Michael, probiert es, und Ihr werdet sehen, daß ich wahr gesprochen."

Sinnend betrachtete Michael das unscheinbare Stück Eisen, das so große Macht besitzen sollte, noch unentschlossen, ob er der großen Lockung folgen solle oder nicht. Da fiel sein Blick auf die Schwielen seiner Hand, er dachte an seinen kargen Lohn in der Tasche, die schwere Arbeit sein ganzes Leben hindurch kam ihm zu Sinne – da flüsterte er fast unbewußt die Worte: „Schab den Rüssel!"

Und wie wenn es unsichtbare Hände geführt hätten, so fuhr ihm das kleine Eisen über den Mund und lag ihm wieder, aber diesmal mit drei blanken Goldstücken, in der Hand, die ganz anders funkelten als zuvor seine armseligen Schillinge. Geblendet fast, schaute er auf die gleißenden Goldmünzen nieder. Sein Herz klopfte in mächtiger Erregung, jede ruhige Überlegung mußte schweigen, und mit einem krampfhaften Griffe voll Hast und Gier, als wollte er den wunderbaren Talisman nimmer zurückgeben, schob er ihn in die Tasche. Eine wilde Trunkenheit überkam ihn und er sagte: „Ja, ja, ich will es geloben!"

Er achtete dessen gar nicht, daß ihm von den Lippen ein großer Blutstropfen niederrann, aber der Böse hatte es bemerkt. Rasch fing er ihn mit einer Feder auf und reichte Michael ein Blättchen Papier, dieses mit seinem Namen zu unterfertigen. Schweigend unterschrieb der törichte Salzer mit seinem eigenen Blute den Pakt mit dem Teufel. Es war geschehen. Da meinte noch das Männlein höhnisch: „Und wenn Euch jemand bedrängt oder verspottet, dann sagt nur Euer Sprüchlein, und das liebe, kleine Eisen wird Euch trefflich nützen. Und nun gehabt Euch wohl. In drei Jahren will ich Euch wieder heimsuchen."

Und er ergriff die Rechte seines Opfers, schüttelte sie herzhaft, lüftete sein Hütlein und verschwand. Ein gewaltiges Rauschen des Stromes weckte den Salzer aus seinem Brüten. Verstört blickte er auf:

„Habe ich denn geträumt?"

Der Schweiß stand ihm auf der Stirn, er wischte ihn langsam zurück und hielt die Hand an die Stirn. Er fühlte, wie sie eiskalt auf seinem heißen Kopfe lag. Dann griff er in den Sack. „Wahrhaftig, es war kein Traum!" flüsterte er mehr erschrocken als erfreut. Er zog das kleine Eisen hervor und betrachtete es sinnend. Eine ganze Welt von Gedanken fuhr ihm durch den Kopf, gute und böse; aber keine Reue über seine schlechte Tat erfaßte ihn. „Nun hat alle Not ein Ende; doch auch mit dem Teufel will ich fertig werden.“ Entschlossen barg er seinen Schatz, hob sein Bündel auf und verließ festen Schrittes sein Schiff. Es war schon spät geworden, kein Mensch begegnete ihm, als er seine kleine Hütte aufsuchte.

Da stand er denn wieder vor seinen Lieben. Ach, wie ihm seine Kinder entgegensprangen, wie sie jubelten, den lieben Vater wiederzuhaben! Nur wer selbst Kinder sein eigen nennt, vermag das Vaterglück ganz zu verstehen, die selige Wonne, die im Anschauen des lachenden Kinderauges liegt, die Freude, wennn sich die zarten Arme so liebend entgegenstrecken. Auch Michael empfand im vollsten Maße das süße Vatergefühl. Beim Anblicke der fröhlichen Kinderschar hatte er alles vergessen, was er kurz zuvor erlebt. Er sah nur die leuchtenden Augen, die roten Wangen, die große Freude, daß er endlich wieder zurückgekehrt, heil und frisch. Bewegten Herzens küßte er sie alle und war froh mit ihnen, und seinem lieben Weibe drückte er die Hand, und selig preßte er es an die Brust. Ja, wahrhaftig, in diesem Augenblick hatte er allen Kummer und alles Leid ganz und gar vergessen. „Daß ich dich nur wiederhabe, liebe Grete, und die Kinder, nun ist alles wieder gut!“ So sprach er zärtlich und strich beglückt seinem Weibe über den Scheitel. „Ja, ja, nun sind alle Mühen der Fahrt vergessen.“

„Freilich, Michael, nun magst du wieder ruhen und neue Kräfte sammeln für den nächsten Sommer. Laß mich nur sorgen, du sollst es schon sehen! Aber nun komme, die Schüssel wartet deiner, lieber Mann, und dein Leibgericht gibt es auch."

Und sie nahm ihm den Hut vom Kopfe, das Bündel aus der Hand und half ihm dann den schweren Schiffermantel vom Leibe lösen. Und dabei sah sie ihn so zärtlich an und lächelte so verschmitzt und vieldeutig, als wollte sie ihm etwas sagen und als fühlte sie doch, daß die rechte Stunde nicht gekommen. Aber Michael war dies aufgefallen. Mit einem so ganz merkwürdig glücklichen Gesichte hatte ihn sein Weib noch nie empfangen. Das mußte etwas bedeuten. Er wollte es wissen. Kurz entschlossen faßte er beide Hände seines Weibes, hielt sie fest und sagte lachend:

„Nun mußt du es mir sagen, was du nicht verheimlichen kannst, du liebe, treue Seele! Ja, ja, du entgehst mir nicht! Gestehe nur dein Geheimnis, das du nicht verbergen kannst! Eher will ich keinen Bissen essen!"

Da lachte Frau Grete herzlich auf und schalt ihren Mann einen neugierigen Gesellen. Aber sie machte gute Miene in ihrer Zwangslage und rief: „Laß mich, Michael, du Böser! Ich kann dir's nicht sagen, ich muß es dir zeigen, mein Geheimnis, das mich so freudig stimmt." Und Michael ließ die Hände seines Weibes los, und dieses eilte zum Schranke, ergriff einen großen straffen Beutel, löste mit zitternden Fingern die Schnur und leerte den Inhalt auf den Tisch. Ei, wie da die Goldstücke sprangen und rollten und funkelten und klangen! Freudig klatschte Frau Grete in die Hände, und freudig jubelten die Kinder auf.

„Sieh nur, sieh! Das ist mein Geheimnis! Nun hat alle Not ein Ende! Freue dich, Michael! Ach, freue dich!"

Doch der Mann war mit einem Male verstummt, alle Freude schien ihm bis auf die letzte Spur verflogen. Wie wenn ein jäher Blitz ihn getroffen hätte, so stand er da, unbeweglich wie eine Säule. Eine geisterhafte Blässe überflog sein Gesicht, und er starrte stumm, mit gläsernen Augen auf den gleißenden Goldhaufen. Frau Grete merkte es, aber sie glaubte, die Überraschung, der unverhoffte Schreck, so viel auf einmal zu besitzen, hätte es ihm angetan. Und darum sagte sie:

„Siehst du, geradeso ist es mir auch ergangen! Aber fürchte dich nicht, an dem vielen Gelde haftet kein Makel, es ist redlich erworben. Es ist das Erbteil einer reichen Muhme, die kurz nach deiner letzten Abfahrt gestorben. Die liebe gute Muhme, so reich hat sie für uns gesorgt! Freue dich, Michael, ach, freue dich! Nun hat alle Sorge ein Ende!"

Aber Michael konnte sich nicht freuen, denn er konnte sich nicht fassen. Vor seiner Seele stand das entsetzliche Bild des roten Männleins, und das, was er getan, kam ihm nun mit der ganzen Entsetzlichkeit und Verruchtheit zu Sinne. Ach, wenn er ein solches Glück nur geahnt hätte! Dann hätte es nicht soweit mit ihm kommen müssen. Er seufzte tief auf, und seine Blicke irrten wie hilfesuchend über die schimmernden Münzen.

Mechanisch flüsterte er seinem Weibe nach: „Ja, nun hat die Not ein Ende!“

Und er strich zitternd über seinen Kopf, als wollte er alle die unseligen Gedanken bannen, die ihn durchflogen. Aber er durfte nichts zeigen, er mußte nun erst recht sein ganzes ungeheures Leid verbergen. Er trat an den Tisch heran und strich die Goldstücke langsam zusammen und barg den Beutel wieder im Kasten. Mühsam zwang er sich zu einem freundlichen Lächeln und drückte seinem Weibe die Hand.

„Wir wollen morgen nachdenken, liebes Weib, was wir nun beginnen werden. Ja, ja, es ist ein großes Glück in unsere Hütte eingezogen, du ahnst es nicht, wie groß es ist!“

Und er drückte sein Weib an sich und küßte es auf die Stirn.

„Ach, ich bin so glücklich, Michael! Nun sollst du uns nimmermehr verlassen!“

„Vater, die Suppe!“ rief der kleine Kurt dazwischen. „Wir sind schon recht hungrig!“ Und Vater und Mutter traten zum Tische heran, und die Kinder stellten sich im Kreise um ihn herum. Sie falteten die Hände und warteten, bis der Vater den Abendsegen beginnen werde. Aber da kam es über ihn. Wie er es immer gewohnt, so wollte er auch diesmal mit dem Kreuze beginnen. Das unverhoffte Ereignis hatte ihn ganz verwirrt, auf sein Gelöbnis schien er vergessen zu haben. Er wollte die Rechte zur Stirn erheben und diese mit dem Zeichen segnen. Aber da lag es ihm in der Hand, als hingen tausend Zentner daran, er vermochte sie nicht zu rühren, trotz aller Kraft, trotz aller Anstrengung. Am ganzen Körper begann er zu zittern, der Schweiß brach auf seiner Stirn hervor, und die Blässe seines Gesichtes verwandelte sich in eine aschfahle Färbung. Schrecken und Entsetzen blickten aus seinen Augen, und der starke Mann sank auf dem Stuhle nieder und brach in ein heftiges Schluchzen aus. Er konnte das Kreuz nicht machen!

Jammernd umstanden ihn die Seinen, und Grete vermochte das sonderbare Gebaren ihres Mannes nicht zu verstehen. Ach, der arme Mann, dachte sie, er muß das große Glück nicht fassen können. Und liebreich richtete sie ihn auf. „Lege dich zu Bett, Michael, morgen ist alles wieder gut!“

Und sie leitete ihn in die Kammer und aß dann mit den Kindern das Abendbrot. Ach, wie so ganz anders hatte sie sich den Tag vorgestellt! Fast grämte sie sich, die gute Seele, nicht doch gewartet zu haben, bis der Morgen angebrochen. Und über das viele Geld war ihr nun alle Freude vergangen. In der Kammer aber kniete Michael vor seinem Bette und drückte verzweifelt den Kopf in die Kissen. „Ich Unglückseliger!“ flüsterte er erschüttert, „was habe ich getan! Nun habe ich meinen ganzen Frieden verloren!"

Und wahrhaftig, auf dem Gelde der guten Muhme schien ein stiller Segen zu ruhen, denn alles, was nun Michael begann, glückte ihm ganz sonderbar. Seit dem Tage seiner Heimkehr war Michael ein ganz anderer Mann geworden. Sonst liebte er es immer, mir seinen Kindern zu scherzen und zu tändeln, jetzt dachte er keinen Tag daran und schob oft die besonders übermütigen Tollköpfe unwirsch zur Seite. Und wenn er früher stets ein glückliches, zufriedenes Gesicht zur Schau getragen und gerne geplaudert hatte, jetzt war er verschlossen und wortkarg, und auf seiner Stirn konnte man in schweren Falten einen geheimen Kummer lesen. Ja, ja, er war so ganz anders geworden. Frau Grete merkte dies gar deutlich, aber sie wußte sich die Ursache nicht zu erklären. Es war jetzt doch so schön geworden, sie hatten ihr täglich Brot in reichem Maße, und es mangelte ihnen an nichts; was sie nur wünschen mochten, konnten sie alles haben. Und dabei war auch ihr Mann gar nicht faul, nein, im Gegenteil. Eine fieberhafte Tätigkeit hatte ihn erfaßt, und aus dem einfachen Schiffsführer war ein angesehener Salzer geworden, dessen eigene Schiffe die Donau herabfuhren und eine Salzladung nach der anderen glücklich gegen Wien brachten. Es war, als läge ganz offenkundig Gottes reichster Segen auf seinen Unternehmungen. Und zu Lande zogen seine eigenen Wagen mit den schweren Säcken nach allen Richtungen und brachten ihm große Summen Geldes wieder zurück. Und in kurzer Zeit war ihm dies alles gelungen, kaum daß ein Jährlein verstrichen, seitdem er das Erbe der Muhme besaß.

Oft genug schlug Frau Grete verwundert die Hände zusammen, wenn sie sah, welcher Reichtum nun in ihrer kleinen Hütte zusammenfloß, oder wenn sie bemerkte, wie freigebig ihr Mann seine Leute ausbezahlte.

Sie sah täglich und stündlich, wie ihr Wohlstand zunahm, und doch blieb ihr Michael so ganz merkwürdig ernst, fast traurig, und wenn sie ihn auch zuweilen fragen wollte, warum er denn nicht fröhlich sei, so wie einst, so schreckten sie immer die großen, merkwürdig glänzenden Augen zurück, mit denen ihr Mann sie anzublicken begann. Dann schwieg sie wohl, aber sie konnte sich endlich auch des aufsteigenden Gedankens nicht erwehren, daß er an einem geheimen großen Kummer leiden müsse. Und dann vermochte sie lange nicht, die alte Freude über ihr Glück wieder aufleben zu lassen. Ja, ja, das stimmte sie dann recht traurig, und sie begann zu zweifeln, ob ihr denn das Erbe der Muhme auch wirklich das rechte Glück gebracht habe. Dann fiel ihr auch auf, daß ihr Mann nie mehr wie sonst mit ihnen zu Tische ging, daß er immer später erschien und früher, ehe die Kinder noch gebetet, die Stube wieder verließ, geradeso, als wollte er dem Gebete der Kinder ausweichen. Gewiß, Michael war recht sonderbar geworden, aber er schien sich nicht um ihre nur zu oft fragenden Blicke zu kümmern. Ach, das schnitt ihr recht tief ins Herz. Sie sah, daß er litt, und sie getraute sich nicht, ihm zu helfen. Und so trug auch sie ihren Kummer, und in ihrem Kämmerlein betete sie gar oft in einsamer Stunde, der liebe Gott möge ihrem Michael den alten Frohsinn wiedergeben. Ach, das wäre ihr wirklich lieber als all das viele Geld. Seit Jahr und Tag war Michael nicht zur Ruhe gekommen, er konnte die unselige Abendstunde, da er sinnend im Schiffe geweilt, nicht vergessen. Wie er auch arbeitete und schaltete und waltete, der Bund mit dem Teufel, der ihn so jämmerlich eingefangen, ging ihm nicht aus dem Kopfe. Er kam sich vor wie einer, dem das Zeichen auf der Stirn stand. Es war ihm, als müßte ihm jeder Mensch die schreckliche Tat von der Stirn lesen. So wurde er menschenscheu und suchte die Einsamkeit auf, wie es nur seine Geschäfte zuließen, und besonders mied er sein eigenes Weib, das ihn so oft zu fragen schien. Ihre Liebe vermochte er nicht auszuhalten, und doch litt er unter seinem entsetzlichen Geheimnisse wahre Höllenqualen. Ach, wenn sie seinen wirklichen Zustand erkennen würde! Aber nein, lieber duldete er selbstergeben weiter, und was wollte ihm auch der Böse anhaben können? Hatte er nicht die drei Goldstücke des Teufels gleich am nächsten Tage in die Donau geworfen? Hatte er denn die ganze Zeit her auch nur ein einziges Mal das kleine Reibeisen benützt? Was mochte denn das Männlein ... Halt, da fuhr ihm ein Gedanke blitzschnell durch den Kopf, als er im Sommer des dritten Jahres eines Tages einsam am Donauufer dahinschritt und über sein Seelenleid nachdachte. Unwillkürlich war er mit der Hand in den Sack gefahren, und nun zog er des Teufels Gabe hervor.

„Du sollst mich nicht plagen und martern! Folge den Goldstücken nach, die du in meine Hand gezaubert!"

Und mit einer Gebärde voll Scham und Ekel warf er es zur Donau hinab. Aber sosehr er forschte, wo es aufgefallen, er wartete vergebens. Es flog wohl aus seiner Hand, aber er vernahm das Klatschen im Wasser nicht.

„Sei es, wo immer, wenn ich es nur los bin!" sprach er zu sich und ging weiter, und er fühlte, daß es ihm leichter ums Herz wurde. Ein Schmunzeln legte sich beinahe um seinen Mund, und er wendete sich seinem Häuschen zu. Er schritt am Rotenturmtore vorüber, als ihm ein Bettler entgegentrat. „Schenkt mir eine milde Gabe, Meister Michael! Sechs Kinder wimmern daheim um Brot, erbarmt Euch, ach, erbarmt Euch!"

Frohgelaunt über seinen Einfall war Michael gern zum Geben bereit, kannte er doch selbst aus eigener Erfahrung, wie die Not schmerzt. Er fuhr in den Sack und wollte dem Flehenden eine reiche Gabe gewähren. Da, o Schreck, was fühlte er in seinem Sacke? Das verwünschte Reibeisen! Aber noch gab er sich nicht verloren. Wenn er es auch nicht wegwerfen konnte, vielleicht war es zu verschenken? Der Bettler kam ihm gerade recht. Er sagte zu ihm:

„Hört, lieber Freund, ich will Euch aus aller Not helfen. Seht hier dieses kleine, unscheinbare Eisen. Wenn Ihr sagt: ‚Schab den Rüssel!', so erfüllen sich alle Eure Wünsche. Ich schenke es Euch!" Und begierig ergriff es der Bettler, und seine Augen leuchteten, und er lief so eilig davon, daß er des Dankes ganz vergaß, nur froh, eine solch mächtige Beute zu besitzen. Und lächelnd blickte ihm Michael nach. Doch bald kam er sich miserabel schlecht vor, daß er einem armen Teufel, einem seiner Mitmenschen die schrecklichen Folgen seiner Tat aufzubürden versuchte, und seine Selbstsucht erschien ihm im verwerflichsten Lichte. Ach, wie war er erbärmlich schlecht geworden! Ein Gefühl der tiefsten Scham überkam ihn, als er sich seinem Hause näherte. Da stand schon sein liebes Weibchen vor der Tür und winkte ihm grüßend zu. Alle seine Kräfte nahm er zusammen, um den Sturm in seinem Innern zu verbergen. Es wollte ihm schwer gelingen, die trüben Mienen zu verscheuchen. Und Frau Grete hatte so scharfe Augen. Die traurige Gemütsstimmung ihres Mannes war ihr nicht entgangen. Sie konnte die Angst um ihren Mann nun nicht mehr unterdrücken. „Wie habe ich mich heute gesehnt nach dir, guter Michael! Komm nur, komm, wir setzen uns auf das Bänklein vor der Tür und wollen einmal plaudern, so nach Herzenslust."

Doch Michael wollte Ausflüchte gebrauchen, er habe ernste Dinge im Kopfe, die Geschäfte seien verwickelt, er müsse nachdenken. Aber Frau Grete war energisch.

„Nein, nein, Michael, das denke ein andermal! Komm nur, heute entgehst du mir nicht! Ich sehe es schon längst, daß dich etwas bedrückt, das sollst du dir einmal vom Herzen reden. Oder hast du mich nicht mehr lieb?" Da schwieg Michael und beugte seinen Kopf auf die Schulter seines lieben Weibes, und er fühlte, wie ihm Tränen aus den Augen quollen. Und sein Weib spürte das gewaltige Zittern, das den Leib ihres Mannes durchfuhr, und erregt klopfte ihr selbst das tapfere Herzelein. Da war die Bank vor der Tür schlecht gewählt. Sie leitete ihren Mann stumm in das Häuschen hinein. „Siehe, Michael, die Kinder spielen im Nachbarhause, wir sind allein. Oh, schütte dein Herz vor deinem treuen Weibe aus. Nicht länger vermag ich es anzusehen, wie sehr du dich grämst."

Und Frau Grete kniete vor ihm nieder und heftete ihre lieben Augen in zärtlicher Innigkeit auf ihren Mann, der wie gebrochen auf dem Stuhle saß. Sie sah, wie es schmerzlich um seinen Mund zuckte, sie sah, wie schwer er rang, wie sich qualvoll seine Brust hob und senkte, und empfand tiefes Mitleid. Endlich begann Michael, er vermochte die Last nicht mehr zu ertragen. Und alles beichtete er seinem Weibe, alles, alles, und schilderte in bewegten Worten, warum er es getan. Alles hätte er noch zu ertragen vermocht, aber daß er mit seinen Kindern nimmer beten konnte, das hätte ihm das Herz gebrochen.

„Und nun kennst du meine Schuld, nun weise mich weg und wende dich ab von mir, dem Verfluchten, daß nicht auch dir noch Leid widerfahre!"

Schwer aufatmend saß er da, das Antlitz bleich, die Augen starr vor sich hin gerichtet. Und Frau Grete schwieg beklommen. Das hatte sie nicht erwartet. Ihr Herz krampfte sich zusammen, ach, unsäglichen Schmerz empfand sie in ihrer Brust. Doch Frau Grete war ein wackeres Weib, sie hing in treuer Liebe an ihrem Gatten. Wenn er auch noch so sehr gefehlt, war ihr Platz nicht an seiner Seite? Konnte er seinen Fehler nicht wiedergutmachen? Mußte sie ihm nicht helfen, wenn er selbst keinen Rat finden konnte? Wenn er seine Tat so bereute? Da wichen die Mienen der Angst und des Schreckens aus ihrem lieben Gesichte und machten einem frohen Lächeln Platz. Der alte Schalk erfüllte sie, und tausend Listen, wie sie nur dem Weibe zu Gebote stehen, stürmten ihr durch den Kopf. Ach, sie wollte ihr Liebstes schon verteidigen, da sollte ihr nicht bange darum sein. „Kopf hoch, Michael, du bist noch nicht verloren! Nun sei nicht mehr traurig, laß mich nur machen. Dem roten Teufel will ich den Kopf schon zurechtsetzen. Der wird keinen mehr in seine verruchte Schlinge kriegen. Vertraue nur ganz und gar auf mich. Wo hast du das Eisen?" Und Michael suchte vergebens seine Säcke ab, er konnte es nicht finden. Da fiel ihm der Bettler ein, dem er es gegeben. Eben wollte er seinem Weibe die Begegnung mit demselben erzählen, als es ziemlich unsanft an der Tür pochte. Frau Grete erhob sich und öffnete, da drang ungestüm ein Mann herein, dem die Lippen über und über bluteten. Er schrie aus Leibeskräften:

„Da schaut mich nur an, wie ich zugerichtet bin! Ihr seid der wahre Wohltäter! Da nehmt Euren Quark und reibt Euch selber Euer Maul ein, damit Ihr die Wohltat spürt. Ihr habt mir was vorgefaselt, aber das sollt Ihr büßen!" Damit warf der erzürnte Bettler das ihm wertlos dünkende Eisen auf den Tisch. Dann stellte er sich gebieterisch vor Michael hin, der die ganze Sache nur zu wohl begriff, und sagte:

„Ich verlange Schadenersatz. Zahlt Ihr nicht willig, so klage ich Euch beim Stadtricher an, dann werdet Ihr sehen, wie es Euch geht."

„Aber beruhigt Euch doch nur, lieber Mann, die ganze Geschichte ist ja nicht der Rede wert. Da nehmt und seid zufrieden!" Und er drückte ihm ein Goldstück in die Hand, und der Bettler schloß hastig zu. Jetzt waren die Schmerzen alle vergessen. Nun wischte er auch das Blut von den Lippen und schmunzelte dabei:

„Ach, wenn Ihr gesehen hättet, *wie* ich gerieben! Und es half gar nichts! Kein einziger Wunsch ging mir in Erfüllung! Und doch habe ich wenigstens hundertmal gerufen: ‚Schab den Rüssel!‘ Aber nun hat es mir doch etwas eingebracht, das schreckliche Reibeisen. Lebt wohl, Herr Schab-den-Rüssel!“ Und beglückt verließ er die Stube. Traurig blickte ihm Michael nach und schüttelte wehmütig den Kopf. „Nun siehst du es wieder. Ich kann es nicht loswerden, das schreckliche Eisen, immer kommt es wieder zu mir zurück, ich muß es behalten und der Stunde harren, da es das rote Männlein wieder holen will. Nur mir allein muß es dienen! Ich habe es in den Schrank gesperrt, als ich dann in die Tasche griff, es war da. In den Boden habe ich es vergraben, es nützte nichts; in das Feuer habe ich es geworfen, es war umsonst; die Donau sollte es verschlingen, ich tat es vergebens. Allemal fand es sich wieder, ich kann es nicht loswerden!“

Verzweifelnd stützte er den Kopf auf den Tisch und verfiel in ein tiefes Brüten. Aber Frau Grete verlor den Mut nicht. Forschend fragte sie:

„Und wann will das Männlein wiederkommen?“

„Wenn das letzte Salzschiff heuer die Donau herunterfährt und hier landet, dann soll es sein, denn die drei Jahre sind dann um.“

„Ach, verzage nicht, Michael! Denke doch, der liebe Gott hat es nicht wollen, daß du dem Bösen verfällst. Hat er uns nicht fast zu gleicher Zeit das Erbe der Muhme gesendet? Und hat er es nicht sichtlich gesegnet, daß es sich so vermehrte, daß dir alles so wunderbar geglückt, was du begonnen? Hat er es ein einziges Mal zugelassen, daß du die Gabe des Satans gebrauchen mußtest? Besinne dich doch, Michael!“

„So glaubst du ...“ Ein Strahl der Hoffnung fiel in sein gequältes Herz, und er blickte freudig zu seinem Weibe auf.

„Gewiß glaube ich es. Der liebe Gott hat dich und uns noch nicht verlassen. Jetzt weiß ich es sicher!“

„Und meine elende Tat soll er mir nicht anrechnen?“

„Hast du nicht gebüßt die drei schrecklichen Jahre her? Und hast du nicht Tag für Tag den Armen gegeben, ich habe es gar oft gesehen und mich im stillen gewundert; laß mich nur machen, der liebe Gott wird mir den Weg zeigen, wie ich dich sicher löse.“

„Noch sind es drei Monate!“

„Sie werden vergehen, Michael! Sei stark! Bete, lieber Mann, Gott wird dir helfen!“

„Ach, wenn ich es könnte!“

Und verzweifelnd bedeckte er das Gesicht mit seinen Händen. „Das ist der schwerste Fluch meiner unseligen Tat: *Ich habe das Kreuz verschworen! Mir ist nicht zu helfen!*“ Da neigte sich Frau Grete liebevoll über ihren unglücklichen Mann.

„Und wenn du es nicht kannst, so will ich es für dich tun!“

Sie kniete vor ihrem Manne nieder, bekreuzigte sich selbst und machte auf Stirn, Mund und Brust ihres Mannes das heilige Zeichen. In tiefer Ergriffenheit saß Michael da und empfand in inniger Rührung die zärtliche Liebe seines Weibes. Dann faltete Frau Grete die Hände und umschloß mit den ihren dabei die Hände Michaels. Dann hob sie ihren Blick empor zu dem schlichten Kreuze, das in der Ecke hing. Die ganze Angst um ihren Mann lag in diesem Blicke, die ganze Seelenqual, aber auch ihre ganze Hoffnung, ihr ganzes Gottvertrauen. Und bebend flüsterte sie:

„Rechne es ihm nicht an, guter Gott, was er verschuldet. Siehe, er ist den Fallstricken des Bösen erlegen in schwacher Stunde. Ach, nur ein Mensch ist mein armer, unglücklicher Michael, der irren und fehlen kann. Um meinetwillen, Vater, und der unschuldigen Kinder willen übe Gnade, deine große, allerbarmende Gnade! Siehe, sein Schmerz ist tief, seine Reue wahr und echt. Habe Erbarmen, er wird es sühnen!" Und Tränen perlten über ihre lieben Wangen, und ihre Stimme zitterte in innerer Erregung. Und Michael fühlte die Gewalt der schlichten Worte, und er empfand in tiefen Schauern wieder nach langer Zeit die Wohltat des Gebetes, das sich vom Herzen ringt. Er neigte demütig sein Haupt, und sein Weib segnete es mit dem Kreuze. Seine ganze Seele war dabei, und es war ihm, als hätte er es selbst getan und selbst gebetet. Da erfüllte eine wohltuende Ruhe sein Herz, die Ahnung des Verzeihens. Da entriß die beiden ein hämisches Gelächter ihrem andächtigen Sinnen. Erschreckt fuhren sie auf. In der Ecke der Stube stand das rote Männlein, es grinste in höhnischer Fratze ihnen entgegen.

„Folge mir, Michael, du hast deinen Schwur gebrochen, noch ehe die Zeit abgelaufen, drum ist mir deine Seele verfallen."

Und lachend wies er auf das Pergament, das Michael einstens mit seinem Blute unterschrieben. Bleich und zitternd stand der Unglückliche da und starrte auf die unseligen Schriftzüge. Aber Frau Grete hatte die Fassung nicht verloren. Plötzlich durchzuckte sie ein Gedanke, und mit dem Aufgebote ihrer ganzen Kraft schrie sie: „Schab den Rüssel!"

Und die Wirkung war entsetzlich. Das kleine Reibeisen fuhr dem Teufel mit Blitzesschnelle über den Mund und zerriß diesem unbarmherzig die Lippen. Ein Geheul der Wut stieß der Überlistete aus und suchte vergeblich das schabende Eisen zu entfernen. Da begann er zu winseln und zu flehen, aber das Weib blieb unerbittlich. Endlich rief es: „Zerreiße den höllischen Pakt! Nicht früher will ich dich lösen!"

Da zerriß der Teufel das Pergament in tausend Fetzen. Das Eisen verschwand und mit ihm der so schmählich unterlegene Satan selbst.

Michael war gerettet. Überwältigt von namenloser Freude umarmte er sein mutiges Weiblein. Aber dieses blickte lächelnd unter Tränen zu ihm empor und meinte schelmisch:

„Siehst du, du böser Mann, so macht man es mit dem Teufel, wenn er guten Menschen Fallstricke legen will. Merke dir's!"

„Wenn ich dich nicht gehabt hätte, liebe Grete?!"

„Ja, ja, so sagt ihr Männer immer und erkennt erst den Wert der Frauen dann, so sie euch aus einer bösen Schlinge gezogen." Da küßte dankbar Michael sein kluges Weibchen und verschloß ihr so den Mund, der sonst noch so manches gesagt hätte.

Der Bettler hatte nicht reinen Mund gehalten. Durch ihn erhielt Michael den Namen „Schab-den-Rüssel". Aber der Salzer war dadurch nicht unwillig, denn niemand wußte sonst die eigentliche Geschichte desselben. Wenn auch der Name sonderbar genug den Leuten in die Ohren klang, er behielt ihn zur steten Erinnerung an die verzweifeltste Zeit seines Lebens bei und erblickte darin auch einen Teil seiner Sühne. Eingedenk seiner einstigen Armut blieb Michael fortan ein freigebiger Wohltäter der Armen Wiens, für die er stets eine offene Hand und einen milden Sinn bewahrte. Er wurde einer der reichsten Salzhändler Wiens und erbaute im Jahre 1534 für sich und seine Familie „Am Bergl" in der nächsten Nähe der Rotenturmstraße ein prächtiges Haus, welches im Volksmunde fortan hieß „Zum Schab-den-Rüssel". An ihn selbst aber erinnert noch heute ein Grabstein, der sich an der Außenseite des Stephansdomes am mittleren Pfeiler zwischen dem Bischofstor und dem unausgebauten Turme befindet. Dieser besagt uns, daß er am 20. Jänner des Jahres 1552 verstorben und auf dem Freithofe zu St. Stephan begraben sei.

WUNDERBILDER ZU ST. STEPHAN

Im Inneren des Domes zu St. Stephan, in der Kapelle des heiligen Kreuzes (auch Savoyenkapelle genannt, weil dort Prinz Eugen von Savoyen begraben liegt), steht ein Kreuz, darauf sieht man den Heiland in Lebensgröße, und an dem Bildnis ist besonders merkwürdig, daß der Erlöser einen dichtbewachsenen, borstigen und bestaubten schwarzen Bart hat. Es geht davon die Sage, daß diesem Bilde der Bart wachse und alljährlich am Karfreitag abgeschnitten werden müsse.

Ein andres Wunderbild ist das der Gottesmutter im Mittelschiff des Chores über dem Tabernakel, zubenannt „Unsere liebe Frau Maria Pötsch“. Dieses Bild ist nur mit geringer Kunst auf Holz gemalt und war früher einmal in dem Dorfe Pötsch in der Grafschaft Zabolz in Ungarn im Besitz der dortigen Kirche, es wurde aber vom Volke nur wenig beachtet.

Da war nun einmal gegen Ende des siebzehnten Jahrhunderts der Bauer Michael Cory in der Kirche, und als er gerade recht andächtig auf das Bild hinsah, bemerkte er ganz deutlich, wie aus den Augen der Gottesmutter Tränen herabflossen.

Es erzählte das sogleich weiter. Man beobachtete nun, wie das Bild vierzehn Tage lang weinte, am meisten am Tage von Maria Empfängnis. Alsbald wurde in der ganzen Gegend, ja viele Meilen in der Runde vom Wunderbild der lieben Frau von Pötsch geredet, und viele Andächtige kamen herbei und sahen es an.

Auch Kaiserin Eleonora, die Gemahlin Leopolds I., hörte davon. Die fromme Frau ließ das Bild nach Wien bringen, wo es in mehreren Kirchen und Klöstern zur Verehrung ausgesetzt wurde. Dann befahl der Kaiser, daß das Bild für immer beim Hochaltar zu St. Stephan aufgestellt werde. Hier ist es seither auch geblieben und wird von den Gläubigen noch heutzutage ganz besonders verehrt.

DIE HIMMELSPFÖRTNERIN

In der Innern Stadt zu Wien bestand Jahrhunderte hindurch das Kloster der Himmelspförtnerinnen, und es geht davon folgende Sage: Eine junge Klosterschwester, die dort Pförtnerin war, bekam einmal große Sehnsucht, in die Welt zu gehen, und legte beim Marienbild nächst dem Eingange den Torschlüssel nieder, betete zu der Gnadenmutter um ihren Schutz und verließ heimlich das Kloster.

Auf der Triester Reichsstraße wanderte sie gegen Süden, denn sie wollte nach Rom. Als sie aber durch die Steiermark zog, lernte sie einen Schmied kennen, dem gefiel sie gut und er nahm sie zum Weibe. Sie führten ein glückliches Leben, und auch ihre Kinder machten ihnen große Freude.

Nach langen Jahren brach aber eine schreckliche Seuche aus, und die Schmiedmeisterin verlor die Ihrigen, keines blieb übrig, und sie stand allein in der Welt. Wie sie jetzt so einsam war, dachte sie oft daran, wie schlecht es ihr vielleicht ihr Lebtag draußen in der Welt gegangen wäre, wenn sie den braven Schmied nicht gefunden hätte, und sie glaubte fest, nur der Jungfrau Maria verdanke sie ihr ganzes Glück, das sie so lange genossen hatte.

Jetzt bereute sie oft bitter, daß sie gegen die Gottesmutter damals so treulos und undankbar war, und sie nahm sich fest vor, sie um Verzeihung zu bitten, am liebsten dort, wo sie in ihrer Jugend so schwer gesündigt hatte. So zog sie unter den größten Mühen und Beschwerden durch das steirische Land und über den Semmering hinüber gegen Wien.

Ganz erschöpft kam sie endlich bei dem Kloster an, wo sie vor vielen Jahren Pförtnerin war, und klopfte voll Angst ans Tor.

Als dieses aufgemacht wurde, erblickte sie eine lichte Gestalt, die im Himmelsglanze vor ihr stand, und da wußte sie gleich, daß es die Jungfrau Maria selber war. „Geh nur hinein", sagte diese liebreich zu ihr, „es weiß niemand, daß du fort warst, ich habe für dich das Tor behütet."

Und als das Mütterchen auf die Knie sank, Maria um Verzeihung zu bitten, da sagte diese voll Milde: „Ich habe dir längst verziehen, denn du warst immer gut, und darum sollst du auch eingehen ins Paradies."

Bald darauf fand man die alte Pförtnerin nahe dem Eingang vor dem Gnadenbild der Jungfrau Maria. Sie konnte noch ihr Erlebnis erzählen, aber bald danach starb sie.

Noch heutzutage erinnert die Himmelpfortgasse in der Innern Stadt an das einstige Kloster und an seine himmlische Pförtnerin.

DAS WUNDERKREUZ

In der Donaugegend bei Wien, nahe dem Hause „Zum weißen Lamm“, trug sich einmal ein seltsames Ereignis zu.

Eines Morgens sahen die Leute, die dort am Donauufer gerade in großer Zahl beisammenstanden, aus der Tiefe des Wassers ein großes Holzkreuz auftauchen und waren nicht wenig überrascht davon.

Nach der Form wie auch nach der Farbe und der Goldverzierung konnte das seltsame Kreuz nur aus dem Morgenlande stammen.

Eine Strecke weit schwamm es stromabwärts gegen die Stadt zu, aber auf einmal blieb es auf dem Wasser ruhig liegen. Die Leute versuchten nun, das Kreuz ans Ufer zu ziehen. Sie warfen Seile aus, faßten es mit langen Stangen und zogen aus Leibeskräften an. Es war aber ganz vergebens, es rührte sich nicht von der Stelle und blieb ruhig auf dem Wasser liegen.

Der Vorfall erregte ungeheures Aufsehen, und wie ein Lauffeuer ging die Kunde davon von Mund zu Mund. Schon am nächsten Tage standen in aller Frühe Tausende und Tausende von Leuten an beiden Ufern der Donau und redeten von nichts andrem als von dem wunderbaren Kreuz.

Bald kamen auch viele Geistliche in feierlichen Prozessionen, rieten hin und her, was zu machen sei, und wollten den Leuten helfen, das Kreuz aus dem Wasser zu holen; aber alle zusammen konnten nichts erreichen.

Da kam ein frommer Klosterbruder aus dem Orden der Minoriten auf den Gedanken, mit seinem geweihten Gürtel das Kreuz aus den Fluten zu holen. Kaum hatte er es mit dem Gürtel umwunden, so ließ es sich ohne jede Anstrengung ans Ufer ziehen.

Das wunderbare Kreuz wurde sogleich nach Sankt Stephan gebracht und unter Gebet und Glockengeläute öffentlich aufgestellt.

Aber da zeigte sich sogleich ein neues Wunder. Am nächsten Tage war es aus dem Dom verschwunden, und es dauerte nicht lange, so erzählten sich die Leute, es sei an einer Wand in der Minoritenkirche gefunden worden, gerade über der Buchheimischen Kapelle.

Von diesem Platz wurde es aber hernach weggenommen und in derselben Kirche auf dem Hochaltar zur öffentlichen Verehrung ausgesetzt.

In späterer Zeit, als das Ordenshaus der Minoriten aufgehoben wurde, brachten die Ordensbrüder das Wunderkreuz nach Wimpassing, und dort wird es von den Gläubigen noch jetzt sehr verehrt.

DAS BÄCKERSCHUPFEN

An einem Sommernachmittage des Jahres 1534 kam eine Frau bürgerlicher Abkunft in hoher Erregung durch die Schönlaterngasse dahergeschritten. Ihr Gesicht war hoch gerötet, und ihre Lippen murmelten unverständliche Worte. An der Hand zerrte sie einen weinenden Knaben, dessen Wams über und über mit Blut besudelt war, denn auf dem Kopfe besaß er eine Wunde, die sicher von einem Steinwurfe herrührte.

Schnurstracks eilte sie auf das Haus des Bäckermeisters *Barthlme Huber* zu, riß das Tor, welches in den Hof führte, auf und zog den Knaben, der sich offenbar zu sträuben schien, hastig durch den Torflur. Nun stand sie im Hofe selbst, wo es gerade große Wäsche gab, und schrie in erregtem Tone: „Wo ist dieser Teufelsbraten, der meinen Jungen so zugerichtet hat? Ich will ihn unter meine Hände kriegen! Nun ist das Maß dieses Lotterbuben voll!"

Wie wenn eine Bombe in ein friedliches Haus fällt, so wirkten diese Donnerrufe unter den Leuten, die eben im Hofe beschäftigt waren. Erschreckt blickten sie von ihrer Arbeit auf und betrachteten mit Entsetzen den arg zugerichteten Jungen. In der Nähe des Brunnens stand ein Trog, wo eine Magd eben der Reinigung der Wäsche oblag, und auf der Sonnenseite des Hofes bemühte sich die Frau des Hauses, die feuchten Wäschestücke an langen Leinen zum Trocknen aufzuhängen. In einer Ecke saß ein Junge und hantierte an einer alten Armbrust herum. Er schlich unbemerkt von dannen, als er der Eintretenden gewahr geworden war. Vor Schreck über das entsetzliche Geschrei war der Meisterin ein Hemd aus der Hand geglitten und lag nun im Sande. Darob hoch erzürnt, schaute Frau Crescentia sich um und erblickte ihre Nachbarin, mit der sie schon seit langen Jahren in erbitterter Fehde lag. Ob dieser Frechheit, so ohneweiters in ihren Hof einzudringen, war ihr der Kamm gestiegen. Sie näherte sich hoch erhobenen Hauptes dem schreienden Weibe, stemmte die Hände in die Hüften und stellte sich in eine energische Positur. Der Ausbruch des Kampfes einander spinnefeind gesinnter Mütter und Nachbarinnen stand unmittelbar bevor.

„Wer erlaubt Euch das üble Geschrei in meinem Hause?! Hinaus mit Euch, Ihr habt hier nichts zu tun!" So rief Frau Crescentia und wies mit der Hand nach dem Tore.

„Was ich hier zu suchen habe, sollt Ihr erfahren! Da, seht meinen Buben an! Ich dulde es nicht, daß Euer Range ehrsamer Leute Kinder die Schädel einschlägt. Gebt ihn heraus, den Lotterjungen!" Frau Crescentia mochte ahnen, wer dieses neue Unheil angestiftet, sicher ihr Herzblatt, ihr einziger

Sohn Barthl, der ob seiner wilden Streiche beinahe stadtbekannt war. Aber doch stellte sie sich unwissend und erschien bereit, gleich einer Löwin ihr Junges zu verteidigen und womöglich alle Schuld von ihrem geliebten Barthl abzuwälzen. Deshalb erwiderte sie in gleich schreiender Weise:

„Wer gibt Euch einen Rangen ab? Wer schlägt Schädel ein, auch wenn sie hohl genug sind? Wen meint ihr unter dem Lotterbuben?“ Und dabei schossen ihre Augen Blitze, als wollte sie ihre verhaßte Nachbarin samt ihrem Sprößling in tausend Flammen setzen.

„Wen denn, als Euren süßen, wohlgesitteten Barthl, den Wilding vom ganzen Grund!“

„So, mein Barthl soll es gewesen sein? Und sonst wißt Ihr niemanden anderen? Han? Immer mein Barthl, der keiner Fliege was zuleide tut? Wer weiß, wo Euer Wastl das Loch im Kopfe her hat? Gar so sanftmütig ist er nicht, wie ich ganz genau weiß.“

„Ihr wißt gar nichts! Mein Kind ist unschuldig wie ein Lamm! Sag selbst, armer Wastl, wer dir das Loch geschlagen!“

„Der Barthl!“ schrie heulend der Junge.

„Da habt Ihr's nun aus seinem eigenen Munde!“

„Und was hast du ihm denn getan, du schlechter Junge? Sicher seid ihr alle über meinen armen Buben hergefallen! Verteidigt hat er sich halt. Freilich, schlagen wird er sich nicht lassen, der arme Barthl! Recht ist dir geschehen! Hättet ihr ihn in Ruhe gelassen!“

„Her mit dem Missetäter! Vor meinen Augen muß er gezüchtigt werden, sonst geh' ich auf der Stelle zum Stadtrichter und klage Euch an. Das möcht' ich doch sehen! Wir sind arme Leute. Mögt Ihr uns vom Brote abzwacken, was Ihr wollt, unsere Kinder sollt Ihr nicht antasten!“

Da riß der Frau Meisterin die Geduld. „Ihr habt hier gar nichts zu befehlen!“ So schrie sie aufgebracht. „Und wenn Ihr nicht augenblicklich meinen Grund und Boden verlasset, so klage ich Euch auf Hausfriedensbruch! Daß Ihr es nur wißt! Das könnte mir kommen! Solchen Lärm um einer dummen Schramme willen! Geht augenblicklich, oder ich löse den Hund von der Kette! Ich bin hier im Rechte! Wer weiß, wer Euren Schlingel geprügelt? Mein Barthl sicher nicht!“

„Nun gut, ich gehe! Aber das sage ich Euch, *mein* Recht werde ich zu finden wissen! Der zahlende Tag wird auch für Euch kommen, und dann sei Euch Gott gnädig! Komm, Wastl, das sind böse Leute, alt und jung!“ Und sie verließ den Hof, noch am Tore mit der Hand drohend.

Frau Crescentia war als Siegerin zurückgeblieben, doch trotzdem kochte es in ihrem Herzen, und sie suchte nach einem Gegenstande, ihren Unmut abzulenken. Da kam unglückseligerweise Barthl herbeigeschlichen, der, versteckt hinter einem Strauche im nahem Garten, das böse Wortgefecht mit angehört. Mit Freude vernahm er da, wie ihn seine liebe Mutter in Schutz nahm und seine Unschuld darzustellen suchte. Ein hämisches Grinsen überflog sein Gesicht, als er des Kampfes mit Wastl gedachte, in dem auch er glanzvoll Sieger geblieben, nachdem er seinen fliehenden Gegner noch mit einem wohlgezielten Steinwurfe vollends in die Flucht geschlagen. Wie die Sachen nun standen, konnte er ja furchtlos seiner Mutter unter die Augen treten und vielleicht noch Lob einernten. Daher verließ er, als es ruhig geworden, sein Versteck und trat lachend der Mutter entgegen. Aber da kam er gerade recht.

„Gelt, Mutter, ich hab's recht ..." Weiter kam er nicht, eine tüchtige Maulschelle unterbrach rauh seine Triumphrede, daß er sich, wie vom Blitze gedreht, umwenden mußte. Rasch hatte er die Situation erfaßt. Heulend und schreiend lief er in den Garten zurück, aus dem noch lange sein Zetern herüberklang. Wohl fühlte sich Frau Crescentia nach dieser erzieherischen Tat etwas erleichtert, aber noch immer lag eine begreifliche Schwüle wie vor einem Gewitter in der Luft. Sie wandte sich wieder ihrer Arbeit zu, aber die Erregung war noch nicht gewichen. Ihre Finger zitterten, eine gewisse Unruhe hielt sie noch immer umfangen. Verschiedenes ging ihr durch den Kopf. Die Drohung mit dem Stadtrichter verstand sie zu beurteilen, sie war bedeutungslos, das wußte sie. Mit solchen Dingen durfte man nicht kommen. Aber das vom Abzwacken des Brotes! War das auch nur eine Redensart, oder steckte da ein Kern dahinter. Ihr schlug das böse Gewissen, denn sie wußte, daß ... Erschreckt blickte sie auf die Magd hin. Vielleicht habe sie laut gedacht? Diesen Gedanken durfte ja niemand wissen. Selbst ihr Mann nicht, trotzdem sie das Regiment im Hause führte. Aber, weiß Gott, dieses Bettelvolk weiß selbst nicht, was es daherredet. Sie hängte in ihrem Sinnen ein Stück nach dem andern auf die Leine und vergaß gänzlich, daß die Vesperzeit längst dahergekommen war. Oft und oft hatte die Magd zur Frau hingeblickt, wohl nur verstohlen, aber desto beredter. Sie erhoffte sich eine kleine Pause, um den gewöhnlichen Imbiß einnehmen zu können, aber vergebens. Da wagte sie endlich das Wort:

„Hört, Frau Meisterin, eine kleine Stärkung möchte Euch guttun. Meint Ihr nicht?"

Aber das war nur Öl ins Feuer.

„Schweige Sie, naseweise Person! Ans Essen denkt Ihr immer am liebsten. Bleibt bei der Arbeit. Ich weiß schon, was Sie meint!"

„Ach, ich bin zum Umfallen müde. Seit drei Uhr des Morgens auf den Füßen und Wäsche gerippelt, das halte ohne Pause wer anderer aus, ich kann's nicht. Dabei noch schmale Kost!"

„Was untersteht Sie sich?" schrie die Meisterin. Jetzt konnte sie ihr erhitztes Mütchen kühlen.

„Hungrig bin ich, Meisterin! Seit mittags keinen Bissen im Munde bei schwerer Arbeit. Wenn Ihr doch die Jause spenden wolltet, dann ging's ja wieder gern weiter."

„Hab' ich eine Jause gehabt? Es dauert nicht lange mehr, dann bekommt Ihr das Abendbrot. Man muß genügsam sein."

„Ach, Frau Meisterin, ich bin noch ein junges Blut, da schmeckt das Essen, und wär's nur trockenes Brot."

„Still, schweige Sie! Sie ist ein freches Blut, kein junges Blut! Ich werde Ihr schon geben. Dann meint Sie wohl, ich sei eine alte Hexe! Packe Sie sich gleich aus dem Hause. Solche Leute kann ich nicht brauchen!"

Erschreckt fuhr das Mädchen zusammen, das hatte sie nicht gewollt. Tränen stürzten ihr aus den Augen und jammernd bat sie: „Ach, Frau Meisterin, so habe ich es nicht gemeint. Ich will ja gern arbeiten, doch jagt mich nicht davon. Denkt an meine alte Mutter, ich bin ihre einzige Stütze."

Doch die Meisterin blieb unerbittlich.

„Mutter hin, Mutter her! Was ich gesagt, dabei bleibt es. Auf der Stelle gehe Sie! Ich habe es satt!"

„Aber, liebe Frau Meisterin, ich ..."

„Kein Wort mehr! Dort ist die Tür!"

Weinend und klagend ob der Härte ihrer Frau, ging die Magd ins Haus und schnürte ihr Bündel, das klein und leicht genug war. Als sie den Hof wieder betrat, da beendigte soeben Frau Crescentia die Arbeit. Die letzten Wäschestücke hingen auf der Leine. Flehend blickte das Mädchen auf die harte Frau und bat nochmals, ehe es von dannen schritt.

„Seid gnädig, Frau Meisterin, und laßt mich bleiben. Ich will alles wiedergutmachen."

Doch diese beachtete sie mit keinem Blicke und tat, als hörte sie kein Wort. Sie wendete sich um und blieb unerbittlich. Da stammelte das arme Kind:

„Lebt wohl, ich habe es nicht geglaubt, daß Ihr so hart sein könnt. Gott wird es Euch schon heimzahlen!"

Und bekümmert verließ das Mädchen die unholde Stätte.

Frau Crescentia atmete nun erleichtert auf, ihr war wohl ums Herz. Wenn anderen ihretwillen Leid widerfuhr, was sollte sie sich, die reiche Bäckermeisterin, darum sorgen. Mein Gott, Ersatz werde ich ja schon am nächsten Tage haben. Gab es doch gerade jetzt schwere Zeiten, jetzt, nachdem vor wenigen Jahren die Türken so übel in Wien gehaust hatten. Da war man froh, Unterkommen und Verdienst zu finden. Noch einen Blick auf die Wäsche werfend, schritt sie ins Haus hinein und betrat die Stube, die gerade hinter dem Laden lag, so ruhig, als ob nichts geschehen wäre. Es mochte ungefähr um die sechste Abendstunde sein. Da saß ihr Mann, der ehrsame Bäckermeister Huber, und tat sich gütlich an Speise und Trank. Ein saftiges Stück Rauchfleisch bearbeitete er eben eifrig, und neben dem Teller stand ein Humpen Wein.

„Ei, ei, Barthel, du läßt dir's aber gut geschehen, indes mir Sorgen und Verdrießlichkeiten über den Hals kommen."

„Nu, nu, liebe Crescentia, der Magen fordert seine Rechte. Komm, setz dich zu mir her, der Wein spült alles hinunter." Und er aß mit erneutem Eifer weiter. Er war recht gut geraten, der liebe Meister Huber, man sah es ihm an. Sein volles, rundes Gesicht sagte es, wie nicht minder seine behäbige Wohlbeleibtheit. Es war ein Vergnügen, ihm zuzusehen, wie es ihm schmeckte und wie behende seine dicken, fleischigen Finger vom Teller zu dem Munde fuhren und wie dabei vergnüglich seine kleinen Augen blinzelten. Ja, ihn fochten die teuren Zeiten nicht an, er hatte es klug verstanden, in der allgemeinen Not sein Schäfchen im trockenen zu bewahren. Je nun, was kümmerte es ihn, wenn dies auf Kosten seiner lieben Nächsten geschah. Wozu wären denn diese da, dachte er allemal.

Frau Crescentia ließ sich durch das Beispiel ihres Gatten verlocken; sie folgte der Aufforderung gern, denn auch sie war hungrig und durstig geworden, besonders letzteres, und das war begreiflich. Aber sie konnte sich nicht ungestört den Genüssen hingeben, denn zuweilen öffnete sich die Ladentür und traten Kunden ein. Da eilte sie immer hinaus, dieselben zu bedienen. Eben mußte sie sich wieder erheben.

„Mein Gott, ob man denn seine Sachen in Ruhe essen könnte! Barthl, jetzt geh du!"

Aber Barthl schien nicht zu hören, er war zu sehr vertieft. Unwillig trat sie in den Laden. Da stand ein Bettler, abgehärmt und abgezehrt.

„Habt Erbarmen, ein Stückchen Brot, gute Frau!"

Das auch noch.

„Hier wird nichts ausgeteilt! Geht auf die Herberge!"

Sprach's, schob den zitternden Alten ohne viel Umstände zur Tür hinaus und warf dieselbe krachend ins Schloß. Kaum saß sie im Stübchen, da klingelte es wieder. Sie legte die Gabel beiseite und blickte auf ihren Mann, der sich gerade behaglich die Lippen abwischte; es hatte ihm köstlich geschmeckt.

„Ich gehe schon! Laß dich nicht stören." Und er ging. Da stand eine Frau im Laden und hielt einen Laib Brot in der Hand. „Ihr müßt Euch geirrt haben, Meister Huber, als Ihr meinem Buben dieses Brot gabt. Das ist doch kein Laib um 10 Groschen?" Und sie hielt ihm den Laib hin, und Meister Huber betrachtete ihn wohl, aber er ergriff ihn nicht.

„Freilich, das ist ein Laib um 10 Groschen. Ist er Euch zu klein?"

„Das will ich meinen. Seit wann gilt denn das gute Geld beinahe gar nichts mehr? Ihr habt doch zehn bare Groschen bekommen, gebt auch das rechte Gewicht dafür."

„Aber, liebe Frau, ich habe ja die Brote nie anders gemacht. Bedenkt doch nur. Und mein Gott, wenn das eine oder das andere Stück einmal kleiner ausgefallen ist, vielleicht ist der Teig nicht recht aufgegangen. Auf das Pünktchen genau läßt sich doch das nicht machen. Habt nur einen guten Willen, ein andermal seid *Ihr* besser daran."

„Nun, das ist doch sonderbar, früher hat es solche Unterschiede nicht gegeben. Ich will mir's merken."

Und sie schüttelte bedenklich den Kopf und trat auf die Gasse. Aber auch dem Meister war es unheimlich zumute. Er kümmerte sich wenig um das Geschäft, sintemalen er gern bei seinen Zechbrüdern saß und Gott einen lieben Mann sein ließ. In seiner Abwesenheit hatte immer Frau Crescentia den Gehilfen das Mehl vorgemessen. Sollte sie am Ende weniger gegeben haben und doch die gleiche Anzahl Brote haben machen lassen? Da wollte er sie doch gleich fragen, denn ihm selbst dünkten nun die Brote kleiner wie sonst. Und er stellte sie zur Rede.

„Aber, Barthl, wo hast du denn deinen Kopf? Was fällt dir denn ein? Ich messe das gleiche Maß wie immer. Ich bitte dich, und was wäre denn schließlich dabei, wenn man eben jetzt auf seinen Vorteil ein bißchen mehr schaute! Wo sollen wir denn die großen Abgaben hernehmen, die wir nun nach den Türken leisten müssen. Da geht's doch nicht so streng her, und nicht alle Leute merken es, wenn die Brote etwas kleiner werden. Übrigens, bis jetzt ist es noch nicht geschehen, aber ich will mir's merken. Und jetzt geh in die Backstube, das fehlte mir gerade noch!"

Kleinlaut schlich Meister Huber von dannen. Er mußte seinem Weibe glauben und wagte keine Widerrede. Freilich, wenn er gewußt hätte, wie sein Weib das Maß handhabte, da wären ihm sicher gar gewaltige Bedenken aufgestiegen, um so mehr, als er schon zweimal amtliche Verwarnungen erhalten, die er sich nicht zu erklären vermocht hatte. Er war doch stets nach Recht und Gewissen vorgegangen. So meinte er, dachte aber nicht daran, daß er sich um die Vorgänge in der Backstube blutwenig kümmerte, daß er ein arger Bruder Liederlich war. Er sollte das bitter genug büßen müssen. Jedoch Frau Crescentia, die harte, gefühllose Frau, hatte kein Gewissen. Ihr ging Geld und Geldeswert über alles, und dabei plagte sie neben ausgesprochenem Geize gegen ihre armen Mitmenschen die Eitelkeit, unter allen ihren Nachbarinnen am vornehmsten tun zu können. Und dazu mußte eben jedes Mittel herhalten, selbst das schlechteste war gut genug. Der Götze Hochmut hielt sie mit allen seinen Krallen umfangen, sie war ihm ganz und gar verfallen und selbst bereit, das Glück ihrer Familie ihm zu opfern. Obwohl sie es in Abrede stellte, hatte sie schon längst betrügerisch gehandelt und selbst dann noch nicht aufgehört, als man ihren Mann verwarnte. Da mußte der Krug doch endlich brechen.

Wie alltäglich, so befand sich auch am nächsten Morgen Meister Huber in seiner Verkaufsbude auf dem „Hohen Markte", wo sich in den Stunden des Vormittags ein reges Marktleben entwickelte. Zu jener Zeit besaß dieser Platz für das öffentliche Leben eine ungleich höhere Bedeutung als der in nächster Nähe gelegene „Graben", sowohl was das Gemeindewohl der Bürger anbetraf, wie auch in Beziehung auf Recht und Gebräuche. So stand an der Ecke des Hohen Marktes, wo man in die „Tuchlauben" einbog, die Bürgerschranne, allwo der gefürchtete Stadtrichter mit seinen zwölf Gehilfen des Amtes waltete. Es war dies ein hochgiebeliges, einstöckiges Gebäude mit einem auf Säulen stehenden Balkon, zu dem auf einer Schmalseite von der Straße eine breite Stiege emporführte. Von diesem bedeutungsvollen Vorbau verkündete der Stadtrichter, falls es sich um Tod oder Leben handelte, das gefällte Urteil. Vor der Schranne stand eine mächtige, erst 1616 gefällte Linde, dann der Pranger, wo die oft schauerlichen Strafen vollzogen wurden, ferner die Gerichtssäule, welche das Symbol der Gerechtigkeit trug, die Waage.

In den Häusern befanden sich viele Verkaufsläden, die den verschiedensten Bedürfnissen Rechnung trugen. Hier gab es Riemerwaren, dort „unter den Wentchremen" verschiedene Kleidungsstücke, Leinwand, Bänder, Strümpfe und dergleichen, am oberen Teile des Marktes „unter den Scherlauben" saßen die Tucherzeuger und hielten ihre Waren feil, diesen gegenüber an der anderen Schmalseite befand sich das „Schmergrübel", allwo der Schmalzhandel betrieben wurde, daneben stand das „Ziegelhaus", wo Bauziegel zu erstehen waren, in nächster Nähe das „Riemenhaus", wo die Riemer ihre Erzeugnisse feilboten. Auf dem Platze selbst hatten neben verschiedenen Gewerbsleuten auch die „Krebser" und „Fischhändler" ihre besonderen Verkaufsstände – noch heute deutet das unter dem Namen „Fischhof" bekannte Haus am Hohen Markte darauf hin –, und sie holten das nötige Wasser aus dem in der Nähe des Prangers stehenden städtischen „Fischbrunnen". Vor den Tuchscherern stand auch der sogenannte „Narrenkotter", ein kleines Häuschen, in welchen vagabundierendes Gesindel durch die Scharwache bewacht wurde; durch die nieder angebrachten offenen, jedoch vergitterten Fenster konnte das Volk die Eingesperrten leicht beobachten und „narren", das heißt verspotten.

Wie vor dem Schottentore gab es auch auf dem Graben, dem Neuen Markte und dem Hohen Markte Verkaufsbuden der Bäcker. Das Zeichen für den Beginn des Marktes war durch Ausstecken einer Fahne gegeben, und nun entwickelte sich in kürzester Zeit ein reges Leben und Treiben. Nach den bestehenden Gesetzen durften zuerst die Bürger ihre Bedürfnisse an Lebensmittel und dergleichen befriedigen, dann erst kamen die Dienstleute der Geistlichkeit, dann das Hofgesinde, und endlich wurden alle anderen Leute zugelassen. Meister Barthlme Huber rieb sich vergnügt die Hände, denn der Verkauf seiner Brote, Brezeln, Semmeln und Kipfeln ging trefflich vonstatten. Sein Backwerk war aber auch prächtig anzuschauen, so goldgeld geraden, so verlockend knusperig, daß man seine helle Freude daran haben konnte. Auch das Brot in runden und länglichen Formen, mit Mehl zierlich bestaubt, stand zu reiner Augenweide auf den Latten und verbreitete einen gar köstlichen Geruch. Kurzum, die Meisterschaft Hubers hatte sich glänzend bewährt und seine Brote lachten so verführerisch den Käufern entgegen wie der Meister selber. Er hatte aber auch die halbe Nacht wacker mitgearbeitet und selbst gefunden, daß das Maß der Frau Crescentia eigentlich ganz hinreichend sei, freilich tat er insofern noch verbessernd ein übriges hinzu, als er mit der Hefe nicht sparte. Und so kam es denn, daß er ganz leicht die vorgeschriebene Größe der Brote erreichen konnte, denn sein Teig war wunderbar aufgegangen. Man muß sich nur klug in die Verhältnisse schicken können, dann geht es spielend, seinen Vorteil zu wahren. Ja, wer aber nachgewogen hätte! Aber, wer tut das gleich? Wer hat denn sofort die Waage bei der Hand? So mußte auch Meister Barthlme Huber kalkuliert haben, denn sonst hätte er unmöglich mit einem so gewinnenden Lächeln seinen Kunden begegnen können. Und schmunzelnd heimste er das ihm gespendete Lob ein, wobei er mit Wohlgefallen merkte, daß sein Vorrat überraschend schnell zusammenschmolz. Nur noch einige Brote besaß er noch und etwas Gebäck. Schon dachte er an das Abräumen und Nachhausegehen, um so mehr, als sich sein Lehrjunge wieder eingefunden hatte. Welche Freude werde seine kluge, liebe Frau Crescentia haben, wenn er ihr all das erzählen konnte, und wie werde sie ihren Barthlme loben. Er dachte auch vergnüglich an seinen Schoppen Wein und den saftigen Imbiß, den er sich dazu leisten werde, und das Wasser rann ihm begierlich im Munde zusammen.

Er machte eben sein Geldsäcklein zusammen. Da kam just der Bettler daher, den seine Frau tags vorher so unwirsch hinausgewiesen. Er kaufte zwei Semmeln, die er sorgfältig betrachtete, doch verlor er kein Wort und schritt von dannen. Der Zufall wollte es, daß auch der kleine Wastl, diesmal mit verbundenem Kopfe, zur Bude trat und einen der Brotlaibe erstand, die noch ganz einsam in der Ecke lagen. Er nahm denselben und übergab ihn seiner Mutter, die abseits auf ihren Jungen wartete. Dem Meister war der Knabe mit dem verbundenen Kopfe aufgefallen, und er konnte bemerken, wie dessen Mutter den Laib prüfend in den Händen wog. Er sah auch, wie ein grimmiges Lächeln über deren Mund flog und wie sie schnurstracks zum Aufseher des Marktes eilte. Da stieg eine arge Beklemmung ihm in die Kehle. Er sah auch, wie dieser mit der Frau in einem der Häuser verschwand und nach einer kleinen Weile mit der Frau wiederauftauchte. Aber jetzt ging auch der Bettler mit, die Magd ebenfalls, die seine Frau davongejagt, und noch eine ganze Reihe anderer Leute, denen er allen seine Ware verkauft hatte. Und alle hielten die Brote oder die Semmeln triumphierend in den Händen. Da wurde Meister Barthlme Huber kreideweiß im Gesichte, so arg war die Beklemmung plötzlich geworden, und die lüsternen Gedanken auf Labung und Speise waren ihm ganz und gar vergangen. Bebend hielt er sein Geldsäcklein umfangen.

Und nun kam es heran, gerade auf ihn zu, wie wenn eine mächtige Woge brausend auf ihn einströmte. Aus dem kleinen Häufchen war eine lärmende und tobende Volksmenge geworden, die mit den ärgsten Verwünschungen nicht sparte. Auch einige Häscher der Scharwache von dem nahen Narrenkotter waren herbeigesprungen und bereit, ihres Amtes zu walten. Da zitterten dem Meister die Knie, daß er sich in ohnmächtigem Schrecken setzen mußte. Und nun standen die Leute vor ihm und schwangen mit wütenden

Gebärden seine lieben schimmernden Produkte, über die ihm das Herz so sehr im Leibe gelacht. Freilich, jetzt blickte er mit stieren, fast gläsern erscheinenden Augen auf sie hin, und es war ihm, als wollten tausend teuflische Fratzen auf ihn eindringen. Er war keines Lautes mächtig. „Er ist ein Betrüger! Falsches Gewicht führt er! Haltet ihn! Fasset ihn! In den Narrenkotter mit ihm! Zur Schupfe! Führt ihn zur Schupfe!“

So scholl es ihm von allen Seiten stürmisch und tobend entgegen. Und dem Meister Barthlme war es, als stünde er unter tausend Ängsten vor dem Jüngsten Gerichte, dessen Posaune ihm sicher auch nicht ärger in die Ohren hätte gellen können.

Da trat der Marktaufseher auf ihn zu. „Ihr seid zum drittenmal überführt, Meister Barthlme Huber! Schergen, ergreift ihn und legt ihn in den Kotter. Der *Hansgraf* wird Euer Urteil fällen! Ich denke, Ihr könntet es wissen!“

„Mein Gott, mein Gott“, schrie da der Meister auf, „wer kann mich einer Schuld zeihen! Ich bin unschuldig, ach, ich bin unschuldig! Habt doch ein Einsehen! Ich habe Weib und Kind und bin ein ehrlicher Bürger!“

Da schrie die Menge:

„Ein Betrüger seid Ihr! Ein Schinder! Ein Dieb, der armen Leuten das Geld aus dem Sacke stiehlt! Heraus mit ihm! In den Kotter! In den Kotter!“

Und ein Weib riß ihm den Geldbeutel aus der Hand, den er noch immer krampfhaft umklammert hielt, und streute den ganzen Inhalb desselben in die johlende Menge. Gab das nun ein Balgen und Schreien! Und die dies getan, die auch die Klage erhoben, das war Frau Crescentias feindliche Nachbarin.

Indes die Leute die Münzen vom Boden auflasen, wurde Meister Barthlme Huber, der ehrsame und kluge Bäcker, ergriffen und in den Narrenkotter gesperrt. Da saß er nun mit bleichem, angstverzerrtem Gesicht, der strengen, fürchterlichen Buße gewärtig. Und vor den Gitterfenstern brüllte und lärmte die rachedürstende Menge und tat alles, die Qualen ihres Opfers recht eindringlich zu erhöhen. Was da Meister Barthlme Huber anhören mußte! Sein ganzes Sündenregister wurde ihm vorgehalten. Der ganze Haß der armen Leute aus seiner Nachbarschaft kam zum Durchbruche, der Haß, den er selbst so lange großgezogen. Wie er und sein Weib die Knechte und Mägde behandelt, die tollen Streiche seines mißratenen Sohnes, der Hochmut der Frau Crescentia, sein leichtsinniger Lebenswandel, alles, alles, voll Hohn und voll Bitterkeit. Wie mußten die Leute ihn und sein Leben beobachten, und wie mußten sie sich alles gemerkt und aufgespart haben.

Und Meister Barthlme Huber saß machtlos und schier verzweifelnd im Kotter, und es nützte ihm nichts, daß er flehentlich die Hände rang und um

Erbarmen bat. Ja, ja, es war recht traurig. Wohl über eine Stunde mußte er die ganze Flut der Schmähungen über sich ergehen lassen. Die kurze Zeit dünkte ihm eine Ewigkeit. Endlich teilte sich die Menge. Würdevoll in seiner talarartigen Amtstracht schritt der Hansgraf in Begleitung mehrerer Büttel herbei und sprach das Urteil.

„Dieweil Ihr, Meister Barthlme Huber, der vorangegangenen Verwarnungen ungeachtet, bei Eurem betrügerischen Tun verharrt, Maß und Gewicht verkürzt, habt Ihr die Ausübung des Gewerbes verwirkt, und als Strafe des Leibes wird dreimaliges Säufen vor dem Rotenturmtore über Euch verhängt. So soll es geschehen nach Recht und Gebrauch zur Wahrung des reinen Gewerbes nach dem Spruche des Gerichtes."

Auf seinen Wink wurde der Verurteilte herausgeholt und gleich nach der Verkündigung der Strafe von mehreren handfesten Bütteln angefaßt und gebunden. Meister Barthlme Huber befand sich in einer Art Betäubung, denn er ließ willenlos alles mit sich geschehen. Nur der eine Gedanke brannte ihm fürchterlich im Gehirn, daß er zu sehr dem ränkevollen Treiben seines Weibes nachgegeben und die Sühne dafür zu erleiden habe, daß er sich in der Tat um Familie und Gewerbe zuwenig gekümmert habe, sonst hätte es nicht soweit kommen können. Aber nun war alles zu spät, denn das Unglück war über ihn hereingebrochen.

Der Zug setzte sich in Bewegung und ging zum Donaukanal hinab, wo in der Nähe „gegen die Holzhöfe zu" seit 1462 eine Bäckerschupfe feinerer Art stand. Die Kunde von dem Ereignis hatte sich mit Blitzesschnelle durch die Stadt verbreitet, und je mehr sich der Übeltäter dem Schauplatzes der Strafe näherte, desto mehr schwoll die Volksmenge an. Und als der Ort endlich erreicht war, wimmelte es von Menschen am diesseitigen und jenseitigen Ufer des Kanals, die alle Zeugen dieses für sie ergötzlichen Vergnügens sein wollten.

Unmittelbar am Wasser war in die Erde ein kurzer starker Pfosten senkrecht eingerammt, der an seinem oberen Ende einen langen, daselbst beweglichen Balken trug, dessen längerer Teil über das Wasser hinausragte. An dem Ende desselben hing ein hölzerner Käfig, groß genug, um einen Menschen zu beherbergen.

Als Meister Barthlme Huber der schauerlichen Vorrichtung gewahr wurde, fuhr ihm das Entsetzen derart in die Glieder, daß er am ganzen Leibe zu zittern begann. Verzweifelt rang er die gefesselten Hände und wandte sich mit schreckensbleichem Gesichte an seine Peiniger.

„Habt Erbarmen! Ach, habt Erbarmen! Das ist mein Tod! Ich ertrage die Schmach nicht! Habt Erbarmen, ich bin unschuldig!"

Aber all sein Jammern und Flehen nützte nichts, der Spruch war gefällt und mußte vollzogen werden, und die wütende Volksmenge blieb unerbittlich. Die Fesseln wurden gelöst, der Balken zum Lande herumgedreht, der Käfig geöffnet und der unglückliche Bäcker hineingeschoben. Nun wurde der Balken wieder zurückgedreht und das kurze Ende desselben zur Erde herabgedrückt. Dadurch schwebte nun der Käfig mit dem gefangenen Vogel hoch in der Luft. Wohl schrie der Meister im Ausbruche seiner ganzen Qual, aber das Johlen der Menge übertönte seine Angstrufe und rief ungeduldig: „Nieder, nieder mit ihm!“ Da senkte sich der Balken, und der Käfig tauchte mit seinem Opfer tief in die Wellen ein. Als sich der Balken wieder hob, da konnte man Meister Huber bemerken, wie er gleich einem triefenden Pudel aus der Wasserflut auftauchte, pustete und ängstlich nach Atem rang, gleichzeitig verzweifelte gurgelnde Schreie ausstoßend. Aber der Volkshaufen begrüßte mit einem anhaltenden Spottgelächter die possierlichen Bewegungen des Sünders und weidete sich an dessen Qual. Und schon senkte sich der Balken zum zweitenmal und gleich darauf zum drittenmal. Dem Rechte war nun Genüge getan und die schauerliche Prozedur zu Ende. Der Käfig wurde wieder geöffnet und Meister Barthlme Huber herausgeholt. Aber wie sah er aus! Vollständig durchnäßt klebten die Kleider an seinem Leibe, und das Haar hing ihm in langen Strähnen über das Gesicht, das bläulich angelaufen war. Er klapperte mit den Zähnen und bebte an allen Gliedern. Er war nicht imstande, auch nur einen Schritt zu tun, so sehr hatte ihn das Entsetzen ergriffen. Da faßten ihn die Büttel unter den Armen und führten den stöhnenden, halb erschöpften Mann durch die Menge. Wilde Blicke der Ohnmacht und Wut schoß er auf die Leute, als er durch die Gasse schritt, die sich unter den Menschen gebildet hatte. Dieser Gang war ihm ein wahrer Leidensweg, denn auch jetzt noch mußte er eine Flut von Hohn und Verwünschungen über sich ergehen lassen. Endlich war er, noch immer begleitet von dem lärmenden Volkshaufen, vor seinem Hause angelangt. – Frau Crescentia war längst von dem Unheile, das über ihren Mann hereingebrochen, unterrichtet worden, schadenfrohe Lästerzungen hatten ihr die Nachricht spornstreichs überbracht, und der Lehrjunge hatte sie vollinhaltlich in ausführlicher Weise bestätigt. Die Wirkung auf die habgierige und hochmütige Meisterin konnte nicht ausbleiben. Freilich, in der Gegenwart anderer wußte sie Gleichmut und Überwindung zu erhalten. Aber als sie allein im Laden stand, da brach die Verzweiflung über sie herein, die um so tiefer sein mußte, als sie zur Erkenntnis kam, daß eigentlich sie selbst das ganze Unglück verschuldet habe. Sie wußte sich kaum zu fassen. Die Schmach, die nun unauslöschlich wie ein Fluch auf ihrer Familie lastete, hatte ihren unglücklichen Hochmut gebrochen. Ach, daß sie so wahnwitzig verblendet gewesen! Sie stöhnte und ächzte und sank verzweifelt im finstersten Winkel des Zimmers zu Boden. Was sollte nun aus ihnen werden? Gebrandmarkt und ausgestoßen kam sie sich vor, ausgestoßen aus jeder Gesellschaft, sie, die ein so großes Wort geführt hatte und zu herrschen gewohnt war. Wohin sollte sie sich nun wenden? Sie erkannte jammernd, daß die Zeit ihres Glanzes vorbei sei. Nein, nein, hier konnte ihres Bleibens nicht länger sein. Der Gedanke schien ihr einigermaßen eine Beruhigung bieten zu wollen. Fort, fort von hier, weit weg, dahin, wo niemand von ihrer Schande wußte, wo niemand mit Fingern auf sie zeigen konnte.

Da schreckten sie wilde Stimmen aus ihrem finsteren Brüten. Sie fuhr auf und wankte in den Laden. Und da stand ihr dreimal gesäufter Mann, wortlos und stumm. Sie sah erschüttert auf das Opfer ihres schnöden Tuns. Längst schon befanden sich die beiden allein in der Stube, der wilde Lärm war verstummt, das Volk hatte sich verlaufen. Endlich hatte der meister das erlösende Wort gefunden: „Wir haben beide, Crescentia, schwer gefehlt und müssen nun die Buße erleiden. Sieh zu, wie du nun die Schmach mit erträgst." Und bitter setzte er hinzu: „Deinen Teil hast du redlich daran verdient!"

Meister Barthlme Huber verkaufte seinen Besitz in Wien und zog in die Fremde. Seine Heimatstadt hatte er nie wiedergesehen.

DER FAHNENSCHWINGER VON ST. STEPHAN

Der Kaiser *Leopold I.* hielt nach der Rückkehr von der Kaiserkrönung am 1. Oktober 1658 seinen feierlichen Einzug in Wien. Die Stadt war auf das prächtigste geschmückt; Flaggen, Fahnen, Reisiggirlanden, Triumphpforten, weinspendende Brunnen gab es in Hülle und Fülle. Der Graben und Stock-im-Eisen-Platz waren gleichfalls festlich herausgeputzt; besonders letzterer war von einer zahllosen Menge Neugieriger besetzt; denn von der Rose des Stephansturmes sollte, einer alten Sitte gemäß, beim Betreten des Platzes durch den Kaiser eine riesige Fahne geschwungen werden. Gabriel *Salzberger,* einen Gärtnerburschen, hatte der ausgesetzte Lohn von zwölf Reichstalern bewogen, das beschwerliche und gefährliche Amt des Fahnenschwingers zu übernehmen. Er saß nun schon zeitlich am Nachmittage auf seinem luftigen Posten und blickte wohlgemut hinaus in die weiten Gefilde. Noch stand die Sonne am Himmel, noch sandte ihm der Schneeberg Grüße herüber; noch konnte er das bunte Gewimmel in den Straßen, in denen, Ameisen gleich, die Menschen auf- und niederwallten, bemerken – stolz blickte er von seinem hohen, luftigen Throne hinab auf die Tausende von Menschen, die im feierlichsten Momente des Festes, da er gleichsam vom Himmel aus dem Kaiser Grüße darbringen sollte – nur unter seinem Banne stehen würden. Da blitzt es auf der Burgbastei, Rauch wirbelt empor, dumpfes Knallen durchzittert die Luft – der Kaiser ist auf dem Getreidemarkt angelangt, wo er von einem Festzelte aus die huldigende Ansprache des Bürgermeisters entgegennimmt. Nun wird es gewiß nicht mehr lange dauern, bis der Kaiser seinen Einzug in den ehrwürdigen Stephansdom hält, um hier dem feierlichen Tedeum beizuwohnen. Dem Fahnenschwinger wurde ob des langen Harrens bange; denn die Sonne war bereits hinter die Berge gesunken, Nebel zogen träge daher, breiteten sich auf der weiten Fläche gespenstig aus und bedeckten schon Berge, Fluren und Wälder; wohl konnte er noch die Häuser und Straßen der Stadt wahrnehmen; bleibt aber der Kaiser noch länger aus, dann bricht das Dunkel der Nacht herein und dann – da kommt er endlich, endlich der Kaiser, die Freudenrufe der Menge dringen an das Ohr des armen Burschen, das Blinken der Waffen und der Goldgewänder belehrt ihn, daß der Kaiser nahe – und schnell ist die Fahne entrollt und flattert weit hinaus in die Luft – des Volkes tausendstimmiges Hoch durchbraust die Luft! ... Der Kaiser tritt in den Dom, und die heilige Handlung wird vollzogen, worauf der Herrscher in die Burg zurückkehrt.

Auch die Menge ist bald zerstoben; in den Straßen wird es ruhig; in den Häusern sind die Lichter bereits angezündet; am Himmel erglänzen schon die hellen Sterne, und in den Trinkstuben wird es laut und lebendig.

Nur einer nimmt nicht an der allgemeinen Freude teil; ein Verlassener und Vergessener sitzt hoch oben auf der Rose des Stephansturmes und harrt bange auf Erlösung. Es ist dies der Fahnenschwinger, der sich ängstlich an die Turmrose klammert, seine Augen schließt, um nicht in den schauerlichen, schwarzen Abgrund schauen zu müssen, der ihn von allen Seiten her gähnend umgibt. Und der kalte Herbstwind rast daher und heult seine unheimlichen Melodien; da pfeift's und knarrt's und kracht's und poltert's, als käme der Jüngste Tag heran. Von Frost und Angst geschüttelt, macht der Fahnenschwinger seine Rechnung mit dem Himmel ab, denn er weiß, daß er die Sonne am nächsten Morgen nicht mehr werde leuchten sehen.

Stunde um Stunde verrann, ohne dem Ärmsten Erlösung zu bringen. Der Kirchenmeister hatte des armen Gärtnerburschen völlig vergessen, und erst um Mitternacht erinnerte er sich desselben. Schnell eilte er auf den Turm, und unter dem Beistande seiner Gehilfen holte er den armen Fahnenschwinger herab. Wie erstaunte er aber, als er bei dem hellen Lichte in der Stube statt eines jungen frischen Burschen einen Greis vor sich sah! Die Angst hatte das Haar des Burschen gebleicht und die Züge gealtert. Der Ärmste verfiel bald darauf in eine schwere Krankheit und schwebte mehrere Wochen zwischen Leben und Tod; endlich genas er wieder, doch seine Jugendfrische und Lebensfreude waren auf immer dahin.

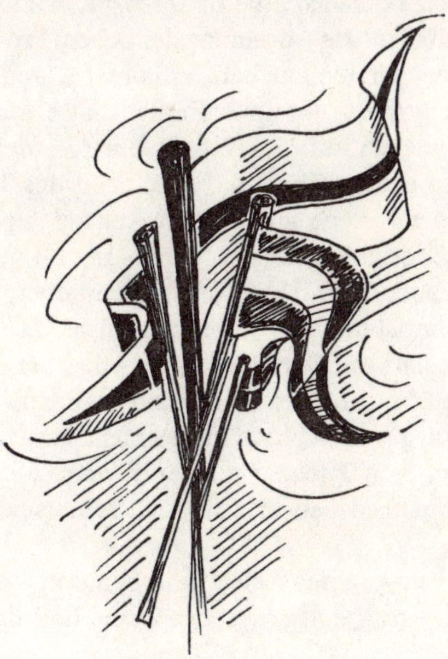

MARTIN MUX, DER TEUFELSSCHLOSSER

Um die Mitte des 15. Jahrhunderts gab es in Wien einen ehrsamen Schlossermeister namens Erhard Marbacher, dessen Werkstätte „Zum Roten Turm“ in der heutigen Seitenstettengasse stand.

Meister Erhard hatte einen Lehrling, Martin Mux, der war ein artiger und anstelliger Bursche, mit einem Gesicht wie Milch und Blut, das heißt, so es nicht von Ruß geschwärzt war. Das aber schien es an Wochentagen fast immer, denn Martin war tüchtig hinter der Arbeit her, fleißig wie eine Biene und lustig wie ein Lerchelein am Frühlingsmorgen.

Deshalb mochte ihn auch jedermann gut leiden, nur der Altgeselle Kurt, der war ihm gram, denn er neidete ihm nicht nur das Wohlwollen seines Meister, sondern auch jene Geschicklichkeit im Handwerk, darin ihm der Junge beinahe schon überlegen war. Der hämische Geselle sann nun Tag und Nacht darauf, dem Jungen ein Bein zu stellen.

Bald sollte sich die richtige Gelegenheit ergeben. Ein Lehrling, der schon länger im Geschäfte war, wurde freigesprochen, und nach damaligem Gildenbrauch lud der Altgeselle die andern Gesellen und Lehrlinge zu fröhlichem Abendtrunke ein.

Damals besuchte man gerne im sogenannten „Untern Werd“ (der heutigen Leopoldstadt) eine Schenke, die ob ihres guten Tropfens weit und breit berühmt war. Dorthin führte an einem lieblichen Frühlingsnachmittag, an dem das junge Grün der Donauauen schimmerte und sonnig glänzte, der Altgeselle Kurt seine Gäste. Meister Erhard hatte Martin, dem Familienliebling, noch eindringlich auf die Seele gebunden, dem süffigen Weine ja nicht zu sehr zuzusprechen. War der Junge doch des Trinkens ungewohnt. Überdies hatte er ihm vor den andern den Auftrag gegeben, eine beträchtliche Summe Geldes, deren Zahlung an jenem Tag für gelieferte Schlosserarbeit fällig war, bei ebendiesem Donauwirte zu erheben.

Bald herrschte die fröhlichste Stimmung in der Schenke. Martin nippte anfänglich nur vom starken Wein. Der Altgeselle aber, der eine Gesundheit nach der andern ausbrachte, reizte ihn mit Absicht, dem schmackhaften Tropfen stärker zuzusprechen. Es dauerte nicht lange, so klapperten auch schon die Würfel auf dem Tische. Frohgemut, vom Wein erhitzt, sah Martin dem Spiele zu. Allmählich ließ er sich auch seinerseits verleiten, ein paar Würfe zu tun.

Da trat – im Anfang von den Spielern unbemerkt – ein ganz eigenartiger Gast ins Zimmer. Er trug ein giftgrünes Wams und darüber einen kurzen schwarzen Seidenmantel mit scharlachroter Borte. Seine Spindelbeine steckten in schwefelgelben Halbstiefeln. In sein Gesicht, das stechende Augen und eine Hakennase unheimlich machten, nickte vom schief aufgesetzten Hütchen her eine mächtige lange rote Hahnenfeder.

Der seltsame Fremde stellte sich ungebeten hinter Martins Stuhl und reizte ihn unaufhörlich mit spöttischen Reden, das Spiel doch fortzusetzen. Verwirrt vom Weingenuß, des Würfelspieles ungewohnt, verlor der Junge bald nicht nur, was er gewonnen hatte, es gingen auch die wenigen Ersparnisse dahin, die er in seinem mageren Beutelchen verwahrt hielt. Da dachte er – vom Teufel dieses Spieles besessen – mit einem Male des anvertrauten Geldes, das er mittlerweile für seinen Meister eingehoben hatte. Er schüttete die blanken Groschen und Gulden vor sich aus. Rascher, als man's denken konnte, war auch dieses Geld verloren. Jetzt erst kam der arme Junge zur Besinnung, die Verzweiflung ernüchterte ihn. Unter dröhnendem Gelächter des Altgesellen Kurt und seiner Kameraden, die schon alle des Weines übervoll waren, stürzte er zur Tür und lief aus der Schenke ...

Am Frühlingshimmel standen tausend blinkend klare Sterne, sein Herz jedoch, das krampfte sich in namenloser Angst. Planlos irrte er in den Auen umher, bis er schließlich vor das Brückentor kam, das in die Stadt zurückführte. Auch für den Torwärter hier war ihm kein Hellerlein geblieben. Alles war verjubelt und verspielt.

Ganz verzweifelt preßte Martin Mux den Kopf an die kalte Mauer und fing in seiner Not zu weinen an. Urplötzlich stand nun der seltsame Gast aus der Schenke vor ihm und legte die Hand auf seine Schulter.

„Ich will dir helfen", sagte er mit hohler Stimme, „doch nach deinem Tode mußt du mir gehören!"

Wie ein Blitz durchzuckte es Martins Seele. „Du bist der Böse", stotterte er, „ich – ich weiß es." Und nach kurzer Überlegung meinte Martin Mux: „Ich nehme trotzdem deine Hilfe an. Doch sollst du dann nur über mich Gewalt gewinnen, wenn ich in meinem ganzen Leben ein einziges Mal die Sonntagsmesse durch meine eigene Schuld versäume. Bist du damit einverstanden?"

„Gut, ich bin es zufrieden", erwiderte der Fremde, der wirklich der Höllenfürst in höchsteigener Person war; „hier hast du vorderhand ein Beutelchen mit dem Gelde deines Meisters, bald hörst du mehr von mir."

Am nächsten Morgen erzählte der Altgeselle dem Meister Marbacher, daß Martin das ganze für ihn erhobene Geld verspielt habe. Martin seinerseits aber zählte wortlos die blanken Groschen und Gulden hin. Da kündigte Marbacher dem mißgünstigen Altgesellen die Arbeit, und als sich dieser gerade mit heftigen Worten zur Wehr setzen wollte, ging die Tür zur Werkstätte auf, und der fremde Junker von der Schenke trat ein.

Er war ebenso gekleidet wie am Abend zuvor und verlangte von Meister Marbacher ein schweres Stück Arbeit. „Ihr sollt mir“, sagte er, „um einen Baumstamm, der umgekehrt, die Wurzeln in die Höh’, am Roßmarkt steht, ein mächtiges Eisenband legen, das ihn für immer an das Haus dahinter ketten soll. Das Schloß jedoch muß so gemacht sein, daß nur ein einziger Schlüssel paßt. Getraut Ihr Euch ein solches Werk in meinem Auftrag auszuführen?“

Meister Marbacher schüttelte den Kopf. Auch von seinen Gesellen war niemand gewillt, die seltsame Arbeit zu übernehmen. Da trat der Lehrling Martin Mux hervor und erklärte sich bereit, dies Schloß am selben Tag noch anzuschmieden. Ein Lächeln des Bestellers hatte ihn dazu ermutigt.

Wirklich war noch vor dem Abend das Eisenband und auch das Schloß, das nur der einzig eingepaßte Schlüssel sperrte, auf dem Roßmarkt um den Baum geschmiedet. Gar stolz sah Martin Mux auf seine Arbeit, die von der Zunft sich keiner zugetraut. Der Fremde aber nahm den Schlüssel und warf ihn in die Luft. Der fiel nicht mehr zur Erde. In dieser Nacht noch war der rätselhafte Fremde aus der Stadt gereist.

Durch dieses Kunstschloß ward jetzt Martin Mux Geselle und mußte nach dem damaligen Brauch auf Wanderschaft. Wohin er kam, ging ihm der Ruf besonderer Geschicklichkeit voran. So mancher grau gewordene Meister schüttelte den Kopf und dachte wohl, es ginge nicht mit rechten Dingen zu, daß ein so junges Bürschchen schon so über alle Maßen klug und tüchtig wäre.

Indessen ärgerte sich der Stadtrat in Wien halbtot darüber, daß niemand das Schloß des fremden Bestellers zu öffnen wußte. Vergebens mühte sich die ganze Schlosserzunft mit Sperrhaken und neu geschweißten Schlüsseln daran. Da versprach der Rat der Stadt Wien demjenigen das Meisterrecht, der einen Schlüssel dazu verfertigen könnte. Um diese Zeit gerade kam Martin Mux von seiner Wanderschaft nach Hause und erbot sich – kurz entschlossen – noch am selben Tag die Arbeit zu beginnen. So oft er aber seinen Schlüssel aus dem Feuer nahm, war der Bart daran verdreht.

Daß der Böse dahinterstecke, das ahnte Martin Mux. So dachte er: „Drehst du meinen Schlüssel um, so will ich dir eine Nase drehen“, und setzte den Bart verkehrt ins Feuer. Als er dann den Schlüssel aus dem Feuer zog, war der Bart nun wirklich wieder umgedreht. Allein er stand diesmal, wie’s Martin Mux zum Öffnen seines Schlosses brauchte.

Jetzt steckte Martin in Gegenwart des Bürgermeisters, des Stadtrichters und aller Räte und Schöffen der Stadt den Schlüssel rasch ins Schloß – im Handumdrehen war es offen.

Zum Andenken an sein Kunstschloß schlug Martin Mux den ersten Nagel in den umgekehrten Baumstamm; zudem verlieh ihm nun der Stadtrat, wie er es versprochen hatte, das Meisterrecht, ja Erhard Marbacher sogar gab ihm sein anmutsvolles Töchterlein zur Frau.

Auch weiterhin übertraf der junge Schlossermeister all seine Zunftgenossen an Emsigkeit und Geschicklichkeit. Unter anderm soll das prächtige Gittertor vor dem Hochaltar des Stephansdoms von ihm hergestellt sein. Ursprünglich – erzählt die Sage – war es nicht breit genug geraten. Da hat nun Martin Mux so lange daran gezogen, bis es die richtige Breite bekam.

Dabei war Martin Mux ein braver Ehemann, war mäßig, mied die Schenken und das Würfelspiel, besuchte fleißig auch die Kirche, und versäumte niemals am Sonntag die heilige Messe zu hören.

An einem Sonntag aber hatte er sich doch von Zunftgenossen zu einen Frühstückstrunk im Wirtshaus „Zum Steinernen Kleeblatt", das unter den Tuchlauben stand, verleiten lassen. Der Wein erhitzte seinen Kopf, und wieder griff er zum Würfelbecher. Als es elf Uhr schlug, wollte er fort, um die Messe nicht zu versäumen. Die trunkenen Kumpane hielten ihn zurück. Dröhnend gab die große „Bummerin" ihr Mittagszeichen. Martin ließ Becher und Würfel fallen und lief wie rasend zur Tür hinaus. Hinter ihm, wie ein feuerroter Schatten, folgte der Böse.

Als Martin zur Kirche kam, verkündete der Priester eben mit den Worten: „Ite, missa est!" (Geht, die Messe ist zu Ende!) das Ende des letzten Messeopfers. Wie vom Blitz getroffen sank Martin am Eingang der Kirche nieder. Am Nachmittag fand man seinen in Stücke gerissenen Leichnam auf dem Freithof von St. Stephan.

Zur Sühne dieses unglücklichen Martin Mux jedoch – er hieß fortan der Teufelsschlosser – hörte jeder Schlossergeselle, der durch Wien gewandert kam, im Stephansdom eine Messe und schlug einen Nagel in den umgekehrten Baumstrunk, der auf dem Roßmarkt dort, nach wie vor, ans Haus geschmiedet stand. Seither auch ist die Redensart bekannt: „Der ist vom Spielteufel besessen."

So also lautet die Sage von Martin Mux, dem Teufelsschlosser, und dem seltsamsten Wahrzeichen der Wienerstadt, dem „Stock im Eisen". Roßmarkt nannte man jene Stelle, wo heute unsre Kärntner Straße in den Graben mündet. Dort wurden Pferdemärkte abgehalten und auch manche Wagnerwerkstatt, manche Schmiede stand auf dem Platz. Vermutlich ist der rätselhafte umgekehrte Baumstrunk nur ein sogenannter „Rädelbaum", wie ihn die Schmiede oder Wagner heute noch benützen. Der Brauch des Bäumebenagelns geht auf den heidnischen Wotanskult zurück.

KREUZ UND HALBMOND

Das heftige Erdbeben des Jahres 1591 erschütterte den großen Turm der St.-Stephans-Kirche so gewaltig, daß sich die Helmstange an welcher der steinerne Knopf des Turmes ruhte, krümmte, und es wurde bei der bald darauf vorgenommenen Renovierung statt der steinernen eine kupferne, reichvergoldete Kugel mit einem Sterne und einem beweglichen Halbmonde aufgesetzt.

Kaiser Leopold I. beschloß nach dem glücklichen Entsatze Wiens durch die Türken 1683, statt des Halbmondes auf der Spitze des großen Turmes ein Kreuz aufsetzen zu lassen.

Der öffentlichen Aufforderung, diese äußerst waghalsige Arbeit zu unternehmen, wollte anfänglich niemand Folge leisten; endlich erboten sich zwei Werkleute, der eine für 5000, der andere für 7000 fl., was bei der Gefährlichkeit des Unternehmens gar nicht zuviel schien.

Ein Troppauer Ziegeldecker namens *Ressytko* erbot sich aber, um die Summe von 1000 fl. das gefährliche Unternehmen nicht nur zu seinem Nutzen, sondern zu Gottes und der Heiligen Ehre zu wagen.

Gerne wurde dieses Anerbieten angenommen, und am 12. Juli 1686 begann Ressytko mit seinen Söhnen die schwere Arbeit. Die in der halben Höhe des Turmes oberhalb der Uhr befindliche geräumige Galerie wurde von dem umsichtigen Meister als Stützpunkt seines nur sehr einfachen, bloß aus mehreren Pfosten und Leitern bestehenden Gerüstes ausersehen.

Das war ein Aufsehen in ganz Wien, als der kühne Mann am 14. Juli vormittags von dem Hause des damaligen Bürgermeister *Schuster* auszog, eine schwarzgelbe Fahne in der Hand, begleitet von seinen Söhnen, von denen einer die Trommel schlug, umwogt von Tausenden neugieriger Menschen!

Der sonst so stille und einsame Stephansfreithof bot ein Bild buntesten Treibens; denn wer nur irgend konnte, wollte das Ereignis miterleben, und gar viele mochten der Meinung sein, daß es einen üblen Ausgang nehmen werde. Jetzt wurden die Leitern angelegt, der Trommelwirbel verstummte, aber auch die Menge sah atemlos dem Beginnen Ressytkos zu. Dieser bestieg sicheren Trittes den Turm und endlich erscholl ein nicht enden wollendes Hurra, als er mit seinen Söhnen auf der Spitze des Turmes angelangt war.

Hier band er die Fahne an die höchste Leiter und begann nun unverzagt seine schwere Arbeit. Endlich gelang es ihm und seinen Söhnen, Mond und Stern loszulösen und auf die mächtige steinerne Rose des Turmes zu legen.

Unten wogte die Zuschauermenge in mehr freudiger als ängstlicher Stimmung, denn die Leute sahen, wie geschickt und sicher Ressytko mit seinen Söhnen oben hantierte.

Da stellte sich der Meister aufrecht hin, ergriff einen Becher, füllte ihn mit Wein und trank der Menge zu; damit auch die Jugend einen Spaß habe, schüttete er einen Sack voll Obst aus, daß die Äpfel nur so herunterflogen, und feuerte zuletzt eine Pistole ab.

Mond und Stern wurden dann durch die große Gewölböffnung im Turm in die Kirche hinabgelassen. Als die kühnen Männer herabgekommen waren, wußten sich die Leute kaum vor Freude zu fassen und begleiteten die mutigen Männer zu der kaiserlichen Burg, wo Ressytko dem Kaiser Mond und Stern zu Füßen legte.

Noch bewahrt das bürgerliche Zeughaus diese Überbleibsel aus alter Zeit, und jedermann kann sie sehen.

Meister Ressytko war von dieser Stunde an der gesuchteste Ziegeldekkermeister, und sein Glück war begründet.

Doch erst am 14. September wurde das spanische Kreuz aufgesetzt, freilich um schon am 14. Dezember von dem wütenden Sturme wieder herabgeschleudert zu werden. Da ließ der Kirchenmeister Philipp *Radek* am 31. Oktober 1687 durch den Steinmetz und Hüttenknecht bei St. Stephan, Georg *Kugler,* einen beweglichen Doppeladler aus Kupfer mit einem Kreuz darüber aufsetzen.

Unter die Volksmenge, welche dieser Arbeit zusah, wurden silberne und goldene Gedenkmünzen geworfen.

Aber der Adler und das Kreuz sollten noch nicht zur Ruhe kommen. Im Jahre 1809 kamen die Franzosen vor Wien und beschossen die Stadt, wobei auch der Stephansturm so arg beschädigt wurde, daß dessen Spitze zum großen Teil erneuert werden mußte. Und mit Besorgnis mußte man wahrnehmen, daß das alte, verwitterte Gestein nicht lange mehr die schwere Last zu tragen vermöge. So wurde am 20. Oktober 1842 der Adler mit dem Kreuze wieder abgenommen; 20 Meter des Turmes wurden abgetragen, und ein neuer Turm wurde aufgesetzt. Leider zeigte es sich zu bald, daß der Stephansturm trotz dieser Ausbesserung zu sehr von dem Zahn der Zeit gelitten hatte, als daß nicht ein gründlicher Umbau desselben notwendig gewesen wäre. Doch die große Sorge der Wiener um ihren Stephansturm wurde durch die Hilfe ihres guten Kaisers Franz Joseph I. gründlich behoben. Über Anordnung des Kaisers fand im Jahre 1857 die Restauration des Stephansdomes statt; es wurden bis Juli 1861 38 Meter des Turmes abgetragen. Am 15. August 1864 war der Bau glücklich vollendet und das Kreuz mit dem Adler an die Spitze desselben gestellt. Dieser Adler, von dem Hofkupferschmiede Karl Obrist hergestellt, wiegt drei Zentner.

KÜSS DEN PFENNIG

Es war gerade am Gründonnerstag in der Karwoche des Jahres 1538. Da kam aus einem Hause am Lugeck ein liebes Mägdlein herausgeschritten und weinte bitterlich. Es befand sich in einem so fassungslosen Zustande, daß es sich an die Mauer der Einfahrt lehnte und krampfhaft zu schluchzen begann, wobei es das Gesicht tief in die Hände drückte und die Zipfel des weißen Schürzchens an die Augen hielt. Und der Körper zitterte in sichtlich qualvoller Erregung, und zuweilen stöhnte das Mägdlein heftig auf, denn ein großer Schmerz schien es zu erschüttern. Die Leute, die auf der Straße vorbeigingen, bemerkten das Mädchen nicht, denn der Hausflur war dunkel, oder sie hatten es so eilig, daß sie sich nicht Zeit nahmen, die Gestalt in der finsteren Torhalle einer genaueren Beobachtung zu unterziehen. Darum konnte das Mädchen seinen Tränen ungestörten Lauf lassen. Und dies geschah denn auch in vollstem Maße. Zuweilen war es, als flüsterte die Unglückliche einige Worte; aber wer sollte sie auch hören und verstehen, da sie niemand beachtete. Und doch mußten sie von Bedeutung sein, weil immer dann das Schluchzen mit erneuter Heftigkeit wieder einsetzte. Es war recht traurig, und wer es gesehen hätte, der würde sicher ein inniges Mitleid gefühlt haben.

Da kam von der gegenüberliegenden Seite, schräg über die Straße, ein merkwürdiges Männlein geschritten. Es war eher klein als groß und ziemlich wohlbeleibt. Auf dem Krauskopfe saß ein bauschiges Barett, welches in einen kapuzenartigen schmalen Zipfel auslief, der ziemlich tief auf den Rücken herabreichte, und der Körper stak in einem dunklen, faltigen Talar, den oben eine große weiße Halskrause abschloß. Das wäre sonst nicht so auffällig gewesen, aber merkwürdig und sonderbar war es, daß um die Mitte des Leibes ein breiter Ledergürtel geschlungen war, an dem ein langes, ziemlich breites Schwert hing, dessen Griff ein kugelrundes, mit funkelnden Edelsteinen wohlbesetztes Büchslein trug. Daß das Männlein schon in einem vorgerückten Alter stand, konnte man an den weißen Haaren erkennen, die in wirren, kurzen Locken unter dem Barett hervorlugten und das rundliche, wohlgenährte Gesicht wie mit einem schimmernden Kranze umschlossen.

Langsam und würdevoll, das Haupt etwas gebeugt, schritt die sonderbare Gestalt einher. Die eine Hand hielt das Schwert, damit es nicht klirrend auf dem Boden aufstoße, die andere hob schürzend den Talar etwas in die Höhe, denn die Straße war kotig, und so konnte man auch die schwarzen Tuchschuhe bemerken, die in eine ziemlich lange Spitze ausliefen. Gerade auf das Tor, in dem das Mägdlein stand, kam der Herr, der sicher vornehmen Standes war, zugegangen, und als er in die Öffnung eintrat, konnte er dasselbe erst gar nicht bemerken. Aber kaum hatte er ein paar Schritte getan, als er die Weinende gewahr wurde. Verwundert blieb er stehen und betrachtete sie schweigend; sein Interesse war lebhaft erregt. Mit Wohlgefallen überflog sein Blick die zarte Gestalt und blieb an dem herrlichen Goldhaar, das in zwei schweren Zöpfen über den Rücken hing, haften, und sichtlich überkam ihn eine herzliche Teilnahme. Das Mädchen schien die Anwesenheit des Mannes gar nicht gewahrt zu haben, denn eben flüsterte es die Worte: „Ach, meine arme, arme Mutter! Nun ist es gewiß, daß ich dich verlieren muß!" Und sie fuhr mit der Schürze über die nassen Augen, die Tränen zu trocknen. Da trat der Fremde auf sie zu und berührte leise die Schulter des Mädchens. Erschrocken wandte es sich um und sah bestürzt in das Gesicht des Männleins. Hei, welch wunderliebe Augen blitzten da diesem entgegen! So lieb wie ein Stückchen Himmelblau und so funkelnd wie nächtliche Sterne! Und das Gesichtchen so treuherzig und trotz der Röte vom Weinen her so lieblich. Ei, da mußte man doch innige Rührung empfinden.

„Warum weinst du denn, liebes Kind?" fragte der Herr. Und seine Stimme klang so freundlich warm, so vertrauenerweckend, daß das Mädchen wie im Nu seine Ruhe wiederfand und antwortete:

„Ach, Herr, meine Mutter liegt so schwer erkrankt zu Hause danieder. Und weil wir recht arme Leute sind, so wollte keiner der Doktoren sie besuchen. In meiner Verzweiflung habe ich mir ein Herz gefaßt und bin hierher gelaufen, den Wundermann, der hier wohnen woll, zu bitten, doch barmherzig zu sein und zu helfen. Ist er doch erst kurze Zeit hier und dennoch sein berühmter Name in aller Wiener Munde. Und da hörte ich eben, er sei verreist und komme erst in einigen Tagen wieder. Und da kann mein liebes Mütterlein schon gestorben sein. Ach, Gott, wie weh tut mir dies!"

Und wieder schluchzte das Mädchen recht jammervoll. Doch begütigend sagte der Fremde: „Weine nicht, mein Kind, vielleicht kann ich deiner Mutter helfen."

Da fuhr wie ein Blitzstrahl ein freudiges Aufleuchten über das Gesicht des Mädchens und es rief: „So seid Ihr vielleicht selbst ...?"

„Ja, ja, ich bin's, den du meinst!" fiel ihr das Männlein in die Rede. „Komm nur rasch und leite mich zu der Kranken."

Da lächelte das liebe Mädchen unter Tränen: „Wahrhaftig, Ihr wollt? O wie danke ich Euch! Gott segne Euch, lieber Herr, für Eure Güte! Nun weiß ich auch, daß mein Mütterlein wieder gesund wird!"

Und sie ergriff die Hand ihres Trösters und drückte heiße Küsse auf dieselbe. Versiegt war das Tränenbächlein, und indes sie ihre Schürze glatt zurückstrich, ging sie eilends voran, so daß ihr der Begleiter kaum zu folgen vermochte. Der Weg war nicht weit. Das Mädchen bog in die Wollzeile ein und blieb vor einem kleinen Häuschen stehen. Sie öffnete das alte Tor, schritt über einen Hof und leitete den Doktor in ein ärmliches Stübchen, das aber trotzdem schmuck und reinlich aussah. Sie hielt warnend den Finger an den Mund, wie wenn sie um möglichste Stille bitten wollte, und trat zu einem Bette hin, das von blütenweißen Vorhängen umgeben war. Sie schlug diese zurück und spähte auf die Kranke.

„Bist du es, liebe Magdalena?" So tönte es ihr mit schwacher Stimme entgegen.

„Ja, ja, lieb Mütterlein, ich bin's! Und Hilfe habe ich auch gebracht! Sieh, jetzt wirst du mir bald wieder gesund sein."

Und leise rückte sie einen Stuhl an das Bett heran und winkte dem Doktor, hier Platz zu nehmen, worauf sie bescheiden zurücktrat. Aber vor Erregung klopfte ihr das Herz ungestüm, denn sie preßte die Hand auf die Brust. Jetzt mußte doch die Entscheidung fallen. Sie beobachtete ängstlich den Doktor, der sinnend die Kranke betrachtete. Keine Miene verzog sich in seinem ernsten Gesichte, er schien tief in seine Betrachtung versunken. Magdalenen ward indessen angst und bange. Wie, wenn es doch keine Rettung mehr gäbe? Wenn sie ihr geliebtes Mütterchen doch verlieren sollte? Sie dachte gar nicht an sich selbst, da sie ja dann ganz einsam und verlassen dagestanden wäre, sondern nur an die Möglichkeit des bitteren Verlustes, an die Leiden der geliebten Mutter. Da schimmerten die Äuglein wieder in bedenklichem Glanze, und die Hand faßte schon nach dem Schürzlein. Aber da ergriff der Doktor die magere Hand der Leidenden und fühlte den Puls. Bedenklich schüttelte er sein Haupt. Und die Kranke blickte ihn fragend an. Ihr Atem ging schwer und doch wieder rascher wie gewöhnlich, und manchmal verzog sie ihre Mienen, als wollte sie einen stechenden Schmerz in der Brust unterdrücken. Ihr Gesicht glühte in dunkler Fieberröte.

Endlich, Augenblicke schweren Bangens waren vergangen, sprach der Doktor:

„Sehr bedenklich, sehr gefährlich! Aber noch darf man nicht verzagen! Es kann noch alles wieder gut werden."

Dann öffnete er das runde Goldbüchslein seines Schwertknaufes und entnahm demselben einige weiße Pillen. Er legte sie sorgfältig auf einen Tisch und ließ die Kranke eine derselben nehmen.

„So, mein liebes Kind, reiche deinem Mütterchen alle zwei Stunden eine Pille, dann wird das schwere Fieber, von dem es geplagt wird, verschwinden. Und dann wollen wir weitersehen. Am nächsten Morgen will ich wieder kommen und überlegen, was sich machen läßt."

„Oh, habet innigsten Dank, gnädiger Herr! Möge der liebe Gott Eure Güte lohnen. Ich selbst will nie vergessen, daß Ihr mein und meiner Mutter größter Wohltäter seid. Wie kann ich es vergelten, was Ihr getan?"

„Gar nicht, liebes Kind, sei nur recht brav und fromm und gedenke in deinem Gebete meiner, wenn mir die Rettung gelingt; dann hast du genug getan."

„O seid dessen gewiß! Heiß und innig will ich dem lieben Gott danken, daß er Euch ein so gutes Herz gegeben, und ihn bitten, Euch zu beschützen. Ich weiß es, mir armem Kinde wird er es nicht abschlagen."

„Schon gut, schon gut, mein liebes Kind! Habe nur acht auf dein Mütterchen und siehe zu, daß es ruhig schläft. Vergiß der Pillen nicht!" Damit reichte er Magdalena die Hand, warf noch einen Blick auf die Kranke, die leise zu schlummern schien, und verließ das Gemach. Und das Mädchen kniete am Bette der Mutter nieder und versank in ein stummes Gebet.

Und wie es der Doktor gesagt, so ward es auch. Das böse Fieber ließ nach, die Röte im Gesichte der Kranken verschwand allmählich, und der Schmerz in der Brust kehrte nicht wieder. Getreu seinem Versprechen besuchte der Arzt das alte Weiblein noch öfter und war sichtlich befriedigt ob des überaus günstigen Verlaufes, den die Krankheit nahm. Und als der Ostermorgen tagte, da war alle Gefahr beseitigt, die Kranke gerettet. Wer beschreibt die Freude des lieben Mägdleins, als das Mütterchen, wenn auch sonst schwach, doch wieder frisch und gesund im alten Lehnsessel saß. Die Wangen in holder Lieblichkeit gerötet, fuhr nun Magdalena glücklich rumorend und geschäftig im Stübchen umher, sorgte in der Küche für eine gute Suppe und wurde nicht müde, immer wieder das Mütterchen zu besehen, dessen Hände zu streicheln und immer zu ordnen und zu bessern, daß die Genesene ja recht angenehm sitze. Und wenn diese recht innig lächelte, da glitt ein Strom der Freude in das Herz des Mädchens, und dann jubelte es und sang schelmische Lieder voll Frohsinn und aufjauchzender Lust, geradeso, wie wenn jubelnd die Lerche zum Himmel steigt.

Es mochte ungefähr 10 Uhr vormittags sein, da klopfte es ziemlich kräftig an der Tür, worauf zwei Männer in die Stube traten, der eine alt, der anere jung, letzterer trug einen ziemlich umfangreichen Korb. Das war der Wirt „Zum schwarzen Adler", eine Schenke, die damals sich eines vorzüglichen Rufes erfreute, mit seinem Sohne.

„Frohen Ostergruß allzusamm! Muß doch sehen, was Frau Ursula macht und ob denn Magdalena nicht bald wieder ihr Amt antreten kann!"

„Seid bedankt, Meister Baldrian, es geht besser, wie Ihr seht, schneller, als ich es geglaubt!" So sprach die Genesene und wollte sich aus dem Stuhle erheben. Doch der Wirt wehrte ab und nötigte das Mütterchen, sich wieder zu setzen.

„Bleibt nur, Frau Ursula, die Füße vermögen es nicht, wenn man es auch meinte. Es freut mich, Euch wieder wohlauf zu sehen. Und damit Ihr recht schnell wieder zu Kräften kommt, will ich auch einmal den Arzt spielen. He, Schlingel, heraus mit meiner Arznei!" Die letzten Worte richtete er an seinen Sohn, einen jungen Mann, der glühenden Gesichtes hinter dem Vater stand und noch immer den Korb in den Händen hielt. Warum er denn gar so schüchtern war? Warum er denn seine Blicke immer wieder rasch senkte, wenn er das Mädchen erspähte, das in holder Verwirrung neben der Mutter stand. Wer mochte es sagen?

Rasch schob Peter den Deckel zurück und bot den Korb dem Vater. Und dieser griff in die Tiefe und holte eine große Flasche hervor. „Das wären die Tropfen!" meinte er lächelnd. Und die Frauen schauten verwundert bald auf den Geber, bald auf die Flasche, in der goldiger Wein schimmerte.

Und Meister Baldrian griff wieder in den Korb und immer wieder, als wollte der Inhalt kein Ende nehmen, und legte fein säuberlich Eier und Osterflecken, ein großes Stück saftigen Lammfleisches, dann Rauchfleisch und noch eine Menge guter Sachen auf den Tisch. „Und das sind meine Pillen, Mutter Ursula! Na, da werdet Ihr doch gesund werden? Han?" Er weidete sich förmlich an den Gesichtern von Mutter und Kind. Und er konnte es auch. Mutter Ursula schlug die Hände zusammen, Tränen schimmerten in ihren Augen, denen alles nur wie im Traume vorkam, und Magdalena schaute, den Mund halb geöffnet, den Wirt an, als wüßte sie nicht, ob denn all dies pure Wahrheit sei. Und sprachlos waren beide. Peter drehte verlegen den leeren Korb in den Händen und wußte nicht, was er mit ihm anfangen sollte. Auch ihn erfaßte eine gewaltige Rührung, und er würgte und schluckte, als wollte er seine Aufregung bemeistern. Endlich konnte er ein vernehmliches Räuspern nicht mehr unterdrücken. Dies weckte die Frauen aus ihrer sichtlichen Betäubung.

„Ach Gott, Meister Baldrian", hub nun Frau Ursula an, „wie Ihr mich armes Weib mit Euren Gaben überschüttet! Wie kann ich Euch das jemals vergelten! Es ist zuviel, was Ihr tut!"

„Laßt es gut sein, Mutter Ursula! Wenn es Euch nur schmeckt! Gottlob, ich kann es ja tun, und ein christlich Herz hab' ich allemal gehabt."

„Aber so viel!"

„Eure Magdalena hat's für Euch redlich verdient. Sie hilft wacker mit, daß es meinen Gästen bei mir gefällt. Nicht wahr, Peter?" Er wandte sich rasch nach seinem Sohne um und konnte gerade noch bemerken, wie dieser recht feurige Blicke dem lieben Mädchen zuwarf. Er fühlte sich von seinem gestrengen Vater auf unerlaubten Wegen ertappt und erschrak nun heftig, da ihn sein Vater ziemlich böse ansah. Da stotterte er hastig:

„Ei, freilich ... ich mein' es wohl ... wenn's der Herr Vater sagt!"

Schon wollte Meister Baldrian mit ziemlich heftiger Zurechtweisung seinem Sohne zu Leibe gehen, da kam ihm das Mädchen noch rechtzeitig zu Hilfe, merkte es doch, wie sehr dies vonnöten war.

„Ihr seid immer gütig gegen mich, und freundliche Worte haben noch niemandem die Arbeit schwer gemacht. Und jetzt will ich nimmer säumen, mein Amt als Schenkmädchen wieder recht zu betreuen. Morgen will ich schon wieder kommen, denn unsere Nachbarin wird jetzt die Mutter betreuen."

„Na, das ist ein Wort!" meinte Meister Baldrian sichtlich erfreut. Er wußte es zu schätzen, daß seine Gäste das flinke Mädchen liebhatten. Wollte ihnen doch trotz all seiner persönlichen Mühe auch der beste Wein seines Kellers nicht so schmecken wie früher, seit das Mädchen fehlte. Daher war es mehr der Trieb des Eigennutzes, der ihn bewog, das armselige Häuschen aufzusuchen und so freigebig zu sein. Aber was tut man nicht alles des lieben Geschäftes willen.

„Na, das ist recht!" bekräftigte er wieder. „Bist uns schon arg abgegangen, das heißt den Gästen!" Und dabei warf er einen bedeutungsvollen Blick auf seinen Peter, um ganz bestimmt anzudeuten, daß er ausgenommen sei.

„Aber jetzt nimm den Korb wieder, Peter, wir sollen schon längst zu Hause sein. Also, Magdalenchen, morgen!"

Er grüßte kurz und stapfte voran, Peter hinter ihm drein. Da bemerkte es Meister Baldrian nicht, daß sein Sohn im Vorübergehen die Hand des Mädchens verstohlen drückte. Und dieses lächelte dem jungen Manne so zärtlich und innig zu, daß es Peter recht warm ums Herz wurde. Fast zögerte er. Aber da rief ihn der vorausgeeilte Vater, und mit einem schweren Seufzer verließ auch er die Stube. Mutter und Tochter aber war es, als hätten gute Engel eben ihr Heim gesegnet. Freilich, jede in anderem Sinne.

Die Schenke „Zum schwarzen Adler" befand sich in der nach ihr benannten heutigen Adlergasse und stand auf der Stelle jenes Hauses, das heute mit der Nummer 4 bezeichnet ist. Das uralte Gebäude wurde erst im Jahre 1878 abgerissen und mußte dem jetzigen Baue weichen. Es war mehrere Stockwerke hoch und besaß an einer Ecke einen runden turmartigen Vorbau, wie man einen solchen noch heute an dem modernen Prachtbau des Regensburgerhofes erblicken kann. Ein mächtiges Tor führte durch ein tiefes Hallengewölbe in einen sehr geräumigen Hof, der im Laufe der Zeiten von vier Seitentrakten eingeschlossen wurde. Gleich zur rechten Hand gelangte man aus der Torhalle über ein paar Stufen in den Raum, wo Meister Baldrian seinen guten Tropfen spendete. Und dieser mußte ein gar trefflicher sein, denn die Schenke erfreute sich seitens der Wiener Bürger eines lebhaften Besuches. Es hatte ganz den Anschein, als ob schon in jener Zeit der Wein ein bewährter „Sorgenbrecher“ gewesen wäre, sintemalen die Herren Gäste gern in der traulichen Stube verweilten und in breiter Ausführlichkeit all das besprachen, wessen das Herz ihnen voll war. Da funkelte der gute Landwein, der noch in den Gemarken der Stadt gekeltert wurde, gar verlockend aus den zinnernen Bechern entgegen, und wonnesam stieg der feine, köstliche Geruch eines echten, damals noch unverfälschten Tropfens den Zechern in die Nasen. Und Meister Baldrian ging allemal auch im Genießen desselben mit gutem Beispiele voran; dies bewies sein rotes Gesicht und die manchmal in bedenklichem Glanze erschimmernde Nase.

Seit ungefähr drei Wochen versah Magdalena wieder ihren Posten. Kaum zu erkennen war sie heute, da ihr die arge Sorge um die Gesundheit ihres Mütterleins vom Herzen genommen war. Sie stand hinter dem Schenktische, wo die Becher, Weinkrüge und Maße standen, und war eifrigst beschäftigt, zu spülen, zu putzen und zu wischen. Nach ihrer Meinung mußte alles spiegelblank dastehen, schön in Reihen geordnet, denn dann mußte doch den Gästen die gute Gabe Gottes noch besser schmecken. Oft trillerte sie dabei in geschäftiger Bewegung, die ihr gar anmutig stand, lustige Weisen, daß die Leute dann gern lauschten, als ob sie ein Lerchlein vernehmenn würden, und eifriger noch griffen sie nach den Bechern, deren Inhalt hernach noch einmal so gut zu munden schien. Und ihre blitzenden Blauäuglein wußten es immer zu rechter Zeit zu erspähen, wenn irgendwo, selbst in größeren Humpen, eine unwillkommene Leere entstanden war. Dann kam sie flugs dahergeschritten und wußte so zutraulich die Güte des Tropfens wie dessen gänzliche Ungefährlichkeit zu preisen, daß sie leichtlich eine nochmalige Füllung vornehmen konnte. Schon um des schalkhaften und doch so sittigen Mägdleins suchte so mancher Gast die Schenke Meister Baldrians auf, denn hier fand er doch nebst kräftiger Labe auch im Anblicke der lieben Schenkin frohsame Erheiterung. Meister Baldrian wußte dies nur zu gut, aber wohlweislich behielt er es nur für sich. Ja, zuweilen schalt er mit dem Mädchen herum, jedoch nur meist zum Scheine, wenn sie manchmal nicht rasch genug bei der Hand war oder wenn sie vielleicht um ein paar Minuten länger ausblieb. Er war eigennützig genug und nur dann etwa zum Geben bereit, wenn er wußte, daß er auf einen Vorteil hoffen konnte. Nun, heute galt es ordentlich die Hände zu rühren. Es war Sonntag, das Hochamt zu St. Stephan und im Ruprechtskirchlein war zu Ende, und nun wanderten so manche der ehrsamen Bürger zum „Schwarzen Adler“, den beliebten Frühschoppen mit gleicher Andacht zu genießen. Die Stube war bereits bedenklich besetzt und das Gespräch im besten Gange. Meister Baldrian schritt behäbig von Tisch zu Tisch, grüßte und drückte die Hände und nötigte zum Trunke und wurde nicht müde, bald dorthin, bald daher seine Meinung in dieser oder jener Sache zu äußern, wobei er nie vergaß, ein ernsthaft Gesicht zu machen, um seinen Worten rechten Nachdruck zu verleihen. Er wußte seine Würde zu wahren. Auch Peter kam zuweilen in die Stube, wenn er die leeren Krüge wieder im Keller füllen wollte. Auch bei ihm war eine merkliche Veränderung eingetreten. Er hatte das scheue Wesen längst abgelegt und war nicht selten voll der tollsten Einfälle, besonders dann, wenn er dies vor Magdalena zeigen konnte.

Eben hatte er wieder eine frische Füllung gebracht und die schweren Zinnkrüge auf den Schenktisch hingestellt. Und wie er so neben dem Mädchen stand, die Wangen von der Anstrengung etwas gerötet, mit dem braunen Lockenkopfe, dem keck aufgewirbelten Schnurrbarte, in der ganzen Fülle jugendlicher Kraft, da bot das junge Paar einen herzerfrischenden Anblick. Einen Augenblick stand Peter stille und warf einen Blick auf Magdalena, der sichtlich bis in ihr kleines Herz dringen mußte, denn sie senkte verschämt ihre Augen nieder, wobei ihr eine flammende Röte in das holde Gesichtchen stieg. Ihre Verlegenheit bemeisternd, rieb sie und wischte sie nur noch eifriger an der zinnernen Kanne, die sie eben in Händen hielt. Da flog ein schelmisches Lächeln über Peters Mund, und halb spöttisch, halb belustigt sagte er:

„Was doch so ein Zinnkrug für Arbeit geben muß, meint Ihr nicht, Jungfer Magdalena?“ Da traf ihn ein zorniger Blick als einzige Antwort. Er drehte herausfordernd an seinem Bärtchen.

„Und wie Euch nur das alles gelingt! Das Herz im Leibe lacht einem! Fast bekäme man Lust, sich von Euren Händen blank scheuern zu lassen! Meint Ihr nicht, Jungfer Magdalena?“

Da stellte das Mädchen den Krug beiseite.

„Wahrlich, Peter, Ihr hättet es not! Lose und ungewaschen genug ist Eure Rede. Das läßt auf Schlimmes schließen!“

„Also Ihr wolltet ...?“

„Es könnte Euch nicht schaden! Aber ein Wildwerker müßte es sein, der mit Zottelpelzen gut umzugehen weiß!“

Und Magdalena wandte ihm den Rücken, und Peter fühlte den Stich. Die Lage war bedenklich, und es wäre zu einem heißen Gefechte gekommen, wäre nicht eben ein neuer Gast eingetreten, der dadurch einen vorläufigen Stillstand des Wortgeplänkels herbeigeführt.

Meister Baldrian hatte ihn sofort erspäht. „Ei, willkommen, Herr Magister! Dächte ich doch, Ihr seid ein seltener Gast geworden! Was hat Euch der ‚Schwarze Adler‘ angetan, daß Ihr ihn meidet schon seit ganzen 14 Tagen?“

Der so Angesprochene war das seltsame Männlein, das vor kurzem so hilfreich Magdalena beigesprungen war. Lächelnd lüftete der Arzt das Barett und meinte: „Nichts für ungut, Meister Baldrian! Wer Gottes Gaben zu schätzen weiß, das bin ich sicher. Aber ich kann es nicht hindern, wenn die Goldfüchse spärlich werden. Nehmt Vernunft an, Herr Wirt, und kreidet. Dann soll der ‚Schwarze Adler' mit mir zufrieden sein."

„Drückt Euch hier der Schuh? Ist es sonst nichts, dann seid unbesorgt. Ein Mann wie Ihr findet allzeit offene Türen in meinem Hause. Ich weiß die Ehre zu schätzen, die Ihr mir erweiset."

Da warf sich das Männlein stolz in die Brust und ließ seine blitzenden Augen umherschweifen.

„Ich will es meinen! Ich bin nicht umsonst Theophrastus Paracelsus von Hohenheim, Magister aller Kräfte!"

Und würdevoll schritt er einem Tische in der Ecke zu, rückte geräuschvoll einen Sessel beiseite und ließ sich nieder auf der Bank, die an der Wand stand. Hier saß er am liebsten, denn von hier aus konnte er gemächlich die Stube überschauen und die Zecher beobachten. Auch Meister Baldrian hatte sich niedergelassen, das Gespräch mit dem berühmten Manne fortzuspinnen. Er war sich seines Vorteils wohl bewußt, wenn es hieß, daß der Wunderdoktor Paracelsus, von dem die seltsamsten Mären erzählt wurden, bei ihm zu Gaste sitze. Meinte man doch, er hätte den Stein der Weisen gefunden, habe ein untrügliches Lebenselixier zusammengebraut, das alle Krankheiten heile, und verstünde sich sogar auf die Kunst, nach Belieben Gold zu machen. Freilich schien damit dessen Aufforderung, seine Zechen anzukreiden, in grellem Widerspruche zu stehen. Aber was gab es da weiter zu bedenken. Meister Baldrian kreidete in diesem Falle gern an, wußte er doch, daß er auf der anderen Seite vervielfacht den Betrag wieder hereinbekam, den ihm der Magister schulden wollte. Übrigens wußte er nur zu gut, daß dies eine bloße Marotte desselben war.

Meister Baldrian blickte nach dem Schenktische hin. Und schon kam Magdalena herbeigeeilt. Sie brachte einen schönen Henkelkrug, gefüllt mit dem besten Tropfen der Schenke, und stellte dazu noch zwei besonders zierliche Zinnbecher auf. Sie tat es flink und geräuschlos und vergaß auch nicht, ihren Knicks zu tun. Auch füllte sie die Becher, nippte an dem einen und bot ihn errötend ihrem Wohltäter dar. Und dieser schmunzelte behaglich und blickte wohlgefällig auf die jungfrische Maid.

„Wohl bekomm's!" flüsterte Magdalena und schritt wieder züchtig auf ihr Plätzchen zurück. Und der Magister blickte ihr freundlich nach.

„Das ist gewiß, Meister Baldrian", hub er endlich an, nachdem er einen Trunk aus seinem Becher getan, „Ihr versteht Euch auf Eure Gäste. Bin viel in der Welt umhergekommen und habe so manche Schenke besucht, aber ein so liebes Mägdlein hab' ich noch nirgend getroffen. Wahrhaftig, Euer Wein schmeckte sauer, wenn ihn nicht dieses holde Kind kredenzte."

Da kratzte sich der Wirt bedenklich hinterm Ohr; er wußte nicht recht, welches Gesicht er zu solch zweifelhafter Lobrede machen sollte. „Nu, nu", meinte er mit süßlichem Lächeln, „ein nettes Lärvchen hat die Kleine, aber mein Tropfen ist auch ohne diese nicht zu verachten."

Und gewissermaßen zur Bestätigung faßte er seinen Becher und tat einen tiefen Trunk, nicht ohne ein bedeutsames Schnalzen mit der Zunge zu vergessen.

„Da schaut Euch nur einmal die zweie an, Euren Peter, den argen Schlingel, und das Mädchen! Habt Ihr noch nicht gefunden, daß diese ein prächtiges Paar abgeben möchten? Ich sage Euch, Meister Baldrian, Ihr werdet Euch mit diesem Gedanken vertraut machen müssen."

Erschreckt folgte der Wirt den Blicken des Magisters. Wahrlich, dieser hatte so unrecht nicht. Sein Vaterherz mußte es gestehen, daß sein Peter ein schmucker Junge sei; auch an dem Mädel war nichts auszusetzen, was ihr Äußeres betraf, im Gegenteile, dieses war nur zu verlockend. Ja, wenn nur eines nicht wäre. Aber gerade dieses eine gab den Ausschlag: Magdalena war arm wie eine Kirchenmaus.

„Was Euch nicht einfällt, Herr Magister! Das wäre so etwas! Was glaubt Ihr denn! Mein Peter kann wählen unter den reichsten Bürgermädchen. Gott sei Dank, ich hab's dazu!"

Erregt schlug er auf seine Tasche und blickte ziemlich unwirsch drein. Und er nahm sich vor, seinen Sohn einmal ordentlich ins Gebet zu nehmen.

„Seid nicht unklug! Magdalena ist ein Prachtmädel durch und durch. Und was den leidigen Geldsack anbelangt, so drückt ein Auge zu. Besser geliebt als gezankt. Merkt Euch das, Meister Baldrian."

„Nein, nein! Daraus wird nichts! Es taugt einmal nicht, Bettelvolk in die Wolle zu setzen. Ich halte mich an den Spruch: Gleich und gleich gibt guten Klang."

„Na, da steht Ihr Euch im Lichte! Wollte Gott, ich wäre noch so jung wie Euer Peter. Ich sage Euch, diese müßte es sein! Geld und Gut sind vergänglich. Wenn das Herz am rechten Flecke sitzt, ist man reich genug allezeit!"

„Ihr habt gut reden, werter Magister! Wer keine Kinder hat, der mag gut reden. Hättet Ihr meine Sorgen, Ihr würdet anders sprechen. Solange die Wangen glatt sind, gibt sich's allemal. Aber laßt nur Falten ins Gesicht kommen, hebt der Hader an. Laßt es gut sein, ich kenne die jungen Leute von heutzutage."

„Wem nicht zu raten ist, dem predigt man unnütz. Ich sage Euch, über kurz oder lang werdet Ihr klein beibiegen. Dann gedenkt meiner Worte."

„Ihr malt mir den Teufel aber ordentlich an die Wand! Nichts für ungut, ich teile Eure Ansicht nicht. Eher soll mir die Dirne aus dem Hause."

„Ich denke, das ist unnütz, selbst wenn Ihr schon so hart sein wolltet. Die Flamme, die ich an beiden gesehen, könnt Ihr nimmer löschen." Und lächelnd schlürfte Magister Paracelsus die letzte Neige aus, drückte dem verdutzten Wirte die Hand und schritt der Tür zu. Als er bei Magdalena vorüberging, da drohte er dieser schalkhaft und verließ die Stube. Nicht ungern sah ihn Meister Baldrian heute scheiden. Er fühlte sich arg beunruhigt und hätte am liebsten gleich seinen Peter zur Rede gestellt. Aber dies ging nicht recht an, denn noch gab es viele Gäste in der Stube. Da dachte er bei sich, daß die rechte Gelegenheit schon noch kommen werde. Die ganze Sache war ihm peinlich genug. Wie sollte er es anfangen, daß sein Geschäft nicht darunter litte? Magdalena weggeben? Ei, das ginge nicht gut an, war sie doch zu sehr beliebt bei seinen Gästen. Aber Peter? Ja, Peter muß fort, und dies so bald, als es möglich war. Meister Baldrian trank seinen Schoppen leer, dann rückte er sorgenvoll sein Käppchen und fuhr mit der Hand über die Stirn, als wollte er sich eines recht guten Ausweges besinnen. „Kommt Zeit, kommt Rat", murmelte er vor sich hin und wandte sich wieder den Leuten zu.

So kam es, daß nun schwere Zeiten für Magdalena hereinbrachen. Meister Baldrian überwachte das Mädchen wie mit Argusaugen und schmälte und wetterte oft und oft, kaum daß er eine Ursache dazu hatte. Nichts konnte Magdalena dem gestrengen Wirte recht machen. Mochte noch so schön alles ringsum in der Wirtsstube funkeln und glänzen blitz und blank, er wußte immer noch einen Fleck zu finden. War Magdalena fröhlich und trällerte sie lustige Weisen vor sich hin, so war es nicht an der Zeit und paßte schlecht, war sie traurig und hielt sie das Köpfchen gesenkt, so gab dies wieder Anlaß zu Scheltworten und Zank. So glücklich sie vordem war, so bange schlug ihr nun das Herz, als müßte ein drohendes Unheil neuerdings über sie hereinkommen, und doch war sie sich keines Fehlers bewußt. Manchmal überkam sie ein Zustand gänzlicher Mutlosigkeit, und es bedurfte all ihrer Kraft, nicht zu verzagen und auszuharren. Sie gedachte dann ihres lieben Mütterleins zu Hause, dessen einzige Hilfe, dessen einziger Trost sie doch war, und dann schien es, als wollte die alte Heiterkeit ihr jungfrohes Herz wieder erfüllen. Schon um ihrer Mutter willen mußte sie ausharren, sollte nicht neuerdings Leid und Not in das traute Häuslein einziehen. Und so schwieg Magdalena und duldete. Doch wenn sie sich des Abends in ihrem Kämmerchen zu Bette legte, da flüsterte sie leise: „Ach, lieber Gott, wende doch alles zum besten. Du kennst die Sehnsucht meines Herzens, und wenn dies, mein Glück, dir zu Sinne steht, so füge es gütig. Verlaß mich und meinen Peter nicht!“ Ihre geheimsten Gedanken waren dies, und allemal erwachte sie des Morgens neu gestärkt wieder und konnte mit neuer Kraft ihres schweren Amtes walten. Niemand ahnte die Quelle ihres Trostes, der Wirt nicht und Peter nicht und ihr Mütterlein nicht. Allein, wie sie war, trug sie, duldete sie und litt sie, wenn es ihr auch schwer genug fallen wollte und sie oft gezwungen war, bei zuckendem Herzen ein freundlich Gesicht zu zeigen.

Da traf sie eines Tages eine Nachricht, die wie ein Donnerschlag ihr gequältes Herz zermalmen wollte. Peter sollte fort, hinaus in die Fremde, auf die Wanderschaft. Ein Jahr lang, ein ganzes Jahr lang sollte er ausbleiben, vielleicht auch noch längere Zeit! Niemand sagte es ihr – und dies kränkte sie eigentlich am tiefsten –, aber sie erlauschte es ganz zufällig, als mehrere Gäste diese Neuigkeit besprachen. Es war ihr dabei, als wollten ihre Pulse plötzlich stillstehen. Das Blut stockte ihr in den Adern, kreidebleich ward plötzlich ihr Antlitz, und zum erstenmal ließ sie einen gläsernen Pokal fallen, daß er in tausend Trümmer zersprang. In der Verwirrung, die dieses Ereignis zur Folge hatte, bemerkte niemand ihre Blässe, und als es geschah, da schrieb man es eben dem unglücklichen Zufalle zu. Wohl fand sie bald ihre Beherrschung wieder, aber dennoch zitterte sie an allen Gliedern. Die Zeit bis zum Abend dünkte ihr eine Qual, denn sie sehnte sich, in stiller Einsamkeit einmal ganz ihren Schmerz auszuweinen. Und als endlich für sie der Feierabend gekommen war, da schlich sie still und tieftraurig mit gesenktem Köpfchen von dannen, daß sich die Leute nicht genug verwundern konnten, wie doch ein zerbrochenes Glas gar so heftig auf das muntere Mädchen einwirken könne. Ja, wenn sie ihr in das gramzerrissene Herz hätten schauen können! Sie hätten eine andere Meinung erhalten.

Eben läutete die Abendglocke von St. Stephan die Aufforderung zum Abendgebete über die Häuser Wiens hin. Und wer noch auf der Straße dahineilte, der hielt fromm seine Mütze in der Hand und flüsterte leise den Abendsegen. Magdalena schritt langsam dahin, ihr klang das Geläute wie ein Sterbeläuten, denn in drei Tagen schon sollte Peter die Heimat verlassen und die große Reise antreten. Es kam ihr vor, als wäre all ihre Liebe plötzlich verstorben und sie müsse nun all ihr Glück begraben. Und sie hatte es sich doch so sonnig ausgemalt. Da zitterte ein Tränlein verräterisch ihr in den Augen, sie wehrte ihm nicht, und so rollte es über die blasse Wange herab und fiel unbehindert zu Boden. Sie merkte es gar nicht. Und alles erschien ihr wie mit dichten Schleiern verhangen und verschwommen, die Steine der Straße, die einzelnen Leute, die Häuser und Fenster und Giebel. Es war alles so trübe, geradeso wie in ihrer kranken Seele. Da schritt sie an dem Hause am Lugeck vorüber, wo sie um die Osterzeit in arger Not so plötzlich Hilfe gefunden. Unwillkürlich gedachte sie des freundlichen Magisters. Fast hemmte sie ihre Schritte. Aber nein. Für solche Schmerzen hat er wohl kein Kräutlein, da helfen selbst seine berühmten Pillen nicht. Schwer aufseufzend und das liebe Köpfchen traurig schüttelnd, ging sie weiter und näherte sich ihrem Häuschen. Jetzt galt es wieder stark sein, die Mutter sollte nichts merken. Sie fuhr sich rasch über die Augen, wie wenn es ihr nun plötzlich zu Sinne gestiegen, daß sie Tränen vergossen, und nahm eine möglichst heitere Miene an, als sie ins Stübchen trat. „Guten Abend, liebe Mutter! Da bin ich wieder ganz und gar." Und sie neigte sich auf das Weiblein hernieder und drückte einen herzlichen Kuß auf dessen Lippen.

„Wie du noch immer geschäftig bist, Mütterchen! Und doch ist es schon Abend geworden. Ins Bettchen mußt du, es ist Zeit für dich, eben haben es die Glocken von St. Stephan verkündet." Zärtlich blickte sie auf die Mutter herab, in ihr gutes, liebes Auge. Ach, wie wohl tat ihr dieser Blick, den sie empfing. Wie wenn ein milder Sonnenstrahl durch die Wolken dringt und Leben aus der Erde küßt, so fühlte sie auch unter diesem Blicke ihr Leid weichen. Sie war jetzt beim Mütterchen. Nun wird doch alles wieder gut.

Aber dieser Blick hatte auch der Mutter Bedenken gebracht. Sie forschte nun eifriger. „Kind, Kind", meinte sie bedenklich, „du kommst mir heute so sonderbar vor. Ist mir's doch, als hättest du Tränen vergossen?"

Und sie wendete das Mädchen dem Fenster zu und besah ängstlich dessen Augen. Ja, ja, Mutteraugen sehen gar gut und können gar trefflich lesen im Antlitze des eigenen Kindes. Und Magdalena zog die alte Frau zu ihrem Lehnsessel hin, drückte sie sanft in denselben hinein, kniete nieder und barg ihr schimmernd Lockenhaupt tief in der Mutter Schoß. Sie ertrug das Schweigen nicht länger. „Ach, liebes Mütterchen, du hast recht! Ich bin so unglücklich!" So entfuhr es endlich ihrem gepreßten Herzen, und dann rannen die Tränen, und sie schluchzte so heftig, daß ihr Körper erzitterte.

Betroffen blickte Frau Ursula auf ihr Kind nieder. Zitternd strich sie mit ihren welken Händen über das Goldhaar Magdalenens, wie wenn sie lindernden Balsam verstreichen wollte, und sagte dann leise und voll inniger Güte:

„Weine nur, liebes Kind, weine. Sieh, die Tränen lindern und spülen dir den Schmerz hinweg. Und dann sollst du mir alles erzählen, was dich drückt!“

Und Magdalena fühlte die zärtliche Liebe der Mutter, die Nähe des Mutterherzens, und allmählich beruhigte sich ihre erregte Seele, bis sie endlich, lächelnd noch unter Tränen, zur Mutter emporblickte. Nun war ihr wieder so wohl, und der alte Schalk lächelte ihr aus den Augen.

„Ach, ich bin ein einfältig Ding, Mutter“, hub sie endlich an, „da weine ich und erschrecke dich und gräme mich ab und weiß doch gar nicht, warum.“

Und sie barg ihren Kopf an der Mutter Brust, als wollte sie den Schlägen des Herzens lauschen, und drückte zärtlich die alte, zitternde Hand, die schon so viel gewirkt hatte.

„Sei mir nicht böse, lieb Mütterlein“, schmeichelte sie, „wenn ich mich wie unsinnig gebärde. Aber das Herz ist mir so voll, ich weiß es nicht, ist es Leid oder ist es Freude. Nur das eine ist mir klar, es schlägt nicht mehr für mich, für dich, o gutes Mütterlein, allein.“

Und beschämt senkte es sachte das Köpfchen herab, als wäre sie sich eines schweren Vergehens bewußt geworden. Da flog ein seliges Leuchten über das welke, runzelige Gesicht der Frau Ursula. Sie gedachte erschauernd ihrer Jugendzeit. Ach, da war es ihr genauso ergangen. In tiefer Bewegung drückte sie einen leisen Kuß auf das Lockenhaar ihres Töchterleins und flüsterte glücklich:

„Sprich, liebe Magdalena, ich lausche. Längst habe ich es geahnt und kommen gesehen, schon damals, als Peter den Korb mit den Ostergaben brachte. Nun ist es wirklich so. Möge der liebe Gott deine Liebe segnen!“

„Ach, Mütterchen, so weißt du doch nun alles! Ja, er ist mir wert, der gute Peter, obgleich er mir selbst noch nichts gesagt. Aber ich traure, weil er fort soll in die weite Fremde, und wer weiß es, was ihm da alles zustoßen kann. Mir drückt's das Herz ab, wenn ich daran denke, und Meister Baldrian ist seit einiger Zeit so hart mit mir. Sicher ist ihm Peters Neigung zu mir, dem armen Mädchen, nicht recht. Gewiß, nun ist es mir klar, darum sendet er Peter fort, daß mich dieser vergessen soll. Ja, ja, es kann nicht anders sein.“

Und wieder rollten die Zähren über die lieben Wangen des Mädchens, und es schien, als wollte dieses wieder die Fassung verlieren. Schon wollte Frau Ursula ihr zitterndes Kind beruhigen, da klopfte es vernehmlich an der

Stubentür. Erschreckt stand Magdalena auf und eilte in die Fensternische, ihr tränendes Angesicht zu verbergen. Und Mutter Ursula schritt zur Tür und öffnete. Da trat Peter bescheiden in die Stube.

„Gott zum Gruße, Frau Ursula!“ grüßte er und ließ die Augen suchend im Stübchen umherschweifen. „Ich bin gekommen, von Euch und Magdalena Abschied zu nehmen. Es geht in die Fremde!“

Und Frau Ursula nickte ihm freundlich zu, schloß die Tür und führte Peter zu einem Stuhle, der neben dem Tische stand. „Setzt Euch, Peter, da läßt es sich besser plaudern. Eben haben wir von Euch gesprochen.“ Und sie wendete sich ihrem Kinde zu: „Komm, Magdalena“, rief sie, „du brauchst dich nicht zu scheuen. Peter ist es, Meister Baldrians Sohn.“ Und Magdalena trat zum Tische heran. Ein Sturm von Gefühlen durchjagte ihre Seele. Bald flog tiefe Blässe, dann wieder hohe Glut über ihr Gesicht. Was sollte sie denken? Sie fühlte nur das eine, daß der Augenblick, vor dem sie stand, der entscheidende ihres Lebens sein müsse. Sie gedachte, wie sehr sie um der Mutter willen auch Peter zu tiefem Danke verpflichtet sei, und daß er doch ihr Jugendgespiele gewesen. Und darum faßte sie Mut, und ein herzliches Lächeln flog ihr um den lieben Mund.

„Gott zum Gruße, lieber Peter! Ihr seid ein seltener Gast in unserem Stübchen.“ Und sie reichte ihm die Hand und schüttelte die seine in herzlicher Freude.

„Wollte Gott“, murmelte er beinahe für sich selbst und drehte verlegen seinen Hut in den Händen, „ich käme öfter, ginge es nach meinem Willen.“ Er erhob seinen Blick und schaute auf Magdalena. „Ihr kennt ja doch den Vater! Es kommt mir schwer genug an, zu tun, was er fordert. Aber ich denke mir dann immer, er ist doch mein Vater und meint es im Grunde des Herzens nicht schlecht.“

„Wacker gesprochen, Peter! So handelt ein guter Sohn! Wahrlich, um dieses Wort seid Ihr mir nun doppelt so lieb!“ So rief Frau Ursula und blickte beinahe stolz auf den jungen Mann. Doch Magdalena senkte ihr Köpfchen und schaute traurig vor sich.

„Seid nicht traurig, Jungfer Magdalena, und schickt Euch ins Unvermeidliche, so wie ich es tue. Ich kann's nicht ändern. Es fällt mir nicht leicht, daß ich in die Fremde soll, weiß ich doch nun erst recht, wie teuer Ihr mir seid. Wer weiß, wie Gott es noch fügen wird.“

Eine tiefe Bewegung hatte Peter erfaßt, er vermochte kein Wort mehr hervorzubringen. Darum stand er auf. Wortlos streckte er dem Mädchen die Hand entgegen.

„Lebt wohl, Jungfer Magdalena!“ Auch das Mädchen hatte sich erhoben; es war ihr, als müßte ihr das Herz zerspringen. Sie blickte Peter tief ins Auge, ergriff seine Hand und lehnte sich stumm an seine Brust, in der sie ein so redliches Herz wußte. Da verließ Frau Ursula leise das Stübchen. Und Peter drückte in seliger Freude einen Kuß auf die Stirn seiner Jugendgenossin und flüsterte nochmals: „Lebe wohl, Magdalena, ich will stets deiner gedenken!"

„Lebe wohl, Peter, nie will ich dich vergessen!"

Noch ein stummer Händedruck, noch ein Blick und Peter schritt stark von dannen. Und Magdalena stand allein im stillen Stübchen und preßte die Hand ans klopfende Herz, und selig flüsterte sie nochmals träumend vor sich hin: „Ich will dich nie vergessen!"

Als am nächsten Morgen Magdalena wieder dem „Schwarzen Adler" zuschritt, wollte es der Zufall, daß sie just am Lugeck den freundlichen Magister traf, der eben sein Haus verlassen hatte, um einige Krankenbesuche zu machen. Er erkannte gleich seinen Schützling und lächelte ihm freundlich zu.

„Ei, ei, das nenne ich ein Glück! Am frühen Morgen einem so lieben Mädchen zu begegnen. Seid gegrüßt, Jungfer Magdalena!"

„Gott zum Gruße, Herr Magister!" erwiderte das liebe Kind und wollte weitereilen, war ihr doch noch immer recht bange ums Herz.

Aber Paracelsus war nicht willens, sich damit zu begnügen.

„Oho, nicht so rasch! Oder habt Ihr mich schon so rasch vergessen?" So meinte er recht arglistig.

„Das könntet Ihr doch nicht meinen, Herr Magister, aber die Zeit drängt." Und verschämt bot sie ihm die Hand, die jener erfaßte und recht fest hielt. Dabei betrachtete er musternd das Gesichtchen des Mädchens. Es sah blaß genug aus. „Also doch!" hub er wieder an. „Ich habe mich nicht getäuscht. Euer Herz ist bedenklich erkrankt, und es ist meine Pflicht als Arzt, Euch helfend beizuspringen. Meint Ihr nicht, Jungfer Magdalena?" Da fuhr ein Strahl der Hoffnung über das Gesicht des Mädchens.

„Ach, wenn Ihr doch helfen könntet! Aber ich fürchte, da nützen Eure guten Pillen nicht. Und doch, lieber Magister, liegt es vielleicht in Eurer Macht, mein Leid zu lösen, denn viel vermögt Ihr durch Euer gewichtig Ansehen und Wort." Und in das Herz Magdalenens zog ein süßes Gefühl der Hoffnung, das dem Vertrauen auf des Magisters Einfluß entsprang. Und sie schilderte ihm in beredten Worten ihren ganzen Kummer, so herzlich vermochte sie alles zu sagen, daß Paracelsus unwillkürlich lächeln mußte.

„Na, Ihr seid mir ein lieber Patient", meinte er schmunzelnd, „und eines Versuches wohl wert. Geduldet Euch nur noch eine Weile, ich will sehen, was sich mit Gottes Hilfe machen läßt. Und nun, gehabt Euch wohl, noch andere bedürfen meiner Hilfe." Er nickte freundlich und schritt weiter. Auch Magdalena setzte ihren Weg fort und stand bald unter ihren Bechern und Humpen. Ganz merkwürdig war ihr zumute. Tausend Gedanken durchkreuzten ihr liebes Köpfchen, und manchmal sah sie sinnend vor sich hin. Ach, welcher Weg werde sie aus dem Irrsal führen, so dachte sie immer zuletzt. Sie vermochte den richtigen nicht zu finden. Und Meister Baldrian war heute so merkwürdig gestimmt. Finster blickte er vor sich hin und schenkte dem Mädchen keine Beachtung, keinen Blick. Und doch entging ihm nichts. Wortkarg stand er im Hintergrunde der Schenke und kümmerte sich nicht einmal um seine Gäste. Das war ein bedenkliches Zeichen. Zuweilen tat er einen tiefen Trunk aus seinem Humpen, aber dies mehr aus Zerstreuung denn mit Bedacht und Genuß. Es war, als ob ein schweres Gewitter im Anzuge sei. Er überdachte, was ihm Peter noch am Abend vorher gestanden, daß er sich wohl seinem Willen füge und in die Fremde ziehe, daß er aber trotzdem nicht von dem Mädchen lassen wollte. „Gut, gut“, murmelte er grimmig vor sich hin, „wir werden ja sehen. Noch ist nicht aller Tage Abend!“

Der Vormittag verging, Meister Paracelsus zeigte sich nicht. Schon klang die Vesperglocke von St. Stephan herüber. Und jetzt hatte niemand Zeit, unnützen Grillen nachzuhängen, denn die Stube war voll, es gab eine Menge zu tun. Da öffnete sich die Tür, und Meister Paracelsus trat ein. Er nickte freundlich nach allen Seiten, und als er an Magdalena vorüberging, zwinkerte er ihr bedeutungsvoll zu. Er schritt geradewegs auf Meister Baldrian zu und tat so, als ob er dessen böse Laune gar nicht bemerkte.

„Wollt Ihr mir nicht Gesellschaft leisten, Meister Baldrian? Setzt Euch zu mir und laßt uns vernünftig plaudern. Ihr wißt, ich schätze Euer Wort.“

Und die Männer setzten sich zusammen, und Magdalena brachte vom Besten. Und der kluge Magister beschloß, den Stier gleich bei den Hörnern zu packen.

„Was haltet Ihr von der Wanderschaft?“

„Ich denke“, versetzte der Wirt kurz angebunden, „es kann nichts Besseres geben!“

„Freilich, besonders dann, wenn man seine eigenen Zwecke dabei verfolgt.“

„Sprecht Euch aus, wie meint Ihr das?“ Und dem Wirte stieg eine dunkle Röte unheilvoll zu Gesicht. Wohl bemerkte dies der Magister, aber er tat nichts dergleichen.

„Je nun“, meinte er und nestelte an seinem Schwertgehänge herum, „es gibt Väter, die ihre Jungen gern loswerden möchten. Sie bedenken nicht, daß das Sprichwort ‚Aus den Augen, aus dem Sinn‘ auch für sie selbst Geltung gewinnen kann, sintemalen ein tüchtiger Geselle überall sein Auskommen findet. Leicht gefällt es ihm dann irgendwo in der Fremde besser als daheim, gründet einen festen Hausstand und läßt sein Schätzchen nachkommen. Dann hat der Vater das Nachsehen. Glaubt Ihr nicht, Meister Baldrian, daß dies schon dagewesen?"

Forschend blickte er dem Wirte ins Gesicht und bemerkte, daß dieser ganz verblüfft dreinschaute. Er sah, daß sein Griff gelungen, und behaglich schlürfte er von seinem Weine.

„Mag sein", entgegnete der Wirt unsicher, „aber mein Peter ist nicht von dieser Sorte, er hat das Herz auf dem rechten Flecke."

„Das weiß ich nur zu gut; aber Ihr nicht, denn Ihr seid ein Rabenvater!"

Nun platzte der langverhaltene Groll grob heraus, Meister Baldrian vergaß ganz und gar, wer vor ihm saß, und er schrie, daß die Leute verwundert die Köpfe nach ihm drehten. Magdalena zitterte wie Espenlaub. Eben war auch Peter wieder mit vollen Krügen eingetreten, doch bemerkte ihn der Vater nicht.

„Was mischt Ihr Euch in meine Sachen! Kehrt vor Eurer eigenen Tür! Zahlt lieber endlich Eure Schulen! Ich habe es satt, Eure Weisheit anzuhören, und dann trollt Euch von dannen!"

Meister Baldrian war erregt aufgesprungen und stand kampfbereit vor dem kleinen Männlein. Aber dieses lächelte bloß und machte keine Miene, den Platz zu verlassen.

„Ei, ei, Meister Baldrian, seid Ihr ein grober Klotz! Wer hätte das gedacht! Ihr werdet Euch noch alle Eure Gäste vertreiben, so Ihr so gewaltig schreit! Setzt Euch nur wieder nieder!" Und er faßte den Wirt an der Hand und zog ihn auf seinen Platz.

„So, aber nun frage ich Euch zum letztenmal: Wollt Ihr Euren starren Sinn nicht ändern? Wollt Ihr das liebe Paar nicht zusammentun? Denkt an Eure alten Tage!"

„Nein und tausendmal nein, ich tue es nicht!" So der Wirt.

„Dann sind wir fertig! Zahlen will ich, nie mehr seht Ihr mich wieder!"

Und Paracelsus suchte in seinen Taschen, aber bedenklich schüttelte er das Haupt. „Merkwürdig, so sehr ich forsche, ich finde nichts. Ihr müßt Euch schon noch gedulden. Doch halt, nehmt dies einstweilen als Abschlagszahlung! Laßt Euch erweichen und gebt Eurem Peter das liebe Mädchen!" Und er reichte ihm einen alten, abgegriffenen Pfennig hin.

„Nein, das ist zu stark! Spott und Hohn auch noch dazu! *Bei Gott, sowenig dieser Pfennig zu Gold wird, so wenig will ich meine Zustimmung dazu geben!* Nehmt Eure Dirne nur mit, Ihr paßt trefflich zusammen!"

„Wacker, Meister Baldrian, das war ein Wort!"

Er nahm den Pfennig, stand auf und schritt auf das Mädchen zu, das weinend, über und über in Tränen, neben dem sprachlosen Peter stand. Er hielt ihr die Münze hin und sagte laut, so daß es alle hören konnten:

„Küß den Pfennig!"

Und Magdalena neigte sich vor und küßte die kleine Münze und die Hand, die sie hielt. Sie war keines Wortes mächtig. Und dabei flossen ihre Tränen auf die Finger ihres edlen Freundes und benetzten auch den alten Pfennig.

Doch siehe! Der kleine Magister wendete sich triumphierend um und hielt dem harten Manne die Münze hin: Sie schimmerte wie eitel Gold!

„Nun seht“, sagte er ruhig, „was Ihr nicht gehofft, es ist geworden. Der Pfennig hat mehr Herz wie Ihr! Ich nehme Euch beim Worte, Meister Baldrian!“

Er legte die zu Gold verwandelte Münze vor den verblüfften Mann hin und harrte dessen Entschlusses. Sprachlos saß dieser da und starrte unverwandt auf das Goldstück, als mochte er seinen Augen nicht trauen. Er ergriff es und wendete es nach allen Seiten. Es war Gold, echtes, blitzendes Gold. Dann nahm er seine Mütze ab, streckte dem Magister die Hand entgegen und sagte gerührt:

„Vergebt, edler Magister, ich erkenne Euer gutes Herz! Und wenn ich auch nicht weiß, wie Ihr dies Kunststück zusammengebracht, so sollt Ihr doch sehen, daß auch mein Herz auf dem rechten Fleck ruht. Peter bleibt und soll seine Magdalena haben! Will's Gott, daß er mit ihr ein ebensolches Goldstück in Händen hält.“ Und der Magister ergriff die kleine Münze, drückte sie dem jubelnden Mädchen in die Hand und sagte bedeutungsvoll: „Halte dieses Goldstück in Ehren, es hat dir Glück gebracht. Es ist das Brautgeschenk, das Theophrastus Paracelsus Bombastus von Hohenheim seinem Liebling mitgibt.“ Sprach's und verließ, freundlich nach allen Seiten nickend, die Schenke zum „Schwarzen Adler“.

Die Kunde von diesem seltsamen Ereignisse war bald ins breite Volk gedrungen und hatte Meister Baldrian einen ungeahnten Zuspruch eingetragen. Die Wiener, die schon damals nicht ungern neugierig waren, wollten alle die Goldmünze sehen und sich die Geschichte an Ort und Stelle erzählen lassen. Sie freuten sich des Glückes, das Peter und Magdalena zuteil geworden war, und jeder wollte nur von dem jungen Weibe seinen Humpen haben. Und Meister Baldrian hatte seinen Entschluß nicht zu bereuen. Im stillen löschte er die bedenklich aufgelaufene Schuld des Magisters, denn das eine Goldstück hatte eine solche Menge anderer in seine Truhe gezogen, daß er seinem Sohne die Schenke ganz überließ und sich vom Geschäfte zurückzog. Auf besonderen Wunsch seines lieben Weibchens ließ Peter die hübsche Szene, die ihm so reiches Glück gebracht, von kundiger Meisterhand an die Wand seines Hauses malen, er tat den „Schwarzen Adler“ herab, denn längst schon hatten die Wiener seine Schenke umbenannt in „Küß den Pfennig“.

DER ESELRITT IN HERNALS

Um das Andenken an die glückliche Befreiung Wiens fortwährend zu erhalten, verordnete Kaiser *Leopold I.*, daß jedes Jahr am 12. September eine feierliche Prozession abgehalten were, welche von der Peterskirche zur Dreifaltigkeitssäule auf dem Graben ihren Weg nehmen sollte, um dort ein öffentliches Dankgebet für die Rettung der Hauptstadt abzuhalten.

Aber auch durch zwei Volksfeste – den „Eselritt" und den „Bäckeraufzug" – suchte man die Erinnerung daran wachzuhalten.

So wurde zu Hernals jährlich am Tage des Kirchweihfestes ein sehr possierlicher Aufzug begangen, den man „Eselritt" nannte.

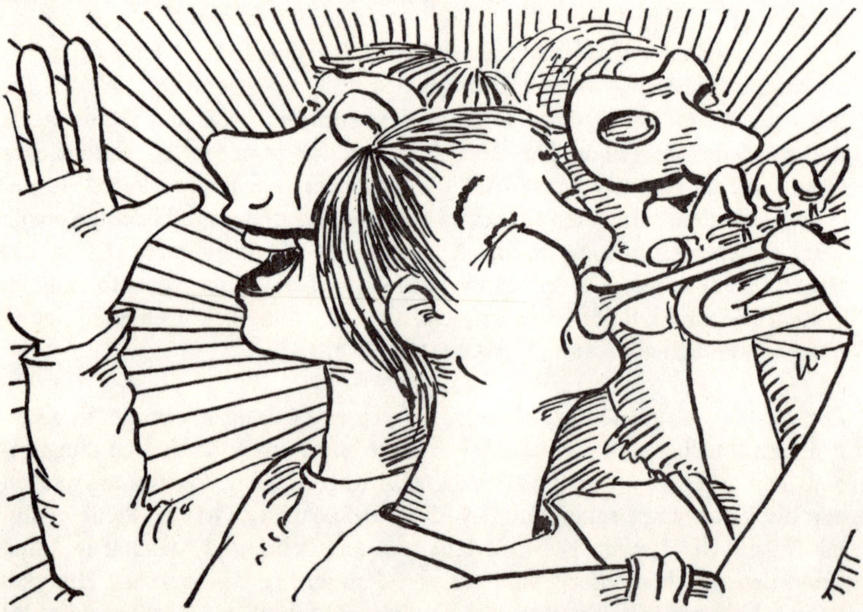

Nach dem Mittagmahle versammelten sich die lustigen Burschen dieses Ortes in dem Gemeindehause, dessen Tor sorgfältig hinter ihnen wieder geschlossen wurde, um dem Gedränge der Neugierigen zu wehren.

Hier verkleideten sie sich nach Verabredung in Masken und ordneten sich zu ihrem Zuge. Waren sie bereit, so gab die wohlbekannte Halter-(Hirten-)Trompete durch dreimaliges Schmettern zur Freude des sehr zahlreich aus der Umgebung zusammengeströmten Volkes das Zeichen zum Anfang.

Das Tor geht auf und hinaus wallt in Reih und Glied mit feierlich abgemessenen Schritten eine ansehnliche türkische Bande, die sich in ihrem lärmenden Marsche durch das Gespötte der Städter über den Ersatz der Flöten und Oboen durch ein paar schnarrende Geigen oder allenfalls der Fagotte durch Dudelsack oder Baßgeige nicht irremachen läßt, sondern in schönster Ordnung den Zug durch die Gassen leitet. Wie Leid auf Freude, folgt diesem Zuge eine Anzahl Christensklaven, paarweise, in armseligen Kleidern, mit klirrenden Ketten behangen, umgeben und bewacht von grausamen Janitscharen. Bittend heben sie die Hände empor, und ihr Elend lockt manchen Kreuzer aus den Taschen der Zuschauer in ihre Sammelbüchsen. Wehe aber dem Mädchen, das sich zu nahe hinzuwagt; es wird von den Janitscharen ergriffen, muß das Schicksal der Gefangenen teilen oder sich loskaufen.

Nun folgt wieder ein Zug Janitscharen, und – horch! – abermals ertönen Trompetenstöße – und die Krone des Zuges, ein tüchtiger, wohlbeleibter Pascha im schönsten morgenländischen Schmucke, stolziert unter tausend Neckereien und dem schallenden Gelächter des Volkes auf einem schmukken Esel und läßt sich trotz des Verbotes Mohammeds den ihm häufig gereichten Wein wohl schmecken. Sein auf gleiche Weise berittenes Gefolge und das jauchzende Volk beschließen den Zug, der sich durch alle Gassen windet und dann wieder in das Gemeindehaus zurückkehrt. Hier werfen die Burschen ihre Verkleidung von sich, teilen das Geld aus ihren Sammelbüchsen und eilen in den Wirtshausgarten, wo ein fröhlicher Tanz das Fest beschließt.

Unter der Regierung des Kaisers Joseph II. wurde das Fest aufgehoben.

DER BÄCKERAUFZUG

Während der zweiten Belagerung Wiens durch die Türken hatte sich die Bäckerinnung sowohl durch Tapferkeit als auch durch angestrengte Arbeit zur Versorgung einer so großen Menschenmasse mit dem nötigen Brote sehr ausgezeichnet.

Zur Belohnung wurden daher den Bäckerjungen mehrere Freiheiten eingeräumt, von welchen jedoch die meisten, unter andern das Recht, auf dem Hof Kegel schieben zu dürfen, bald wieder abgestellt wurden.

Nur der sogenannte Bäckeraufzug hat sich am längsten erhalten.

Am Osterdienstag jedes Jahres nämlich zogen etwa fünfzig Bäckerjungen mit fliegender Fahne unter türkischer Musik durch alle Gassen Wiens.

Die Söhne der Meister hatten hierbei dreieckige Hüte, mit weißen Federn und einem Sträußchen von Flittergold geziert, auf dem Haupte; sonst waren sie alle gleich in veilchenblaue Staatsröcke und weiße Westen gekleidet.

Vor jedem Bäckerhause hielt der Zug; es ward aufgespielt, die Fahne geschwungen und aus einem großen Pokale dann auf die Gesundheit des Meisters getrunken. Bei den Vorstehern des Handwerkes, vor dem Hause des Bürgermeisters und auf dem Burgplatze vor der Wohnung des Kaisers wurde die Fahne dreimal geschwungen und der Trinkspruch weit lebhafter ausgebracht. Wenn dann der Zug beiläufig fünf Stunden inmitten einer großen Schar von Zuschauern seine Runde in der Stadt vollendet hatte, endigte das Fest mit einem Schmause auf der Herberge, oder die Bäckerjungen fuhren mit offenen Kaleschen in ihrem prunkhaften Aufzuge herum. Mit dem Jahre 1809 nahm auch dieser Aufzug sein Ende.

In das Jahr 1683 verlegt die Sage auch die Entstehung des so beliebten Wiener Gebäckes, der Kipfel.

Der Bäckermeister Peter Wendler, dessen Geschäft sich damals in der Stadt, Grünangergasse, befand, war über die glückliche Errettung der Stadt aus der Türkengefahr außerordentlich erfreut und stimmte vom ganzen Herzen in den allgemeinen Jubel, der deshalb in Wien herrschte, ein. In allen Straßen wurden Loblieder auf die Sieger und Spottlieder auf die Besiegten gesungen.

Man konnte es den Wienern von dazumal wahrlich nicht verargen, wenn sie ihrem Unmute und Spott gegen die barbarischen Türken in allen möglichen Formen Ausdruck zu verleihen suchten. Der eine gab seinem Hunde den Namen Sultan, der andere benannte den seinen Türk; ein dritter erfand ein derbes Sprüchlein; ein vierter schmückte sein Haus mit einem zutreffenden Schild. Bei Stichelreden kamen die Worte, Mufti, Pascha, Pantoffelheld und anderes in Gebrauch.

Der Bäckermeister Wendler wollte aber seinen Spott auf eine besondere Art zum Ausdrucke bringen. Er kam nämlich auf den Einfall, den türkischen Halbmond durch eine neue Art von Gebäck, welches er nach dem ehemals auf dem Gipfel des Stephansturmes prangenden Halbmonde Gipfel oder Kipfel nannte, lächerlich zu machen.

Seine Idee, noch viel mehr aber das neue schmackhafte Gebäck fand allgemeinen Anklang bei den Wienern; er konnte anfangs nicht genug Kipfel zum Verkaufe bringen. Bald fand das neue, vielbegehrte Gebäck auch bei allen andern Wiener Bäckern Eingang, und seit jener Zeit sind die Kipfel ein beliebtes, ja sogar weltberühmtes Gebäck.

Freilich macht die Chronik dem ehrsamen Meister Wendler die Erfindung dieses Backwerkes streitig; denn sie erwähnt, daß die Kipfel ein uraltes Wiener Gebäck seien, welches schon zur Zeit Leopolds des Glorreichen allgemein bekannt gewesen wären.

In dem „Fürstenbuch" des Wiener Dichters und Chronisten *Johann Ennenkel* (Jans der Ennenkel) geschieht desselben Erwähnung, es heißt darin:

„Do prachten im die pechken
Chiphen und weiße Flecken,
Weißer dan ein Hermelein,
Une sne der kund nit weißer sein."

(„Sodann brachten die Bäcken
Kipfel und weiße Flecken,
Weißer als Hermelin,
Selbst der Schnee konnte nicht weißer sein.")

DER LIEBE AUGUSTIN

An einer Ecke, wo der Hafnersteig in den alten Fleischmarkt einmündet, stand im Laufe des 17. Jahrhunderts ein Haus, in welchem sich eines der beliebtesten Bierhäuser Wiens befand, die Schenke „Zum Roten Dachl". Im Jahre 1679 war selbe im Besitze eines gewissen *Ulrich Konrad Puffan,* der als Wirt, oder wie man damals sagte, Bierleutgeb, sich allgemein des besten Rufes erfreute; denn er bot seinen Gästen nicht nur das gewöhnliche schwarzbraune Gerstenbier, das sonderbarerweise im Volksmunde „Mailänder Bier" hieß, in bester Qualität, sondern er war auch stets darauf bedacht, durch eine zweckmäßige Behandlung besonders die bessere Sorte, das durch hellere Färbung kenntliche Weißbier, bekannt unter dem Namen „Regensburger Bier", den vornehmen Besuchern mundgerecht zu machen. Zudem waren bei ihm die schon damals sehr beliebten Zervelat- und Wiener Würstel mit den gesuchten „reschen" Wecken und Semmeln zu haben, Speisen, welche die Wiener auch in jener Zeit gern zum Gabelfrühstück zu sich nahmen, da dann das schäumende Gerstengebräu um so besser mundete. Nun, Meister Puffan konnte sich rühmen, daß er weit und breit die besten Würstlein zum besten Biere verabreichen konnte, daher der bedeutende Zuspruch und die Beliebtheit des „Roten Dachls". Leider war aber mit dem Sommer obgenannten Jahres eine gar traurige Zeit über Wien hereingebrochen. Es wütete in der Stadt in grauenerregender Weise der fürchterliche Würgengel der Pest. Die Seuche trat so schrecklich auf, daß die Schulen und die Universität geschlossen werden mußten und selbst Ansammlungen in den Kirchen verboten wurden; man hielt den Gottesdienst unter freiem Himmel ab. Am 9. August übersiedelte der Hof auf den Kahlenberg, und als auch dort nicht mehr die nötige Sicherheit zu finden war, endlich ganz nach Prag. Viele Adlige, die reiche Bürgerschaft, überhaupt jeder, der nur halbwegs in der Lage war, es zu tun, verließen entsetzt Hab und Gut, nur froh, das eigene Leben zu retten. In wenigen Wochen war die Stadt halb entvölkert, und gegen dreihundert Häuser standen leer, teils weil die Inwohner die Flucht ergriffen, teils weil sie alle von der Seuche dahingerafft worden waren. In dieser traurigen Zeit dachten wohl die wenigsten Menschen an Belustigungen, vielmehr hielten sich die Leute ängstlich verborgen in ihren Häusern und mieden die Gesellschaft, da sie mit Recht eine Ansteckung befürchteten. Und so kam es denn, daß die meisten Bier- und Weinschenken mangels an Besuchern ihren Betrieb einstellten. Nur im „Roten Dachl" fand sich an bestimmten Tagen der Woche eine Gesellschaft von Bürgern zusammen, die da in der alten anheimelnden

Stube die Ereignisse des Tages besprachen und im Genusse des trefflichen Getränkes die Not der Zeit zu vergessen suchten.

So war es auch diesmal. In einer der tiefen Fensternischen der niedrigen, ehemals scheinbar weiß getünchten, jetzt aber ziemlich angeschwärzten Stube saßen drei Bürger hinter ihren zinnernen Maßkrügen; es war um die Vesperstunde. Eben erklangen die Glocken. Das Gespräch, das in bestem Gange zu sein schien, stockte und brach gänzlich ab. Die Gäste versanken in stille Betrachtungen und lauschten dem Geläute. Auch der Wirt unterbrach in seinem käfigartigen Holzverschlage, allwo die sogenannte Schank sich befand, das Geklirr mit Gläsern und Zinnkrügen und nahm sein Käppchen vom Kopfe. Recht sorgenvoll blickte er drein, denn so schlechte Zeiten hatte er noch nie erlebt.

Längst waren die Glocken verstummt, doch die drei Männer saßen noch immer wortlos da. Nur zuweilen hob der eine oder der andere seinen Humpen und tat einen tiefen Zug. Das hielt aber der Wirt nicht aus. Er verließ seinen geheimnisvollen Raum, wo er das Einschenken überwachte und die wichtige Arbeit des „Ankerbens" vornahm, und schritt in behäbiger Haltung dem Tische seiner wenigen Gäste zu. Nun saß wieder die grünplüschene Kappe mit der verblaßten Goldtroddel auf dem Haupte. Er strich einige Male über seine rote Weste und griff dann in die über sein stattliches Bäuchlein einseitig aufgewickelte Schürze und holte eine mächtige Tabaksdose hervor. Fast zärtlich lockend schlug er auf deren Deckel und öffnete sie.

„Nehmt eine Prise, werte Freunde, das vertreibt die Grillen! Ich sage euch, Bier und Schnupftabak sind die besten Mittel gegen die Pest! Langt zu, Gevatter *Holbein,* und Ihr, Meister *Fuchs,* und auch Ihr, Herr *Strudl,* sträubt euch nicht! So eine Prise macht kleine Füße und ein gesundes Herz. Das ist die Hauptsache, sage ich euch."

Und Meister Puffan lächelte verführerisch und klopfte immer eifrig auf die Dose. Und die Männer folgten seinem Rufe und schnupften gewaltig. So auch der Wirt. Dann rückte er einen Stuhl zurecht und ließ sich an dem Tische nieder.

„'s ist eine böse Zeit, liebe Freunde", seufzte Meister Fuchs, ein wohlhabender Schreiner, „Särge, nichts als Särge zu machen, es ist schrecklich. Wer weiß, wie lange es bei mir noch dauert!"

„Ja, ja", bestätigte mit gewichtiger Miene Herr Strudl, Schreiber bei Gericht, „man ist seines Lebens keine Stunde sicher. Und dabei kein einziges Mittel, der furchtbaren Seuche zu begegnen."

„Selbst die besten Doktoren stehen ratlos da und wissen sich nicht zu helfen." So meinte ergänzend Meister Holbein, seines Zeichens ein Gerber. „Woher sie denn nur kommen mag?"

„Aber das ist ja klar!“ rief der Schreiber. „Aus der Luft! Hat es doch der hochgelahrte Dr. *Sorbait* deutlich gesagt. Saturn und Mars stehen in schwerer Konstellation zur Erde und erzeugen diese giftigen Miasmen.“

„Aha“, und Meister Puffan lächelte spöttisch, „daher das ewige Geläute!“

„Natürlich, weil dadurch die Lüfte bewegt und die schädlichen Dünste vertrieben werden.“

„Ach, geht mir damit!“ rief unmutig Gevatter Holbein. „In der Luft! Daß ich nicht lache. Die Luft ist immer dieselbe. Ich sage, es liegt im Magen! Setzt euch, wie es mein Weib getan, einen ordentlichen Kronabether an, so braucht ihr euch nicht zu fürchten. Dreimal des Tages einen tüchtigen Schluck davon, das hilft.“

„Beileibe nicht! Da seid Ihr im Irrtum! Ich habe Besseres und sehe alltäglich an mir, daß es wirkt.“ So der Schreiner.

„Das wäre?“ riefen fast alle zu gleicher Zeit.

„Guten alten Wein, aber vermischt mit Kampfer und Schwefel! Das wirkt! Täglich bei nüchternem Magen und vor dem Schlafengehen genommen! ’s ist ein altes Mittel, noch von meinem Ähnl her.“

„Brrr!“ Und Meister Puffan schüttelte sich, als hätte er sauersten Essig verkostet. „Ich kenn’ von all diesen Dingen nichts: Ich halte mich ans Regensburger Bier und an meine Dose.“ Und er tat wieder einen tiefen Griff hinein und zog das scharfe Pulver mit großer Sorgfalt in die breite Nase auf. Und sein rundes Gesicht leuchtete, und seine Äuglein blickten verschmitzt drein. Die Dose ging aber wieder in der Runde umher, denn keiner wollte das vermeintliche Mittelchen verschmähen; man konnte ja nicht wissen.

„Wie lange das noch dauern mag!“ seufzte wieder der Schreiner, der überhaupt der Traurigste in der Runde war. „Es läßt sich schon nimmer ertragen. Seit voriger Woche sind die Stadttore Tag und Nacht verschlossen. Niemand darf weder aus noch ein. Als ob die Pest durch die Tore käme!“

„Ihr irrt Euch, Meister Fuchs, hinaus wohl, da wird man noch dazu geführt, freilich als Leiche und kommt in eine der großen Kalkgruben mit hundert anderen Gefährten zusammen, aber nicht herein. Der Rat hat Galgen vor den Toren errichten lassen, wo jeder baumelt, der verdächtig ist und Einlaß begehrt.“

„Es ist entsetzlich! Mich dauern die armen Kinder, wenn sie schreiend und weinend den Wagen nachlaufen, die ihnen die toten Eltern entführen. Oft Vater und Mutter zu gleicher Zeit.“

„Ja, ja, es ist eine traurige Zeit! Die armen Würmlein! Wer sorgt nur für sie?“

„Dem Himmel sei Dank in dieser Not. Er hat uns trotz dieser furchtbaren Heimsuchung auch wackere Herzen gegeben." So sagte der Schreiber. „Kennt ihr nicht den edlen Fürsten *Ferdinand Eusebius Schwarzenberg?"*

„Freilich, das Volk nennt ihn nur ‚den Pestkönig'. Mit Recht, denn er nimmt sich der Armen und Niedergebeugten an und spendet Geld und Lebensmittel, soviel er nur kann. Täglich könnt ihr ihn durch die Straßen wandern sehen, ganz einfach gekleidet, oft selbst mithelfend, die Toten wegzuschaffen."

„Was Ihr nicht sagt!"

„Ja, so ist es. Er trägt nicht den langen Talar wie die ‚Schnabeldoktores', die in ihrer Vogellarve ein Räucherwerk mit sich tragen, daß die Luft, die sie einatmen, gleich gereinigt sei von Dunst und Pestilenz. Das ist lauter Firlefanz. Man muß nur das Herz auf dem rechten Flecke haben, dann nimmt die Pest Reißaus."

„Das ist ein Wort!" rief es da plötzlich von der Tür her, wo ein gar sonderbar gekleidetes Männlein stand. Und die Bürger reckten erstaunt die Hälse. Dann lachten sie alle herzlich.

„Der Augustin! Nun sollen uns die bösen Grillen vergehen! Aufgespielt, lieber Augustin, aufgespielt!" Und die Bürger klatschten in die Hände und rückten ihre Humpen. Mit einem Schlage war aller Jammer vergessen. Das leichte, zu Frohsinn und Heiterkeit geneigte Wiener Blut hatte über alle Sorgen die Oberhand gewonnen. Und das Männlein bei der Tür war ganz dazu angetan, eine fidele Stimmung auch bei den traurigsten Gemütern zu erregen, denn es sah putzig genug aus. Nicht zu groß, nicht zu klein, nicht zu dick und nicht zu mager, gerade recht gewachsen, die Haltung eher etwas gebeugt infolge der bereits ziemlich vorgerückten Jahre und eines tollen Vagantenlebens, so stand Augustin da. Die Beine staken in Pluderhosen, die bis zu den Knien reichten, darunter gab es lange Strümpfe, freilich von bedenklicher Färbung, und an den Füßen Schnallenschuhe. Der Oberleib war in ein graues Wams gehüllt, die Ärmel weit aufgebauscht, der Rock mit breiten Schößen versehen. Auf dem Kopfe saß ein breitkrempiger, wetterverschossener Hut mit steiler Haube, unter welcher eine stattliche Fülle gewellter Haare hervorquoll. Ja, aber das Gesicht! Und gerade jetzt! Ei, das war zum Lachen! Wer es nur ansah, dieses runde, dickwangige, glatte Vollmondgesicht mit den beiden Schalkaugen mittendrin, mit dem leichtbeweglichen Munde, in dessen Winkeln alles andere saß, nur keine Spur von Traurigkeit, mit der etwas geröteten und leicht aufwärts gestülpten Nase, der mußte lachen und seinen Gram vergessen, ob er mochte wollen oder nicht.

Und jetzt setzte er die Pfeife an den Mund, blies die Backen auf und drückte auf den Sack unter dem linken Arme. Ei, welch liebe Melodie da ertönte! So wundersam weich, so picksüß, so getragen und doch wieder so einfach, so kunstvoll verschnörkelt und doch nur eine schlichte Volksweise. Ja, ja, er war eben ein Meister auf der Sackpfeife, der liebe Augustin, der vielgewanderte, welterfahrene Bänkelsänger. Darum kannte er auch seine Leute und wußte sie zu fassen mit seinen Weisen, bald derb und klotzig, dann wieder fein und manierlich, je nach Bedarf. Und jetzt drehte er sich blasend, wie zum Reigen verlockend, vorwärts und näherte sich allmählich dem Tische der Bürger. Da blieb er plötzlich stehen, spielte zu Ende, setzte ab, riß seinen Hut vom Kopfe und verneigte sich tief mit den Worten: „Da bin ich, der lustige Augustin! Gott zum Gruße, ehrsame Bürger! Seid freigebig und spendet von euren Groschen. Ich wechsle sie um auf meiner Pfeife zu närrisch Kurzweil. Kurz ist das Leben, lang ist die Reu'!"

„Kommt zu Atem, Augustin!" unterbrach ihn der Wirt. „Erst sollt Ihr Euch stärken, 's gibt frisches Weißbier. Ich sehe, Ihr seid gänzlich vertrocknet, da ist es schwer pfeifen."

„Habt Dank, edler Wirt und Menschenkenner. Jawohl, gänzlich vertrocknet und verdorrt. Wie soll es auch anders sein heutigentags bei dieser Hitze. Sputet Euch, lieber Wirt, ehe die Pest herankommt. Gelt, die macht Füße!"

Und lachend warf er seine Sackpfeife auf den nächsten Tisch und setzte sich zu den Bürgern, die bereitwillig zusammenrückten. „Was gibt es denn Neues, Augustin?" hub der Schreiner an. „Noch immer so wie alle Tage?"

„Freilich, freilich", bestätigte dieser, „nicht um ein Fingerspitzchen anders. Die Leute legen sich fleißig hin und sterben. Es sieht geradeso aus, als wäre es ihnen so am besten. Ganz wie ich mir's denke. Gut und fröhlich gelebt und rasch gestorben. Was will man denn mehr?" Und er ergriff den schäumenden Humpen, den ihm der Wirt eben hingestellt, und trank und trank, schier als wollte er nimmer aufhören.

„Ei, das war ein Trunk!" rief er endlich aus und fuhr mit der Hand über den Mund. „Das hält Leib und Seele zusammen! Tut mir's nach, edle Herren, hinaus mit den Resten aus euren Krügen! Stoßt an, es lebe die Pest, da wird das Bier wohlfeil!"

„Ihr frevelt, Augustin, haltet ein, Ihr frevelt!" rief erschrocken der Schreiber aus. „Es ginge Euch schlecht genug, hörte dies der Rat der Stadt."

„Kann ich's anders machen? Kann's der Rat? Nehmt das Leben, wie es kommt! Wer es kann, ist glücklich. Ich denke einmal so und läge ich auch gleich darauf mitten drinnen in einer Pestgrube vor der Stadt. So habe ich mich durchgeschlagen und den frohen Sinn mir bewahrt. Ein Schelm, der anders spricht, als er denkt." Und er nahm wieder seine Sackpfeife zur Hand und spielte ein lustig Stücklein, daß es den Herren in den Füßen zuckte. Sie leerten ihre Krüge, und der Wirt brachte gern neue Füllung. Mit Vergnügen merkte er, wie der helle Klang der Pfeife die Leute hereinlockte, so daß sich allgemach die Stube mit Gästen füllte. Aufmunternde Blicke warf er dem Bänkelsänger zu, und dieser blies aus Leibeskräften. Zuweilen setzte er ab und gab singend lustige Schnurren zum besten. Und dann ging er von Tisch zu Tisch und sammelte in seinem Hute die Groschen ein, die man seiner Kunst zu spenden beliebte, und waren sie reichlich ausgefallen, dann zwinkerte er vergnügt mit den Augen, tat einen frohen Schnalzer und ließ wieder seine beliebten Klänge ertönen. Dabei vergaß er es nicht, seinem Humpen wacker zuzusprechen, wußte er doch, daß das Bier, das er vertilgte, und es war nicht wenig, ihm vom Wirte nicht angekreidet wurde, dieweil dieser froh war, daß Augustin in seine Schenke kam. Schon begannen die Wangen des lustigen Bruders bedenklich zu glühen, seine Melodien wurden immer toller, seine Witze immer bedenklicher, dafür die Stimmung unter den Gästen immer heiterer, und Meister Puffan rieb sich vergnügt hinter seinem Verschlage die Hände, denn ein so gutes Geschäftchen hatte er schon lange nicht gemacht.

Da trat ein Bürger mit verstörtem Gesicht in die Schenke. Er erzählte, daß man eben vor dem Schwarzspanierkloster im Freien einen Priester tot aufgefunden, der sein Gebetbuch so fest in Händen gehalten, daß man es denselben nicht zu entwinden vermochte, und als er selbst den Hafnersteig dahergeschritten, habe er einer schauerlichen Szene beigewohnt. Ein Edelmann habe dem an der Ecke sitzenden Bettler ein Almosen gereicht und dabei sei ihm ein Brief entfallen. Der Bettler habe denselben aufgehoben und seinem Wohltäter zurückgegeben, und darauf seien beide von starken Krämpfen befallen worden und ebenfalls nach wenigen Minuten verschieden. Da entstand ein gar gewaltiger Tumult unter den Anwesenden. Erregt sprangen sie von ihren Sitzen auf, vergaßen gänzlich auf ihre Zechschuld und stoben bestürzt von dannen, ohne das Jammern des Wirtes zu beachten, der so um seinen ganzen Gewinn gekommen. Im Nu war die Schenke geleert und verödet. Nur Augustin saß ruhig auf seinem Platze und lächelte still vor sich hin. „Da schaut ihnen nur nach, Meister Puffan, wie sie laufen, diese Hasenherzen, als ob sie ihrem Schicksal entrinnen könnten. Ist es nicht schnurrig und putzig? Habt Ihr die Gesichter gesehen? Nein, als säße Frau Pestilenz schon unter ihnen im ‚Roten Dachl' und vergällte jedem Euer prächtig Weißbier. Macht das Kreuz über die Zeche, lieber Wirt, nur ich bleibe Euch treu!"

Meister Puffan achtete der Rede nicht, er hatte wohlweislich, so oft er einen Krug gefüllt, den entsprechenden Schnitt ins Kerbholz getan. Und nun rechnete er nach, wieviel er zu fordern habe. Bedenklich kraute er sich hinter den Ohren, ob es ihm bei solchen Umständen auch möglich sein werde, die Schulden einzutreiben.

„Ach, es ist ein Jammer", murmelte er vor sich hin, „was soll das werden? In Ungarn die Türken, in Wien die Pest. Da schlage sich einer durch schlecht und recht! Es wird am besten sein, ich schließe die Bude!"

„Habt recht, lieber Wirt, dann könnt Ihr im stillen Euren verlorenen Füchsen nachjammern; es bleibt Euch nichts anderes übrig. Seht, ich bin Euer letzter Gast, der Schalk hält aus! Nehmt es als gutes Zeichen. Kommt Zeit, kommt Rat. In besseren Tagen will ich wieder Euer erster Gast sein. Nur nicht den Kopf verloren! Und nun noch einen Viertelstutzen aus der großen Flasche dort, das soll der Abschiedstrunk sein, Ihr wißt schon."

Seufzend erfüllte der Wirt den Wunsch seines Musikanten. Augustin trank den Becher leer und erhob sich. Aber bedenklich schwankten die Beine. Er hatte des Guten zuviel getan. Mit unsicheren Griffen schob er seine Sackpfeife zurecht und wollte noch einen lustigen Ländler zum besten geben, doch es ging nicht mehr, die Finger waren zu steif geworden. Lachend ließ Augustin von seinem Vorhaben ab. „Seht nur, was die Pest aus einem macht", lallte er mit schwerer Zunge, „lebt wohl, Meister Puffan, es sind traurige Zeiten!"

Und er stolperte zur Tür hinaus und überließ den Schenken vom „Roten Dachl" seinem Brüten.

Es war Abend geworden, die Gassen der Stadt lagen finster und verödet da, nur hin und wieder flackerte an einer Ecke ein trübes Öllämpchen und gab kärglichen Schein. Augustin schwankte mit halbgeschlossenen Augen dahin. Auf der Landstraße bewohnte er in der Hahngasse ein bescheidenes Zimmerchen, hoch oben, unmittelbar unter dem Dache. Den Weg dahin sollte er nun finden. Freilich, unter gewöhnlichen Umständen war das für ihn leicht genug; aber diesmal lag die Sache eben anders. Dazu noch die Angst der Leute vor der schrecklichen Seuche. Kein Fensterladen war geöffnet, nirgend ein rettender Schein aus einem Fenster, daher Gassen und Straßen unwirtlich finster, eben dunkel wie die Nacht. Dann das Pflaster! Niemals mochte der liebe Augustin dieses mehr verwünscht haben als eben heute. Und er war doch oft schon spätabends heimgewandert, das brachte ja sein Beruf mit sich.

„O Meister Puffan, Ihr seid ein Schlingel! Euer Bier, es mag noch gehen. Aber in Eurer Flasche da sitzen tausend Teufel! Ich will mir's merken." So murmelnd stolperte Augustin dahin, sich mühselig von einem Hause zum anderen tastend. Auf gut Glück schritt er dahin. Und keinem Menschen begegnete er, nicht einmal dem Nachtwächter oder der Scharwache. Er blieb seinem Schicksal gänzlich allein überlassen. Eben kam er auf den Stephansplatz, und vom Turme herab schlug die zehnte Stunde. Horchend blieb Augustin stehen und lauschte; er versuchte zu zählen. Aber es war umsonst. Er hörte nur ein Dröhnen, die Töne verschwammen ihm zu einem formlosen Gebrumme, und den Boden fühlte er unter seinen Füßen wanken. Also weiter.

Er kam auf den Graben. Da sah er ein paar Lichtlein. Aber vor seinen Augen flimmerte alles verschwommen durcheinander, so daß er sich der Richtung seines Weges nicht bewußt werden konnte. Die Schwere seines Kopfes nahm immer mehr zu, er fühlte eine unbezwingliche Schlafsucht, und dazu lag es ihm in seinen Beinen, als ob er schwere Lasten von Blei mit sich ziehen müßte.

„Augustin, Augustin", murmelte er lallend, „das ist recht sonderbar. Das ist dein Ende! Sollte dich auch schon die Pest in ihren Krallen haben? Augustin, alles ist hin! Warum nicht auch du!"

Er griff sich stöhnend an den Kopf und rückte den breiten Hut zur Seite. Der Riemen seiner Sackpfeife lag schwer auf seiner Brust, er zog daran und atmete erleichtert auf. Nun bog er zum Kohlmarkte ein und schritt schwerfällig dem Burgtore zu. Da war guter Rat teuer. Es war schon längst geschlossen. Aber wenigstens Menschen erblickte er und Licht gab es da.

„Laßt mich hinaus, gute Freunde. Ich bin's, der liebe Augustin! Kennt ihr mich nicht?" Er war ja stadtbekannt, und so war seine Bitte nicht vergebens. Man öffnete ihm eine Seitenpforte und ließ ihn hinaus.

„Wohin geht's auf die Landstraße? Ich habe den Weg ganz verloren." Mit gläsernen Augen starrte er den Wächter an.

„Haltet Euch links, lieber Augustin!" rief dieser lachend, denn er erkannte dessen ungewöhnlichen Zustand. „Rechts geht's in die Hölle!" Und Augustin folgte der Weisung, so gut er konnte, aber jetzt lag die Nacht rabenschwarz vor ihm.

„Da soll ein Christenmensch in sein Bett kommen. Wenn dich nicht die Pest holt, Meister Puffan, und deinen Schnaps, dann will ich sie auf dich aufmerksam machen. Einen Menschen so zurichten! Aber warte, ich will dir's heimzahlen, verschmitzter Schlingel!" Unter solchen Wünschen stolperte er dahin. Aber jetzt waren die Pfade gefährlich geworden, es gab höllische Gruben und Steine. Gegen St. Ulrich schritt er nun zu, und dann wäre es nicht mehr weit gewesen. Mit dem Aufgebote seiner letzten Kräfte wankte er stolpernd und strauchelnd dahin. Die freie Luft tat ihm wohl, und eine wundersame Stimmung überkam ihn. Schon wollte er eines seiner Schelmenlieder summen, da plumps, stieß er an einen harten Körper, er stürzte und fühlte noch, wie er in eine jämmerliche Tiefe sank. Er fiel aber ziemlich weich auf. Aber ein unerträglicher Geruch, stechend und atemraubend, stieg ihm in die Nase. Ächzend richtete er sich nach einer Weile auf und tastete an seinen Gliedern; sie waren heil und ganz geblieben. „Alle guten Geister, wo bin ich denn? Na, na, Augustin, jetzt zeige dich als Meister der Not. Kopf hoch!" Da schwanden ihm die Sinne, und er verfiel in den lang herbeigesehnten tiefen Schlaf. Wie lange dieser angedauert, er wußte es nicht; aber als er blinzelnd die Augen öffnete, da schien ihm gerade die Sonne ins Gesicht. Sonderbar, dachte er halb träumend vor sich hin, das geschieht mir doch in meinem Bette niemals. Aber dieser Geruch! Das ist ja entsetzlich! Er riß plötzlich die Augen auf, er war vollends wach geworden.

„Wo bin ich denn?" Verwirrt blickte er um sich, er konnte sich anfangs gar nicht zurechtfinden. Dann aber malte sich ein lähmendes Entsetzen in seinen Mienen aus, die Haare stiegen ihm fast zu Berge, er fühlte sein Blut erstarren. Dann schrie er auf: „Die Pestgrube!"

Er lag auf den Leichen an der Pest Verstorbener, die man einfach, da die Todesfälle sich allzusehr vermehrt hatten und die Freithöfe zu klein geworden waren, in der Eile, und weil die Prozedur des Begrabens abgekürzt werden mußte, in tiefe, offene Gruben geworfen hatte, um sie nachher mit Kalk zu verschütten. Solcher Gruben hatte es damals um Wien mehrere gegeben, sie waren durch die fürchterliche Not jener Zeit mehr als gerechtfertigt. Eigene Pestknechte, die mit langen Stangen versehen waren, schoben die auf der Straße der Seuche verfallenen und tot zusammengesunkenen Opfer auf besondere Karren und stießen die Leichen dann in die Gruben. Waren diese dann gefüllt, wurden sie verschüttet. In eine solche, noch offenstehende Pestgrube war der Bänkelsänger gefallen. Aber trotz seiner verzweifelten Lage verlor er seinen Humor nicht.

„Jetzt bin ich wirklich der Pestilenz verfallen!" sprach er sinnend zu sich. „Was werden die Wiener dazu sagen, wenn ihnen ihr Bruder Liederlich, der Augustin, fehlt? Ei, wer hätte das gedacht? Meister Puffan, alle Ehre deinem Korn, er war doch gut, sonst wäre es schon längst aus mit mir. Aber jetzt hinaus! Ein solches Lagerbett ist doch zu ungemütlich!"

Aber da war guter Rat teuer. Er lag zu tief unten.

„Ja, wie komme ich denn diese zwei Klafter hinauf? Da ist alle Mühe vergeblich. Nun, Augustin, nimm deine Stimme zusammen und hilf dir, wie es geht."

Und er schrie aus Leibeskräften um Hilfe. Aber umsonst. Wer hätte es auch gewagt, einer solchen Grube zu nahen? Selbst wenn man seine Rufe vernommen hätte? Bald sah er die Nutzlosigkeit des Schreiens ein, nun wartete er geduldig. Aber er schloß die Augen, denn der Anblick ringsum war zu grauenerregend. Zum Glücke dauerte es nicht lange. Er vernahm das Geräusch der nahenden Karren, die neue Opfer brachten. Nun schrie er wieder, so laut er nur konnte. Da beugte sich einer der Knechte über den Rand der Grube und blickte hinab. Endlich der Retter in der Not!

„Haltet ein!" schrie Augustin hinauf. „Seht Ihr nicht, ich bin da hereingefallen. Ich will hinauf. Ich habe nicht die Pest! Braucht euch nicht zu fürchten. Ich bin der Augustin! Euer lieber Augustin!"

Da hoben die Knechte trotz der peinvollen Lage ein unbändig Gelächter an.

„Der Augustin! Schaut, der Augustin! In der Pestgrube! Wie der Daniel bei den Löwen!"

Da wurde Augustin böse. Er stand aufgerichtet auf den Leibern.

„Lacht nicht, ihr Schelme, werft lieber einen Strick herab und zieht mich hinauf, der Geruch greift mir an die Seele."

Und die Knechte warfen ihm ein Seil hinab und befreiten den verunglückten Bänkelsänger.

„Na, Gott sei es gedankt! Das will ich mir merken! Die Pest soll den Teufel holen, mich kriegt sie nicht! Habt Dank, werte Gesellen, das war Hilfe in der Not. Da nehmt für euren Gefallen, es sind gute Groschen!"

Und er öffnete sein Täschchen und schüttete seinen ganzen Reichtum, den er in der Schenke „Zum Roten Dachl" am Abend vorher eingesammelt, den Knechten in die Hände.

„Und nun Gott befohlen! Hier ist es auch einem Augustin zu ungemütlich!"

Sprach's und stapfte von dannen. Später, als die verheerende Seuche längst erloschen und die Schenke „Zum Roten Dachl" sich wieder des alten Zuspruches erfreute, da gab er in wohlgesetzten Bänkelstrophen sein Abenteuer zum besten und brachte die Groschen, die er in guter Stunde so freigebig verschwendet, reichlich ein. Der Wirt und der liebe Augustin kamen wieder auf ihre Rechnung.

Der beliebte Volkssänger hat noch lange gelebt. Erst am 17. Februar 1702 ist er in einem Alter von 72 Jahren eines natürlichen Todes auf seinem Kämmerlein in der Hahngasse einsam verschieden.

DAS DONAUWEIBCHEN

Die Nixen sehen wie die Menschen aus, nur haben sie mitunter an den Zehen eine Schwimmhaut, oder sie tragen einen Schilfgürtel um den Leib. Oft erkennt man sie nur an dem nassen Saum ihres Kleides als Wassergeister; der Saum ist aber unmerklich.

Eine solche Nixe hatte bei Wien in den Tiefen der Donau ihren prächtigen Palast. Sie soll die Tochter des Donaufürsten gewesen sein, und es wird von ihr folgendes erzählt: In der Nähe des Stromes wohnte in einer ärmlichen Fischerhütte ein alter Fischer mit seinem Sohne. Mit Stolz blickte der Vater auf den prächtigen Burschen, der Netz und Angel meisterlich zu gebrauchen wußte.

An einem Winterabend saßen die beiden Fischer in der warmen, behaglichen Stube beisammen, besserten ihre Netze aus und erzählten einander ihre Erlebnisse. Draußen war es eisig kalt, und der Strom sah wie eine riesige Eisfläche aus.

Der Alte redete viel vom Wassermann mit seinen grünen, spitzigen Zähnen und von den Nixen, die mit ihrem wunderbaren Gesang und Saitenspiel die Burschen bezaubern und betören, so daß sie ihnen willenlos in die Tiefe folgen und dem sicheren Tode verfallen.

Der Bursche wollte dies alles nicht glauben und schüttelte öfters den Kopf. Plötzlich ward es in der Stube taghell, und eine wunderschöne Jungfrau stand vor den beiden. Ihr schlanker Körper war in ein langes, weißes Kleid gehüllt, und ihre schönen Haare zierten weiße Wasserrosen.

Die beiden Fischer erschraken und fuhren von ihren Sitzen in die Höhe; sie aber sagte: „Fürchtet euch nicht, ich meine es gut mit euch. Ich will euch nur vor den Schrecknissen warnen, die den Uferleuten bevorstehen. In wenigen Tagen wird Tauwetter eintreten, und alles Eis wird in Stücke gehen. Die Fluten werden steigen und eure flachen Ufer überschwemmen. Verlaßt diese Gegend und bringt euch in Sicherheit!"

Die Fischer standen wie betäubt da. Ehe sie sich fassen konnten, war die wundersame Erscheinung verschwunden. Die Voraussage der Nixe traf ganz genau ein. In wenigen Tagen waren die Uferlandschaften der Donau in einen endlosen See verwandelt. Das gierige Wasser erbeutete bei Wien glücklicherweise nur leere Fischerhütten; denn die beiden Fischer hatten gleich nach der Erscheinung der Nixe ihre Kameraden gewarnt und samt ihnen die Gegend verlassen. Gar oft gedachten die geretteten Fischersleute der gütigen Wasserfee, die so gnädig ihr Leben beschützt hatte, und alle glaubten fest, das Donauweibchen selbst sei ihre Retterin gewesen.

Nach und nach fiel das Wasser. Als der Frühling ins Land kam, fingen die Fischer an, ihre Hütten wieder herzustellen. Jung und alt war voll freudiger Zuversicht, denn alle glaubten, die mächtige Wasserfee der Donau sei ihre Beschützerin, und deshalb sahen sie auch getrost in die Zukunft.

Nur der junge Fischer war seit dem Tage, an dem er die schöne Nixe gesehen hatte, schwermütig und traurig geworden und fand an nichts mehr Freude. Er empfand eine unstillbare Sehnsucht nach der Wasserfee und fuhr in seinem Kahn oft tagelang auf dem Strom und seinen Nebenarmen umher. Sein einziger Wunsch war, die Fee noch einmal zu sehen. Dem Vater, der alles bemerkte, wurde schrecklich bange; ihn erfüllten trübe Ahnungen.

Eines Tages sahen einige Fischer, die gerade auf dem Wasser beschäftigt waren, einen führerlosen Kahn daherschwimmen und zogen ihn ans Ufer. Der trostlose Alte erkannte ihn sogleich und wußte nun, daß die schöne Nixe seinen armen Jungen in die Tiefe des Stromes hinabgelockt hatte. Seither sah niemand mehr das Donauweibchen.

Im Stadtpark zu Wien ist die schöne Wasserfee in Stein dargestellt, und man sieht, wie sie gerade mit entblößtem Oberkörper aus dem Wasser emportaucht. In den Falten ihres Gewandes hält sie eine Menge gefangener Fischlein.

DER WASSERMANN IN DER WIEN

Vor vielen Jahren hauste einer Sage nach in der Wien ein Wassermann, von dem wußten besonders die Bewohner des Magdalenengrundes, wo er sich eben aufhielt, viel zu erzählen. Er war klein, hatte einen gekrümmten Rücken, tiefliegende Augen und ein blasses Gesicht. Das Männlein trug einen grauen Rock, von dem immer Wasser herabtropfte, einen grünen Hut mit einem schwarzen Band und hohe Röhrenstiefel mit roten Quasten. Seine Haare reichten bis zur Erde hinab. Bei feuchtem Wetter ließ es sich abends auf den Brettern des Wehrs sehen, und dabei schaute es immer hinunter auf den Boden. Es winkte beständig den Leuten und lockte sie dadurch in seine Nähe. Kam ihm einer nahe genug, gab es sich alle Mühe, ihn zu packen und ins Wasser zu ziehen.

Solange das Männchen da war, konnte das Wasser nicht austrocknen und auch die Tiefe nicht gemessen werden. Selbst in solchen Jahren, in denen in ganz Wien große Wassernot war, soll es hier viel Wasser gegeben haben.

Das Wassermännlein hatte unterm Wasser mehrere Zimmer, darin wohnte es und hielt auch die Seelen der Ertrunkenen in Töpfen aufbewahrt. Den Pferden und Ochsen, die in die Schwemme geführt wurden, tat es nichts zuleide. Es lebte lange Zeit im Wasser da unten und soll sich jährlich wenigstens ein Opfer geholt haben.

Einmal band sich ein mutwilliger Bursche, der nicht schwimmen konnte, mehrere Ochsenblasen um den Leib, und da er jetzt glaubte, er könne nicht untergehen, so wagte er sich ganz nahe zu der gefährlichen Stelle hin. Es dauerte nicht lange, so begann er um sich zu schlagen und zu schreien, und gleich darauf ging er unter. Die Leute sagten, der Wassermann habe ihn zu sich hingelockt und ihm dann die Ochsenblasen abgeschnitten.

Als einmal im Herbst die Wien gerade stark angeschwollen war, gingen mehrere Buben zum Ufer hin und wollten das Holz auffangen, das vom Wehr hinabgeschwemmt wurde. Als sie schon nach Hause gehen wollten, sah einer von ihnen eine schöne Gerte daherschwimmen. Er lief auf den kleinen Hügel hinunter, auf dem die andern standen, und wollte die Gerte mit einer Stange herausfischen.

Aber sie war zu kurz, und jetzt stieg der Bub auf einen Stein, und neigte sich vor. Plötzlich löste sich der Stein und der Knabe stürzte ins Wasser. Die andern sahen dies nicht gleich. Erst als ein Mädchen ausrief: „Schaut den an, der schwimmt!“, liefen alle hin und zogen ihn mit viel Mühe ans Ufer. Sicherlich hatte das Wassermännchen den Buben mit der Gerte herangelockt und später auch den Stein gelockert.

EIN WIENER GOLDSCHMIED

In dem vorigen Jahrhunderte versuchten viele Menschen des Bürger- sowie des höchsten Adelsstandes aus unscheinbaren und wertlosen Dingen Gold zu machen. Sie kochten und brauten, beschworen gute und böse Geister zu allen Stunden des Tages und der Nacht, verloren ihr Geld und Gut, ja sogar oft ihren guten Namen, aber es gelang keinem, dieses wertvolle Edelmetall herzustellen. Und doch führte dieser Irrtum der Menschen zu vielen nützlichen Erfindungen, wie zum Beispiel zu der Erfindung des Porzellans, sowie zur Begründung einer neuen und unendlich nützlichen Wissenschaft, der Chemie.

So lebte denn zur Zeit der Kaiserin Maria Theresia in der Rofranogasse des Bezirkes Josefstadt ein Goldschmied namens Josef Straßer. In dem Fenster seines kleinen Gewölbes sah man aber kein goldenes Geschmeide, sondern allerlei weiße, grüne und gelbe Glasstücke, als dürfte hier ein Glaser und nicht ein Goldschmied wohnen.

Straßer beschäftigte sich nämlich auch mit der Goldmacherkunst oder der Alchimie, wie man diese auch nennt, und durch seine verschiedenen Versuche lernte er allerlei glasartige Steine zu erzeugen. Aus diesen schliff er solche hellglänzende und feuerfunkelnde Steine, die den kostbaren Brillanten ungemein ähnlich schienen. Aber wer sollte denn solche Geschmeide in einer so entlegenen Gasse Wiens suchen? So blieb unser Goldschmied ein kleiner Geschäftsmann, dessen Frau und zwei Töchter rührig mithelfen mußten, um die kleine Wirtschaft in halbwegs gutem Gange erhalten zu können. „Wenn nur die reichen Leute wüßten, was für schöne Steine du machen kannst", sagte einst Frau Straßer zu ihrem Manne, „du würdest schon gute Geschäfte mit ihnen machen." – „Ja, ja, wenn sie es nur wüßten", antwortete der Mann, „wie man das zuwege bringt, das weiß ich nicht." – „Aber ich", mischte sich eine der Töchter ins Gespräch, „führe uns, lieber Vater, alle drei auf den nächsten Ball in die ‚Mehlgrube', dorthin kommen sehr reiche und vornehme Leute; was wir von Schmuck von deinen Steinen nur auf uns bringen können, hängen wir uns an; das Aufsehen sollst du erleben, das wir da machen werden!" Die Frau und die zweite Tochter fanden diesen Vorschlag ganz ausgezeichnet. Der Vater wollte sich ihn erst überlegen. Aber Frau und Kinder ließen ihm nicht viel Zeit zum Überlegen; sie brachten ihn mit Schmeicheln und Überreden gar bald dazu, daß der Ball im Gasthause zur „Mehlgrube" am Neuen Markt besucht werden solle.

Und so kam der heißersehnte Abend. Mutter und Töchter putzten sich, so gut es ging, recht ballmäßig auf. In ihren Ohrgehängen blitzten funkelnde Steine, um ihren Hals hatten sie goldene Kettlein, und an jedem derselben hing vorne ein Kreuz, in welchem die Steine glänzten, als ob sie Diamanten wären. Auch der Vater hatte Ringe an den Fingern mit zierlich eingefügten glänzenden Steinen. Bald nach ihrem Eintreten in den hell erleuchteten Ballsaal waren die vier Personen der Gegenstand des Aufsehens und der Bewunderung. Man sah ihnen an, daß sie doch einfache Bürgersleute waren, wie kamen diese zu einem kostbaren Brillantenschmuck? Die Ballgäste zischelten sich allerlei in die Ohren, Gruppen bildeten sich, und mit einer gewissen Geflissentlichkeit ging man der Goldschmiedfamilie aus dem Wege. Da trat plötzlich ein Herr an den Goldschmied heran, stellte sich ihm als Polizeikommissär vor und befahl ihm, mitzugehen. Er führte ihn in eines der nebenstehenden Zimmer und sagte zu dem tief erschrockenen Straßer, daß er ihn im Namen des Gesetzes verhafte; Straßer müsse sich ausweisen, woher der kostbare Schmuck sei, den die drei Frauen hätten, mit denen er auf den Ball gekommen wäre. Da half kein Reden, Bitten und Schelten des Goldschmiedes, er wurde in einen Wagen gebracht und in ein Polizeigefängnis geführt. Der Frau und den Töchtern wurde der Schmuck abgenommen, und barsch wurde ihnen bedeutet, man müsse nachforschen, woher sie einen solchen kostbaren Schmuck hätten.

An die Stelle heiteren Frohsinnes waren nun Entsetzen und Jammer getreten: der Vater eingesperrt, Mutter und Töchter als Diebinnen gebrandmarkt! Du lieber Gott, das war ein schreckliches Ende eines lustigen Balles! In Tränen aufgelöst, kamen die drei unglücklichen Geschöpfe in ihre bescheidene Wohnung. Am nächsten Tag sprach man in ganz Wien von dem Goldschmiede Straßer, der sich auf unredliche Weise in den Besitz so kostbaren Schmuckes gesetzt, und wahre Schaudermären waren bald über die unglückselige Familie erfunden.

Als sich die Frau des Goldschmiedes etwas beruhigt hatte und zu einiger Überlegung kam, wurde es ihr immer mehr und mehr klar, daß diese ganze Geschichte kein so böses Ende nehmen könne; denn ihr Mann werde ja nachweisen, daß er die Steine selbst gemacht und daß sie also nicht fremdes Eigentum seien. Während sie nun dasaß und ihre verzweifelten Töchter tröstete, klopfte es an der Tür und ein Mann trat herein. Es war ein noch junger, vornehmer Herr, welcher sagte, er möchte den schönen, großen, grünen Stein, der da in dem Fenster liege, gerne kaufen und was dieser koste. – Die Frau teilte ihm nun mit, ihr Mann sei nicht zu Hause und käme erst nach einigen Tagen, vielleicht käme der Herr noch einmal, damit er mit ihm sprechen könne. Damit war dieser zufrieden und entfernte sich.

So vergingen mehrere Tage in banger Erwartung, was da noch alles kommen werde. Endlich, o du helle Freude, kam auch der hartgeprüfte Vater. Sein Auge leuchtete vor Glück, er umarmte Mutter und Töchter und konnte sich nicht fassen. Soviel hatte er ihnen zu erzählen. „Bei der Kaiserin war ich und bei dem Kaiser, denkt euch nur, liebe Kinder, unser Glück ist gemacht. Meine Steine sind wirklich den kostbaren Edelsteinen ähnlich. Bei der Polizei wurde ich peinlich ausgefragt, woher ich diesen Schmuck habe, und als ich erzählte, daß ich jeden Augenblick solchen Schmuck machen könne, so ließ man über mich Nachfrage halten und überzeugte sich von der Wahrheit dessen, was ich sagte. Da aber die Kaiserin Maria Theresia auch von unserem Abenteuer in der ‚Mehlgrube' hörte, so ließ mich die grundgütige Frau zu ihr in die Burg kommen, stellte mich auch ihrem Gemahl, dem Kaiser Franz, vor und sagte mir, meine Steine seien wirklich sehr schön und ich solle sie nur nach Brüssel schicken und nach Paris, und da werde ich gute Geschäfte machen, sie werde mir auch dazu helfen. Auch der Kaiser, der ja selbst ein geschickter Alchimist war, erkundigte sich, wie ich solche Steine zuwege bringe, und er war sehr, sehr freundlich mit mir. Oh, wie bin ich glücklich, daß ich wieder bei euch bin!"

In diesem Augenblicke klopfte es wieder an der Tür, und der Herr, der vor einigen Tagen den großen, grünen Stein kaufen wollte, trat ein. Er stellte sich dem erstaunten Goldschmiede als der englische Optiker Dollond vor und ersuchte ihn, ihm den grünen Stein zu zeigen, da er ihn kaufen wolle. Der Goldschmied legte gar keinen besonderen Wert auf diesen Stein und meinte, er könne ihm denselben billig verkaufen. Je mehr der Optiker den Stein betrachtete, desto mehr fand er Gefallen an demselben, und endlich sagte er: „Mein lieber Goldschmied, dieser Stein ist für mich von großem Werte, ich brauche ihn, um Gläser zu einem achromatischen Fernrohre aus ihm zu machen, das der Wissenschaft großen Nutzen und uns viel Geld eintragen wird." Der arme Goldschmied sah dem fremden Manne fast ungläubig ins Gesicht, das Glück schien ihm fast eine Zauberei. „Woraus ist denn dieser Stein gemacht?" fragte der Optiker. „Es ist eine Mischung von Flint- und Kronglas, leicht und billig herzustellen", antwortete Straßer.

Herr Dollond bezahlte den Stein sehr gut, verabredete mit dem Goldschmiede auch innige Geschäftsfreundschaft und entfernte sich dann. Er kam aber bald wieder und kam dann oft. Eines der Goldschmiedstöchterlein hatte dem neuen Geschäftsfreunde Straßers so gut gefallen, daß er die Eltern bat, ihn zu ihrem Schwiegersohne zu machen. Die Tochter war glücklich, und die Eltern waren's zufrieden. Die Tochter zog mit ihrem Manne nach England, und die falschen Edelsteine Straßers gingen in die weite Welt hinaus. Heute noch findet man sie in Frankreich unter dem Namen „pierres de Strass", und so mancher Herr und so manche Dame, die sich mit ihnen schmücken, täuschen die Leute, als ob sie die kostbarsten Brillanten trügen, und das hat ein guter Rat eines klugen Mädchens und die alte „Mehlgrube" am Neuen Markt zum nicht geringen Teile zuwege gebracht.

DER WASSERGEIST ZU WILHELMSDORF

In Wilhelmsdorf, unweit des heutigen Meidlinger Bahnhofes in Wien, war vor vielen Jahren ein Wassertümpel, in dem sich ein Wassergeist aufhielt. Es gab in dieser Gegend stets Wasser, das an manchen Stellen sehr tief war und auch bei der größten Hitze nicht austrocknete. Manchmal kam es vor, daß neugierige Leute, die sich die Wohnung des Wassergeistes ansehen wollten, von ihm ins Wasser gezogen und gefangen wurden.

Der Wassergeist hatte die Gewohnheit, das Wasser durch Aufwühlen des Schlammes zu trüben. Wenn dann die Buben dort badeten und es sank einer unter, so konnten ihm die andern nicht helfen, und er mußte ertrinken. Wäre das Wasser klar gewesen, so hätten sie die gefährlichen Stellen gesehen und wären ihnen wenigstens ausgewichen.

Viele Leute beobachteten, wie sich der Wassergeist beim Vollmondscheine mit einem großen Kamme sein langes, gelbes Haar kämmte und wie er in einem Rock, der ihm bis zu den Fersen reichte, auf der angrenzenden Wiese spazierenging.

Den Leuten, die in der Nähe wohnten, tat er nichts, nur sooft in der Gegend jemand gestorben war, zeigte er es den Nachbarn an. Er fing dann zu winseln an, daß es einem durch Mark und Bein ging, oder er machte einen schauerlichen Wind, sobald jemand im Wasser ertrunken war.

DER SCHÖNE WERKGESELLE

Herzog Heinrich Jasomirgott verirrte sich einmal auf der Jagd und geriet immer tiefer in den Wald hinein. Weit und breit war kein Mensch und kein Haus zu erblicken.

Da kam er zu einer Waldlichtung und sah das Städtlein Wien zu seinen Füßen liegen. Das schöne Bild gefiel ihm so gut, daß er sich ins Gras streckte, um den Anblick noch länger zu genießen. Aber es übermannte ihn die Müdigkeit, und er schlief ein.

Da erschien ihm im Traum ein Jüngling in der Tracht eines Baugesellen. Er trug eine Lederschürze und im Gürtel die Werkzeuge seines Handwerks, Zirkel und Winkeleisen, sein Antlitz aber war schön wie das eines Engels und von überirdischer Milde verklärt.

Der schöne Jüngling grüßte ehrerbietig, zeigte auf das Städtlein zu seinen Füßen und pries es als die Wiege eines großen und mächtigen Reiches. Mit innigster Liebe aber sprach er von dem Kirchlein zu Sankt Stephan, das bald einem herrlichen Gotteshause Platz machen werde, zur Ehre Gottes und zum Ruhme des Herzogs.

Bei diesen Worten entfaltete er ein zusammengerolltes Blatt, auf dem der Plan eines mächtigen Gotteshauses zu sehen war. Der Herzog stieß im Traum einen lauten Jubelruf aus, dann erwachte er. Der Jüngling aber war verschwunden.

Nun erhob sich der Herzog schnell, bestieg sein Pferd und suchte aufs neue den Weg. Es dauerte nicht lange, so hatte er sich zurechtgefunden.

Von dieser Stunde an war sein ganzes Sinnes darauf gerichtet, das Städtlein Wien zu vergrößern und zu verschönern und an Stelle des Stephanskirchleins einen hehren Dom zu erbauen.

Er verlegte seine Residenz nach Wien und suchte nun einen würdigen Baumeister für das neue Gotteshaus, wie es ihm seit seinem Traum im Geiste vorschwebte.

Seine Wahl fiel auf den Baumeister Falkner, der zu Wien lebte und in hohem Ansehen stand. Der Herzog ließ ihn rufen und wollte ihm seine Absicht kundtun.

Kaum hatte er aber damit begonnen, so entfaltete der Meister einen fertigen Plan und wies ihn dem Herzog vor. Oft und oft, so sagte er, habe er sich in Gedanken damit beschäftigt, wie herrlich es wäre, an Stelle des schlichten Kirchleins, das für die große Zahl der Gläubigen schon zu enge geworden sei, einen schönen Dom zu erbauen; und wie das Gotteshaus schon längst vor seinem Geiste stehe, so habe er es nun dargestellt.

Als der Herzog den Plan betrachtete, da konnte er sich vor Verwunderung gar nicht fassen. Es war dasselbe Gotteshaus, das ihm damals im Traume der schöne Jüngling gezeigt hatte, und voll innigster Freude übertrug er sogleich dem Meister die Ausführung des Baues.

Falkner ging begeistert an sein neues Werk, und schon nach kurzer Zeit standen die Grundmauern fertig da. Aber eines Tages kam es plötzlich wie eine schwere Krankheit über ihn. Er verlor allen Mut und alle Zuversicht, den Bau zu vollenden, und saß oft tagaus, tagein in seiner Bauzelle vor seinen Entwürfen, ohne einen Entschluß zu fassen, oder grübelte stundenlang und starrte verzweifelt vor sich hin.

Als er wieder einmal von seiner Schwermut befallen wurde und heiße Gebete um Gottes Beistand zum Himmel sandte, da klopfte es an der Tür, und auf den Zuruf des Meisters trat ein Jüngling in die Stube. Sein Antlitz war von überirdischer Schönheit und auch sein ganzes Wesen so erhaben, als käme er aus einer höheren Welt.

Starr und ehrfürchtig sah ihn der Meister an und fragte nach seinem Begehr.

Der Jüngling bot ihm voll Demut seine Dienste als Baugeselle an und nun verlangte der Meister Bescheid darüber, was der Geselle zu leisten vermöge.

Aus den Büchern und Zeugnissen, die der Jüngling vorwies, ersah Falkner sogleich, daß er einen vollkommenen Meister der hohen Baukunst vor sich habe, und er nahm ihn mit offenen Armen in seine Dienste auf.

Von nun an ging es mit der Arbeit wieder so glücklich vorwärts wie in Falkners besten Tagen. Unverdrossen und voll heiligen Eifers schuf der Jüngling an seinem Werk, und wenn die Arbeitsleute seine sanfte Stimme hörten oder seine gütigen Augen auf sich gerichtet sahen, so fühlten sie doppelte Kraft und eine Arbeitsfreude wie nie zuvor.

Es war aber seltsam, daß Herzog Heinrich niemals den Jüngling erblikkte, er mochte sich noch so oft den Bau besehen. Immer fügte es sich, daß aus irgendeinem Anlasse der Jüngling dem forschenden Blick des Herzogs entzogen wurde.

Aber eines Tages konnte Meister Falkner sein Dankesgefühl nicht mehr länger zurückdrängen, er nahm den Jüngling beim Arm und führte ihn zum Herzog.

Als dieser den Werkgesellen erblickte, da war er in tiefster Seele bewegt. Schon einmal hatte er dieses Antlitz mit den Zügen voll Himmelsgüte gesehen, damals im Traum, als durch die Erscheinung des Jünglings der erste Gedanke des Kirchenbaues in ihm erwachte.

Aber er bemühte sich vergeblich, durch geschickte Fragen Klarheit über das rätselhafte Wesen des Jünglings zu gewinnen. Was er aus seinem Mund erfuhr, bot keinen Anhalt dafür, daß er mehr sei als ein braver, tüchtiger Meister der edlen Baukunst.

Mehrere Jahre vergingen, und eines Tages stand das Riesentor der Stephanskirche mit den stattlichen Türmen zu beiden Seiten fertig da. Ganz Wien rüstete sich zu einem herrlichen Feste, um die Vollendung des Baues würdig zu feiern.

Da klopfte es wieder an der Tür Falkners, und bescheiden wie vor Jahren trat der Werkgeselle, der ihm ein so treuer und unermüdlicher Helfer geworden war, ins Zimmer und bat den Meister, weiterziehen zu dürfen, da das Werk vollendet sei.

Niemals hatte eines Menschen Bitte den Meister mit solcher Betrübnis erfüllt als jetzt die seines Werkgesellen. Er liebte ihn wie sein leibliches Kind und fühlte sogleich, daß mit dem Jüngling auch seine eigene Schaffenskraft für immer dahin sein werde.

Aber er durfte ihn nicht festhalten, denn er kannte das Streben des edlen Jünglings, und stets war es auch sein eigenes hehres Ziel gewesen, dem Allerhöchsten ohne Unterlaß zu dienen.

Eine Bitte aber sprach der Meister aus, als er unter Tränen von dem Jüngling Abschied nahm, es war die, ihn vor seinem Tode noch einmal zu sehen, damit er nicht einsam sterben müsse. Gerne gab der Jüngling sein Wort, des Meisters Wunsch zu erfüllen.

Mehrere Jahre lang konnte sich Falkner eines herrlichen Werkes freuen, eines Tages aber fühlte er, daß sein Stündlein gekommen sei.

Voll Sehnsucht gedachte er seines getreuen Gehilfen, da öffnete sich die Tür und der Jüngling stand vor ihm.

Ein überirdischer Glanz erfüllte den Raum, als jetzt der schöne Werkgeselle an das Sterbebett des Meisters trat und mit einem Blicke voll unendlicher Liebe auf ihn herniedersah.

Und wie durch ein Wunder kam auf einen Augenblick wieder neues Leben in den verlöschenden Geist des Meisters. Er erkannte jetzt, wer sein treuer Gehilfe war, und mit dem glückseligen Ausrufe „Christus!" neigte er sein Haupt, und seine reine Seele schwebte den Sternen zu.

DER KOLOMANSTEIN

Nächst dem Bischofstor der Stephanskirche, am Türstock rechts, ist ein Stein eingemauert, und darauf ist eine Inschrift zu sehen; sie ist aber schon ganz verwischt und kaum mehr leserlich. Darin heißt es, auf diesem Steine sei einst der heilige Koloman gemartert worden, und das Volk erzählt darüber folgendes:

Der heilige Koloman war ein fremder Königssohn; er wanderte längs der Donau hin, denn er wollte ins Heilige Land ziehen.

In Stockerau ging er in eine Herberge. Es war aber damals eine unsichere Zeit, und es zog viel Gesindel herum, das trieb den Leuten das Vieh weg, wo es nur ging. So hielt man auch den Jüngling für einen Spion oder für einen Bösewicht, und er wurde festgenommen.

Zum Unglück verstand er die Sprache der Bewohner nicht, und die Schriften, die er bei sich hatte, konnten sie nicht lesen.

Darum wurde er ins Gefängnis geworfen und nach dem damaligen Brauch gefoltert, weil die Richter glaubten, daß er sich nur verstelle. Auf einem Steine hauchte der Jüngling seine Seele aus, und sein Leichnam wurde von den Knechten des Ortsrichters auf einen Baum gehängt, den Raben zur Speise.

Jetzt aber ereignete sich ein Wunder.

Die dürren Äste des Baumes fingen zu blühen an, und unzählige Singvögel flogen auf den Baum hin und sangen ohne Unterlaß in den Zweigen; auch ließ sich kein Rabe sehen. Alle diese seltsamen Vorfälle wurden den Richtern erzählt, und die dachten jetzt, der Fremde sei doch vielleicht unschuldig gewesen, und ließen nun seinen Leichnam eingraben.

Ein Jahr danach trat eine Überschwemmung ein, aber das Grab des Jünglings blieb unversehrt, und zudem war es über und über mit schönen Blumen bewachsen. Zu dieser Zeit kam auch der alte Waffenmeister Kolomans in Stockerau an und forschte sogleich nach seinem Herrn, weil er ihm ins Heilige Land nachziehen wollte.

Als er aber hörte, wie es dem Jüngling ergangen sei, da war er außer sich vor Schmerz, verfiel in tiefe Schwermut und starb bald danach. Das erfuhr auch der Landesherr und befahl sogleich, Koloman und seinen Getreuen in Melk gemeinsam zu bestatten.

Als man aber den Leichnam des Jünglings aus dem Grabe hob, da war daran kein Zeichen der Verwesung zu bemerken, ja er war noch geradeso, als ob man ihn erst jüngst bestattet hätte. Die zwei treuen Gefährten wurden dann mit großen Ehren zu Melk in ein gemeinsames Grab gesenkt. Der Stein aber, auf dem der edle Koloman gestorben ist, wurde später nach Wien gebracht und ist seither im Dom zu St. Stephan im Mauerwerk sichtbar.

DER STOCK IM EISEN

Vor langer Zeit lebte zu Wien ein Schlosserbub, der ein gar lockerer Zeisig war. Dem trug einmal sein Meister auf, mit dem Schiebkarren hinaus vor das Stadttor zu fahren, dort den notwendigen Lehm fürs Gewerbe auszugraben und heimzuführen. Alsbald fuhr auch der Bub hinaus und wollte arbeiten. Da standen aber gerade auf dem Felde eine Menge lüftige Buben beisammen, die das Lezerlspiel anfangen wollten und sich gerade auszählten nach dem Sprüchel:

„Anichi, banichi,
Ciarichi, sairichi,
Ripadi, bipadi,
Gnol."

Das war für den Tunichtgut eine gar zu große Lockspeise. Gleich ließ er alles liegen und stehen, lief zu den Buben hin und spielte mit ihnen. Darüber vergaß er aber seine Arbeit und vertat die kostbare Zeit, bis es dunkel wurde und die Buben heimgingen.

Hernach machte er sich wieder an seine Arbeit und tummelte sich recht, damit er sie schnell fertigbringe. Inzwischen wurde es aber immer dunkler und dunkler und zuletzt gar Nacht. Huhu! Da wurde dem Buben schier bange. „Verflixt! Wie hab' ich mich verspätet, jetzt heißt's Reißaus nehmen!" sagte er und warf schleunigst die Schaufel und den Krampen in den Schiebkarren und fuhr gegen die Stadt zu.

Als er aber vor das Tor kam, war es schon zugesperrt. Da flennte er bitterlich und jammerte: „Oh, ich Unglückskind, wie komm' ich denn in die Stadt hinein, wo ich doch keinen Sperrkreuzer hab', daß ich mir das Tor kann aufmachen lassen! Gleich möcht' ich des Teufels sein, wenn ich nur hineinkommen könnt'!"

Kaum hatte er so vermessen geredet, so stand auch schon ein kleines Manderl vor ihm. Das hatte ein brennrotes Wams und eine kohlschwarze Hose an und trug am Hute drei stolzierende Hahnenfedern.

„Warum flennst, Bub?" fragte es mit einer heißer krächzenden Stimme.

„Hab' ich vielleicht nicht not zu flennen", sagte da der Bub darauf, „ich soll in die Stadt hineinfahren, das Tor ist aber schon zugemacht, und ich hab' keinen Sperrkreuzer, daß ich mir's könnte aufmachen lassen, und daheim krieg' ich überdies tüchtige Schläge vom Meister, weil ich mich verspätet habe."

„Hihihi", kicherte das Manderl ins Fäusterl; „Nuß auf d' Nacht, Nuß auf d' Nacht! Das wär' keine üble Bescherung! Aber sei nur ruhig, Bub. Ich bin da – nun, man red't nicht gern davon; jetzt wirst wohl einseh'n, daß ich dir helfen kann, wie ich's ja auch wirklich will. – Schau, ich geb' dir einen Sperrkreuzer, du sollst keine Schläge kriegen und noch dazu mit meiner Hilfe ein mordsg'schickter Schlosser werden, wenn du mir versprichst, daß du mir gehören willst, wenn du in deinem Leben einen einzigen Sonntag aus der Messe ausbleibst."

„Das kann ich ja leicht tun! Er soll mich nicht erwischen!" dachte der Bub und schlug leichtsinnig ein; gab dem roten Mandl, weil er nicht schreiben konnte, drei Tropfen von seinem Herzblut als Pfand, für die ihm der andre den Sperrkreuzer reichte, und dann ging jeder seines Weges.

Der Bub ließ sich schleunigst das Tor aufmachen, und als er heimkam, ging ihm sein Meister gar freundlich entgegen, nannte ihn einen fleißigen Buben und gab ihm reichlich zu essen.

Am nächsten Morgen, als der Meister, der Geselle und der Bub beim Feuer arbeiteten, kam das rote Mandl und bestellte für die Wiener Eiche einen eisernen Ring und ein gar künstliches Schloß. Das getraute sich aber weder der Meister noch der Geselle zu machen. Da stellte sich das Manderl böse und sagte: „O je, was seid ihr für schändliche Pfuscher! Euer Lehrbub ist geschickter als ihr!"

„Und wann er's zustande bringt", sagte darauf voll Spott der Meister, „so soll er auf der Stelle frei sein und Geselle!"

Der Bub fand an der ganzen Geschichte gar nichts Besonderes, weil ihn der Teufel blendete, und sagte: „Meister, es gilt!“ und fing gleich danach zu arbeiten an, und in seiner Stunde war das Schloß fertig.

Darauf ging er mit dem Mandl zu der Wiener Eiche, umfing sie mit dem Eisenring und schlug das künstliche Schloß daran. Als das geschehen war, sperrte das Mandl zu, steckte den Schlüssel ein und verschwand. Seit dieser Zeit aber heißt die Eiche und der Ort, wo sie steht, der „Stock im Eisen“.

Der Bub wurde aber gleich Geselle und erhielt seinen Freibrief. Dann wanderte er, wie es bei den Handwerksleuten der Brauch ist, in die Fremde und nahm bei einem Nürnberger Schlosser Arbeit.

Als der Nürnberger tags darauf in der Frühe in die Werkstatt kam, sagte er zu seinem Lehrbuben: „Hörst, wenn der fremde Geselle kommt, so sag ihm, er soll die Fenstergitter fertig machen; es ist eine solche Menge da, daß er sicherlich die ganze Woche wird daran zu arbeiten haben.“

„Aber Herr Meister“, sagte darauf der Bub, „der Geselle ist schon seit einer Stunde da, und die Fenstergitter sind schon alle fertig. Er möcht’ gern wissen, was er jetzt arbeiten soll.“

Darüber war der Nürnberger höchst erstaunt und sagte: „Schlabbra Wurscht! Wenn der so flink ist, wo nehme ich denn genug Arbeit für ihn her? Jetzt soll er den Amboß, der dort steht, zu einem Gitter schweißen!“

Kaum aber vernahm das der Geselle, so warf er wie zum Spaß, daß es gischte und zischte, den Amboß ins Feuer und schweißte ihn zu einem Gitterwerk.

Darüber erschrak der Nürnberger so gewaltig, daß er den Hexenmeister gleich aus der Arbeit entließ.

Der Bursche verließ aber Nürnberg sogleich und ging wieder zurück auf Wien zu. Als er hier ankam, hörte er so hin und her reden, es verdrieße die Obrigkeit recht sehr, daß ein wildfremder Mensch den Schlüssel zum Schloß an der Wiener Eiche habe, und sie gäbe demjenigen gern das Meisterrecht, dem es gelinge, einen neuen Schlüssel dazu zu machen.

Da war unser Geselle gleich keck entschlossen und trug sich an, einen solchen Schlüssel fertig zu machen.

Natürlich war dem roten Mandl damit nicht gedient.

Als nun der Schlosser den Schlüssel schweißte, setzte sich das Manderl unsichtbar ins Feuer und verdrehte ihm den Schlüsselbart. Der findige Schlosser merkte aber gleich den Schabernack und schob gar pfiffig den Schlüssel mit dem verkehrt angesetzten Barte wieder in den Schweißofen hinein. Und weil das Manderl vor lauter Wut und Ärger blind war, drehte es den Bart wieder um, und auf diese Weise kam er ganz richtig angesetzt aus dem Feuer heraus.

Danach ging der Schlosser mit der Obrigkeit zur Eiche, öffnete das

Schloß und bekam dafür gleich das Bürger- und Meisterrecht. Das stimmte ihn so lustig, daß er hell aufjauchzte. Dann schlug er noch zum ewigen Andenken einen Nagel in die alte Eiche und warf den Schlüssel in die Höhe. Der aber fiel zum Schrecken für alle nicht mehr auf die Erde herab.

Seit dieser Zeit wurde die Geschicklichkeit des Schlossermeisters immer mehr und mehr bekannt, und er verlebte gar viele Jahre in Glück und Reichtum, er vergaß aber niemals auf Gott, ging jeden Sonntag fleißig in die heilige Messe und hatte seinen gottlosen Jugendstreich gar oft schon bitter bereut.

Aber der böse Feind, der schon einmal über ihn Herr geworden, ließ nicht mehr von ihm ab, drückte nur zu schnell wieder sein reuiges Gemüt nieder und betörte mit Saus und Braus und gutem Leben sein Gewissen.

Und so saß einmal der Meister an einem Sonntag in der Frühe mit seinen Kameraden im Weinkeller „Zum steinernen Kleeblatt" unter den Tuchlauben, zechte mit ihnen und war voller Spässe. Da schlug es zehn Uhr.

„Jetzt muß ich in die Messe gehn", sagte der Schlosser und stand vom Sessel auf.

„Aber nein", sagten die andern, „hast ja noch Zeit! Wir wollen noch ein bissel trinken und würfeln." Und sie tranken und spielten, dann schlug es elf.

„Jetzt muß ich aber in die Messe gehn", sagte wieder der Schlosser und erhob sich vom Sessel.

„Nein, nein!" lärmten die andern, „hast ja noch ein halbes Stünderl Zeit – und das wollen wir noch mit Trinken und Würfeln verbringen!" Und der Tanz ging aufs neue los. Darauf schlug es halb zwölf.

Kreideweiß stürzte der Schlosser über die Stiege hinauf, der Stephanskirche zu. – O weh! Dort war es aber wie ausgekehrt. Ein einziges altes Mutterl erblickte er noch, das fragte er: „Um Himmels willen, liebes Frauerl, ist die letzte Messe schon aus?"

„Die letzte Messe? Es ist ja schon zwölf vorbei!" sagte darauf das lügenhafte Weib, obgleich es kaum halb zwölf war.

„O mein himmlischer Vater, so hab' ich meine Seligkeit verloren!" jammerte der Schlosser, stürzte verzweifelt in den Weinkeller zurück, riß seine silbernen Knöpfe vom Rock und schenkte sie seinen Kameraden als warnendes Andenken.

Inzwischen schlug es wirklich zwölf Uhr, und mit dem letzten Schlage stand das rote Manderl oben bei der Tür und rief dem Schlosser zu: „Du, versäum die Messe nicht! Hörst's nicht zwölfe läuten?"

Da stieg der Schlosser ganz verrückt über die Stufen hinauf, und das Manderl war größer als er. Sie gingen miteinander, und als sie auf dem Stephansfreithof waren, schritt neben dem Schlosser ein blutroter Riese.

Und als sie zur Kirchentür kamen, sagte gerade der Geistliche beim Altare: „Die Messe ist aus!"

Da hatte der blutrote Riese auf einmal kohlschwarze Hörner und Greifenklauen, faßte mit einem wahren Ingrimm den Schlosser und flog mit ihm in die sausende Luft.

Gegen Abend fand man seine zerfetzten Kleider am Rabenstein, und das alte Weib ging vorbei und sagte: „Ja, ja, vorgetan und nachbedacht, hat manchem großes Leid gebracht!"

DIE SPINNERIN AM KREUZ

Auf der Höhe des Wienerberges bei Wien steht eine schöne gotische Steinsäule, von der folgendes erzählt wird: Vorzeiten stand hier ein hölzernes Kreuz, und es verrichteten dort die vorübergehenden Leute gern ein Gebet. Nun wohnte in der Nähe dieses Ortes eine arme Frau, die sich durch Spinnen recht kümmerlich ihr Brot verdiente; oft kniete sie in Andacht bei dem Kreuze. Eines Tages bemerkte sie mit tiefer Kümmernis, daß das Kreuz morsch war und schon bald zerfallen werde. In ihrer Liebe zum Gekreuzigten nahm sie sich fest vor, an dieser Stelle ein Steinkreuz errichten zu lassen. Da ihr aber das Geld dazu fehlte, so trug sie von nun an ihr Spinnrad hinaus auf die Höhe des Wienerberges und bat die Vorübergehenden um eine milde Gabe und erzählte ihnen, was sie vorhabe.

Der Name des Menschensohnes öffnete die Herzen, und es kam nur sehr selten vor, daß ihre Bitte nicht erhört wurde. Beinahe alle Leute, die tagaus, tagein bei dem Kreuz am Wienerberg vorübergingen, gaben der armen Spinnerein ein Almosen, oder sie verrichteten wenigstens ein Gebet, damit der schöne Plan gelinge.

In kurzer Zeit war das fromme Weib weit und breit bekannt, und die Leute nannten sie jetzt nur mehr die Spinnerin am Kreuz.

Es dauerte nicht lange, so hatte sie eine schöne Summe beisammen, und weil sie sich auch im Laufe der Zeit von ihrem Arbeitslohne manches Silberstück erspart hatte, so konnte sie endlich ihren Herzenswunsch erfüllen und statt des hölzernen Kreuzes ein Steinkreuz machen lassen.

Seither heißt die Gegend dort „Zur Spinnerin am Kreuz“; und das schöne Wahrzeichen selber, durch das die Nachwelt allzeit an die Frömmigkeit dieser armen Frau erinnert wird, wird gleichfalls die „Spinnerin am Kreuz“ genannt.

Die Entstehungsgeschichte dieses Wiener Wahrzeichens wird auch noch folgendermaßen erzählt: Ein Ritter, der in der Gegend des Wienerberges wohnte, war mit Herzog Leopold VI., dem Glorreichen, ins Heilige Land gezogen.

Da gelobte seine Frau, zur Ehre Gottes auf der Höhe draußen ein steinernes Kreuz errichten zu lassen, wenn ihr Gemahl wieder wohlbehalten heimkehre. Die Kosten wollte sie durch Spinnen zusammenbringen.

Drei Jahre gingen vorüber, aber der Ritter kam nicht. Seine Frau wartete und wartete, aber es traf nicht einmal eine Nachricht von ihm ein, und so lebte sie in Angst und Sorge dahin.

Inzwischen aber hatte sie eine solche Menge Linnen gesponnen, daß sie sich vornahm, statt eines einfachen Kreuzes eine größere Denksäule herstellen zu lassen. Es fehlte ihr schließlich nur mehr ein Rocken, und sie konnte dann alle Kosten für das fromme Denkmal bestreiten.

Als sie gerade den letzten Rocken eingelegt hatte und wieder emsig und unverdrossen spann, da hörte sie plötzlich den Schall von Trompeten, und gleich darauf sah sie Scharen von Kreuzfahrern heranziehen.

Aus ihrer Mitte aber sprengte der Ritter hervor, schwang sich vom Pferde und schloß sein Weib in die Arme.

Es dauerte nicht lange, so stand auf der Höhe des Wienerberges eine schöne Denksäule, und weil die Rittersfrau beim alten Holzkreuz dort so oft gesponnen hatte, so nannten die Leute die Säule fortan nur mehr nach ihr „Die Spinnerin am Kreuz“.

VOM ARMEN WEBER ZUM REICHEN FABRIKANTEN

In der ehemaligen Vorstadt Gumpendorf wohnten vor hundert Jahren viele Weberfamilien; unter diesen war auch eine, deren Name heute in der ganzen gebildeten Welt bekannt ist. Die Baumwoll-, Seiden- und Damastwaren, die Teppiche, die in den Fabriken der Firma Philipp Haas & Söhne erzeugt werden, haben sich den Weltmarkt erobert und nehmen unter den Handelsartikeln Österreichs einen der ersten Plätze ein. Der Begründer dieses Hauses war Philipp Haas; er war der Sohn eines armen Webers und arbeitete mit seinem Vater an dem einzigen Webstuhle, wie dieser seit unvordenklichen Zeiten im Gebrauche stand. Die Arbeit war ungemein mühsam, und bei allem Fleiße war es der armen Weberfamilie kaum möglich, sich auch nur den einfachsten Lebensunterhalt zu sichern. „Weberarbeit, Weberelend", konnte man wohl sagen.

Der Vater des jungen Philipp hatte sein Handwerk vom Großvater gelernt, der auch eines Webers Sohn war; immer hatten sie sich in die schwere Arbeit geschickt, die Not ertragen und auf bessere Zeiten gehofft, die aber nicht kommen wollten. Auch der junge Philipp Haas arbeitete fleißig, aber er wollte auch bessere Zeiten erleben, und darum war er mit dem Handwerk, das er vom Vater erlernt hatte, nicht zufrieden. Unablässig dachter er nach, wie er es anfangen müsse, um nicht immer ein armer Weber zu bleiben. Er sah ein, daß es mit dem alten Webstuhle und der gewöhnlichen Weberarbeit gar nicht besser werden könne und daß er zu dem, was er von seinem braven Vater gelernt, noch gar vieles lernen müsse, wenn es besser werden solle.

Und so sann und grübelte er unablässig nach, so daß er oft so in Gedanken versunken war, daß ihn sein Vater einen ewig unzufriedenen Menschen schalt, aus dem nichts werden könne. Das beirrte aber Philipp keineswegs. Er ging in seinen freien Abendstunden und an Sonntagvormittagen in eine Zeichenschule, wie sie damals bei St. Anna bestand, und lernte Zeichnen; das braucht ein Weber, wenn er nicht nur grobe Leinwand, sondern auch feinere Muster weben will. Der Vater war unzufrieden mit dem aus der Art geschlagenen Sohn. Doch dieser ließ nicht ab von seinem Streben. Auch an dem alten Webstuhl gefiel ihm vieles nicht, und es wurde ihm immer klarer, daß dieser von Grund aus verändert und verbessert werden müsse.

Da kam er aber erst seinem Vater recht, der nicht begreifen wollte, wie sich jemand unterstehen dürfe, an diesem altehrwürdigen Erbstücke der Vorfahren etwas ändern zu wollen. So kamen für den Sohn recht trübe

Tage; er liebte seinen Vater, weil dieser ein so braver und rechtschaffener Mann war, und doch konnte er ihm nicht recht geben. Denn immer mehr sah er ein, daß das alte Weberhandwerk sich überlebt habe und verbessert werden müsse. Da kam ganz unerwartet ein heller Freudenstrahl in das Haus der armen Weberfamilie. Philipp hatte sich durch seinen eisernen Fleiß und sein Talent im Zeichnen von Webmustern eine so große Geschicklichkeit erworben, daß er für eine seiner Arbeiten einen ziemlich hohen Preis bekam. Jetzt erkannte Philipps Vater, daß es mit seinem Sohne doch nicht so übel stehen müsse, wenn er vor so vielen ausgezeichnet wurde, er ließ sich mit ihm in Gespräche über seine Pläne ein; jetzt kamen dem alten Manne selbst allerlei Gedanken über die gar einfachen Webearbeiten auf dem alten Webstuhl, der vielleicht doch ein besserer noch werden könnte.

Nun hatte der Sohn die notwendige Freiheit und durch den Geldpreis auch einiges Geld, um an seine Verbesserungen schreiten zu können. Das tat er mit allem Feuereifer; er verbesserte auch den Webstuhl, so daß er viel schönere Arbeiten zustande bringen konnte; diese Arbeiten wurden gut bezahlt, und der junge, überglückliche Weber konnte immer schönere Arbeiten liefern und endlich so schöne, wie sie bislang nur aus England kamen und auch teuer bezahlt werden mußten.

Da war nun Philipps Familie keine arme Weberfamilie mehr, sondern der Wohlstand war bei ihnen eingekehrt, und Philipp war ein angesehener Mann.

Ein anderer als er hätte sich nun seines Erfolges gefreut und sich ein vergnügtes, angenehmes Leben gegönnt, wäre mit dem Erreichten zufrieden gewesen und hätte sich nicht weiter gekümmert und geplagt. Aber Philipp war aus einem anderen Holze geschnitzt; er blieb bei dem Erreichten nicht stehen, sondern schritt rastlos vorwärts. Mit der Herstellung von weißen Kattunen hatte Philipp begonnen, nach und nach kam die Fabrikation von Organtinen, Musselinen und Sinons hinzu, aus dem Weber wurde ein Fabrikant, der seine eigene Bleicherei, Färberei und Appretur hatte und es endlich so weit brachte, daß er vorzügliche Baumwollstoffe, wie sie bis dahin nur die Engländer zu liefern vermochten, um billigere Preise auf den Markt bringen konnte.

Im Jahre 1830 war in Wien eine große Gewerbeausstellung, und Philipp Haas hatte nun die Gelegenheit, seine Webwaren auszustellen; sie wurden der Gegenstand der Bewunderung und Anerkennung, und es wurde ihnen der erste Preis zuerkannt. Sein Name war nun in aller Munde, und seine Waren wurden im Inlande als die besten anerkannt. Im Jahre 1844 erhielt er anläßlich seiner Beteiligung an der Weltausstellung in Berlin den ersten Preis für Damaste, und nun wurden auch im Auslande seine Waren viel begehrt und gut bezahlt. Es war ihm schier Unglaubliches gelungen. Er stand mit seinen Webarbeiten auf der Höhe der Arbeiten der Engländer und konnte mit ihnen den Kampf um den Welthandel mit aller Leichtigkeit aufnehmen.

So hatte denn Philipp Haas vierzig Jahre unermüdlich sein Geschäft betrieben und dieses durch eigene Erfindungen sowie durch weise Benützung anderer nützlicher Erfindungen auf die höchste Stufe der Vollkommenheit gebracht. Einer seiner Söhne, Eduard, trat in das Geschäft, und was der Vater so glücklich begonnen hatte, setzte er in gleichem Geiste fort. Ja selbst in England errichtete Eduard Haas eine Fabrik, und bei der ersten Londoner Industrieausstellung im Jahre 1851 waren die Webearbeiten der Firma Philipp Haas & Söhne der Gegenstand großer Bewunderung und wohl auch des Neides.

Jetzt ist das Geschäft Philipp Haas & Söhne anerkannt als eines der besten der Welt; mehr als 2000 Menschen finden darin ihren Lebensunterhalt; viele Fabriken in allen Ländern erzeugen jährlich riesige Massen von Waren, und die vielen reichen Kaufläden in den verschiedensten Städten locken die kauflustigen Kunden heran.

Und der Begründer einer der größten Industrien Österreichs war ein armer Weberjunge, der freilich über der mechanischen Weberarbeit nicht das rastlose Streben nach den so notwendigen Verbesserungen vergessen hat.

DAS LETZTE VIERTEL

Auf dem Stephansturm ist eine Uhr, die schlägt nur die vollen Stunden; um viertel und um halb müssen die Turmwächter selber das Primglöckel anschlagen; aber um drei Viertel tun sie's nicht, da schlägt's überhaupt nicht.

Und das ist so gekommen: Als die Türken zum letztenmal vor Wien lagen, 1683 war's, da schwur eines Tages zwischen elf und zwölf Uhr vormittags der Türkengeneral beim Barte des Propheten, daß er die Stadt erobern werde, sobald es am Stephansturm drei Viertel schlage. Der feindliche Anführer wartete und wartete, aber drei Viertel schlug es nicht! Die schlauen Wiener hörten nämlich von seinem Schwur und verboten den Turmwächtern, das Glöckerl zu läuten.

Der böse Türkengeneral konnte lange warten und eroberte natürlich auch die Stadt Wien nicht. Das hatte er von seinem trotzigen Schwur! Aber seitdem schlägt's auf dem Stephansturm nie mehr das letzte Viertel.

DER SCHLEIER DER MARKGRÄFIN

Agnes, die Tochter Kaiser Heinrichs IV., stand mit ihrem Gemahle Leopold III., später der Heilige genannt, am achten Tage nach ihrer Hochzeit auf dem Söller der markgräfischen Burg auf dem Kahlenberg, und sie sprachen miteinander über die Gründung eines Klosters; doch wußten sie nicht, wo sie es bauen sollten. Plötzlich kam ein heftiger Windstoß, der entriß der Markgräfin den Schleier und trug ihn fort, sie sahen nicht, wohin.

Agnes war über den Verlust sehr traurig, denn es war ihr Brautschleier. Ihr Gemahl suchte ihn wochenlang weit in der Runde, konnte ihn aber nicht finden. Da gelobte er, dort ein Kloster zu erbauen, wo der Schleier gefunden werde.

Acht Jahre später jagte Leopold im Walde, etwa eine Stunde weit von seiner Burg, und als er dem Gebell seiner Hunde nachging, fand er im Dickicht auf einem Holunderstrauch den Schleier seiner Gemahlin wieder. Wie durch ein Wunder war er noch ganz unversehrt.

Da erinnerte er sich an sein gegebenes Wort und erbaute an dieser Stelle ein Kloster. Es lag bei der neuen Burg, die der Markgraf auf dem Kahlengebirge (dem heutigen Leopoldsberg) errichtet hatte, und erhielt deshalb den Namen Klosterneuburg.

Noch heute sieht man in dem Kreuzgange des Stiftes Klosterneuburg in einem Glaskasten ein Stück des Holunderstrauches, das in Gold gefaßt ist, sowie den Schleier der Markgräfin. Man zeigt hier auch unter einem darüber geworfenen Schleier eine kostbare Monstranz in der Form eines solchen Strauches, mit Blüten aus Perlen. Zu Füßen der Monstranz kniet, von Jagdhunden umgeben, der heilige Leopold.

DIE BÄRENMÜHLE AN DER WIEN

Vor alter Zeit waren die Dörfer *Nikolsdorf, Matzleinsdorf, Reinprechtsdorf* selbständige Gemeinden; sie hatten einen eigenen Bürgermeister und ein eigenes Amtssiegel. Wer von Matzleinsdorf nach Nikolsdorf kommen wollte, der mußte über Wiesen und durch einen Weingarten gehen. Wer aber sein Korn in der Mühle mahlen lassen wollte, der mußte bis an den Mühlbach hinuntergehen, und da kam er durch einen Wald.

Im Sommer war es gar nicht gefährlich, in den Wäldern bei Wien zu wandern; im Winter kam es aber öfter vor, daß Wölfe und Bären von der weiteren Umgebung in diese Wälder drangen und von da Ausflüge in die Stadt unternahmen.

Einmal im Winter kam der Müller Johann Wachtel, Besitzer der Heiliggeistmühle, spätabends nach Hause. Er wollte eben in die Mühle hineingehen, da hörte er plötzlich hinter sich ein fürchterliches Gebrüll; im selben Augenblick wurde er von zwei kräftigen Armen gepackt und niedergeworfen. Der Müller war ein starker Mann und wehrte sich mit seiner ganzen Kraft. Aber der Bär war stärker und drückte den Müller so fest zu Boden, daß ihm die Rippen krachten.

Da schrie der Müller, so laut er konnte: „Hilfe! Hilfe!“ Das hörte sein Knecht Andreas, der im ersten Stock der Mühle seine Schlafkammer hatte. Er war der stärkste Bursche auf dem Grund, und niemand getraute sich mit ihm zu raufen. Schnell lief er ans Fenster und sah seinen Herrn im Kampfe mit einem zottigen Tier. Ohne viel zu überlegen, sprang er aus dem Fenster und fiel so glücklich, daß er auf dem Rücken des Bären zu sitzen kam wie ein Reiter auf seinem Pferd. Da rief er:

„So ist's recht! Wart, du Bestie, wenn du raufen willst, da kommst du mir gerade recht!“ Und der Knecht schlang seine beiden Arme mit Riesenkraft um den Hals des Untiers und schnürte ihm die Kehle zusammen. Der Bär ließ sogleich den Müller los und wollte sich aus den Armen des Knechtes befreien. Aber Andreas saß wie festgewachsen auf dem Rücken des Tieres und ließ sich nicht abschütteln; seine Arme preßten wie eiserne Klammern den Hals des Bären. Inzwischen war der Müller aufgesprungen, weckte die Nachbarsleute aus dem Schlafe, und nun gingen sie alle mit Prügeln, Dreschflegeln und Mistgabeln auf den Bären los. Andreas sprang mit einem Satze von dem Tiere herunter, packte einen Dreschflegel und betäubte mit einem furchtbaren Schlage das wütende Tier. Jetzt war es leicht, den Bären vollends zu töten.

Nach wenigen Minuten lag das Tier tot auf dem Boden. Der Müller war gerettet. Er ging auf Andreas zu, reichte ihm die Hand und sagte: „Du bist ein wackerer Mann! Begehre, was du willst, ich will es dir geben!"

Andreas aber sagte: „Es ist ja nicht der Rede wert, das hätte jeder andere auch getan. Wenn Ihr mir aber was geben wollt, so schenkt mir die Haut von dem Bären. Ich will mir daraus einen Pelz machen lassen für den Winter."

Der Müller wollte ihm noch eine Summe Geldes draufgeben, aber Andreas nahm nichts. Aus der Bärenhaut ließ er sich einen Pelz machen, den er im Sommer und im Winter trug; im Winter am Leib, im Sommer über der Schulter. Von da an nannten ihn die Leute nur noch den „Bärenhäuter". Später kaufte er sich in der Nähe ein Wirtshaus und schrieb auf das Schild: „Gasthaus zum Bärenhäuter".

Der Müller ließ den Bären abmalen und hängte das Bild als Schild über die Tür seines Hauses. Die Mühle hieß von da an die „Bärenmühle".

DER ENGELBRUNNEN AUF DER WIEDEN

Vor mehr als 500 Jahren hauste in der Umgebung Wiens ein Räuber mit Namen *Hans Aufschring.* Die Leute nannten ihn den „Waldteufel", weil er so böse war wie ein Teufel und weil er in den Wäldern um Wien lebte. Schon einige Male hatte der Stadtrichter ein paar handfeste Knechte ausgeschickt, aber keiner war zurückgekommen. Alle hatte der Waldteufel umgebracht. Da ließ der Stadtrichter durch Boten verkünden: „Wer den Waldteufel fangen will, der soll sich melden, er bekommt eine hohe Belohnung." Aber es meldete sich niemand. So blieb alles beim alten. Der Waldteufel lachte, als er das erfuhr. Aber er hatte nichts zu lachen, sein letztes Stündlein sollte bald schlagen.

In dieser Zeit wohnte auf der „Viehweide" ein Faßbinder. Er hatte eine 18jährige Tochter namens Elsbeth; sie war das bravste und schönste Mädchen des Ortes. Eines Tages war Elsbeth verschwunden. Ihr Vater fuhr in großer Aufregung in ganz Wien herum und fragte alle Bekannten, ob sie seine Tochter nicht gesehen hätten. Niemand wußte etwas von ihr. Als der Vater zu seinem Freunde *Sebastian Guntl* – das war ein Gastwirt – in der Kärntner Straße kam, da sagte dieser:

„Deine Elsbeth war gestern bei mir und hat sich einen Wagen und zwei Pferde ausgeliehen. Dann hat sie gesagt, sie will noch zwei starke Knechte und einen starken Kutscher. Ich hab' mir gedacht, ihr wollt halt Fässer führen, und deshalb hab' ich den Wagen hergeliehen. Sie ist gestern noch fortgefahren, ich weiß nicht, wohin."

Der Vater war ganz verzweifelt. Er ging nach Hause und trauerte um seine Tochter.

Zur selben Zeit hieß es, daß der Waldteufel in der Teufelsmühle am Wiener Berg wohne. Die Mühle gehörte damals einem Wirt, der auch ein Räuber war.

Da fuhr eines Abends im Herbst des Jahres 1370 ein Wagen vor die Teufelsmühle. Er kam aus Wiener Neustadt. Auf dem Bock saß ein starker Kutscher, im Wagen saßen zwei starke Knechte und ein junges Mädchen. Hinten auf dem Wagen lag eine große Kiste, die in Decken und Tüchern eingewickelt war. Die Knechte hoben die Kiste vom Wagen und trugen sie in die Teufelsmühle. Dann kamen sie wieder heraus und setzten sich neben das Mädchen. So erwarteten sie die Nacht.

Der Waldteufel hatte gesehen, daß eine Kiste ins Haus getragen worden war. Er schlich sich unbemerkt in den Mühlraum, weil er wissen wollte, was in der Kiste drinnen war. Die Kiste war leer, aber daneben stand ein schöner Lehnstuhl. Der Waldteufel sah ihn von allen Seiten an, dann sprach er zu sich selbst:

„Sonderbare Geschichte! Wollen die mir einen Sessel schenken, damit ich mich von meinen Taten ausruhen kann? Ich will's einmal versuchen, wie sich's darauf sitzt!"

Und mit diesen Worten setzte er sich darauf. Da begann es zu rasseln, blitzschnell kamen blanke Eisenstangen aus dem Lehnstuhl hervor und schlossen sich zu einem festen Gitterwerk zusammen, so daß der Waldteufel nicht mehr aufstehen konnte. Als er merkte, daß er gefangen sei, fing er an zu schreien:

„Hilfe! Hilfe! Herr Wirt, helft mir!"

Das Mädchen und die Knechte sprangen vom Wagen und liefen in die Mühle. Da saß der Waldteufel im Gittersessel und rüttelte an den Eisenstäben.

Das Mädchen klatschte vor Freude in die Hände und sagte:

„Nun haben wir ihn erwischt! Knechte, tragt den Sessel schnell hinaus auf den Wagen!"

Die Knechte ergriffen den Lehnstuhl und schleppten ihn samt dem Waldteufel aus der Mühle hinaus. Sie achteten nicht auf das Schreien und Spucken des Gefangenen. Dann holten sie den Wirt aus dem Bette, fesselten ihn und setzten ihn auf den Bock. Gleich darauf fuhr der Wagen in der Richtung nach Wien ab und blieb erst vor dem Gasthaus Guntl in der Kärntner Straße stehen. Das Mädchen sprang herab und sagte zum Wirt:

„So, lieber Herr Guntl, da habt Ihr Euren Wagen wieder! Ich danke Euch schön für Eure Freundlichkeit!“

Der Wirt schaute sie groß an, dann sah er den Waldteufel im Gitterwerk sitzen.

„Ja, was hast du denn da für ein Vogerl gefangen?“ fragte Herr Guntl erstaunt.

„Ein sauberes Vogerl, es heißt Waldteufel!“ lachte Elsbeth. Dann lief sie rasch davon, um ihrem Vater zu erzählen, wo sie gewesen war.

Der Vater war glücklich, als er seine Tochter wieder gesund vor sich sah. Sie erzählte ihm alles:

„Denke dir, ich war in der Neustadt beim Waffenschmied *Klingsporner.* Ich hab' mir von ihm einen kunstvollen Fangsessel machen lassen. Schau ihn nur an, beim Guntlwirt im Hofe steht er. Der Waldteufel sitzt drinnen.“

Der Vater kannte sich nicht recht aus. Er ging sogleich mit der Tochter zum Guntlwirt. Nun begriff er erst, welche Heldentat seine Elsbeth vollbracht hatte.

„Du bist ein tapferes Mädchen“, sagte er. „Aber du hättest mir doch vorher ein Wort davon sagen können, ich habe große Angst um dich ausgestanden.“

„Aber Vaterl, du hättest mich ja nicht fortgelassen, wenn ich dir gesagt hätte, daß ich den Waldteufel fangen will!“

Dann wurde beim Guntlwirt ein großes Fest gefeiert, das bis zum Morgen dauerte.

Am nächsten Tage wurden die Gefangenen dem Stadtrichter vorgeführt. Die Wiener kamen in großen Scharen, um die gefürchteten Räuber anzuschauen. Sie wurden dann ins Stadtgefängnis gesetzt und gut angekettet. Es wurde Gericht gehalten über sie, und beide wurden für schuldig befunden. Am 24. Januar des Jahres 1371 wurde ihnen auf dem Hohen Markte der Kopf abgeschlagen.

An dem heutigen Engelbrunnen auf der Wieden ist diese Begebenheit dargestellt. Auf einem Sockel steht ein Mädchen, das sich Zöpfe flicht; das ist Elsbeth. Zu beiden Seiten sitzen zwei gefesselte häßliche Männer; aus ihrem weit offenen Munde speien sie das Wasser des Brunnens. Das sind die beiden Räuber, der Waldteufel und der Wirt der Teufelsmühle.

DER RATTENFÄNGER VOM MAGDALENENGRUND

Die Gegend, wo heute die Laimgrubenkirche steht, war ehemals eine Vorstadt Wiens, die sogenannte Laimgrube. Der Ort bestand nur aus 38 Häusern, die alle sehr klein waren; sie hatten im Innern nur einen einzigen finsteren Raum, der zugleich Zimmer, Küche, Boden und Keller war. Die Häuser waren aus Holz gebaut und wurden nicht ausgebessert; es fehlten schon Bretter in den Wänden, und auch in den Dächern sah man schon Löcher. Statt der Fenster gab es nur kleine Luken, die im Winter mit Brettern verschlagen wurden. Die Häuser hatten auch keinen Rauchfang; der Rauch zog entweder durch die Fensterluken ab oder ging durch das schadhafte Dach ins Freie. In den Zimmern war kein Fußboden gelegt; die Leute schliefen auf der bloßen Erde. Die Abfälle aus der Küche und aller Unrat wurden vor das Haus geworfen, wo sich ein greulicher Gestank entwickelte.

Es war begreiflich, daß sich da viele Ratten und Mäuse aufhielten und zur Plage der Bewohner wurden. In Wien nannte man deshalb diese Dorfstadt gewöhnlich nur *Ratzenstadl.*

Um diese Zeit lebten in Wien Leute, die für Geld Ratten vertilgten. Sie streuten ein giftiges Pulver auf, das fraßen die Ratten und starben daran. Man nannte solche Leute Rattenfänger oder Rattentöter. Aber keiner konnte die Ratten vollständig vertreiben; sie wuchsen in den Schlupflöchern immer wieder nach.

Es ging aber die Sage von einem Rattenfänger, der die Ratten auf wunderbare Weise vertreiben konnte. Die Sage ist folgende:

Im Dreißigjährigen Krieg waren in Korneuburg bei Wien so viele Ratten, daß die Einwohner beschlossen, aus der Stadt auszuwandern; sie konnten es nicht mehr aushalten. Da trat ein Mann in die Versammlung und sagte:

„Ich weiß ein Mittel, die Stadt von den Ratten zu befreien."

Die Einwohner versprachen dem Manne viel Geld; am nächsten Morgen wollte der Rattenfänger mit der Vertilgung beginnen.

Als der Morgen graute, kam der Mann zum Stadttor herein. Er war als Jäger angezogen und hatte eine kleine schwarze Flöte in der Hand. Er führte sie an den Mund, und sofort ertönte eine abscheuliche Musik. Da kamen aus allen Häusern und Winkeln die Ratten herbeigerannt und folgten dem Flötenbläser, der jetzt langsam zur Donau hinunterging. Immer neue Scharen von Ratten kamen aus ihren Löchern hervor; die Straße war schon ganz schwarz vor Ratten.

Da stieg der Rattenfänger in ein Boot und stieß vom Lande ab. Dabei blies er immerfort auf der Flöte. Die Ratten folgten ihm nach und stürzten sich ins Wasser, um dem Boote nachzuschwimmen. Da ertranken sie alle. Die Stadt Korneuburg war von der Rattenplage befreit.

Jetzt fuhr der Rattenfänger wieder ans Ufer und begehrte seinen Lohn.

Die Ratsherren fragten ihn:

„Wie heißt du und woher bist du?“

Der Rattenfänger antwortete:

„Ich bin aus Wien, vom Magdalenengrund und heiße Hans Mäuseloch.“

„Das könnte jeder sagen!“ meinten die Ratsherren. „Ihr steht mit dem Teufel im Bunde! Ein gewöhnlicher Mensch kann nicht mit einer Flöte Mäuse anlocken. Ihr seid ein Schwarzkünstler, ein Gaukler, ein Zauberer, und einen solchen Menschen braucht man das Wort nicht zu halten. Macht, daß Ihr weiterkommt, sonst bringen wir Euch wegen Zauberei noch vors Gericht!“

Da erwiderte der Rattenfänger:

„Ihr seid sehr undankbare Leute! Es kann euch ganz gleich sein, auf welche Art ich die Stadt von den Ratten befreit habe. Es muß euch genug sein, daß jetzt keine Ratten mehr da sind. Ihr habt gar kein Recht, mich wie einen Verbrecher zu behandeln. Und wenn ihr mir den versprochenen Lohn nicht auszahlen wollt, so sollt ihr mich von einer andern Seite kennenlernen! Ich habe euch Gutes getan; wenn ihr aber jetzt Gutes mit Bösem vergeltet, dann will ich euch ein Gleiches tun. Ich warne euch! Hört jetzt mein letztes Wort: In dem Hause bei der Kirche ist in der Mauer ein Loch. Da hinein legt ihr bis morgen früh das Geld. Wenn ihr das nicht tut, dann werdet ihr es büßen!“

Die Ratsherren lachten und sagten:

„Da könnt Ihr lange warten, bis wir Euch für Eure Zauberstücke Geld geben!“

Am andern Morgen ging der Rattenfänger zu dem Mauerloch. Es war kein Geld drinnen. Nach einer Stunde kam er in blutrotem Gewande auf den Marktplatz, zog eine goldene Flöte heraus und blies darauf so schöne Lieder, daß alle Kinder gelaufen kamen und mit dem Spielmann fortgingen. Der ging wieder der Donau zu, bestieg ein schönes Schiff, und alle Kinder stiegen mit ihm ein. Dann fuhr das Schiff schnell ab und wurde nie mehr gesehen.

Die Bürger Korneuburgs waren entsetzt über diese Tat; fast in jedem Hause trauerten Eltern um ein Kind.

Viele Jahre später kam ein Kaufmann aus dem Morgenlande und erzählte, daß vor Jahren dort viele Kinder auf dem Sklavenmarkt verkauft worden sind.

DIE HERZOGSGRUFT IM STEPHANSDOM

Herzog Rudolf IV., der Stifter, war der Schwiegersohn des deutschen Kaisers Karl IV. aus dem Hause Luxemburg. Große Hoffnungen für die Zukunft knüpften sich an diese Verbindung des Habsburger und des Luxemburger Hauses. Die deutsche Kaiserkrone hatte bereits die Stirne Rudolfs von Habsburg und seines Sohnes Albrecht I. geziert, ging aber dann an den Herzog Ludwig von Bayern verloren. Jedoch nur vorübergehend blieb sie dem Bayernherzoge, um an das Haus Luxemburg überzugehen. So kam sie endlich an König Karl von Böhmen. Als deutscher Kaiser nahm sich dieser anfangs des Deutschen Reiches kräftig an. Um den fast unvermeidlichen Streitigkeiten bei der Wahl der deutschen Kaiser ein Ende zu bereiten, gab er die „Goldene Bulle" heraus, ein Gesetz, durch welches seine Fürsten bestimmt wurden, welche den deutschen Kaiser zu wählen hatten. Es waren dies vier weltliche: der König von Böhmen, der Markgraf von Brandenburg, der Herzog von Sachsen-Wittenberg und der Pfalzgraf bei Rhein, und drei geistliche: die Erzbischöfe von Mainz, Köln und Trier.

Sein Schwiegersohn Rudolf IV. von Österreich wurde nicht zum Kurfürsten gewählt, obwohl ihm diese Würde in erster Linie gebührt hätte. Darum beanspruchte Rudolf den Titel eines Pfalz-Erzherzogs, um nicht hinter den Kurfürsten zurückzustehen. Kaiser Karl IV. wollte die deutsche Kaiserkrone bei seinem Hause erhalten und suchte daher die Habsburger soviel als möglich zurückzudrängen. Aber vergebens, denn schon im Jahre 1438 kam die Kaiserwürde wieder an das Haus Habsburg und blieb bei demselben bis zum Jahre 1804, da sie der Kaiser Franz II. freiwillig niederlegte.

Rudolf IV. der Stifter nahm sich seinen Schwiegervater Karl IV. vielfach zum Vorbilde. Dieser baute in Prag den großen St.-Veits-Dom und gründete daselbst auch die erste deutsche Universität.

Rudolf IV. baute die Stephanskirche und gründete die Wiener Universität. Der Bau der Stephanskirche lag dem edlen Fürsten ungemein am Herzen. Bevor er nach Italien zog, um von dort seine Braut heimzuführen (seine erste Gemahlin war leider frühzeitig gestorben), lud er seine zwei Brüder Leopold den Biderben und Albrecht ein, mit ihm in die Stephanskirche zu gehen. Dort führte er sie an eine Stelle vor dem Hochaltar. Hier sahen sie zu ihrem Erstaunen eine tiefe Gruft. Diener waren zur Stelle, welche brennende Fackeln in der Hand hielten. Nun stiegen sie alle auf sein Geheiß in die Gruft hinab. Hier sprach Rudolf: „Meine lieben Brüder! Diesen großen Dom habe ich dem ewigen Gott zu seinem Ruhme und seiner

Ehre zu bauen begonnen. Hier sollen andächtige Gebete von Millionen Menschen zum Himmel emporsteigen; es soll diese Kirche ein Wahrzeichen des frommen Sinnes unseres Hauses bleiben bis in die fernsten Zeiten. Ich muß nun fort in weite Ferne und weiß nicht, ob es mir nach Gottes weisem Ratschluß beschert bleiben wird, an diesem ehrwürdigen Gotteshause weiter zu bauen, wie es meines Herzens innigster Wunsch ist. Reicht mir eure Rechte, meine lieben Brüder, und schwört mir, daß ihr mich in dieser Gruft als den ersten zum ewigen Frieden betten werdet, die nun fürderhin die Herzogsgruft unseres glorreichen Hauses sein soll, schwört mir aber auch, daß ihr und eure Nachfolger nicht ruhen und nicht rasten werdet, bis der stolze Bau vollendet dasteht."

Tief ergriffen reichten ihm die Brüder ihre Hand zum heiligen Schwur. Dann verließen sie die Gruft, und bald war diese mit schweren Steinen verschlossen.

Nicht lange darauf verließ Rudolf sein so heißgeliebtes Wien und die Segenswünsche des ganzen Volkes begleiteten ihn auf seinem Zuge.

Ein Jahr war vergangen. Da gab es große Trauer in Wien und ganz Österreich. Der von seinem Volke so geliebte und so verehrte Fürst Rudolf IV., der Stifter, lag auf der Totenbahre. Sein Herz, das so ganz seinem Volke gehört hatte, schlug nicht mehr. Sein willensstarker Geist, der Österreichs Größe begründet hatte, war nicht mehr. Ganz Wien nahm Anteil an dem schmerzlichen Verlust, aus ganz Österreich waren Tausende herbeigeströmt, um dem edlen Herrscher das letzte Geleit zu geben. Hinabgesenkt wurde er in die Gruft, die er zur ewigen Ruhestätte für sich und seine Nachfolger gestiftet. Schmerzdurchwühlt, aber, wie es edlen Menschen ziemt, gottergeben standen wieder seine Brüder an der heiligen Stätte, wo sie ihm einst den Schwur geleistet. Sie reichten sich über dem Sarg ihre Rechte und erneuerten stumm ihren heiligen Schwur. Und was sie schwuren, hielten sie und ihre Nachfolger treu. Stolz erhob sich der große Stephansdom zu des Himmels Höhen als Wiens größtes und schönstes Wahrzeichen fürstlicher Frömmigkeit und fürstlichen Kunstsinnes für ewige Zeiten.

DIE GNAD' GOTTES AM KAHLENBERG

Zu den schönsten Landschaftsbildern, deren Wien in seiner Umgebung so viele hate, gehört wohl das des Kahlengebirges. Geradezu überwältigend ist der Ausblick von diesem Gebirge; im Süden erheben sich die gewaltigen steirischen Berge, im Osten steigt das Leithagebirge empor, und die kleinen Karpaten werden sichtbar.

Der breite Donaustrom zieht dahin in die blaue Ferne, und die fast unermeßlich weite Ebene des Marchfeldes zeigt dem Auge viele Ansiedlungen fleißiger Menschen. So war es schon in längstvergangenen Zeiten, wenn sich auch in unserer Zeit vieles geändert hat. Die Riesenstadt Wien reicht heute bis an den Fuß des Gebirges, herrliche Gebäude sind ringsum erstanden, gewaltige Brücken spannen sich über die Donau, und bequem kann man mit der Zahnradbahn auf die Höhen des Berges gelangen. Aus den mächtigen Dampfschloten der zahlreichen Fabriken steigt der Qualm in die Lüfte, und tausend fleißige Hände mehren den Reichtum des schönen Landes.

Das Kahlengebirge ist aber nicht nur landschaftlich schön, es ist auch geschichtlich höchst merkwürdig. An seinen Abhängen pflanzten einst die Römer die ersten Reben, in den Stürmen der Völkerwanderung fanden hier blutige Kämpfe statt, und im 12. Jahrhunderte baute sich hier der Babenberger-Markgraf, der hl. Leopold, seine Burg auf einem der Berge, der nach ihm den Namen Leopoldsberg führt. In seiner Nähe baute er Klosterneuburg, das mithin zu den ältesten Ansiedlungen Niederösterreichs gehört. Auf dem Marchfelde bei Jedenspeigen besiegte Rudolf von Habsburg den stolzen Böhmenkönig Ottokar, und während der beiden Türkenbelagerungen in den Jahren 1529 und 1683 waren die Abhänge des Kahlengebirges mit Türkenzelten übersät. Auch die neuere Geschichte Österreichs erwähnt uns hier Orte von besonderer Wichtigkeit. Wir nennen nur Aspern, wo Erzherzog Karl im Jahre 1809 der erste Besieger des größten Feindes Österreichs, Napoleons I., wurde.

Aber nicht nur geschichtlich merkwürdig ist das Kahlengebirge und seine Umgebung, auch manche schöne Sage, die sich im Volksmunde im Laufe der Jahrhunderte erhalten hat, hat hier ihre Stätte. Hierher gehört die Sage von der Gnad' Gottes, die uns erzählt, was sich vor etwa 500 Jahren auf dem Kahlengebirge zugetragen haben soll.

Damals kam ein Mann aus fremder Gegend hergezogen. Weil ihm das Kahlengebirge so sehr gefiel, so beschloß er, sich hier anzusiedeln. Er hatte als Bergmann in verschiedenen Bergwerken gearbeitet, war sehr fleißig und sparsam, und so besaß er auch einiges Geld, wenn es auch nicht viel gewesen sein mag. Er erbaute sich an dem Abhang des Berges ein kleines Häuschen, legte eine Wirtschaft an und lebte mit seinem Weibe glücklich und zufrieden.

Aber in ihm steckte noch immer der alte Bergmann.

Stollen in die Erde zu graben, nach edlen Metallen zu forschen, sein Glück zu versuchen, das waren die Gedanken, die ihn fortwährend beschäftigten. Warum sollte in diesem Berge mit seinem mannigfach glitzernden Gestein nicht auch Silber oder gar Gold zu finden sein? Wer es nicht sucht, der kann es nicht finden; wer sich aber redlich bemüht, dem hilft die Gnade Gottes, so dachte er.

Und so machte er sich denn eines Tages auf und fing an, den Kahlenberg emsig zu begehen. Wo aber mit Haue und Spaten beginnen? Wo schläft das Glück? Als der Mann suchend über den sonnenbeglänzten Berg dahinblickte, sah er immer wieder einen Vogel zu einer bestimmten Stelle hinfliegen. Er ging hin, blickte in das Gebüsch und fand ein leeres Vogelnest, aus dem die Vöglein alle ausgeflogen waren. Das schien dem Bergmanne ein gutes Zeichen. Gewiß war das Vöglein in diesem Neste flügge geworden, hatte alle Gefahren glücklich überstanden, lebte nun in glücklicher Freiheit und kam noch zuweilen zu dem alten Neste, wo es seine Mutter mit soviel Liebe gepflegt und sein Vater so wohlgenährt hatte. „Hier beginne ich das Werk!“ rief der Bergmann freudig aus, „und nennen will ich den Ort die Gnad’ Gottes, die auch mir helfen soll, alle Gefahren zu überstehen und das ersehnte Glück zu finden!“

Er begann zu graben. Das war aber eine harte Arbeit, die ihn schwere Schweißtropfen kostete, und sehr langsam ging sie vonstatten. Ein langer Tag voll schwerer Arbeit brachte ihn nur wenig weiter. Wochen vergingen, so schwere Wochen, er war wohl schon ziemlich weit in die Erde gedrungen, aber nichts als ödes Gestein, Schutt und Erde waren zu finden. Sein Weib meinte schon, es sei wohl vergebliche Arbeit, er solle sich lieber nicht mühen und seine Kräfte sparen. Er aber vertraute auf Gott und wollte nicht verzagen. Es wurde ruchbar in der ganzen Gegend, daß ein Bergmann am Kahlenberge nach Gold grabe, und bald kamen etliche Männer und boten sich an, mit ihm das Glück zu versuchen, womit er ganz einverstanden war. Er fand in ihnen tüchtige Mithelfer, die Arbeit ging rasch vonstatten, aber leider zeigte sich noch immer keine Erzader. Endlich hielten auch sie es für vergebliche Arbeit, verloren ihren guten Glauben an das Glück des Bergmannes und gingen von dannen. Er aber hielt aus und wollte auch in seiner festen Zuversicht nicht wankend werden, so suchte er Trost in dem andächtigen Gebete zu dem allgütigen Gott.

Es waren drei Monate vergangen, als unser Bergmann wieder beim Sonnenaufgang in seinem Stollen fleißig arbeitete. Da schien es ihm, als ob das Gestein immer härter und glänzender würde, es war nicht so wie früher, ganz anders sah es aus, und wirklich – es war nicht mehr ödes Gestein, es war blankes Erz, das im Widerscheine seiner Lampe hell erglänzte. Zitternd vor Aufregung stürzte er mit einem Stücke hinaus ins Freie, ja, es hatte ihn nicht getäuscht, das war edles, kostbares Metall. Nieder sank er auf die Knie, faltete die Hände und dankte der Gnade Gottes, die seinen sehnlichsten Wunsch erfüllt hatte. – So wurde aus dem armen Bergmann ein reicher Bergwerksbesitzer, zu dem die Arbeiter von allen Seiten herbeiströmten; sie fanden ja in dem neuen Bergwerke reichlichen Verdienst. Sie bauten sich ihre kleinen Häuschen, und so soll das Kahlenbergerdörfl entstanden sein.

Das Glück machte aber unsern Bergmann nicht übermütig, im Gegenteil, er benützte es, um anderen guten Menschen zu helfen. Deshalb erfreute er sich weit und breit großen Ansehens, bis er hochbetagt sein Haupt zur ewigen Ruhe legte.

Das Bergwerk kam nun an einen andern Besitzer. Dieser hatte es um viel Geld erstanden und trug ihm reichliche Zinsen. Aber er war ein anderer Mann als sein Vorgänger; die Arbeit war nicht seine Lust, und sein Herz kannte kein Mitleid. Er schmälerte die Arbeiter in ihrem Lohn, behandelte sie hart und war taub gegen die Bitten der Armen. Sein Reichtum hatte ihn verblendet, er glaubte, sein Glück stehe felsenfest und könne ihm niemals geraubt werden.

So saß er einst mit seinen Bekannten im Wirtshause. Unter ihnen war ein steinalter Mann, der es miterlebt hatte, wie der Bergmann aus der Fremde unter unsäglichen Mühen, und immer auf die Gnad' Gottes vertrauend, zu so hohem Glück gekommen war. Der Greis sagte nun zu dem neuen Bergwerksbesitzer: „Dein Vorgänger war ein fleißiger Mann und vertraute fest auf die Gnad' Gottes." – „Ah was", polterte der Angeredete, „Gnad' Gottes her, Gnad' Gottes hin, wäre kein Erz im Berge gewesen, so hätte er keines gefunden, trotz aller Gnad' Gottes."

Das waren böse Worte, und entsetzt verließen die Genossen den Frevler.

Dieser aber zechte weiter und ging spät heim. Es war spät geworden am nächsten Tage, und er schlief immer noch. Die Bergleute waren bereits fleißig an der Arbeit, viel Gestein hatten sie aus den Wänden geschlagen und herausgeschleppt, aber es war nur Gestein und blieb nur solches. Von Erz war nichts zu sehen, verschwunden war es, als ob es nie dagewesen wäre. Da ergriff die Arbeiter Schrecken, und einer eilte zu dem Herrn, um ihm von ihrer vergeblichen Arbeit zu erzählen. Dieser hörte von dem Unglück und eilte fast sinnlos vor Angst in das Bergwerk, wo er seine Arbeiter verzweifelt an der fruchtlosen Arbeit fand.

Da erinnerte er sich an das Gespräch, das er gestern abends geführt, und mit dem Rufe: „Die Gnad' Gottes, ich hab' an ihr gezweifelt!" stürzte er tot zu Boden.

Von dieser Zeit an fand man kein edles Erz mehr im Berge, die Bergleute wanderten aus, und nur wenige blieben in dem Kahlenbergerdörfl, um sich mühsam als Holzknechte fortzubringen.

WIEGAND, DER BETTELSTUDENT

Einer der unglücklichsten Fürsten aus dem Hause Habsburg war Kaiser Friedrich der Schöne, der Sohn Kaiser Albrechts I., der Enkel Rudolfs. Neben ihm wurde der Herzog Ludwig von Bayern ebenfalls zum deutschen Kaiser gewählt, und mit diesem mußte Friedrich der Schöne um die Kaiserkrone ringen. In der Schlacht bei Mühldorf – 28. September 1352 – wurde Friedrich besiegt und gefangengenommen, und endlich verzichtete er auf die Kaiserkrone zugunsten des Bayernherzogs. Seine Gemahlin hatte sich um ihn blind geweint, und er verbrachte sein Leben in Trauer und Einsamkeit. Gott wohlgefällige Werke zu üben, war fortan die Aufgabe seines Lebens. Er ist der Erbauer eines der schönsten Gotteshäuser Wiens, der Augustinerkirche. Einer seiner vier Brüder war Otto der Fröhliche, das gerade Gegenteil von ihm; glücklich und zufrieden, immer heiter, war er ein besonderer Freund guter Einfälle und harmloser Schwänke. Wo er sich nur in Wien zeigte, wurde er von den Wienern mit herzlichster Freude laut begrüßt. Sein Empfangszimmer in der Hofburg war von Bittstellern aller Art immer dicht gefüllt und auch von Leuten, die ihm mitunter die absonderlichsten Geschenke brachten. Sie wußten wohl, daß sie von dem freigebigen Herzoge nicht ohne Gegengeschenk fortgingen.

Da kam eines Tages auch ein junger Mensch, sehr ärmlich gekleidet, zu dem Herzoge mit einem riesigen Fische und bat ihn, denselben als Geschenk gnädigst anzunehmen. Der Fisch war wegen seiner seltenen Größe wirklich etwas Besonderes, und der Herzog nahm ihn lachend an. „Wer bist du, und woher kommst du?“ fragte Otto den jungen Menschen. „Ich bin ein Student, heiße Wiegand und komme aus Theben. Ich wohne dort bei einem Fischer, der mir diesen großen Fisch schenkte. Der Fisch ist so groß, dachte ich mir, daß er nur unserem gnädigen Herzog Otto gehören soll; und so nahm ich mir ein Herz und brachte ihn her.“

„Das ist schön von dir“, antwortete der Herzog, „und was willst du für den Fisch?“ – „Gnädiger Herr, gebt mir zwanzig wohlgemessene Stockstreiche, sonst wünsche ich nichts.“ Erstaunt sah der Herzog den Studenten an, und in der heitersten Laune sprach er zu demselben: „Spiele nicht mit mir, Wiegand; ehe du es dir versiehst, hast du deine zwanzig wohlgemessenen Stockstreiche. Also sei vernünftig, was willst du für den Fisch?“ – „Zwanzig Stockstreiche, gnädiger Herzog.“

„Die sollst du haben und sollst sehen, ob sie dir soviel Spaß machen.“ Im Nu stand schon eine Bank im Zimmer, sogleich lag Wiegand auf derselben, und ein Diener zählte ihm zehn Stockstreiche wohlgemessen auf. Aber nach dem zehnten Streiche sprang Wiegand von der Bank, verneigte sich vor dem Herzog und sagte: „So, Herr Herzog, die andern zehn gehören Eurem groben Torwart unten, der mich mit dem Fisch so lange nicht zu Euch heraufließ, bevor ich ihm nicht zusagte, daß ich ihm die Hälfte von dem gebe, was Ihr mir für den Fisch schenket."

Jetzt erkannte der Herzog, welche wohlüberlegte Schlauheit in dem jungen Studenten steckte. Der zu Tod erschrockene Torwart wurde hinaufgeholt, mußte sich trotz alles Sträubens auf die Bank legen und erhielt seine wohlgemessenen zehn Stockstreiche, für die er sich noch sehr demütig bedanken mußte.

Die Not des armen Bettelstudenten war nun zu Ende, Herzog Otto sorgte gern dafür, daß er seine Studien fortsetzen und beenden konnte.

Dieser Schwank dürfte wohl auch die Veranlassung zur Entstehung der Redensart sein: „Fisch hat's geben."

VON UNSERM KAISER

Wien hatte vor der Regulierung der Donau viel durch Überschwemmungen zu leiden, und fast jedes Jahr kam es vor, daß der Donaukanal aus seinen Ufern trat und die Leopoldstadt, die Roßau und den niedrigst gelegenen Teil der Stadt (Adlergasse) überschwemmte. Eine große Überschwemmung brach im Februar des Jahres 1862 herein und überflutete besonders die Brigittenau.

Der kaiserliche Augarten war 1½ Meter hoch unter Wasser, und die riesigen Eisblöcke, welche der entfesselte Strom herabwälzte, schlugen an die Bäume und zerbrachen viele oder schürften die Rinde derselben ab, und heutigentags kann man hier noch in der großen Kastanienallee an der vernarbten Rinde der Bäume die Wasserhöhe von damals erkennen.

Die Brigittenau, zum größten Teil von Gärtnern bewohnt, zur damaligen Zeit zumeist nur aus niedrigen Häusern bestehend, von denen viele nur hölzerne Hütten waren, hatte von der so plötzlich heranstürmenden Flut am meisten zu leiden; viele Bewohner glaubten gar nicht an eine Gefahr und versäumten es daher, sich und ihre Habe rechtzeitig zu bergen. Da konnte man viele der Unglücklichen händeringend und in Todesangst auf den Dächern der Hütten und auf Bäumen sehen, harrend eines rettenden Engels. In dieser Zeit der Not bewährte sich wieder der edle Sinn der Wiener; hoch und gering wetteiferte durch Teilnahme an dem Rettungswerke, und nur den großen Anstrengungen und dem aufopfernden Edelmute der Hilfebringenden war es zu danken, daß die gierige Flut so wenige Opfer verschlingen konnte.

Unter krachenden, zusammenschlagenden, berstenden Eisschollen tanzten die Nachen gleich Nußschalen auf den stürmenden, wildbrausenden Wogen. Doch deren Insassen achteten ihrer nicht; das edle Ziel, ihre Mitmenschen zu bergen, verlieh ihnen Mut und Riesenkraft, dem wütenden Elemente trotz zu bieten.

Das Vorbild der wackeren Retter aber war Kaiser Franz Joseph I., der sich ohne Rücksicht auf die Gefährdung des eigenen Lebens an dem edlen Rettungswerke beteiligte. In einem Boote, das von wackeren Soldaten geleitet wurde, fuhr er zu den bedrohtesten Stellen und brachte Hilfe und Erlösung aus Todesgefahr. Als das Rettungswerk vollendet war, da stiegen für den edlen Helfer in der Not heiße Dankgebete empor. Ganz Wien pries seinen hohen Mut, und in den Herzen von Hunderttausenden hallte der Ruf wider: *„Heil Franz Joseph, dem Beschirmer der Bedrängten!“*

GEVATTER TOD

Die Stadt Wien war seit jeher durch berühmte Ärzte ausgezeichnet, und so waren denn auch zu Ende des fünfzehnten Jahrhunderts mehrere sehr angesehene Doktoren daselbst. Unter diesen genoß um das Jahr 1482 insbesondere der Rektor Dr. *Urssenbeck* an der vom Herzog *Rudolf IV.* im Jahre 1365 gestifteten Universität eine ganz besondere Berühmtheit vorzüglich dadurch, daß man ihm nachrühmte, er wäre der einzige, der gewiß anzugeben wisse, ob ein Patient gesund werde oder ob er sterben müsse. Davon erhielt er den Namen Totendoktor, und das Haus, in dem er wohnte und das auch sein Eigentum war, war unter dem Namen „Totendoktorhaus" bekannt. Es stand neben dem sogenannten Basiliskenhaus in der Schönlaterngasse.

Kein Wunder, daß sich an den Namen die verschiedensten Sagen knüpften, denn unsere Vorfahren deuteten sich in jenen noch wenig aufgeklärten Zeiten selbst das Natürlichste am liebsten auf übernatürliche Weise. So erzählte man denn von Dr. Urssenbeck eine ganz eigentümliche Geschichte. Er war nach dieser eigentlich gar kein gelehrter Doktor, sondern betrieb in früheren Jahren das ehrsame Weberhandwerk, und zwar in dem Städtchen Deckendorf bei Straubingen in Bayern. Er soll sogar ein recht armer Weber gewesen sein.

Es geschah nun, daß eine große Hungersnot ausbrach und er mit seiner Frau und elf Kindern gar große Not leiden mußte. Da schenkte ihm der Himmel noch ein zwölftes Kind; das war für die armen Leute eine große Sorge mehr. Ja, die Verhältnisse waren so traurig, daß der arme Vater nicht einmal unter seinen Bekannten und Verwandten in dem kleinen Städtchen einen Paten finden konnte. Paul Urssenbeck nahm daher den Wanderstab und wollte in dem benachbarten Orte bei einem seiner Freunde anklopfen und diesen bitten, seinem Kinde zu Gevatter zu stehen.

Hart genug war ihm der Weg dahin, und als er seine Bitte vorgebracht hatte, wurde sie ihm abgeschlagen.

Der arme Mann zog unverrichteter Sache seines Weges zurück und war so verzweifelt, daß er sich vornahm, gar nicht mehr zu den Seinen zurückzukehren, sondern lieber zu sterben. Als er in einen tiefen, dunklen Wald gekommen war, setzte er sich nieder und rief flehentlich nach dem Tode, damit ihn dieser von seinem schweren Herzeleide endlich erlöse.

Da erhellte sich plötzlich das Dunkel des Waldes, eine hohe Gestalt, in dunklen Mantel gehüllt, das Gesicht von einem großen Stülphute beschattet, stand vor ihm. „Ich bin der Tod, den du rufst, was willst du von mir?"

sprach dieselbe. So gerne der arme Weber früher gestorben wäre, so gerne wollte er jetzt leben. Er fiel vor dem Tod nieder und flehte ihn um Erbarmen an. Er erzählte ihm, wie er so elend sei, wie seine armen Kinder bittere Not leiden müßten, wie er bei all seinem Fleiße nicht imstande sei, für die Seinen zu sorgen, und wie er für sein kleines Kind nicht einmal einen Gevatter finden könne.

Aufmerksam hörte der Tod zu und sagte endlich: „Nun, es ist meine Sache wohl nicht, Gevatter zu stehen, aber bist du's zufrieden, so will ich dir aus der Not helfen und dein Kind aus der Taufe heben. Sage mir nur den Ort und die Stunde, wann dein Kindlein getauft werden soll, und ich erscheine zuverlässig unter deinem Dache."

Was konnte der verzweifelte Weber anderes tun, als den freundlichen Antrag des Todes anzunehmen; hatten die Menschen, wie er ja erfahren, kein Erbarmen, so war er ohnehin gezwungen, sich an überirdische Wesen zu wenden. Er dankte daher dem Freunde Hein, sagte ihm auch, was er zu wissen brauchte, und verabschiedete sich von ihm. Als Urssenbeck nach Hause kam, sagte er wohl, daß er einen Gevatter habe, nur nicht, wer dieser wäre.

Der Tag, an welchem die Kindstaufe stattfinden sollte, kam heran; in dem ärmlichen Hause wurde alles, so gut es eben ging, zu dem Freudenfeste geschmückt. Die Stunde der heiligen Handlung war da, alle waren schon versammelt – nur der Pate fehlte noch – in banger Erwartung behielt der

Hausvater die Türe im Auge – da klopfte es dreimal, die Tür öffnete sich, und der unheimliche Gevatter trat herein. Da konnten sich die Anwesenden ob der sonderbaren Gestalt eines gewissen Grauens nicht erwehren.

Nun ging's fort zur Kirche, wo die heilige Handlung rasch vor sich ging. Als die Zeremonie zu Ende war, der Tod das kleine Kind von seinen Armen wieder dem Vater zurückgegeben hatte, winkte er diesem, ihm später nachzukommen. Das Kind wurde aus der Kirche nach Hause gebracht, und zitternd, wenn auch nicht ohne Hoffnung, ging der Weber zu seinem Gevatter, den er auch bald erreichte.

„Mein lieber Freund", so wandte sich der Tod an den Weber, „gerne möchte ich dir für dein Kindlein ein Patengeschenk geben, aber ich besitze weder Gold noch Silber; aber für dich kann ich etwas tun, du kannst durch mich ein reicher und angesehener Mann werden. Höre! Ich will dir ein Geheimnis anvertrauen; wenn du es ordentlich ausnützest, so wird es dich sehr glücklich machen. Bei jedem Schwerkranken bin ich zugegen, natürlich unsichtbar für jedermann; sitze ich nur bei den Füßen desselben, so wird der Kranke wieder gesund, sitze ich jedoch bei dem Kopfe, so muß er sterben. Dir verleihe ich nun die Gnade, daß du mich jederzeit siehst, und so kannst du leicht bestimmen, ob der Kranke leben wird oder ob er sterben muß. Benütze redlich, was ich dir anvertraut, und lebe wohl."

Damit verschwand der Tod, und der Weber erwachte wie aus einem Traume.

Das war in der Tat ein kostbares Geheimnis, und bald genug fand sich die beste Gelegenheit, es zu benützen. Aus dem armen Weber wurde ein gesuchter Arzt, an die Stelle seiner früheren Not trat eine große Wohlhabenheit, und endlich nahm Urssenbeck sein Weib und seine zwölf Kinder und zog mit ihnen in die glorreiche Stadt Wien. Bald machte er sich auch hier einen berühmten Namen, der „Totendoktor" kam in die vornehmsten Kreise der Residenz, und das Gold floß ihm nur so zu.

Aber so brav er als armer Weber, so geizig war er als reicher Doktor! Je größer sein Reichtum wurde, desto mehr wuchs seine Habsucht; hätte er alles Gold der Welt gehabt, er wäre noch immer nicht zufrieden gewesen.

Da geschah es nun, daß er einst zu einem sehr reichen, hochangesehenen, aber auch sehr schwer erkrankten Manne gerufen wurde. Kaum hatte er ihn angesehen, erklärte er, der Kranke müsse sterben; denn er sah den Tod bei dem Haupte desselben sitzen. Da stellte man ihm ein großes Vermögen zur Verfügung, wenn er den Kranken gesund machen wolle, viele Tausende und Tausende von Dukaten. Die Versuchung war groß, und der Geiz Urssenbecks konnte ihr nicht widerstehen. Da verfiel er auf eine List. Er ging hinaus, holte vier handfeste Bediente und trug ihnen auf, das Bett schnell umzukehren.

So unverständlich es ihnen auch war, so gingen sie doch in die Krankenstube und taten, wie ihnen befohlen wurde. Der Tod saß nun bei den Füßen des Kranken. Der reiche Mann war gerettet.

Mit einem schrecklichen Blicke auf Urssenbeck stand der Tod auf und entfernte sich. Der Doktor aber strich, freilich nicht ohne geheime Angst, das Geld ein, stieg in seine Sänfte und ließ sich forttragen. Als er durch einen Hohlweg kam, stieg er aus, ließ die Träger vorangehen und ging ihnen langsam nach.

Da stand plötzlich der Tod neben ihm. „Unglücklicher, was hast du getan?“ fuhr er den tief erschrockenen Urssenbeck an. „Für das Leben des von dir Geretteten nehme ich nun das deine.“

Sterben sollte er jetzt, da er so viele Reichtümer hatte! Er fiel dem Tod zu Füßen und bat ihn flehentlich um Gnade. Doch dieser war unerbittlich. Eine kleine Tür öffnete sich plötzlich, und Urssenbeck sah sich in einem großen, großen Saale, in dem Tausende von Lichtern brannten. Der Tod aber sprach: „Jedes von diesen Lichtern, die du hier brennen siehst, bedeutet das Leben eines Menschen; hier siehst du dein Licht; bis auf ein kleines Stümpfchen ist es herabgebrannt, gleich wird es erlöschen.“ In seiner Todesangst griff Urssenbeck nach einem zweiten Lichte, um etwas von dem Wachse desselben zu nehmen und es auf sein Licht zu geben. Doch kaum berührte er sein Stümpfchen, so erlosch dessen Flämmchen und er fiel tot zu Boden.

Abends fand man ihn im Hohlwege liegen und begrub ihn auf dem Stephansfreithofe.

DER GEHEIMNISVOLLE FREMDE IN WIEN

Im Jahre 1485 schloß *Matthias Corvinus* mit einer bedeutenden Truppenmacht, unter welcher sich auch die von ihm neugeschaffenen Husaren befanden, Wien ein. Dadurch war alle Zufuhr von Lebensmitteln abgeschnitten, und es entstand eine furchtbare Teuerung und Not, so daß schon das Fleisch von Pferden, von der ärmsten Klasse der Bevölkerung sogar Hunde- und Katzenfleisch verzehrt wurde. Alles schrie in dieser gräßlichen Lage nach Erlösung oder Übergabe.

Alle Hilfe war aber fern. *Friedrich III.* befand sich in Innsbruck, *Maximilian,* auf dessen Energie man noch die meiste Hoffnung setzen konnte, in den Niederlanden, wo er selbst mit Unruhen zu kämpfen hatte. Es war unter diesen Umständen kein Wunder, daß sich der Bedrängten allgemeine Mutlosigkeit bemächtigte, ja, daß in manchen Häusern sogar heimliche Zusammenkünfte von Mißvergnügten gehalten wurden, bei welchen sich nicht selten selbst Leute aus dem Lager des Ungarkönigs einfanden, die sich unbeachtet in die Stadt geschlichen hatten.

Solche Sammelplätze der Unzufriedenen waren die Schenke zu den „Drei Raben" im Rotgäßchen und das Einkehrwirtshaus zur „Sonne" unter den Seilern (in der heutigen Seilergasse). Diesen Zusammenkünften waren einige geräumige Hinterstuben gewidmet, und der Anbruch des Abends war die gewöhnliche Zeit der Versammlung. In dem Hausflur des Wirtshauses zur „Sonne" war ein Aufpasser aufgestellt, der die Eintretenden, wenn Fremde in den Gaststuben anwesend waren, in Form eines Grußes mit dem ungarischen Worte *Matsák warnte, worauf sich dieselben wieder geräuschlos entfernten.*

Am 11. April war eine kurze Waffenruhe geschlossen worden, und in der Dämmerstube nahten sich zwei Verhüllte mit vorsichtigen Schritten und in leisem Gespräche begriffen dem Tore des Wirtshauses zu den „Drei Raben", wo ebenfalls ein Aufpasser aufgestellt war. Der eine, etwas über mittlerer Größe, breiten und markigen Angesichtes, mit hoher Stirne, fester und stämmiger Gestalt, mit dicht gekräuselten Haaren, warf den lebhaften Blick seiner blitzenden Augen neugierig und forschend um sich; sein kurzes bäurisches Gewand stand im Gegensatze zu seinem würdevollen Aussehen, und der funkelnde Griff seines kurzen Schlachtschwertes wurde von Zeit zu Zeit, sobald sich sein Gewand auseinanderschlug, sichtbar.

Kaum beachtete er aber in feuriger Ungeduld die zur Vorsicht mahnenden Winke seines Begleiters.

GASTHAUS

Am Eingange tönte ihnen jedoch das bedeutungsvolle Matsák des aufgestellten Postens entgegen. Dessenungeachtet bedurfte es der ganzen Überredungskunst und der Bitten seines Begleiters, den Ungeduldigen vom Eintritte zurückzuhalten.

Unwillig entfernte er sich mit den lauten Worten: „Was haben wir wohl zu fürchten? Zwei ansässige Bürger sind mit uns einverstanden und werden uns die Stadt bald überliefern." Auf die Bitte seines Begleiters, Verrätern kein Vertrauen zu schenken, erwiderte er hohnlachend: „Sorge nicht, diese trügen uns nicht, sie heißen Hunger und Zwietracht." Sein lautes, wildes Gelächter erstarb erst mit ihren verhallenden Schritten.

Am folgenden Morgen verbreitete sich das Gerücht, der Ungarkönig habe sich in der Verkleidung eines Handwerksmannes in die Stadt gewagt und in der Schenke zu den „Drei Raben" mit den Häuptern seiner Partei eine Unterredung gepflogen. Er sei von einigen kaiserlichen Gesinnten erkannt worden und nur mit genauer Not, während eines von seinen Anhängern erregten Auflaufes und mittels ausgestreuter falscher Spuren, zum Schottentore hinaus entkommen.

Am folgenden Tage schritt der König zu offener Gewalt, doch erst im Juni kam Wien in seine Hand. Er nahm seine Wohnung in einem Bürgerhause in der Kärntner Straße, erbaute sich jedoch bald eine eigene Residenz, dem Eingange der Weihburggasse gegenüber. Dieses Gebäude, damals die Königsburg genannt, erhielt in der Folge den Namen „Hasenhaus", dann trug es das Schild „Zu den drei Löwen", wurde jedoch durch neue Bauten vielfach verengt und mußte schließlich einem Neubau, der heute die Nummer 14 trägt, weichen. Zu König Matthias' Zeiten hatte es an beiden Seiten freie Räume und Wachthäuser.

Im Jahre 1490 starb der König in seiner neuerbauten Residenz, worauf Österreich wieder in den Besitz seiner angestammten Herrscher zurückkam. In der Stunde seines Todes, so erzählt die Sage, trat die Donau aus ihren Ufern, die Löwen im königlichen Schloßgarten starben, und große Scharen von Raben (Abzeichen des Geschlechtes *Hunyad,* lat. *Corvinus*) flogen mit schauderhaftem Gekrächze nach Stuhlweißenburg, dem Begräbnisorte der ungarischen Könige. In Wien blieb aber als Zeichen seiner Anwesenheit das steinerne Standbild an der Ecke der Tuchlauben in die Landskrongasse, welches den König vorstellt, wie er verkleidet in die Stadt geschlichen, und der schon erwähnte Gasthof „Zur Sonne" wird jetzt „Matschakerhof" genannt.

DIE RETTUNG FERDINANDS II. VOR DEN REBELLEN

Es war im Jahre 1619, zu Beginn des Dreißigjährigen Krieges. In der Kirche des sogenannten Königinklosters zur heiligen Maria „Königin der Engel", auf dem heutigen Josefsplatze, herrschte Dunkelheit und Stille, nur eine einzige Lampe warf ihren zitternden Strahl durch die Räume hin und beleuchtete mit mattem Schimmer die Gestalt eines betenden Priesters vor dem Altare.

Es war dies Pater Wilhelm Lamormain, Beichtvater des Königs Ferdinand II., der heute länger als gewöhnlich bei seiner Andacht verharrt hatte; sein Herz bedurfte besonderer Erhebung und Stärkung, denn die ohnehin schon unruhig bewegte Stadt befand sich durch Belagerung von seiten der protestantischen Armee in großer Gefahr.

Endlich erhob er sich von den Marmorstufen des Altars und wollte sich hinwegbewegen, als an der Balustrade, die jenen umgab, eine hohe Männergestalt hervortrat und ihm den Ausgang zu verweigern schien.

Der Mann ergriff schweigend seinen Arm, führte ihn an den Altar zurück und wandte sich so, daß der Schein der Lampe ihn traf. Ein bleiches, geisterhaftes Antlitz schaute auf den Geistlichen herab; Augen wie zwei Sterne einer Gewitternacht blitzten ihm entgegen, und Lamormain erkannte den König Ferdinand.

„Pater", nahm dieser das Wort, „meine Größe ist zusammengestürzt, meine Kronen sind zerbrochen; Ihr seht den unglückseligsten der Fürsten vor Euch."

„Um Gottes willen, Majestät, welche neue Sorgen bewegen Eure königliche Seele?" erwiderte der Priester. „Auf Euren getrübten Zügen lese ich ihre Schatten! Eure Völker und Reiche..."

„Ich habe keine Reiche mehr", unterbrach ihn Ferdinand düster. „Vernehmt, wie die Sachen zur Stunde stehen. Die Böhmen haben mich abgesetzt, Ungarn überzieht der Siebenbürger Fürst Bethlen Gabor mit den Fluten seiner Kriegsheere, und meine Erbländer, mein Vaterland selbst stehen in vollen Flammen. Mit meinen Einkünften besolden die Rebellen ihre Armee, während die Meinigen Mangel leiden an allem; der Heerführer Thurn ist in Laab erschienen, wenige Meilen von hier, und schwört darauf, seine Fahnen auf die Wälle von Wien zu pflanzen; hier in den Gassen der Hauptstadt selbst, unter den Fenstern der Kaiserburg brüllen die Verbündeten des protestantischen Generals Hohnlieder auf mich, und ihre mordgierigen Blicke lechzen nach meinem Blute. Alles ist zu meinem Untergang verschworen. Wohin ich die Augen wende, bin ich von geheimen und offenen Feinden umringt. Es ist aus, keine Rettung ist mehr, ich muß dem Schicksal weichen!"

„Nein, nein!" rief der Priester begeistert. „Unser künftiger Kaiser weicht nicht, verläßt uns nicht."

Ferdinand fuhr auf, seine Rechte ballte sich unwillkürlich, ein tiefer Seufzer entrang sich seiner Brust. „Ja", sagte er dann mit beklommener Stimme, „auch mir träumte davon – der Wahltag ist ausgeschrieben – die Mehrzahl der Stimmen war mein. Aber auch das sinkt hin. Den König von Ungarn und Böhmen mochte das Deutsche Reich zu seinem Oberhaupte wählen, aber einen Fürsten nicht mehr, der vor seinem Untertan gezittert hat. Dennoch wollte ich mich nach Frankfurt zur Kaiserwahl begeben, aber welches Kriegsheer habe ich, um mich auf der Reise zu decken? Weiß ich nicht, daß Meuchelmörder gedungen sind, die mir auf der Straße nach der Wahlstatt auflauern sollen?"

„Unglücklicher Herr!"

„Für mich und meine zarten Kinder ist keine Zuflucht mehr als die Engpässe der Tiroler Gebirge; schon sind die Rosse geschirrt – ich gehe."

„Gnädigster Herr, Ihr wißt, daß ich im Rate stets dagegen war, daß Ihr Euch von Wien entfernt. Eure Lage, Euer Unglück greift mir ebensosehr ans Herz als den anderen; mir ist es ebenso entsetzlich, Euren hohen Geist, den alle Welt bewundert, vom Schicksal gebeugt, entmutigt zu sehen. Aber gebt wenigstens der Menschheit dieses traurige Beispiel nicht. Müßt Ihr fallen, so fallt würdig, königlich! Begrabt Euch unter den Trümmern Eurer Größe – aber flieht nicht! Wenn alles für Eure Abreise stimmt – ich sage, Ihr müßt in Wien bleiben!"

Der König zuckte bei diesen Worten auf und ergriff rasch des Priesters Hand, als habe er nur solches zu hören gewünscht.

Lamormain fuhr dringender und begeisterter fort: „Eure Bestimmung ist, zu herrschen und den leergewordenen Kaiserthron zu besteigen. Ihr wendet Euch durch die Flucht ewig von ihm. Laßt den Rebellen Thurn kommen, die Stadt an allen Ecken anzünden, die Residenz seines Monarchen mit glühenden Kugeln beschießen – wir sterben mir Euch. Aber soweit ist es noch nicht. Noch muß es rüstige Männer und Jünglinge geben; bewaffnet die Universität und die Gewerke, rüstet sogar die Knaben, nur rettet Eure Ehre und Österreichs Ruhm, nur weicht vor Euren Feinden nicht!"

„Amen!" sagte der König und umarmte den Priester. Dann wendete er sich zum Hochaltare. „So soll es sein! Hier – oh, ich ahnte es –, hier würde ich eine andere Stimme vernehmen – ich habe sie vernommen und ich werde ihr folgen. Du, heilige Maria, Königin des Himmels, hast durch deinen Diener zu mir gesprochen. Ferdinand flieht nicht, unterliegt nicht und wird seinen Feinden widerstehen, solange du ihm dein gebenedeites Antlitz zuneigst!“

Dann drückte er dankbar die Hand des Priesters und ging mit ruhigem, festem Schritte durch die Kirche dem Ausgang zu, nach der kaiserlichen Burg zurück.

Mit großem Erstaunen vernahmen die übrigen Räte des Königs, Eggenberg, Dietrichstein und Collalto, nebst dem spanischen Botschafter Grafen von Ognate, die bei so dringenden Umständen noch spätnachts, nebst dem Pater Lamormain, in der kaiserlichen Burg versammelt waren, den Entschluß ihres Herrn, in Wien zu bleiben. Keine Gegenvorstellungen, keine Bitten konnten in davon abbringen; mit ruhiger Festigkeit erteilte er die nötigen Befehle und erlaubte selbst die Abreise seiner kleinen Prinzen nicht. Diese Standhaftigkeit mußte um so mehr auffallen, als der König noch vor wenigen Stunden eingewilligt hatte, seine Person und Familie der Gefahr zu entziehen und inzwischen die Verhältnisse nur noch verwickelter geworden waren.

Man hatte dem Heerführer der aufrührerischen protestantischen Landstände, Grafen Matthäus Thurn, eine Gesandtschaft nach Laab entgegengeschickt, um seine eigentliche Absicht auf die Hauptstadt zu erfahren und ihn durch Überredungskünste womöglich zur Umkehr zu bewegen; diese Gesandten waen zurückgekehrt und brachten nichts mit als eine hochfahrende und stolze Antwort von seiten des feindlichen Feldherrn. Eine wohlgerüstete Armee von 6000 Mann und ganze Reihen furchtbarer Belagerungsgeschütze unterstützten dieselbe hinlänglich.

In dieser Bedrängnis beschloß man endlich, den Stolz, die Entwürdigung beiseite zu schieben und mit den protestantischen Ständen der Stadt, welche nur auf den Augenblick paßten, ihren Glaubensbrüdern die Tore zu öffnen, zu unterhandeln. Der Staatssekretär setzte eine Schrift auf an jene Stände, worin sie um ihr Verhalten bei Thurns Erscheinen befragt, zur Ruhe und Ordnung ermahnt und endlich durch Versprechungen allerlei zu gewährender Freiheiten und Rechte für die Zukunft umgestimmt werden sollten.

Während der Nacht aber war bereits Graf Thurn in aller Stille bis ans linke Donauufer vorgerückt und bemächtigte sich der Schiffe, die auf dem Flusse lagen, welchen Manövern die Wiener von ihren Türmen herab mit dumpfem, untätigem Schrecken zusahen. Endlich rotteten sie sich zu großen Haufen zusammen, durchzogen die Straßen mit Geschrei und Drohungen, verhinderten oder zerstörten die Verteidigungsmaßregeln, widersetzten sich der Bewaffnung der katholischen Studenten und Handwerker, und dieser

Zustand dauerte drei Tage, während welcher Graf Thurn ungehindert die Vorstädte besetzte; kaum noch zur rechten Zeit hatten die Katholiken die inneren Stadttore verschließen können.

Das Schreiben Ferdinands hatte die gewünschte Wirkung nicht hervorgebracht, sondern nur die Anmaßung der protestantischen Stände, welche die Ohnmacht des Königs zu benutzen beschlossen, vermehrt. In diesem Sinne wurde ein Antwortschreiben voller Drohungen und unerfüllbarer Forderungen, deren Gewährung als Preis des Ruhigverhaltens gestellt war, entworfen und eine Abordnung unter den hitzigsten Köpfen ausgewählt, dasselbe in die kaiserliche Burg zu tragen.

Der unglückliche Fürst, an den es gerichtet war, hatte indessen mehr als jemals Gelegenheit, von seiner Standhaftigkeit und Geduld Proben zu geben. Stündlich mußte er das Schiff seines Glückes mehr versinken sehen und Beleidigungen ertragen, die sein königliches Herz zerrissen. Die inneren Burghöfe, die ganzen Basteien waren mit Menschen der niedrigsten Volksklassen angefüllt, die Tag und Nacht dort lagerten und Drohungen zu den Fenstern der Burg hinaufriefen. Ferdinand konnte sich beinahe schon als Gefangenen betrachten, denn jene Rotten waren mit Spießen und Musketen bewaffnet und ließen die wenigen Freunde nicht einmal zu ihm, die sich in seine Nähe flüchten wollten.

So beinahe von allen verlassen, ausgenommen von dem Beichtvater Lamormain und dem getreuen Rate Johann Ulrich Freiherrn von Eggenberg, sah Ferdinand mit männlich festem Ernste und mit einer Ergebung, die er aus seiner heiligen Religion schöpfte, der nahen Entscheidung seines Geschickes entgegen. In jedem seiner Gemächer befand sich ein Kruzifix, vor dem er oft, seine beiden Knaben an der Hand, niedersank und den Heiland der Welt um Errettung aus dieser höchsten Bedrängnis anrief.

Es war am 16. Juni 1619, als um die Mittagsstunde das Lärmen in der Umgebung der Burg heftiger ward als bisher; man hörte in der Ferne von der Donau her Kanonendonner, Kugeln schwirrten über die Stadt hin, und plötzlich schlug eine Musketenkugel durch die Scheiben des Fensters, an dem soeben der König gestanden hatte, um sich von der Ursache des Getöses zu überzeugen.

Ruhig trat er zurück, weckte die beiden Prinzen auf, die, von der Hitze des Tages ermüdet, in einem großen Lehnsessel eingeschlummert waren, und führte sie nach dem Hintergrunde des Zimmers; dann sank er vor dem Kruzifixe nieder, umarmte dessen Fuß und drückte die brennende Stirne an den silbernen Stamm des Kreuzes.

In dieser Lage trafen ihn noch nach einer geraumen Weile Pater Lamormain und Rat Eggenberg.

„Was nun, Eure Majestät?“ fragte Lamormain.

„Oh, mir ist wohl“, erwiderte der König, sein Haupt erhebend. „Hochwürdiger Vater, es ist soeben ein Wunder geschehen – der Göttliche hat sich meiner und meines Hauses erbarmt. Mich wird keine Kugel verletzen!“ Mit diesen Worten deutete er auf den Plafond des Gemaches, wo die Kugel von der unerhörten Tat eines Schusses steckte, die noch im Fluge einen Kronleuchter zerschmettert hatte.

„Wie ist dies zu verstehen?“ fragten beide Getreuen hastig.

„Ich betete inbrünstig“, fuhr König Ferdinand fort, „da war es, als flösse himmlisches Licht um mich her, der Fuß des Heilandes schien sich unter meiner Stirn zu erwärmen, und sein metallener Mund sprach zu mir die Worte: ‚Ferdinand, ich werde dich nie verlassen!‘ War es mein geistiges – war es mein leibliches Ohr, das diese Worte vernahm, ich weiß es nicht, aber eine neue Tatkraft, neuer Mut beseelt mich seitdem.“

„Kein Zweifel“, nahm Lamormain das Wort und beugte sein Knie vor dem heiligen Abbilde, „kein Zweifel, daß hier der frömmste Sohn der Kirche eines Wunders gewürdigt wurde. Gottes Allmacht sei gepriesen! Uns ist der Mut vonnöten und der Himmel wird ihn uns verleihen, auf daß wir über unsere Feinde siegen. Noch, mein königlicher Herr, sind wir von denselben umringt, ja es drohen uns neue Schrecken. Eben ist im Vorgemache eine Abordnung der Protestanten erschienen, welche die Antwort auf Euer Schreiben überbringt und vorgelassen zu werden fordert. Ich weiß nicht, ob es ratsam sein dürfte, das letztere zu bewilligen, denn mehr Menschen haben sich hereingedrängt, als zur Überreichung eines untertänigen Schreibens erforderlich sind.“

„Führt sie her, Eggenberg“, sagte der König mit Majestät sich erhebend, „hier unter diesem Kreuze will ich sie empfangen, hier fürchte ich keine irdische Gewalt mehr.“

Trotz einiger Gegenvorstellungen seiner getreuen Diener beharrte er bei diesem Befehle, und Eggenberg hatte kaum nötig, die Abgesandten einzuführen, denn sie drängten sich, alle Kämmerlinge beiseite schiebend, mit Gewalt aus dem Vorzimmer in die inneren Gemächer, eine unaufhaltsame Flut, an deren Spitze Herr Andreas Thonrädel, Herr auf Thernberg und Ebergassing, einer der ersten Anführer der österreichischen Protestanten, in feuerfarbenes Gewand gekleidet und ein großes Papier tragend, einherzog.

Eggenberg erbleichte, als er diesen Mann erkannte, und er warf einen ängstlichen Blick auf den König.

Thonrädel begrüßte ihn hingegen mit höhnischen Verbeugungen wie auch mit vertraulichem Wesen, welch letzteres für Eggenberg der Gipfel aller Schrecknisse war; er legte daher die Hand auf sein Degengefäß, stieß die rechte Hand Thonrädels von seiner Schulter weg und sagte laut: „Mäßigt Euch, Herr Landstand!“

„Ho, ho!“ entgegnete Thonrädel, sich in die Brust werfend, „Ihr seid ja gewaltig hochfahrend, mein vornehmer Herr! Indessen denke ich, Ihr werdet das bald genug bereuen und vor uns zu Kreuze kriechen. Übrigens, bleibt nur ruhig, wir haben gar nichts mit Euch zu tun, sondern mit dem Ferdinand von Steiermark, wo ist er?“

„Mit Seiner Königlichen Majestät von Böhmen und Ungarn, wollt Ihr sagen?“ fuhr Eggenberg auf und schwieg errötend, da ihm der König einen Wink gab.

„Was ist euer Begehr, ihr protestantischen Stände von Wien?“ fragte Ferdinand, würdevoll hervortretend.

Beinahe wäre Herr Thonrädel um einen Schritt zurückgeprallt, als der hohe bleiche Herr jetzt dicht vor ihm stand; doch sammelte er sich und reichte ihm sein Papier dar, indem er die Worte hervorstieß: „Herr König, dies unsere Antwort auf Euer Schreiben von ehegestern. Leset es geschwind durch. Wollt Ihr's unterschreiben und gültig machen, so kann's noch gut werden zwischen uns und Euch – wo nicht, so –“, und er streckte drohend die Hand nach seiner Brust aus.

Ferdinand erhob den Finger, warf dem verstummenden Sprecher einen Blick seiner Augen zu und trat dann ruhig zu einem Fenster, wo er das Kuvert erbrach. Während er las, herrschte tiefe Stille im Gemach. Aller Blicke waren erwartungsvoll auf ihn gerichtet, man hörte unter der ganzen Menge kaum einen Atemzug. Fast eine Viertelstunde ging darüber hin, endlich reichte der König das Schreiben dem Pater Lamormain, der unfern von ihm stand, mit der Frage: „Darf ich dies unterschreiben, hochwürdiger Herr?“

Lamormain bedurfte weniger Zeit zum Lesen und sagte, nachdem er fertig war: „Nach meiner Ansicht nun und nimmermehr; diese Bedingungen, diese Forderungen sind unerhört und geben unserer heiligen Religion den Todesstreich; indessen wollen wir vernehmen, was Eggenberg dazu meint.“

„Wie könnte ich“, nahm dieser das Wort, „nach dieser Äußerung und nach dem Zweifel unseres gnädigsten Herrn noch für die Unterschrift dieses Blattes stimmen, das ich nicht einmal ansehen mag. Gebt es zurück, Hochwürden; sie mögen ein anderes aufsetzen.“

„Somit“, sagte der König, zu Thonrädel gewendet, „empfangt es zurück und kommt mit gemäßigteren Artikeln wieder. Wir werden uns vor Gott, vor der Weltgeschichte und vor uns selbst nicht so weit erniedrigen, unter diese Schrift unsern königlichen Namen zu setzen. Das Geschäft ist beendigt, Ihr seid entlassen.“

„Ho, ho!“ rief Thonrädel, sich im weiten Kreise seiner Gefährten umschauend, „so schnell noch nicht, Herr Ferdinand. Seht doch, hätten wir uns darum heraufbemüht? Nein, so leicht geht's doch nicht – nehmt nur eine Feder zur Hand, Ihr müßt unterschreiben!"

„Wer kann mich zwingen?" antwortete der König.

„Das fragt Ihr noch?" fuhr jener, dreister werdend, fort. „Schaut uns nur an, und wenn das nicht genug ist, blickt zum Fenster hinaus, da, wo die Glastafel zerbrochen ist – und wenn das noch nicht ausreicht, so steigt auf die Zinne und laßt Euch von dem Anblick des böhmischen Kriegsvolkes belehren, was Ihr tun müßt und sollt."

Ferdinand seufzte leise, warf einen Blick nach dem Kruzifix hinauf, das über ihm, von dem Strahle der Sonne erglänzend, emporragte und – schwieg.

„Holla!" rief Thonrädel, „die Zeiten sind vorbei. Wißt Ihr, was wir beschlossen haben, wenn Ihr hartnäckig Euch gegen unsern Willen sträubt? Ich will es Euch sagen: Wir öffnen dem Thurn die Tore – Ihr werdet eingesperrt, meinethalben in ein Kloster, und Eure kleinen Würmer dort in der Ecke sollen protestantisch erzogen werden."

„Protestantisch, protestantisch!" brüllte der ganze Chor dem Sprecher nach.

„Fort mit ihm in ein Kloster! Die Kinder zu einem calvinistischen Pfarrer!" – So schrien sie weiter.

Ein ungeheurer Lärm erhob sich; alle schrien durcheinander, alle ballten ihre Fäuste drohend gegen den König, und dieser verlor vor dem Schlimmsten, was ihm begegnen konnte, seinen Gleichmut.

„Einen Sessel!" stammelte er, vor Zorn und Entsetzen bebend, und kaum hatte ihm Eggenberg in der Geschwindigkeit einen solchen untergeschoben, als er erschöpft darauf niedersank. „All ihr Heiligen", rief er, das Gesicht mit beiden Händen verhüllend, „das ist zuviel! Meine Kinder! Allmächtiger Gott, schweigen deine Wunder?! Hast du keine Donner mehr?!"

Lamormain und Eggenberg warfen sich zu seinen Füßen und suchten einer Ohnmacht vorzubeugen, die des Königs marmorbleiche, mit dicken Tropfen besetzte Stirne zu verkünden schien; die kleinen Prinzen liefen herbei und schmiegten sich ängstlich an des Vaters Knie; aber der arge Auftritt sollte noch empörender werden.

Immer mehr ermutigt durch die scheinbare Hinfälligkeit, hob Thonrädel das Schreiben, welches Lamormain hatte zu Boden fallen lassen, auf, drängte sich damit zum König, faßte ihn heftig bei den Knöpfen seines Rockes, und ihn schüttelnd, schrie er ihm zu: „Nandl, gib dich! – Willst du unterschreiben oder nicht? Unterschreib, oder es geht nicht gut!"

Vergebens stieß ihn Eggenberg weg und riß seinen Degen aus der Scheide, in wildem Schwarm umringte die Menge, mit Gebrüll jene Fragen wiederholend, den Sessel des unglücklichen Fürsten; die Kinder fingen laut an zu weinen – man wollte sie ergreifen und fortschleppen.

Aber in diesem Augenblick ertönte hell und lustig von der Ferne her Trompetengeschmetter.

Immer näher vernahm man die kriegerische Musik; es war der Marsch der königlichen Kürassiere – Engelstimmen für Ferdinand – die Posaune des Gerichts für die erschrockenen Stände. Man drängte sich nach den Fenstern – und richtig, da kamen sie aus der engen Löwelstraße herausgeritten, in prächtiger Ordnung, die langen Schwerter gezogen, die gespannten Karabiner vor sich auf den Sätteln, Männer von Erz, mit denen kein Spaß zu machen war, so daß deren Anblick genügte, um den auf der Bastei zusammengerotteten Pöbel wie Spreu auseinander zu treiben. Nichts stellte sich ihnen entgegen, und jetzt erzitterte die Burg unter den donnernden Hufschlägen ihrer Pferde, denn sie zogen soeben durch das gewölbte Tor auf den Burgplatz ein. Hier standen sie bald in Schlachtordnung gereiht, 500 an der Zahl. Es waren vier Abteilungen des Kürassierregiments *Dampierre,* die, eben auf der Donau von Krems kommend, beim Arsenal am Salzgries gelandet und auf eine dunkle Kunde von den Vorgängen in der Burg dahingeeilt waren.

Ihr Hauptmann, Gilbert von Saint-Hilaire, schwang sich vom Rosse und ging, von zwei anderen Offizieren begleitet, festen Schrittes nach dem Portal der Kaiserburg, während von den Stimmen sämtlicher Kürassiere der mächtige Ruf: „Es lebe Ferdinand!“ zu wiederholten Malen erschallte.

Wie schnell wandelte sich nun die Szene! Wie sank der Übermut, die Frechheit plötzlich zur Mutlosigkeit, zum Verzagen herab! Wer von den versammelten Ständen und übrigen Protestanten, welche die Gemächer anfüllten, noch den Ausgang gewinnen konnte, machte sich so schnell als möglich davon; die andern standen zitternd und erwartungsvoll da. Thonrädel aber lehnte bleich wie ein Schatten an einem Pfeiler und sah bald den König, bald den Pater Lamormain verlegen und mitleidflehend an.

König Ferdinand erhob sich wie ein gereizter Löwe, der nach kurzer Ohnmacht seine Kraft wieder fühlt, sah sich im Kreise um, mit einem Blicke, welcher jedem den Tod zu verkünden schien, und ging der Türe zu, von wo man den klirrenden Sporentritt der heranschreitenden Offiziere vernahm.

Sie traten ein. Ferdinand breitete die Arme aus und empfing den Hauptmann Saint-Hilaire, der sich auf ein Knie vor ihm niederlassen wollte, in denselben.

„Euch, ihr lieben Freunde, euch haben die Heiligen zur rechten Stunde hierhergeführt!“ nahm endlich der König das Wort.

Entsetzen verbreitete sich unter den unglücklichen Protestanten, ihre

Knie begannen zu zittern, und mit starren Augen hingen sie an dem Antlitze Ferdinands, der sie mit düsterem Blicke maß.

Thonrädel sank in die Knie und streckte seine Arme, mit widrigem Heulen um Gnade flehend, bald nach diesem, bald nach jenem aus. „Herr Oberst – Herr Pater!" rief er, „bittet doch um Christi Blut willen!"

„Blut!" sagte König Ferdinand leise, mit zusammengebissenen Lippen. „Ja, meine Schmach fordert Blut! Mir könnte wohler werden, wenn ich Euer verräterisches Blut fließen sähe!"

Es entstand eine lange Pause, während welcher der König nach dem Bilde des gekreuzigten göttlichen Dulders aufsah. Das gab ihm einen Entschluß unerwarteter Art ein.

„Ich begnadige euch, Rebellen, samt und sonders", sagte er endlich, „gewähre euch sicheres Geleit aus der Burg und aus der Stadt; ihr mögt ins Thurnsche Lager gehen oder wohin es euch gefällt – nur fort aus meinen Augen!"

Er winkte entlassend mit der Hand, die jetzt wirklich in schon erstarrte Körper Leben zurückgab. Die Abgeordneten, Herr Andreas Thonrädel an der Spitze, entfernten sich so rasch, als es ihre ausgestandene Todesangst zuließ.

Von da an erhielt das Regiment Dampierre-Kürassiere auszeichnende Privilegien. Es quartierte wohl nicht in Wien, aber sobald es marschierte und Wien auf seiner Marschroute lag, durfte es unter Trompetenschall mit blanken Waffen einrücken und sich im kaiserlichen Burghofe zur Attacke ordnen. Der Oberst ging dann unangemeldet in des Kaisers Zimmer, pochte dreimal an, trat ein und sagte: „Hier bin ich; was steht zu Eurer kaiserlichen Majestät Befehl?" – Darauf lud der Kaiser den Oberst ein, drei Tage in seinem Hause zu wohnen und ein Prunkgemach mit Ehrenwache anzunehmen. Während dieser drei Tage, an denen der Oberst an des Kaisers Tafel aß, kampierte das Regiment im Burghofe, schmausend und zechend auf kaiserliche Kosten, und durfte daselbst im freien Zelte Mannschaft anwerben. Außerdem erhielt es die Versicherung, niemals verkleinert oder aufgelöst zu werden, und kein Mann desselben, der wegen eines todeswürdigen Verbrechens verurteilt wurde, durfte bei Vollzug der Strafe dem Regiment angehören, sondern wurde vorher ausgestoßen.

Um der geschichtlichen Wahrheit willen muß ausdrücklich bemerkt werden, daß die eben erzählten Ereignisse vielfach sagenhaft ausgeschmückt sind. Namentlich ist die geschilderte Audienz am 16. Juni 1619 keineswegs so stürmisch und empörend verlaufen, wenn es auch zu sehr lebhaften Reden und Gegenreden kam. Daß sich Thonrädel so arg ungebührlich und verletzend benommen habe, ist schon deshalb zweifelhaft, weil König Ferdinand die

Abordnung der Wiener Protestanten, welche er vormittags empfing, am Nachmittag nochmals zu sich berief. Als die Dampierreschen Kürassiere in die Burg einzogen, brachen die protestantischen Adelsherren die Unterredung rasch ab und suchten das Weite.

Dagegen sind die dem Regiment Dampierre (jetzt Dragoner-Regiment Nr. 8) verliehenen Privilegien historisch, kamen aber infolge der veränderten Heereseinrichtungen allmählich in Wegfall. Nur das Vorrecht des Durchzuges durch die Hofburg besteht noch in Kraft und kam zum letztenmal am 8. September 1879 zur Anwendung, als das Regiment auf dem Marsch nach Stockerau durch Wien kam und von diesem Ehrenrecht Gebrauch machte, wobei es von Kaiser Franz Joseph begrüßt und besichtigt wurde.

THEOPHRASTUS PARACELSUS UND DER TEUFEL

Als der einst so berühmte Doktor Theophrastus *Paracelsus* noch ein Student war, hatte er ein gar seltsames Erlebnis. Er ging eines Tages in einem Walde spazieren und sammelte allerlei heilbringende Pflanzen und Kräuter. Ermüdet setzte er sich unter einer mächtigen Tanne nieder, um auszuruhen. Plötzlich hörte er in seiner Nähe ein Stöhnen und Klagen, und eine herzzerreißende Stimme rief: „Hilf mir! Ach hilf mir!"

Theophrastus sprang auf, sah rings um sich, konnte aber den Rufenden nicht entdecken. „Wie kann ich dir denn helfen, wenn ich dich nicht sehe und nicht weiß, wer du bist und wo du steckst?" sagte Paracelsus unwillig. „Ich bin", antwortete die unbekannte Stimme, „der Böse, und ein Geisterbanner hat mich in ein Loch dieses Stammes hineingezwängt und ein Zäpflein davorgeschlagen, so daß ich nicht heraus kann. Ach, befreie mich, sonst muß ich bis an den Jüngsten Tag in diesem dunklen Gefängnisse schmachten!"

„Von mir aus kannst du eine Ewigkeit in dem Stamme eingeschlossen bleiben, wenigstens richtest du auf der Welt nicht mehr soviel Unheil an wie bisher."

„Befreie mich! Ach, befreie mich! Ich gebe dir alles, was du nur verlangst", jammerte ängstlich der Böse. „Ich erfülle dir alle deine Wünsche, und du mußt mir dafür nicht einmal deine Seele verschreiben."

„Das ist einmal ein vernünftiges Wort", erwiderte Paracelsus. „Höre also, was ich verlange: Erstens wünsche ich eine Arznei, mit der ich alle Krankheiten heilen kann, zweitens eine Tinktur, womit ich alles, was ich will, zu Gold verwandeln kann."

„Gut, deine Wünsche sind erfüllt", sagte der Teufel.

Paracelsus nahm sein Messer aus der Tasche und kratzte so lange um das Zäpfchen herum, bis er es leicht herausziehen konnte. Kaum war es aus dem Stamme, so kroch aus dem Loche eine kohlschwarze Spinne, die sich im Augenblicke in einen großen, hageren Mann mit rotem Mantel, Degen und roter Hahnenfeder verwandelte.

„Komm mit mir!" rief der Teufel mit grinsender Freundlichkeit. Theophrastus folgte der Aufforderung. Bei einem Felsen hielt der Böse an und schlug mit seinem Degen heftig an denselben.

Das Gestein spaltete sich augenblicklich, der Teufel ging durch die klaffende Öffnung hinein und erschien bald wieder, in jeder Hand ein Fläschchen haltend: „Hier", sagte er, „diese gelbe Flüssigkeit ist die Goldtinktur, diese in meiner linken Hand ist die Wunderarznei; beide Fläschchen werden zeitlebens nicht leer, wenn du auch noch soviel von den Flüssigkeiten verbrauchst." Er reichte dieselben dem Theophrastus, dann sprach er: „Jetzt habe ich aber noch ein Geschäft abzumachen, ich hole mir den Geisterbanner, der keinen Ahnung hat, daß ich wieder los bin."

Sie gingen nun wieder zurück und gelangten zu der Tanne, wo der Teufel vor kurzem noch stak.

Paracelsus, den der Geisterbanner dauerte, dachte nach, wie er denselben den Klauen des Teufels entreißen könne; in kurzer Zeit war der Plan hiezu ersonnen.

Er gedachte der Eitelkeit des Teufels zu schmeicheln und ihn dadurch zu überlisten. „Es ist doch wunderbar", so nahm er das Wort, „daß Ihr Euch in so ein kleines Tier, wie es eine Spinne ist, verwandeln könnt; das ist ein wahres Meisterstück, das Euch so schnell niemand nachtut. Hätte ich es nicht mit meinen eigenen Augen gesehen, ich würde nicht glauben, daß so etwas möglich sei. Man nennt Euch wirklich mit Recht den Meister der Schwarzkünste."

Der Teufel ging in die Falle und rief geschmeichelt: „Es gibt wahrlich nichts Leichteres, als sich in ein kleines Tier zu verwandeln; mich kostet es gar keine Mühe, es ist mir reiner Spaß; ich tu' es, so oft du willst."

„O ich bitte Euch! Zeigt mir nur einmal noch dieses Kunststück", drängte Paracelsus.

„Sehr gerne, da schau!“ – Im Nu war er die schwarze Spinne und kroch an dem Baum hinan in das Loch.

Schnell sprang Theophrastus hinzu, steckte das Zäpflein vor das Loch, schlug es fest in den Stamm und schnitt ein Kreuz in dasselbe. Der dumme Teufel war nun wieder gefangen, das eingeschnittene Kreuz aber verhinderte ihn, auch nur einen Laut der Klage auszustoßen, und wenn der Blitz den Baum nicht etwa gespalten hat, so sitzt er heute noch darinnen.

Paracelsus aber ging vergnügt von dannen, da er dem Teufel ein Schnippchen geschlagen hatte. Er wurde später einer der berühmtesten Ärzte und hat durch seine Wundertinktur viele Kranke und durch sein Goldwasser viele Arme geheilt.

DIE ERSTEN BUCHDRUCKER WIENS

Die Wiener Buchdrucker feierten am 21. Juni 1882 das Erinnerungsfest der Einführung der Buchdruckerkunst in Wien im Jahre 1482. Die Namen der ersten Wiener Buchdrucker sind nicht bekannt, wohl haben sich aber vier Druckwerke erhalten, welche auf ihrem Titel die Bezeichnung gedruckt enthalten: „Wien 1482". Es sind dies vier Druckwerke, aus 86, 14, 11 und 5 Blättern bestehend, und ein Holzschnitt, den heiligen Rochus darstellend.

Es wird allgemein angenommen, daß Johannes Gutenberg die Buchdruckerkunst um das Jahr 1440 erfunden habe. Da sie erst 1482 in Wien ausgeübt wurde, so dauerte es also volle 42 Jahre, bis sie hier in Verwendung kam. Damals gab es „fahrende" Buchdrucker. Solche hatten ihre Lettern und Werkzeuge zum Drucken in einem großen Fasse verpackt. Mit diesem fuhren sie aus Bayern zu Schiffe auf der Donau nach Österreich und suchten hier Arbeit. Kamen sie an einem Kloster oder an einem größeren Städtchen vorüber, so stiegen sie ans Land und fragten an, ob es Arbeit für einen Buchdrucker gäbe. Wenn sie welche fanden, so wälzten sie ihr Faß ans Land in das Kloster oder in eines der Häuser des Städtchens, richteten in irgendeinem Stübchen ihre Werkstätte ein und setzten und druckten so lange, als es Arbeit gab. Dann packten sie ihr ganzes Gerät wieder in das Faß, wälzten es zu dem nächsten Landungsplatz und fuhren wieder weiter.

Erst nach dem Tode Kaiser Friedrichs III., nachdem dessen Sohn Kaiser Max I. 1493 als dessen Nachfolger in Wien eingezogen war, erschien in Wien Johannes Winterburger als Buchdrucker, der hier seine Kunst dauernd ausübte. Er war vom Rhein nach Wien eingewandert und hatte hier sein Geschäft in der Krugerstraße begründet.

An Kaiser Maximilian I., welcher nicht nur der tapferste Ritter seiner Zeit, sondern auch der größte Förderer aller Künste war, fand Winterburger einen großen Gönner. So druckte er auf Befehl des Kaisers ein Büchlein, das die eingehende Beschreibung der großen Leichenfeierlichkeiten für den verstorbenen Kaiser Friedrich III. enthält; darin wird erzählt, wie schön die Stephanskirche geschmückt war, wie an der Spitze eines großen Zuges von Fürsten, Herren, Bischöfen und Äbten Kaiser Maximilian I. einherritt und wie an diesem Tage, es war dies der 7. Dezember 1493, 682 Messen gelesen wurden, deren jede mit 18 Kreuzern bezahlt wurde.

Auf dem Titelblatte dieses interessanten Büchleins steht unter anderem: „Und dernach geschriebe druck is visitiert und verhort durch den K. M. reth

Und gerecht und wo anders erfunden wirt in geschrift oder druck ist ungerecht." Auch trägt es den kleinen kaiserlichen Adler und die Aufschrift: „Getruckt zu Wien durch Johannem Winterburg."

Der zweite bekannte Wiener Buchdrucker ist Hieronymus Vietor. Auch er war aus Deutschland nach Wien eingewandert, arbeitete als Gehilfe in der Druckerei des Winterburger und errichtete später selbst eine Druckerei in der Weihburggasse.

In dieser Zeit war König Siegmund in Wien und lernte die vorzüglichen Druckarbeiten Vietors kennen. Diese gefielen ihm so sehr, daß er ihn nach Prag schickte, damit er auch dort eine Druckerei errichtete.

Der dritte bekannte Wiener Buchdrucker ist Johannes Singriener. Dieser errichtete seine Druckerei unter den Tuchlauben im Winterhause; ihm gelang es, seine beiden Vorgänger durch hervorragende Buchdruckleistungen weit zu überflügeln.

Diese drei Buchdrucker lieferten eine große Zahl von Werken meist in lateinischer Sprache, die sich bis jetzt noch in der Hofbibliothek, der Universitätsbibliothek sowie in den Bibliotheken verschiedener Klöster, in Rathäusern u. dgl. befinden.

Wie fleißig diese Buchdrucker arbeiteten und wie sie sich durch nichts abhalten ließen, geht daraus hervor, daß während der Zeit der ersten Türkenbelagerung 1529 in der Buchdruckerei Vietors ein Buch über diese Belagerung gedruckt wurde, welches heißt: „Belagerung der Statt Wiene, im jar, Als man zallt nach Christi Geburt, tausend fünfhündert und im neunundtzwaintzigsten beschehn kürtzlich angetzaigt."

Kaum waren die Türken, wutschnaubend über die Erfolglosigkeit ihrer Anstrengungen, davongezogen, erschien das Büchlein über dieselbe am 25. Oktober 1529, und die wackeren Wiener konnten nun auch lesen,was für Drangsale sie zu überstehen gehabt hatten und was für tüchtige Verteidiger sie gewesen waren.

WOLFGANG SCHMÄLZEL, DER SCHULMEISTER BEI DEN SCHOTTEN

In dem altehrwürdigen Schottenstifte auf der Freiung in Wien war zur Zeit Kaiser Ferdinands I. Wolfgang Schmälzel tätig, der sich als Schulmeister eines ganz ungewöhnlich guten Rufes erfreute. Seine Schüler liebten ihn wie ihren Vater, seine Amtsbrüder schätzten ihn als einen ihrer Besten, die Wiener verehrten ihn als großen Wiener Dichter und nannten ihn, um ihm besondere Ehre anzutun, den Wiener Hans Sachs.

Aber auch Kaiser Franz Ferdinand I. und der ganze kaiserliche Hof erwiesen ihm Ehren und Auszeichnungen, wie deren vor ihm wohl kein Schulmeister jemals zu erfahren das Glück hatte.

Wolfgang Schmälzel verdiente aber auch vollauf den ehrenden Namen eines Wiener Hans Sachs; denn so wie dieser ehrsame Schuster und gottbegnadete Dichter aus der weit berühmten Stadt Nürnberg, hatte er es wohl verstanden, alt und jung, hoch und niedrig mit seinen wundersamen Dichtungen zu erfreuen. Und bei all dem Ruhme, der ihm schon bei Lebzeiten zuteil ward, blieb er immer der bescheidene Schulmeister, dessen höchstes Glück es zu sein schien, der getreueste Diener seines Kaisers, der größte Bewunderer seiner geliebten Vaterstadt und ihr bester Lobredner zu sein.

Eines Tages erhielt nun Wolfgang Schmälzel von seinem Gönner, dem berühmten Doktor Laz, dem Leibarzte Kaiser Ferdinands I., ein Schreiben, das ihn in freudigste Aufregung versetzte. Dasselbe besagte, der Kaiser hätte beschlossen, in das Schottenstift zu kommen und dort einer der „Komödien" Wolfgang Schmälzels, wie sie von den Schülern dieses Stiftes aufgeführt wurden, beizuwohnen. Das war für diesen so viel des Glückes, daß er glaubte, es gar nicht fassen zu können.

Er hatte gerade eine neue „Komödie" (zu jener Zeit nannte man jede dramatische Dichtung und Aufführung eine „Komödie"), „Der verlorene Sohn", fertiggebracht, und diese wollte der Kaiser, über die Anempfehlung seines Leibarztes Doktor Laz, ansehen.

Der Tag der Aufführung wurde bestimmt, und in einem Lehrsaale des Schottenstiftes sollten die Schüler Wolfgang Schmälzels vor dem Kaiser ihre schauspielerische Kunst zeigen. Man kann sich denken, was für ein großes Lernen es nun gab, wie die jungen Leute von ihrem Meister wohl im Schweiße seines Angesichts unterwiesen wurden und wie begeistert sie an ihre schöne Aufgabe gingen.

„Der verlorene Sohn“, wie ihn das Evangelium schildert, sollte aufgeführt werden, wie er in jugendlichem Übermut von seinem Vater sein Erbteil begehrt, wie er sein väterliches Haus verläßt und in der Fremde sein Geld vergeudet, wie er dann in unsagbare Not verfällt und als Schweinehirt hungernd genötigt ist, mit den Schweinen aus dem Tröglein sein armseliges Leben zu fristen. Wie er endlich in sich geht, bittere Reue und wahres Leid empfindet und sich vornimmt, zu seinem Vater zurückzukehren, sich vor dessen Füße zu werfen und ihn zu bitten, daß er ihn wiederaufnehme, nicht als seinen schuldbeladenen Sohn, sondern als den geringsten seiner Knechte. Und wie ihn der Vater aufnimmt in heißer väterlicher Liebe, ihn an sein Herz drückt, nicht mehr als den verlorenen, sondern den glücklich wiedergefundenen Sohn.

Und das alles war in zierliche Verse kunstvoll gekleidet, und diese waren von den Darstellern gut gemerkt worden.

Endlich kam der so sehr herbeigewünschte und doch mit einiger Angst erwartete Tag der Aufführung der „Komödie“. In einem Lehrsaale des Schottenstiftes wurde ein Zuschauerraum und ein zweiter Raum für die Schauspieler dadurch geschaffen, daß ein großer Vorhang von der Decke bis zum Boden herabhing; derselbe konnte leicht verschoben werden, daß man in den Bühnenraum blicken konnte.

Endlich kam der Tag der Aufführung. Unter der Führung des Doktors Laz kamen Kaiser Ferdinand I., seine Gemahlin, Kaiserin Anna, der Thronfolger des Kaisers, der nachmalige Kaiser Max II., mehrere Mitglieder des kaiserlichen Hauses und einige Hofleute. Nach der Sitte der damaligen Zeit wurden die Herrschaften in Tragsesseln aus der kaiserlichen Hofburg in das Schottenstift getragen, wurden von Doktor Laz in den Lehrsaal hineingeführt und nahmen in den dort aufgestellten großen Lehnstühlen Platz.

Es war genau die vierte Nachmittagsstunde, als das Schauspiel begann.

Die Kleidung der Schauspieler war nicht etwa diejenige, wie sie es nach der biblischen Geschichte sein sollte, sondern die damals in Wien übliche Tracht.

Aber es mußte ja auch ein vierbeiniger Schauspieler, ein Schweinchen, auftreten, das aus einem Tröglein sein Futter zu fressen hatte, welches ja auch die Speise des verlorenen Sohnes war. Nachdem man ein leibhaftiges Rüsseltier doch nicht gut vor so hohe Gäste bringen konnte, so half man sich in einer recht launigen Weise. Man nahm also ein Jüngelchen aus der bekannten schlesischen Familie der „Schweinichen“ und bezeichnete es als den Tischgenossen des verlorenen Sohnes.

Als die Zeit des Auftretens dieses Schauspielers herangekommen war, polterte dieser auf allen vieren zur größten Erheiterung der hohen Zuschauer plötzlich heran.

So wurde die ganze Geschichte vom verlorenen Sohn recht drastisch dargestellt, und der Kaiser, die Kaiserin und alle Zuschauer blieben bis zum Schluß in der besten Laune. Die jugendlichen Schauspieler ernteten gar viel des Lobes, und Wolfgang Schmälzel wurde von dem Kaiser ganz besonders ausgezeichnet.

Zunächst sprach der Gönner des Dichters, Doktor Laz, in freundlichster Weise zu ihm: „Nun, lieber Schulmeister, Ihr seid ein ganzer Mann, schon jetzund poeta laureatus. Ich wünsche Euch Glück."

Dem fügte Kaiser Ferdinand I., indem er sich zu dem hochbeglückten Dichter wandte, noch hinzu: „Auch ist es Uns lieb, daß Wir wieder einmal Gelegenheit haben, Eure gottseligen und rechtgläubigen Gesinnungen zu beloben. Ihr verstehet ja wohl die Zeit, die arg ist."

Nun trat aber noch einmal Doktor Laz hervor, wandte sich ehrerbietig an den Kaiser und bat ihn, zu gestatten, daß Wolfgang Schmälzel einiges aus seinem schönen Gedichte „Lobspruch der Stadt Wien" vortragen dürfe. Gerne gestattete dies der Kaiser, und Wolfgang Schmälzel begann:

Des volcks auch was ein grosse meng,
Ich macht mich pald auß dem gedreng,
Gieng auf sanct Steffans freythoff ein.
In aller höch sach ich ein schein,
Der widerglantz ging von der Sunn,
Wie ein Comet am himel grun;
Vil frembdes volcks schaut vbersich
An dem gepeu, verwundert sich,
Wie menschen heudt das bawen khunt.
Der zottet Thurn vor uns stundt,
Auf dem in aller höch hinauff
Ein knopf brint, als wer die Sun drauff,
Acht eckig, von kupffer berait,
Darin gemessen werdn acht metzn braid;
So er mit wein sein gemessen sol,
Mit sechs eimern wirt er vol –
Vom besten gold verguldt so rein,
Darauf ein Stern und halbmonschein,
Welches spitz schier an die wolken ging.
Indem zu messen ich anfing
Des thurns weit im fundament
Fand acht und zwainzig schrit behent
Hielt jedeseit in vierung gar
usw.

Als Wolfgang Schmälzel seinen Vortrag geendet hatte, erscholl neuerlicher großer Beifall der hocherlauchten Gäste; sie verabschiedeten sich nun in huldvollster Weise von ihm und verließen das Schottenstift.

Das war ein Aufsehen auf der ganzen Freiung! Hunderte von Menschen standen da und sahen neugierig zu, wie die kaiserliche Familie kam und wie sie das Schottenstift wieder verließ. In ganz Wien sprach man von dem großen Ereignisse und von der wohlverdienten Ehre, die dem „Wiener Hans Sachs" zuteil geworden war.

Tags darauf erhielt dieser vom Kaiser zwanzig Goldgulden als Ehrengeschenk, wovon der überglückliche und wohltätige Mann den größeren Teil den Armen der Stadt Wien schenkte. Er war nicht nur ein tüchtiger Schulmeister, nicht nur der begeisterte Lobredner seines überaus geliebten Wien, er hatte auch ein gutes Wiener Herz, das auch im höchsten Glück nicht der Armen vergißt.

DIE LÖWENBRAUT

Kaiser *Rudolf II.* ließ im Jahre 1587 nahe bei Kaiser-Ebersdorf, gerade an der Stelle, wo bei der ersten Türkenbelagerung das kostbare Zelt des Sultans Soliman stand, ein schönes Lustschloß bauen. Dieses versah er mit einer Menagerie, in welcher die seltensten reißenden Tiere gehalten wurden. In diesem prächtigen Schlosse, seinen weitläufigen, wohlgepflegten Gärten, seinen mannigfachen und seltenen Kostbarkeiten, verweilte nun der Kaiser gar oft und ruhte von den damals gar schweren Sorgen der Regierung im Kreise seiner Familie aus.

Da feierte einst die kaiserliche Familie ein gar schönes Fest. Es war das Geburtsfest der kleinsten Prinzessin, und eine große Zahl von Edelleuten fand sich in dem zu ebener Erde befindlichen großen Saale zusammen, um hier zu Ehren derselben prächtige Aufzüge zu veranstalten.

Das erst vierjährige, gar wunderliebliche Töchterlein des Schloßverwalters Georg *Glüheisen* trat, als Schutzgeist Österreichs gekleidet, vor die kleine Prinzessin und sprach im Namen aller Anwesenden einen gar herzlichen Glückwunsch. Da donnerten die Kanonen, schmetterten die Trompeten und jubelten die Gäste. Es war ein freudiges Fest. Plötzlich trat, zum sprachlosen Schreck aller, ein Löwe majestätischen Schrittes in den Saal. Durch das Getöse wild gemacht, war er aus seinem Käfig ausgebrochen, hatte sich in den Garten gestürzt und war endlich zum Lustschloß gekommen, in das er eindrang. Er war geblendet von all dem, was er hier sah, und starrte verdutzt die Versammlung an. Schon waren die Wachen herbeigeeilt, um den so unwillkommenen Störenfried niederzuschießen; da warf sich die kleine *Berta* an den Hals des Löwen und bat flehentlich, ihm nichts zu tun; sie werde ihn schon in seinen Käfig führen. Und merkwürdig! Zum größten Staunen aller ließ sich der Löwe von seiner kleinen Führerin aus dem Saale, aus dem Schloß seinem Käfige zuführen und ging freiwillig in denselben hinein. Der Kaiser selbst sah dem sonderbaren Schauspiele zu und befahl, von nun an die kleine Berta nie anders als Löwenbraut zu nennen, der Löwe bleibe aber von nun an ihr Eigentum.

Jahre waren seitdem verflossen; aus der kleinen, lieblichen Berta war eine schöne Jungfrau, die Freude ihrer Eltern, geworden.

Immer noch besuchte sie den Löwen, und so traurig dieser war, wenn sie auch nur einen Tag nicht zu ihm gekommen war, so lustig und voll Freude war er, wenn sie wieder kam.

Da hatte ein gar braver junger Mann um die Löwenbraut geworben; sie sollte seine Frau werden. Die Eltern waren es zufrieden, das Mädchen auch, der Tag der Hochzeit wurde festgesetzt, und nun gab's eine Menge zu schaffen. Berta hatt so viel zu nähen und herzurichten, daß ihre Besuche bei dem Löwen immer seltener wurden, was diesen unendlich traurig zu machen schien. Endlich kam der Hochzeitstag. Die junge, schöne Braut, gar reizend geschmückt, sollte nun zur Kirche gehen, um ihrem Bräutigam angetraut zu werden. Doch wollte sie sich noch einmal von ihrem Löwen verabschieden, den sie nun nimmer pflegen sollte.

So trat sie in den Käfig desselben und liebkoste ihn wie sonst; doch er blieb traurig, als hätte er es geahnt, daß dies ihr letzter Besuch sein sollte. Da bemerkte er ihren Bräutigam vor dem Käfige; seinen Wut erwachte, ein furchtbares Brüllen entrang sich ihm, und schreckensbleich suchte die geängstigte Braut aus dem Käfig zu kommen. Doch der Löwe stellte sich vor dessen Tür und peitschte den Boden mit dem mächtigen Schweife. Da stürzte sich der Bräutigam in den Käfig. Doch schon hatte der Löwe die Braut mit einem schweren Tatzenschlage tot zu Boden gestreckt, und fast willenlos ließ er sich von dem entsetzten Manne niederschießen.

DAS SPRECHENDE KRUZIFIX

Kaum ein zweiter Regent trat unter mißlicheren Verhältnissen die Regierung an als *Ferdinand II.* In Böhmen tobte ein gräßlicher Krieg, und das dahin gesendete Heer war bei Budweis und Krumau so gut wie eingeschlossen.

Eine Aufforderung des Kaisers, daß die Protestanten ihre Beschwerden schriftlich beibringen mögen, blieb erfolglos. Dazu kam noch, daß die Österreicher ihm die Huldigung versagten; *Bethlen,* der Fürst von Siebenbürgen, unterstützte die Protestanten, Graf *Thurn* aber fiel in Mähren ein und erschien, von den protestantischen Ständen Österreichs mit Ungeduld erwartet, plötzlich am 5. Juni 1619 vor Wien, wo er sein Hauptquartier in der Vorstadt Margareten aufschlug und von den Batterien bei *St. Ulrich* die Burg beschoß.

Gleichzeitig streiften Bethlens Reiter von Petronell bis über die Fischa herauf. In Wien selbst wütete bereits der Aufruhr.

Trotz der ungeheuren Gefahr blieb Ferdinand allein unerschüttert. Mit größter Standhaftigkeit sprach er zu denen, die ihm rieten, entweder mit Thurn zu unterhandeln oder nach dem immer treuen Tirol zu flüchten: „Nicht diese Feinde, die Gottes Gewalt bald erreichen wird, nein, der Wahltag zu Frankfurt ist mein Augenmerk; mitten durch die Feinde will ich dahin ziehen und auf mein Haupt, das sie schon verloren und preisgegeben achten, die Kaiserkrone setzen."

Als am Morgen des 16. Juni 1619 der Lärm in der Umgebung der Burg heftiger wurde und Kugeln über die Stadt hinschwirrten, von welchen mehrere in der Burg einschlugen, da sank er vor einem Kruzifix nieder, drückte seine brennende Stirne an den silbernen Stamm des Kreuzes und flehte inbrünstig zu Gott um Hilfe.

Da war es dem Betenden, als ergösse sich himmlisches Licht um ihn her, als erwärme sich der Fuß des Heilands unter seiner Stirne, als hörte er die Worte: *„Ferdinand, ich werde dich nicht verlassen!"*

Neue Tatkraft, neuer Mut beseelte nun Ferdinand, und er trat mit großer Geistesruhe den sechzehn protestantischen Landherren entgegen, welche, geführt von *Thonradl,* aus dem Vorsaal auf ihn einstürmten, um die Einwilligung zu einem Bündnisse mit den Böhmen zu ertrotzen.

Ja, Thonradl faßte den König sogar an den Knöpfen seines Wamses und rief höhnisch: „Ferdinandl, gib dich! Wirst du nicht unterschreiben?"

Aber in demselben Augenblicke hörte man auf dem Burgplatze Kriegstrompeten und Heerpauken erschallen. Die Meuterer liefen an die Fenster und sahen zu ihrem Schrecken einen Trupp königlicher Kürassiere dahersprengen.

Betäubt und angsterfüllt, mäßigten sie nun sogleich die Sprache, gelobten, ihre Beschwerden ordnungsgemäß vorzutragen und baten um sicheres Geleit zur Rückkehr in ihre Wohnungen, welches ihnen auch gewährt wurde. Der Hauptmann Gebhard *Saint Hilaire,* ein Lothringer, war mit fünfhundert Reitern *Dampierres* von dem bei Krems stehenden königlichen Heere plötzlich nach Wien aufgebrochen und, von den Böhmen unbemerkt, mit Hilfe der Bürger und Studenten durch den damaligen Donaukanal bei dem Schiffsarsenal in die Stadt gedrungen; schnell hatte er den Burgplatz besetzt und Ferdinand gerettet.

Dieses Regiment erhielt zur Auszeichnung die Freiheit, so oft es auf dem Marsche Wien berühre, mit klingendem Spiele durch die Burg zu ziehen und auf dem Platze desselben drei Tage lang zu werben, was sonst keinem Regimente gestattet war. Auch erhielt der jeweilige Obrist das besondere Recht, beim Eintreffen des Regimentes in die Burg unangemeldet in die kaiserlichen Gemächer einzutreten. Dieses Regiment bestand lange noch als Dragoner-Regiment Nr. 8, welches seit 1888 auf immerwährende Zeiten den Namen „Raimund Graf von Montecuccoli, Reichsfürst und Herzog von Melti“ führt.

VON DER ERSTEN TÜRKENBELAGERUNG WIENS 1529

Im Juli 1529 betrat das türkische Heer unter Sultan *Solimans* des Prächtigen Anführung wieder den ungarischen Boden. Das Ziel des Kriegszuges war diesmal Wien. Ohne erheblichen Widerstand zu finden, überschritten die Türken bei Hainburg die Grenze Österreichs, mordend und brennend in gewohnter Weise. Am 17. September 1529 ergriffen Leute aus allen Ständen die Flucht; der Blutdurst der Türken hatte allgemeines Entsetzen erweckt. Wien hatte sehr zu fürchten, denn es war in einem schlechten Verteidigungszustande.

In größter Eile wurden die schwächsten Stellen der Stadtmauern und die Ufer der Donau mit Verschanzungen gedeckt, die hölzernen Dächer abgenommen, das Pflaster der Straßen wurde aufgerissen, die Vorstädte, welche ganz nahe an die Stadtmauern reichten, wurden niedergebrannt. Auch beeilte man sich, hinreichend Lebensmittel in die Stadt zu schaffen und die Besatzung soviel wie möglich zu verstärken.

Der tapfere Graf Niklas *Salm,* ein einundsiebzigjähriger Greis voll Jugendfeuer und kriegerischer Einsicht, leitete die Verteidigung der Stadt; treu zur Seite standen ihm der Pfalzgraf *Philipp* und die Hauptleute Wilhelm v. *Roggendorf;* Eck von *Reischach,* Hans *Katzianer,* Leonhard von *Böls* und Niklas von *Thurn.* Die Besatzung belief sich mit Einschluß der bewaffneten Bürger und Studenten auf 24.000 kampffähige Männer. Alle waren von festem Vertrauen auf Gott und zum Kampfe bis aufs äußerste entschlossen.

Schon am 21. September zeigte sich eine Schar Türken vor Wien, in den zwei nächsten Tagen folgten größere Massen, am 24. die Janitscharen, welche sich sogleich in die Ruinen der Vorstadtgebäude warfen; am 26. September erschien der Rest des Heeres.

Die Türken lagerten sich in einem weiten Bogen rings um die Stadt. Solimans Zelt breitete sich, einer kleinen Stadt ähnlich, auf jener Ebene bei Simmering aus, wo noch heute das sogenannte „Neugebäude", ganz nach der Form dieses Zeltes erbaut, steht. Achtzehn Tage dauerte die Belagerung Wiens. Die Besatzung war von dem herrlichsten Mute durchdrungen, und die Bürgerschaft wetteiferte in der Tapferkeit und Ausdauer mit den Kriegern. Neunzehn größere und kleinere Stürme wurden mit Kraft abgeschlagen.

Die Türken hatten wohl viel Geschütz, aber unter ihren Kanonen wenige, welche für die Zerstörung von Mauern und Schanzen taugten. Darum suchten sie der Stadt durch unterirdische Gänge, *Minen,* beizukommen, in denen Pulver angehäuft wurde. Aber die Belagerten waren auf ihrer Hut; überall lauschte man in den Kellerräumen. Wasserbecken und Trommeln wurden aufgestellt, um die geringste Erschütterung des Erdbodens daran wahrzunehmen.

Wiederholt wurden halbvollendete Minen des Feindes gefunden und zerstört, und da, wo die Mauern Schaden gelitten hatten, wurden die Lücken mit größter Schnelligkeit wieder durch Bollwerke verrammelt. Soliman bebte vor Wut, daß Wien, dessen Fall ihm so leicht geschildert worden war, so nachhaltig widerstand. Am 14. Oktober wurde von den Türken ein allgemeiner Sturm unternommen. Es war ein Donnerstag. Tags darauf, Freitag, an dem heiligen Tage der Mohammedaner, sollte die St.-Stephans-Kirche in eine Moschee umgewandelt sein.

Aber der Heldenmut der Wiener machte diese Hoffnung des Feindes zunichte. An der gefährlichsten Stelle beim Kärntnertor hatten die Bewohner der Stadt, geistliche und weltliche, Männer und Weiber, Greise und Knaben, in der Nacht vorher einen Wall von Pflastersteinen und Mauertrümmern aufgerichtet.

Der allgemeine Sturm begann mit dem Auffliegen zweier Minen beim Kärntnertor und dauerte zwei Stunden. Die Stürmenden wurden zurückgeschlagen. Als sich der Feind nachmittags zu einem neuen Angriffe anschickte, rief *Salm* seine Helden wieder zu den Waffen. Mit freudigem Mut folgten Bürger und Soldaten. Der Angriff war heftiger denn je, aber wieder erfolglos. Da gab der Sultan die Belagerung auf und zog noch an demselben Tage von der Stadt weg; vorher aber ließ er alle Gefangenen, darunter gegen tausend Weiber und Kinder, niederhauen oder in die Flammen des angezündeten Lagergerätes werfen.

Wien war wie durch ein Wunder gerettet, mit ihm ganz Deutschland, für welches ein weiteres Vordringen der Türken die furchtbarsten Folgen gehabt hätte. Groß war der Jubel Wiens, auf den Wällen wurde das Geschütz losgebrannt, und im Dome zu St. Stephan wurde ein Dankfest begangen.

Dem heldenmütigen Grafen Niklas v. *Salm* war leider beim letzten Sturme ein Schenkel zerschmettert worden; er starb bald darauf an den Folgen dieser Wunde.

DER ERSTE KAFFEE IN WIEN

Ihr laßt euch, liebe junge Leser, gewiß täglich das Frühstück- und Jausenschälchen Kaffee wohl schmecken. Wißt ihr aber auch, seit wann man in Wien Kaffee trinkt? Das wißt ihr schwerlich, und es soll euch nachstehend erzählt werden, zum Angedenken eines Mannes, der in rühmlichster Weise selbst sein Leben aufs Spiel setzte, um seine Mitbürger aus großer Not zu retten.

Es war im Jahre 1683, als die herrliche Stadt Wien zum zweitenmal von den Türken belagert wurde. Die Bedrängnis war hart; wenn sich auch die Wiener unter der Leitung des tapferen Stadtkommandanten Grafen Ernst Rüdiger von Starhemberg mit einem Heldenmute und einer Aufopferung verteidigten, welche den glänzendsten Beispielen des römischen Altertums an die Seite zu stellen sind, sah man doch, der ungeheuren Übermacht gegenüber, ohne Hilfe von außen her, das schreckliche Ende voraus. Es lag nun daran, dem die kaiserliche Armee kommandierenden Herzoge Karl von Lothringen von den traurigen Verhältnissen Kunde zu geben, daher man Boten nach allen Richtungen aussendete, welche aber von den Türken aufgefangen und zur Warnung für die Belagerten nahe bei den Stadttoren aufgeknüpft wurden.

Täglich mehrten sich die Drangsale, die kaiserliche Armee stand nahe bei Wien, doch konnte man ihr keine Nachricht von der verzweiflungsvollen Lage geben, niemand wollte das Wagestück unternehmen.

Damals lebte in Wien Georg Franz Kolschitzky, geboren zu Sombor in Polen, ein Mann von dreiundvierzig Jahren, welcher Handelsmann in der Leopoldstadt war und bei der Belagerung sich unter die Freikompagnie des Hauptmanns Frank, welche größtenteils aus Gastwirten bestand, hatte anwerben lassen. Dieser Mann, der früher Dolmetsch bei der orientalischen Kompagnie gewesen, Reisen nach der Türkei gemacht, längere Zeit in Belgrad gelebt hatte, daher mit der Sprache und den Sitten der Türkei sehr vertraut war, erbot sich zur Übernahme der Botenrolle.

„Und welche Belohnung beansprucht Ihr dafür?" fragte ihn Starhemberg.

„Keine", erwiderte der Edelsinnige. „Es verdienen der Heldenmut und die Biederkeit der braven Wiener, daß man ihnen schon den kleinen Dienst leistet. Zudem habe ich keine Angst vor dem Tode. Hängen können mich die Türken nur einmal. Tun sie das – wogegen ich mich indes wohl bewahren will –, so bitte ich um eine Seelenmesse für mich und meinen treuen Diener, der mich begleiten wird."

In der stürmischen Nacht vom 13. auf den 14. August schlichen sich Kolschitzky und sein Diener Michaelowitz, der ebenfalls Sprache und Sitten der Türken vollständig kannte, als Türken verkleidet durch das Ausfallpförtchen beim Schottentor aus der Stadt ins feindliche Lager. Am nächsten Tage wurden sie angehalten und vor einen Aga geführt.

Mit größter Unbefangenheit erzählte Kolschitzky diesem, er sei ein Belgrader Kaufmann, der mit seinem Diener dem türkischen Heere gefolgt sei und sich damit befasse, den Türken Lebensmittel aufzusuchen und zu liefern.

Der Aga, welcher sich täuschen ließ, bewirtete ihn und entließ ihn sodann mit der wohlwollenden Warnung, er solle sich nicht zu weit vorwagen, damit er den Christen nicht in die Hände falle.

Indem der kühne Mann seinen Weg fortsetzte, kam er nach dem Kahlenbergerdorf, von wo ihn dortige Insassen in einem Nachen über die Donau auf das jenseitige Ufer brachten. Drüben traf er alsbald das kaiserliche Lager und wurde zu dem kommandierenden Herzog von Lothringen geführt, der die Kolschitzky anvertrauten Briefe übernahm und ihm eine schriftliche Antwort an den Grafen von Starhemberg mitgab. Nachdem Kolschitzky und sein Diener wieder über die Donau gesetzt, wandten sie sich entlang dem Wasser der Stadt zu, wären aber bei dem herrschenden Regenwetter bald mitten unter die türkischen Schildwachen geraten. Als sie diesen glücklich entgangen waren, bargen sie sich im Keller eines kleinen abgebrannten Hauses in der Roßau, wo sie die Nacht zubrachten. Am folgenden Morgen des 17. August gelang es ihnen, sich bis zu den Palisaden vor der Stadt zu schleichen, worauf sie beim Schottentor wieder Einlaß fanden.

Die trostreiche Kunde von baldigster Hilfe, welche Kolschitzky vom kaiserlichen Kommandanten mitbrachte, erzeugte in dem bedrängten Wien eine hoffnungsfreudige Stimmung. Noch am selben Tage aber wurde dem Herzog die Ankunft des glücklichen Boten gemeldet. Starhemberg ließ zu diesem Zwecke um zwölf Uhr mittags auf dem Stephansturme einen dikken, schwarzen Rauch machen, und als es dunkel geworden, von derselben Stelle drei Raketen emporsteigen.

Gern hätte Kolschitzky noch mehrmals solche gefahrvolle Sendungen übernommen, aber Verräterei hatte ihn den Türken bereits auf das erkennbarste bezeichnet, er wäre verloren gewesen, ohne der Stadt den mindesten Nutzen bringen zu können. Seinem Diener gelang es jedoch, noch zweimal durch das türkische Lager zu kommen und Nachricht in die Stadt zurückzubringen. Endlich wurde Wien durch die Entsatzschlacht am 12. September, in welcher das vereinte Heer der Kaiserlichen, der Reichstruppen und der Polen einen glänzenden Sieg erfocht, von der schrecklichen Belagerung befreit. Die Türken ergriffen mit Zurücklassung ihres ganzen Lagers die Flucht.

Graf Starhemberg dachte alsogleich an die Belohnung des biederen Mannes, ließ Kolschitzky rufen und erbot sich, jeden Wunsch, den er äußern würde, zu erfüllen.

„Gnädigster Herr", sagte bescheiden Kolschitzky, „ich bin durch mein Bewußtsein hinlänglich belohnt; indes wäre es beleidigend für Eure Exzellenz wie für die braven Wiener, wenn ich nicht eine mir angebotene Gnade mir erbitten wollte, die dem gesamten österreichischen Lande Nutzen bringen wird. Wissen Eure Exzellenz, daß im verlassenen Türkenlager unter den zahllosen kostbaren Beutestücken auch eine Anzahl Säcke mit kleinen grünen Körnern gefunden wurde?"

„Das weiß ich, aber niemand kann darüber Aufschluß geben, zu welchem Gebrauche selbe dienen mußten."

„Das will ich tun. Es war im Jahre 1285, als ein Derwisch namens Hadschi Omer von einem Scheich [Oberhaupt eines Landstriches] aus einem Kloster der Mokka verjagt, in der Höhle eines benachbarten Berges Zuflucht suchte. Er fand hier keine andere Nahrung als die Beeren des wildwachsenden Strauches, Kahhva genannt, verzehrte sie erst roh, versuchte aber, da ihm der Geschmack nicht besonders gefiel, sie zu rösten, zu zerquetschen und in Wasser zu sieden, wodurch er ein unendlich nahrhaftes und wohlschmeckendes Getränk erhielt. Als seine Freunde ihn nach einigen Tagen aufsuchten und fanden, waren auch sie überrascht und entzückt von dem duftigen Geschmacke des neuen Getränkes und verbreiteten die Kunde davon allerorten, worauf der Scheich den Versuch anstellte, die Entdeckung für ein Zeichen des göttlichen Schutzes hielt und den Derwisch wieder in sein Kloster zurückführte. Die Kerne dieser Beeren nun sind jene grünen Körner, welche zur Bereitung des Lieblingsgetränkes der Türken dienen, mit ihm sollten auch die Europäer bekannt werden. Wenn mir Eure Exzellenz aus der ganzen Beute diese Säcke mit der Erlaubnis überlassen, daraus das köstliche Getränk ‚Kaffee' bereiten und öffentlich ausbieten zu dürfen, werde ich diese Gnade als Belohnung meines kleinen Dienstes dankbar annehmen."

„Herzlich gern sei Euch willfahrt. Man wird Euch den größten Teil der Säcke ausliefern, und Ihr könnt damit machen, was Ihr wollt. Übrigens kann ich Euch sagen, daß der Stadtrat Euch ein Haus in der Leopoldstadt[1] als Eigentum überlassen wird."

Kolschitzky übernahm sogleich das Geschäft. Nachdem er lange in den Straßen mit Kaffee hausieren gegangen (Tassen und Kannen trug er dabei auf einem Brette), mietete er ein Lokal im kleinen Bischofhof in der Kleinen Schulerstraße (jetzt Domgasse), von da kam er auf die Brandstatt, und als dieses Haus abgebrochen wurde, in das Schlossergäßchen „Zur blauen Flasche“, endlich in die Domgasse (heute Nr. 6), wo er bis zu seinem 1694 im 54. Lebensjahre erfolgten Tode blieb.

Das Schild „Zur blauen Flasche“ hatte Kolschitzky damals deshalb gewählt, weil ihm, als er bei der Verteidigung von Wien auf dem Walle von einer Kugel gestreift wurde, sein Bräutchen, die Tochter des Wundarztes und Hausbesitzers „im Elend“, Herrn Georg Mayer, eine Blechflasche von blauer Farbe, mit köstlichem Balsam gefüllt, zur Benützung geschenkt hatte. Dieses letztgenannte Lokal war auch das berühmteste und das erste, welches zu einem ordentlichen Kaffeehause eingerichtet wurde, daher es mit Recht als das erste Kaffeehaus in Wien betrachtet wird. Es lag im rückwärtigen Teile des Schlossergäßchens und bildete den hinteren Teil des Hauses „Zur blauen Flasche“ (Goldschmiedgasse).

Was das Innere dieses Kaffeeschankes betrifft, war dasselbe eine niedere, ausgedehnte Halle. Im Hintergrunde prasselte auf einem Herd ein gewaltiges Feuer, an welchem Kochtöpfe und Kessel aller Größen standen, in denen der köstliche Mokkatrank quirlte und qualmte. In der Mitte hingen von der Decke herab zwei Laternen. Ringsherum an den Wänden liefen roh gezimmerte hölzerne Bänke, auf denen die Gäste sich beliebig lagerten; Tische gab es keine, die Schalen stellte man entweder neben sich auf die Bank oder man hielt sie in der Hand, was bei dem Umstande, daß dieselben so groß und weit wie die gewöhnlichen Suppenschalen, dabei entweder aus Holz oder Zinn waren, keine geringe Mühe kosteten. Der mittlere Raum war frei für die sogenannten Stehgäste, welche sich nicht niedersetzten, sondern stehend tranken.

Geraucht wurde im allgemeinen damals noch nicht. Man sah nur den Kaffeeherrn Kolschitzky mit einem Tschibuk duftenden Wolken echten Latakias ausströmen, wobei sich die Gäste an der Kunstfertigkeit ergötzten, mit der er durch wechselnde Bewegung seiner Zunge alle Arten Ringe, Figuren und so weiter aus dem Rauche bildete, den er zu verschlucken, und erst, nachdem er seine Schale Kaffee im Leibe hatte, wie ein Schlot dampfend langsam auszulassen pflegte.

Was weiter den köstlichen Mokka betrifft, den Kolschitzky seinen Gästen auftischte, möchte derselbe der heutigen kaffeeschlürfenden Welt wie Höllengebräu schmecken, denn man genoß ihn ohne allen Zucker (erst später versüßte man ihn mit Sirup) und mit dem ganzen Satze, so daß der Löffel, wie im Risotto, in der Mitte frei steckenbleiben konnte. Dieses Speise, denn ein Getränk war sie füglich nicht zu nennen, behagte anfangs den Wienern gar nicht, aber bald gewannen sie dieselbe so lieb, daß sie ohne sie nicht leben konnten, und Kolschitzkys Kaffeeschank vermochte all die Gäste nicht zu fassen, welche sich den ganzen Tag herandrängten.

Daß dies kein Schade für seinen Geldbeutel war, wird uns der Leser aufs Wort glauben, und in den weiteren Jahren würde es kein Hausbesitzer der glorreichen Stadt Wien verschmäht haben, den angesehenen Mann als Eidam in die Arme zu schließen. Es gab aber auch nicht so leicht einen aufmerksameren und freundlicheren Wirt als den wackeren „Bruder Herz"; mit dieser Bezeichnung nämlich hatte er die Gewohnheit, jedermann, dem er wohlwollte, anzureden, man antwortete mit demselben Namen, und so blieb ihm dieser im Munde des gemütlichen Wiener Völkchens.

In Kolschitzkys Kaffeeschank einzutreten, verschmähte bei jedesmaligem Ausgange nie der greise kaiserliche Hofkriegsrats-Präsident, Feldmarschall Graf Ernst Rüdiger Starhemberg, und derselbe plauderte gern mit seinem alten Kriegsgefährten – wie er den Kaffeesieder stets huldreich zu nennen beliebte – von den gemeinsam überstandenen Drangsalen der türkischen Belagerung. Dessen Erscheinen war aber auch stets ein Fest für „Bruder Herz", denn ihm dankte er nicht nur seine glückliche Lage, sondern auch die Nachgiebigkeit des Vaters seiner geliebten Frau, Maria Ursula, welcher anfangs sich unnachsichtlich gegen diese Verbindung gesträubt hatte. Ferner erhielt er manchmal den Besuch des großen Prinzen Eugen von Savoyen, der ebenfalls gern über die Belagerung Wiens mit ihm plauderte. Hatte der junge Kriegsheld doch als neunzehnjähriger Oberleutnant sich beim Entsatze dieser Stadt unter dem Prinzen von Lothringen die ersten Sporen verdient.

Selbst der hochberühmte Kapuzinermönch Marc Avian (Sobieskis Beichtvater), der den bekannten Segen über das Heer auf dem Kahlenberge sprach, später Kaiser Leopolds Hofprediger in Wien (gestorben 1699, im Alter von 68 Jahren), ging nie vorbei, ohne über Kolschitzkys Haupt seine zitternde Hand auszustrecken und ihn zu segnen. Man sollte daher glauben, daß es dem ersten Kaffeesieder nicht darum zu tun gewesen sei, diesen oder jenen seiner Gäste zu erhalten, er war aber ein zu verständiger Geschäftsmann, um nicht auch den geringsten Kunden zu ehren, und hatte er daher eben Seine Exzellenz den Herrn Feldmarschall untertänigst empfangen, so eilte er doch gleich wieder, wenn es etwa galt, dem Herrn Augustin Leichnamschneider, Besitzer des Neubades in der Nadlergasse, oder dem Wachskerzler Nikolaus Panfiol von Kohlmarkte, zwei täglichen Gästen, die Schalen abzunehmen oder neu zu füllen, ja es genierte ihn selbst nicht im mindesten, dem halbbetrunken hereintaumelnden Volkssänger Augustin aufmerksam zu Diensten zu stehen, denn in jener Zeit war letzterer, als lebendige Zeitung, durchaus keine zu verachtende Persönlichkeit.

Über Kolschitzkys hinterlassene Familie ist keine sichere Nachricht auf unsere Zeit gekommen; man weiß nur, daß die Erben das Kaffeehaus an den Donaustrand, neben der hölzernen Schlagbrücke (heutige Ferdinandsbrücke) verlegten. (Delsenbach hat uns in einer seiner vier höchst seltenen Totalansichten von Wien die Abbildung desselben bis auf die heutige Zeit bewahrt.)

Schließlich bemerken wir noch, daß das gleichzeitig gemalte wohlgetroffene Porträt des ersten Kaffeesieders noch bis heute von der Wiener Kaffeesieder-Genossenschaft sorgfältig aufbewahrt wird. Er ist in der damaligen polnischen Landestracht abgebildet, die er stets trug.

Im 4. Bezirke Wiens ist eine Gasse zu Ehren Kolschitzkys nach ihm benannt, und an dem Eckhause dieser Gasse gegen die Favoritenstraße seit 1885 sein schönes Standbild, welches von dem Bildhauer Emanuel Radl ausgeführt wurde, angebracht.

DER HEIDENSCHUSS

In der Strauchgasse, wo sich heute der prächtige Palast des Fürsten Montenuovo befindet, standen zur Zeit, als die Türken das erste Mal die Stadt Wien belagerten, mehrere unansehnliche Häuser.

Eines derselben soll von einem Bäcker bewohnt worden sein, dessen Name sich im Volksmunde als der eines Retters der Stadt lange erhalten hat und dessen Haus den Namen „Zum Heidenschuß“ erhielt.

In der traurigen Zeit der Türkennot, als so viele Soldaten in der Stadt untergebracht waren, als auch viele Flüchtige aus den abgebrannten Vorstädten Aufnahme gefunden hatten, gab es für den emsigen Meister noch mehr zu tun als sonst, so daß der Backofen fast gar nicht erkaltete.

Dem Meister, dem dieser Zuspruch unter anderen Umständen große Freude bereitet hätte, wurde bange, wenn er seine Mehlvorräte überblickte, die mit jedem Tage merklich abnahmen, und wenn er bedachte, wie bei einer längeren Belagerung aller Proviant zusammenschmelzen, wie Fleisch und Brot teuer und rar werden müßten. Unter solch traurigen Gedanken begab er sich in gedrückter Stimmung in die Backstube, welche in dem Kellerraume seines Hauses untergebracht war. Und nun begann ein rüstiges Schaffen; Mitternacht war's; eben erklang vom Stephansturme die Glocke; der Meister stand mit seinen Gesellen gerade vor dem Backofen, als er unter sich plötzlich einen verwirrten, undeutlichen Klang von fremden Stimmen hörte. Sogleich wurde mit der Arbeit innegehalten.

Mit angehaltenem Atem horchten Meister und Gesellen.

Immer befremdender ward das eigentümliche Geräusch, immer lauter und vernehmlicher wurde die rauhen unheimlichen Stimmen. Da glaubte der Bäcker das Wort „Allah“ („Allah“ bedeutet in der türkischen Sprache „Gott“) zu vernehmen, und da er die Bedeutung dieses Ausdruckes kannte, zweifelte er nicht mehr, daß sich die Feinde unter der Erde einen Weg bis in die Stadt gebahnt hatten. Er legte sich auf den Boden, so daß sein Ohr die Ziegelsteine berührte; da hörte er ein deutliches Klopfen und Graben. Schnell erklärte er seinen Gesellen die Gefahr und ermunterte sie, zur Rettung aller das Ihrige beizutragen und Wasser in Menge herbeizubringen. Die Gesellen beeilten sich, der Aufforderung des Meisters nachzukommen, und jeder lief mit einem Gefäße zum Brunnen. Der Lehrling eilte, dem Befehle des Bäckers gehorchend, in die benachbarten Häuser, um deren Bewohner zu wecken und sie zur Mithilfe aufzufordern; unterdessen öffnete der Bäcker ein ihm bekanntes Loch in der Erde, welches nach seiner Meinung mit dem unterirdischen Gange in Verbindung stehen müsse. Kaum war an dieser Stelle die Ziegelpflasterung hinweggeräumt und eine Schichte Erde ausgegraben, so vernahm er ganz deutlich das Waffengeklirr und den Zuruf der Feinde.

Da kamen auch schon die rüstigen Bäckergesellen und die herbeigerufenen Mitbürger mit gefüllten Eimern.

Hurtig, aber mit großer Vorsicht, wurde gegraben, bis die Öffnung den unterirdischen Gang erreichte. Kaum war dies der Fall, wurde mit dem Eingießen des Wassers begonnen. Alle bei dem Rettungswerke Beteiligten bildeten eine Kette, die vom Hofe bis in den Keller reichte, und die gefüllten Eimer gingen von Hand zu Hand. Bald hörte man ein lautes Geschrei der Bestürzung, und als es dem rastlosen Eifer der Bürger gelungen war, eine in der Nähe fließende Quelle in die Öffnung zu leiten, erhob sich ein entsetzliches Angstgebrüll. Endlich verstummte der Lärm; die meisten der im Gange befindlichen Feinde fanden im Wasser den Tod; nur wenigen gelang es, den rettenden Ausgang zu erreichen. Nun erst, als die furchtbare Gefahr glücklich abgewendet war, verbreitete sich die Kunde davon in der geretteten Stadt, und allgemeiner Jubel herrschte in den Straßen.

VON DER ZWEITEN TÜRKENBELAGERUNG WIENS 1683

Am 17. Juli des unheilvollen Jahres 1683 fiel die Leopoldstadt in die Hände der Türken. Sobald sich diese daselbst festgesetzt hatten, erfuhr diese Vorstadt dasselbe Schicksal, welches die übrigen Vorstädte getroffen hatte. Kirchen und Paläste wurden in Schutthaufen verwandelt; die schönsten Gärten, wie die kaiserliche Favorita (Augarten), wurden vom Grunde aus verheert.

Die kostbarsten Einrichtungen und prächtigsten Hausgeräte gingen in Flammen auf, weil die Einwohner dieselben nicht in die Stadt geborgen hatten, da ihnen versichert worden war, daß diese Vorstadt von der Armee stets besetzt und bedeckt gehalten würde. Nun bildete die Leopoldstadt für die Türken einen sehr geeigneten Punkt, von welchem aus sie die Stadt mit ihren Geschützen auf das wirksamste bestreichen konnten. Sie gruben von der Jägerzeile herauf bis über die Schlagbrücke hinaus neue Laufgräben, errichteten an der Donau und bei der Kirche der Barmherzigen Brüder neue Batterien, von welchen aus sie die Stadt besonders gegen den alten Fleischmarkt und das St.-Lorenzo-Kloster durch Bomben in schwere Nöten brachten.

Am 21. Juli beschoß der Feind die Stadt von der Leopoldstadt aus besonders heftig; erst bei Nacht ruhten die Geschütze. Nun brachte ein Reiter des Götzschen Regimentes, von Enzersdorf kommend, die Nachricht, daß man von dem Herzoge von Lothringen baldigst Hilfe zu erwarten habe.

Als am 2. August der Feind zu Nußdorf und Klosterneuburg alle Schiffe und Flöße losmachte und dieselben auf dem kleinen Arm der Donau herabströmen ließ, häuften sie sich vor den Bruchstücken der abgetragenen Schlagbrücke so an, daß man darüber gehen konnte; allein die aus der Leopoldstadt in die Stadt geflohenen Schiffer bekamen den Befehl, sie zur Nachtzeit hinwegzuräumen, was sie trotz des heftigen Feuers der Türken zur Ausführung brachten.

Einem Bürger, der beim Herannahen des Feindes aus der Leopoldstadt in die Stadt geflohen war, ging diese Tat der wackeren Schiffer so zu Herzen, daß er sich vornahm, der Stadt ebenfalls durch heldenmütige Aufopferung zu dienen.

Da er, obwohl Pole von Geburt, hinlängliche Kenntnis von Sprache und Sitten der Türken hatte – er war ja ehemals Dolmetsch bei der orientalischen Kompagnie gewesen –, bot er sich dem Stadtkommandanten als Kundschafter an. Das Anerbieten wurde bereitwilligst angenommen, und

Kolschitzky, so hieß der wackere und mutige Mann, unternahm in Begleitung seines Dieners *Michalovitz,* der ebenfalls Sprache und Sitten der Türken kannte, am 6. August nachts zwischen 10 und 11 Uhr, in türkische Kleidung gehüllt und mit Briefen an den Herzog von Lothringen versehen, seinen ersten schweren Gang durch das Lager der Feinde.

Graf Guido v. *Starhemberg,* der Adjutant des Stadtkommandanten, gab dem mutigen Wiener Bürger durch das Schottentor bis zu den Palisaden hinaus das Geleite und ließ es auf dem Wege dahin an guten Ratschlägen nicht fehlen. Schließlich verabschiedete er sich von Kolschitzky mit dem Wunsche, daß die wichtige Sendung, welche er zum Wohle der Stadt Wien nun auszuführen bereit war, gelingen möge.

Es erhob sich nun ein greuliches Wetter; es stürmte, blitzte und donnerte fürchterlich; doch Kolschitzky und sein Gefährte gingen unverdrossen weiter und gelangten bis an das Lazarett in die Währinger Straße, wo sich schon das türkische Lager befand. Weil aber der heftige Regen anhielt, setzten sie sich unter einem Baume nieder und erwarteten den anbrechenden Tag. Sobald es Licht geworden war, gingen sie unerschrocken durch das feindliche Lager, und Kolschitzky sang ein türkisches Liedchen, um bei den hin und wieder gehenden und reitenden Türken keinen Verdacht zu erregen.

Er kam nun an dem Zelte eines Aga (bei den Türken ein Aufseher, Befehlshaber, Anführer) vorüber, der ihn zu sich rief, ihn seiner nassen Kleidung wegen bedauerte und ihn fragte, woher er käme und wem er diene. Kolschitzky antwortete ganz unbefangen, daß er ein Belgrader Kaufmann sei, der mit seinem Diener dem türkischen Heere gefolgt wäre und sich damit befasse, den Türken Lebensmittel zu liefern. Der Aga ließ ihm hierauf Kaffee reichen und entließ ihn mit der Warnung, sich nicht zu weit vorzuwagen, um nicht den Christen in die Hände zu fallen. Kolschitzky beurlaubte sich dankend bei dem Aga und nahm seinen Weg, den türkischen Truppen vorsichtig ausweichend, durch den Wald und die Weinberge gegen Klosterneuburg. Weil er aber nicht wußte, ob Freund oder Feind hier hause, so kehrte er nach dem Kahlenbergerdorfe zurück. Auf der gegenüberliegenden Insel gewahrte er Einheimische, denen er winkte. Weil diese aber in ihm und seinem Diener der Kleidung wegen Türken vermuteten, so schickten sie ihnen als Antwort einige Schüsse herüber, die zum Glücke das Ziel verfehlten. Kolschitzky rief nun in deutscher Sprache, daß sie Christen seien und von Wien kämen.

Sogleich wurden nun beide auf die Insel übergefahren, wohin sich der Richter von Nußdorf und einige seiner Nachbarn vor den Türken geflüchtet und nachdem sich die beiden vermeintlichen Muselmänner durch einen Paß legitimiert hatten, wurden sie schnellstens auf das linke Donauufer befördert. Von da ging es rasch ins kaiserliche Lager, welches zwischen Angern und Stillfried stand; hier wurden Kolschitzky und sein Diener sehr freundlich aufgenommen und reichlich bewirtet. Der Herzog von Lothringen nahm huldvoll die Briefschaften entgegen und versprach, dem Überbringen derselben am frühesten Morgen ein Antwortschreiben einhändigen zu wollen.

Der Abend war unterdessen herangekommen; den beiden wackeren Männern wurde in einem Zelte eine Lagerstätte angewiesen, damit sie ihre müden Glieder durch einen gesunden Schlaf für die morgige Reise zu stärken vermochten. Im Lager wurde es nach und nach ruhig, alles zog sich in die Zelte zurück, nur die auf und ab gehenden Posten unterbrachen die fast unheimliche Stille.

Kolschitzky stand noch vor seinem Zelte, seine Blicke in der Richtung gegen Wien gewendet. Von einem Offizier befragt, warum er noch nicht sein Lager aufgesucht habe, antwortete er, daß er noch ein Signal von Wien erwarte, welches um 10 Uhr erfolgen solle. Er habe nämlich die Verabredung getroffen, seine erfolgte glückliche Ankunft im kaiserlichen Lager durch eine Raketengarbe anzuzeigen; eine solche habe er gestern nachts bei Stammersdorf abgebrannt, aber noch sei keine Erwiderung von seiten der Stadt Wien sichtbar geworden.

Da traf der Offizier die Anordnung, daß einige Raketen abgebrannt wurden, und siehe, es dauerte nicht lange, so stieg vom Stephansturme aus über Wien eine mächtige Feuergarbe empor, die man im Lager wohl bemerken konnte. Jetzt war Kolschitzky zufrieden und begab sich zur Ruhe.

Am frühesten Morgen des 17. August wurde ihm ein Schreiben des Herzogs von Lothringen eingehändigt, welches den Trost erhielt, daß die Hilfstruppen täglich näher anrückten, Preßburg von den Österreichern erobert und ein doppelter Sieg über Tököly erfochten sei. Er und sein Diener traten den Rückweg an, wären aber bald in die Hände der Feinde geraten. In Nußdorf krochen sie teils aus Besorgnis, von den türkischen Posten entdeckt zu werden, teils des heftigen Regenwetters wegen in einen Keller, wo Kolschitzky großer Ermüdung halber einschlief, mährend Michalovitz Wache hielt.

Bald erwachte der Schlummernde wieder, und Herr und Diener verabredeten miteinander, was nun zu tun sei.

Da kam ein türkischer Soldat die Stiege herunter und, da er reden hörte, so machte er wieder „kehrt um", damit er nicht etwa von seinesgleichen in einem Weinkeller (der Koran, das heilige Buch der Mohammedaner, verbietet den Gläubigen das Weintrinken) gesehen werde. Darüber waren die beiden geängstigten Flüchtlinge herzlich froh. Sie brachen wieder auf und gelangten glücklich in Wien an, wo sie mit Freuden empfangen wurden. Ihre glückliche Ankunft wurde der Armee jenseits der Donau durch Raketen angezeigt.

Kolschitzkys Diener Michalovitz gelang es noch zweimal, unverletzt durch das türkische Lager zu kommen. Das letztemal bei seiner Rückkehr gesellte sich ihm ein türkischer Reiter bei, mit dem er sich in vertrautes Gespräch einließ; Michalovitz war nun in Gefahr, von seinem Gesellschafter in das türkische Lager gebracht zu werden; deshalb hieb er ihn, ehe derselbe es sich versah, nieder, bestieg dessen Pferd, sprengte davon und kam glücklich in die Stadt.

Die Stunde der Rettung sollte nun auch für das belagerte Wien schlagen.

Am 11. September um Mitternacht war das christliche Heer auf dem Saume des Kahlenberges angekommen; mit der Morgenröte des 12. stieg es am östlichen Abhang den Berg hinunter. Die Schlacht begann nun auf dem linken Flügel; bei Nußdorf, bei Dornbach und auf der heute noch kennbaren Türkenschanze bei Weinhaus war der Kampf am hartnäckigsten. Endlich wichen die Türken auf allen Punkten zurück. Gegen 5 Uhr abends drangen die ersten christlichen Truppen bis in die Roßau vor und eine halbe Stunde später auch in das feindliche Lager. Allgemein war die Flucht der Türken; der Großwesir rettete mit genauer Not die Fahne des Propheten. Nun ging es in wilder Flucht bis Raab, wo sich das geschlagene Heer wieder sammelte.

Groß war der Jubel in Wien, groß die Beute der Sieger und groß der Lohn, mit dem Kaiser *Leopold I.* die tapferen Verteidiger Wiens bedachte.

Graf Rüdiger *Starhemberg* wurde zum Feldmarschall erhoben, mit einem kostbaren Ringe und hunderttausend Reichstalern beschenkt, auch erhielt er den Stephansturm in sein Wappen. Die Glieder des Stadtrates und der Bürgerschaft, welche sich besonders hervorgetan hatten, erhielten goldene Ehrenketten und den Titel kaiserliche Räte. Dem wackeren Kolschitzky wurden die im Lager erbeuteten Kaffeevorräte als Eigentum zugesprochen; auch erhielt er die Erlaubnis, das erste Kaffeehaus in Wien errichten zu dürfen.

Auch der Stadtrat zeigte sich dankbar gegen diese Männer; Starhembergs Haus in der Stadt wurde von allen Abgaben befreit; Generale und Offiziere wurden ebenfalls mit Geschenken reich bedacht, Kolschitzky erhielt das Haus Nr. 30 in der Leopoldstadt zum Geschenk.

Unter den Verteidigern der Stadt befand sich auch der Bischof *Kollonitz,* welcher eine wahrhaft segensreiche Tätigkeit entfaltete. Er war freiwillig von seinem Bischofssitze *Wiener Neustadt* herbeigeeilt, um Wien zur Zeit der Not beizustehen. Während der Kommandant der Stadt die Verteidigung derselben überwachte, nahm sich der edle Bischof der armen Kranken und Verwundeten an und sorgte dafür, daß in den Spitälern alles angewendet wurde, was deren Leiden mildern konnte. Täglich besuchte er die Spitäler selbst und sprach den Verwundeten und Sterbenden Worte des Trostes zu. Als endlich die schwere Prüfungszeit für Wien vorüber war, nahm er mehrere hundert arme Kinder, deren Eltern die grausamen Türken getötet oder weggeschleppt hatten, zu sich und ließ dieselben auf seine eigenen Kosten erziehen und unterrichten. Ein so wohltätiges Wirken wurde von allen Menschen gepriesen, und für immer bleibt der Name Kollonitz mit der Geschichte der zweiten Wiener Türkenbelagerung verknüpft.

Indessen Wien im Siegesrausche jubelte, harrte der Sultan in Belgrad der ersehnten Kunde von dem Falle Wiens. In Adrianopel, in Stambul wurden schon großartige Vorarbeiten getroffen, um die Truppen zu empfangen.

Daher wollte es niemand wagen, dem Großherrn die Nachricht von der Niederlage seines Heeres zu hinterbringen; endlich mußte er doch davon Kunde erhalten, und einer seiner Günstlinge übernahm das undankbare Geschäft der Mitteilung. Da bemächtigte sich des Sultans eine unbeschreibliche Wut; er gab in seiner ersten Aufregung den Befehl, daß alle Christen im Osmanischen Reiche getötet werden sollten; es kam jedoch nicht zu diesem Blutbade, bei ruhigerer Überlegung nahm er den grausamen Befehl wieder zurück, mit dessen Ausführung seine Untergebenen zum Glücke für die Christen gezögert hatten.

Dem Günstling des Großherrn, *Kara Mustapha,* gelang es noch für diesesmal den Sturm von seinem Haupte abzuwenden, doch entging er später seinem Schicksale nicht, der Fall von Gran kostete ihn das Leben.

KARA MUSTAPHA UND DIE STERNDEUTER

Nachdem Kara *Mustapha* mit seinem Heere von Konstantinopel nach Wien aufgebrochen war, hielt er seine erste größere Rast in Adrianopel; der Großwesir war wie Wallenstein von unersättlichem Ehrgeiz erfüllt und gerade so abergläubisch; er suchte so wie dieser aus der Stellung der Sterne sein Schicksal zu lesen und hatte stets drei arabische Wahrsager und Sterndeuter bei sich.

Als er im Lager bei Adrianopel in seinem Zelte ruhte und von allerlei Zukunftsplänen erfüllt war, brach plötzlich ein furchtbarer Sturm los, der das Zelt umstürzte und dem Großherrn den Turban vom Kopfe riß. Kara Mustapha erschrak heftig und mit ihm seine ganze Umgebung, welche diesen Unfall zuungunsten der türkischen Waffen deutete. Der Großwesir aber, dem seine Wahrsager schon früher „beständiges Glück bis vor die Pforten Roms" geweissagt hatten, fand in diesem Zeichen, daß das ungeduldig zürnende Siegesglück die osmanischen Waffen mit Windeseile auf den Feindesboden tragen werde.

Fast schien der Ausspruch des Großwesirs in Erfüllung zu gehen, er stand nun vor den Toren Wiens, und seine Scharen lagerten in 25.000 Zelten vor der Stadt, dem Bollwerk der Christenheit, dem Schlüssel zu Deutschland.

Über alle Zelte ragte Kara Mustaphas Zelt, welches bei St. Ulrich stand, hervor. Es prangte in der Farbe des Propheten, grün, und starrte von Gold. Das Innere war in mehrere Gemächer geteilt, deren Wände und Fußböden mit kostbaren Teppichen geschmückt und die ihren besonderen Zwecken entsprechend eingerichtet waren, je nachdem sie zur Abhaltung des Kriegsrates, zur Erteilung von Audienzen, zum Gebete, zum Bade oder zur Ruhe bestimmt waren. Im innersten Gemache war die grünseidene Fahne des Propheten untergebracht.

Siegesbewußt und stolz, doch mißlaunig saß der Großherr am Morgen des 15. Juli 1683 in seinem Zelt; ein böser Traum hatte ihn beunruhigt; ihm hatte geträumt, daß sich eine große rote Schlange um seinen Körper gewunden und ihn arg bedrängt habe.

Schnell ließ er seine Wahrsager kommen, damit sie ihm den Traum deuteten. Als er ihnen davon Mitteilung machte, erblaßten alle drei und keiner öffnete den Mund zur Traumdeutung. Kara Mustapha wurde unwillig und befahl einem von ihnen, sogleich seine Meinung zu sagen: „O großmächtiger Herr, verschließe lieber deine Ohren; denn was ich dir künden kann, ist nur Unheil und Unglück."

Der Großwesir ließ den Wahrsager nicht ausreden, sprang erzürnt auf und ließ demselben durch seine Sklaven eine derbe Züchtigung angedeihen. Die beiden andern, hiedurch erschreckt, deuteten den Traum auf das günstigste und wurden reich beschenkt entlassen.

Kara Mustapha ging aber nachdenklich in seinem Zelte auf und ab; denn die Worte des ersten Sterndeuters kamen ihm nicht mehr aus dem Sinn.

Die Belagerung der Stadt ließ ihn jedoch seinen bösen Traum bald vergessen, und wenn des Nachts die Waffen ruhten, so blickte er gen Himmel und sein eingebildeter Glücksstern leuchtete ihm schöner denn je.

Doch die Schlacht am Kahlenberge schreckte den Großwesir aus seinen Siegesträumen: 25.000 seiner Streiter fielen durch das Siegesschwert der Christen, 370 Kanonen, 15.000 Zelte, darunter auch jenes Kara Mustaphas, dessen Waffen und Streitroß, eine große Summe Geldes, ungeheure Vorräte: 15.000 Büffel, Ochsen, Kamele und Maultiere, 10.000 Schafe, 100.000 Malter Korn, ganze Magazine von Reis und Kaffee; auch eine unglaubliche Menge von Munition fiel den Siegern in die Hände; der übermütige Großwesir rettete mit Not das nackte Leben.

Bei Belgrad ereilte ihn sein Geschick; vom christlichen Heere verfolgt und geschlagen, zog er sich die Ungnade seines Herrn zu; dieser schickte ihm die „seidene Schnur“, und Kara Mustapha mußte sich von einem seiner Sklaven damit erdrosseln lassen. Bei seinem Ende gedachte er wohl noch mit Schaudern seines Traumes von der roten Schlange, die seinen Körper umstrickte. So ruhmlos endete ein Mann, vor dem die ganze Christenheit gezittert hatte. Merkwürdig sind Gottes Wege. Dem Bischof Kollonitz ließ Kara Mustapha sagen, Wien werde fallen und der Kopf des Bischofs werde das Siegeszeichen türkischen Glückes werden. Aber es kam anders. Es wurde der Kopf Kara Mustapha das schaurige Denkmal des ruhmwürdigen Sieges der Christenheit über den Halbmond. Prinz Eugen hatte auf einem seiner Ruhmeszüge gegen die Türken auch den Kopf Kara Mustaphas erbeutet und ihn mit einem geschichtlich denkwürdigen Briefe an Bischof Kollonitz geschickt, der ihn der Stadt Wien zum ewigen Gedächtnis schenkte. Noch heute kann man diesen Kopf in dem Museum des neuen Rathauses sehen.

MARCELLUS ORTNER

Wie sich Wien während der Türkenbelagerung in fürchterlichen Nöten befand, so erging es auch allen Orten seiner Umgebung; insbesondere hatte Klosterneuburg zu leiden. Auch dahin kamen die türkischen Horden, und es schien ihnen ein leichtes, dasselbe zu erobern. Schrecken und Entsetzen erfaßte die Bewohner, als die türkischen Scharen herangezogen kamen. Propst Sebastian, der in dieser schweren Zeit dem Kloster vorstand, sammelte rasch die Mönche und die Bewohner des Städtchens, um mit ihnen zu entfliehen. Denn nur in eiligster Flucht konnten sie wenigstens ihr Leben retten. Da trat ein Mann vor den Propst; Marcellus Ortner war sein Name. „Herr“, sprach er, „flieht mit den Euren, aber erlaubt, daß ich mit meinen treuen Gefährten bleibe und dieses Kloster gegen die Türken verteidige. Gott wird uns nicht verlassen. Schon so oft hat sein heiliger Wille auch durch die Hand der Schwachen Wunder gewirkt. Wir wollen das Kloster verteidigen und unser Herzblut für dasselbe opfern!“

Vergebens hielt ihm der Propst vor, welch schweres Werk er beginne, er wollte nicht schuld sein an dem Tode so braver Männer. Doch diese ließen nicht ab von ihrem Vorhaben und blieben allein in der Burg, felsenfest auf Gottes Hilfe bauend und auf ihren Löwenmut. Schon in der nächsten Stunde rasten die Türken heran und fingen an, die Wälle zu ersteigen. Sie glaubten, es werde ihnen ein leichtes sein, das von aller Hilfe verlassene Kloster zu erobern und Herren einer unermeßlichen Beute zu werden. Aber Marcellus Ortner und seine Helden warfen die Leitern der Türken von den Wällen herab, gossen siedendes Öl und Blei auf die Nachstürmenden, warfen Felsenstücke auf sie herunter und schlugen jeden, der doch den Wall erklomm, mit dem Schwerte nieder. Die Türken, die da meinten, sie könnten das Kloster widerstandslos erobern, hatten keinen Ahnung, daß es nur ein Häuflein allerdings todesmutiger Helden war, das sie in ihrem Siegeszuge aufhielt und glaubten, in demselben befände sich eine große Besatzung. Immer wieder stürmten sie heran, aber immer wieder wurden sie zurückgeschlagen.

Lange aber konnte dieser ungleiche Kampf nicht währen, und die todesmutigen Verteidiger mußten gar bald erliegen. Wenn aber die Not am größten ist, ist Gottes Hilfe am nächsten.

Was bedeutet die furchtbare Bewegung in dem ganzen türkischen Heere? In wilder Flucht eilen die Türken von Klosterneuburg zu dem türkischen Heere von Wien, um sich da mit den übrigen zur Schlachtordnung zu versammeln. Vom Kahlenberg kommt das deutsche und polnische Entsatzheer, mächtig schmettern die Trompeten, im Sonnenglanz flattern die Fahnen, und die Waffen des christlichen Heeres blinken. Kurz ist die Entscheidungsschlacht, und in wildester Flucht eilen die Türken, verfolgt von Deutschen und Polen, dahin. Gerettet ist Wien, die alte Kaiserstadt, ihre Tore öffnen sich den siegreichen Befreiern. Aber auch Klosterneuburg ist gerettet, und die Siegesfahnen flattern von den Türmen des Klosters. Marcellus Ortner und seine kleine Heldenschar, sie haben nicht umsonst gekämpft; unversehrt blieb das Kloster und gerettet waren seine reichen Schätze. So hat der Heldenmut eines braven Mannes das schier Unglaubliche glücklich vollendet, und sein Name soll vergessen bleiben.

FÜRST FERDINAND WILHELM EUSEBIUS SCHWARZENBERG, GENANNT DER „PESTKÖNIG“

Ferdinand Wilhelm Eusebius Schwarzenberg bewies im Jahre 1679, als in Wien die furchtbare Pest wütete, eine Seelengröße, um derentwillen er verdient, auch bei der Nachwelt als Wohltäter der Menschheit unvergessen zu bleiben. In dieser schweren Zeit ritt er täglich vom frühen Morgen an in den Straßen umher, sorgte für die Fortschaffung der Kranken in die Lazarette, für die Bestattung der Toten und für Verhütung weiterer Ausbreitung der Seuche. Er begab sich in die Häuser, in die Spitäler, mitten unter die Kranken, reichte ihnen Heilmittel, tröstete die Sterbenden – mit einem Worte, er war Wiens größter Wohltäter in dieser schweren Zeit.

Mit übervollen Händen teilte er Geld aus, um die Armut zu lindern oder tätige Hilfe zu belohnen. Nebstbei sorgte er mit eiserner Strenge für die Justizpflege. Am 26. September 1679 wurden neun Personen vor der Stadt gehängt, weil sie räuberisch in verlassene Häuser, deren Bewohner der Pest zum Opfer gefallen waren, einstiegen und daselbst plünderten.

In dieser Zeit war das Totengräberamt einem Manne namens Unkner überwiesen, den seine Habsucht zu den unmenschlichsten Grausamkeiten gegen die Pestkranken und zu den größten Schändlichkeiten gegen die Verstorbenen verleitete. Er schlich sich in die Häuser, benützte die Verzweiflung der Leute, um sich fremdes Gut anzueignen, plünderte die Toten und häufte so Verbrechen auf Verbrechen. In der allgemeinen Rat- und Hilflosigkeit, in der sich die Leute befanden, konnte er seine unheimlichen und nichtswürdigen Untaten fast ungescheut verrichten, bis auch ihn der gerechte Arm des Rächers ereilte.

Fürst Eusebius Schwarzenberg hatte diesen Unhold längst schon im Verdachte, daß er das Unglück seiner Mitmenschen zur Befriedigung seiner Habsucht mißbrauchte. Er ließ ihn unvermerkt scharf beobachten und konnte ihn bald seiner Schlechtigkeiten überführen. Mit seinem Leben mußte er dieselben büßen, ein warnendes Beispiel für andere.

Endlich erlosch die Seuche, nachdem ihr Tausende von Menschen zum Opfer gefallen waren.

Der Name des edlen Fürsten Eusebius Schwarzenberg, des „Pestkönigs“, bleibt aber unvergessen für alle Zeiten.

DER SCHUSTERMICHEL

Oberhalb der ehemaligen Vorstädte Laimgrube und Windmühle lag der Grund Mariahilf, dessen älterer Name Schöff (Schiff) seit dem fünfzehnten Jahrhunderte urkundlich bekannt ist und angeblich daher geleitet wird, weil vormals die Schiffs- und Kaufleute, welche von Bayern, Schwaben und überhaupt aus den Donaugegenden nach Wien fuhren, gewöhnlich ihre Herbergen hier zu nehmen pflegten.

Die Barnabiten kauften 1660 einen Grund im Schöff und erbauten daselbst eine Kapelle aus Holz, in welcher ein Madonnenbild, „Mariahilf" genannt, zur öffentlichen Verehrung ausgesetzt wurde. Der Volkszulauf zu diesem Gnadenbilde wurde bald so groß, daß ein Wohnhaus für einige Geistliche dazu erbaut werden mußte.

Bald wurde der Grund allgemein „Mariahilf" genannt.

Den gegenwärtigen VI. Bezirk, Mariahilf, bilden die ehemaligen Vorstädte oder Gründe: Laimgrube, An der Wien, Windmühle, Magdalenengrund, Gumpendorf.

Die jetzige Kirche wurde durch den Fürsten Paul *Esterhzy* 1689 erbaut, 1713 aber vergrößert.

Diese Kirche zu Mariahilf hat ein schönes Geläute. Eine der Glocken, welche der Volksmund „Schustermichel" nennt, hat einen dumpfen melancholischen Ton. Diese Glocke verdankt ihren Namen, wie erzählt wird, einem Schuster, der im vorigen Jahrhunderte nebst dem ehrsamen Schuhmacherhandwerk auch noch ein Wirtsgeschäft betrieb.

Zahlreiche Kauf- und Schiffsleute kehrten bei ihm ein.

An einem trüben Herbstabend war die Gaststube besonders besetzt. Unser Wirt rieb sich vergnügt die Hände, weil er nicht nur in der Trinkstube, sondern auch in der Werkstatt vollauf zu tun hatte, da sich viele der Gäste ihr Schuhzeug in guten Stand setzen ließen und so der nimmersatte Geizhals reichlichen Gewinn erwarten konnte.

In der Gaststube ging es also recht lebhaft her: Würfel und Karten flogen, Gläser klirrten, Lieder erklangen, und so manchem lustigen Kumpan schrieb der Wirt die Zeche mit doppelter Kreide an. Nach und nach verschwanden die Gäste, nur ein Gast saß noch beim vollen Glase. Dieser rief den Wirt herbei, neigte sich an dessen Ohr und flüsterte: „Sind wir hier ungestört, und kann man ein Wörtlein im tiefsten Vertrauen zu Euch reden?" Da führte der Wirt den Fremden in eine entlegene Stube und sprach:

„Hier soll uns keine Seele stören; hier könnt Ihr frei von der Leber weg reden."

„Nun, gut, so hört, was ich vorerst von euch verlange. Ich will sogleich in die Kirche und dort bei dem gnadenreichen Marienbilde meine Andacht verrichten."

„Wie, jetzt? Mitternacht ist ja schon längst vorüber; das wird nicht gehen, das könnt Ihr auch morgen tun."

„Nein, heute muß es sein", sagte bestimmt der Fremde, „morgen mit dem frühesten darf ich nicht mehr in den Mauern Wiens weilen."

Er zog nun einen goldbestickten Beutel aus der Tasche und schüttelte ihn. Der Klang des Goldes übte auf den habgierigen Wirt eine große Wirkung aus; dies bemerkend, sprach der Gast:

„Dieses Gold ist Euer, wenn Ihr es vermögt, daß sich die heilige Pforte mir öffnet." Damit warf er dem erstaunten Wirt den Beutel zu, den dieser hastig auffing und einsackte.

Jetzt eilte der Wirt zum Küster und teilte ihm das Begehren des Fremden mit.

„Das ist unmöglich", sagte der Küster, „ich kann niemand zu solcher Stunde in die Kirche einlassen, ein Licht zu so ungewohnter Stunde könnte die Häscher, die Diebe in derselben vermuten würden, anlocken; nein, nein, da geht's um meine Haut – es kann nicht sein."

Nach längerem Hin- und Herreden war der Küster endlich doch bereit, denn das Gold ist ein gar mächtiger Herr. Der Wirt rannte wieder heim, dem Harrenden die Nachricht zu hinterbringen. Der Fremde begab sich, begleitet vom Wirte, zur Kirche. Bei dem Pförtlein wartete ihrer der Küster, schnell war dasselbe geöffnet, und alle drei huschten in die Sakristei, der Küster führte den Fremden zum Hochaltar und sagte zu ihm: „Herr, macht es kurz, sonst könnte es für mich schlimm ausfallen."

„Geht nur, laßt mich allein und haltet den neugierigen Wirt hübsch bei Euch; da nehmt für Eure Mühe", dabei drückte er dem Kirchendiener einige Goldstücke in die Hand. Schnell entfernte sich dieser und löschte aus Vorsicht seine Laterne aus, damit der Lichtschein nicht zum Verräter des geheimnisvollen Besuches werde.

In der Kirche selbst war es fast ganz dunkel; nur das Ewige Licht, welches unter dem Gnadenbilde brannte, flackerte schwach auf und beleuchtete matt die Züge der Gottesmutter. Der Fremde warf sich auf die Altarstufen nieder, weinte bittere Tränen und betete halblaut: „O Gnadenmutter, blicke gnädig herab auf einen armen Verirrten, der nicht wert ist, deine engelsmilden Züge zu schauen; bitte bei Gott für das Seelenheil eines armen Unglücklichen, der so lang auf dem Pfade der Sünde gewandelt; er schwört dir, diesem Lebenswandel zu entsagen" – dabei hob der Beter die Hand wie zum Schwure, und ein erneuter Tränenstrom entstürzte seinen Augen.

„Gnade, Gnade – Verzeihung! Bei Gott ist ja Verzeihung!“

Nun blickte er wunderbar gestärkt zu dem heiligen Bilde empor, und es schien ihm, als ob ihm die Gottesmutter zunickte. Da streckte er beide Arme empor und rief: „Ja, ja, ich wußte es, bei Gott ist Verzeihung.“

Er erhob sich rasch und suchte den Weg zur Sakristei, den er im Dämmerlichte auch bald fand. Seine Begleiter erwarteten ihn schon mit Ungeduld. Geräuschlos wurde die Kirchenpforte geöffnet und ebenso wieder geschlossen, und bald war unser Gast inseinem Stübchen; der zufriedene Wirt wünschte ihm eine gute Nacht und begab sich in seine Schlafstube. Dort angekommen, schob er die inneren Riegel vor die Türe (zur größeren Sicherheit hatte diese deren zwei), setzte sich zu seinem Tische, nahm den Beutel, welchen ihm der Fremde geschenkt hatte, leerte ihn aus und breitete die Goldstücke, die beim Lampenlichte gar seltsam funkelten, auf der Tischplatte aus, zählte und betastete sie wiederholt; dann zog er einen Schlüssel aus der Tasche, sperrte eine große eiserne Truhe auf, in der eine Menge Gold- und Silberstücke lagen, legte bedächtig eines nach dem andern hin und strich dann mit der Hand über das Gold, wie wenn er es liebkosen wollte; darauf klappte er den Deckel zu, versperrte die Truhe wieder sorgfältig, ging zu Bette und entschlief in Sorge um sein Geld und hatte böse Träume.

Am anderen Morgen ließ ihn der Fremde zu sich rufen und sagte zu ihm: „Ihr habt mir gestern das Versprechen gegeben, daß Ihr ganz zu meinen Diensten seid. Nun nehm' ich Euch beim Worte; schwört mir aber zuvor bei dem Gnadenbilde der Gottesmutter zu Mariahilf, daß Ihr alles, was ich von Euch verlange, genau und pünktlich ausführen werdet.“

„Ich will schwören, alles zu tun, was Ihr verlangt, wenn es kein Unrecht ist.“

„Fürchtet in dieser Beziehung nichts!“

Auf eine Kassette deutend, fuhr der Fremdling fort: „Ich begehre von Euch, daß Ihr diese Kassette drei Monate verwahrt, da ich eine gefahrvolle Reise unternehmen muß; kehre ich nach Ablauf dieser Zeit nicht zurück, so öffnet dieselbe und leset den darin verwahrten Brief, der Euch Aufschluß geben wird, was Ihr damit zu tun habt. Wollt Ihr nun schwören, alles, was in dem Schreiben steht, zu tun? Ich versichere Euch, daß die darin enthaltenen Aufträge Euer Gewissen“, dabei verzog sich der Mund des Fremdlings zu einem spöttischen Lächeln, „nicht im mindesten belasten werden.“

Der Wirt hatte nun keine Bedenken mehr und leistete den Schwur; der Fremde war's zufrieden, bezahlte seine Zeche und das Herbergsgeld und machte sich wieder auf die Reise.

Kaum war er über die Schwelle, so trug der Wirt die Kassette in seine Stube und war schon nahe daran, seine Neugierde zu befriedigen und dieselbe zu öffnen; doch seines Schwures eingedenk, ließ er ab von diesem Beginnen. Endlich war die Frist abgelaufen, und unser Wirt war nun berechtigt, den geheimnisvollen Schleier zu lüften; schnell war die Kassette geöffnet – *wie erschrak er* – Gold, nichts als funkelndes Gold, die Sinne vergingen ihm fast. Da regte sich in ihm das Verlangen, diesen Schatz zu besitzen.

Nachdem er seine Aufregung etwas bemeistert hatte, nahm er die bei dem Golde liegende Blechbüchse zur Hand, öffnete sie und untersuchte deren Inhalt; sie barg zwei Briefe, einer trug die Aufschrift: „Für den Michel-Wirt", der andere war ohne jede Bezeichnung. Rasch war das Siegel erbrochen und das Schreiben entfaltet und durchflogen; kopfschüttelnd ward es beiseite gelegt.

Der Michel-Wirt konnte seinen Augen nicht trauen, da stand in wenigen Worten geschrieben, daß er die inhaltsschwere Kassette samt dem in der Blechbüchse enthaltenen Schreiben dem Pfarrverweser zu Mariahilf zu übergeben habe. Da regte sich abermals die Habsucht in dem Wirte, und nach langem Kampfe mit seinem Gewissen kam er mit sich überein, das aufbewahrte fremde Geld sich selbst anzueignen. Er öffnete hastig das in der Blechbüchse liegende Schreiben.

Der Michel-Wirt mochte über den Inhalt des Schriftstückes recht befriedigt sein; denn er rieb sich die Hände vor Freude und murmelte für sich hin: „Das Geld ist mein, das Geld ist mein!“ Augenblicklich war der Brief zusammengedreht, über die flackernde Lampe gehalten und verbrannt; auch das an ihn gerichtete Schreiben fiel dem Feuer zum Opfer; so glaubte er, jede Spur vertilgt zu haben, und nun wanderte das fremde Gut in seine eiserne Truhe.

An den Fremdling dachte Michel bald nicht mehr, sein Gewissen war nun beruhigt, nur mied er seither die Kirche; denn er wagte das himmlische Antlitz der Gnadenmutter, deren Zeugenschaft er ja bei seinem Schwure in Anspruch genommen hatte, nicht mehr zu schauen; es schien ihm immer, wenn er die Kirche betrat, als verfinsterten sich die freundlichen Züge der Gottesmutter, als drohe sie ihm mit dem Finger und rief: „Gib mir, was mein ist!“ Darum blieb er also lieber ganz fort.

Das ehrwürdige Gotteshaus war inzwischen zu klein geworden, um alle, die bei dem Gnadenbilde ihre Andacht verrichten wollten, aufzunehmen; es wurde daher umgebaut, bedeutend vergrößert und verschönert. Reich und arm trug hiezu sein Scherflein bei; nur der geizige Schustermichel behielt die Hände fein in den Taschen und ließ keinen Heller aus.

Der Bau ging rasch vorwärts, und bald strebten die zwei neuen Türme himmelan und überragten den alten Turm; bald sollten von allen drei Türmen die Glocken hinausklingen in die Weite und die Gläubigen zum Gottesdienste einladen. Alle Bewohner des Mariahilfergrundes beobachteten fleißig das Fortschreiten des Baues und staunten besonders die hohen Türme an; nur der Schustermichel fand kein Interesse an dem Emporstreben des Gotteshauses; er vermied es mit ängstlicher Scheu, seine Blicke dahin zu richten, um nicht von neuem die Erinnerungen an seine sündhafte Tat aufzufrischen; aber eine Mahnung des Himmels führte sie wieder in sein Gedächtnis zurück. Michel wurde nämlich krank, sehr schwer krank, das Fieber schüttelte ihn bis ins Mark und gaukelte allerlei Gestalten vor seine Augen. Den Fremdling, den er so schmählich hintergangen, sah er immer zu Füßen seines Bettes, die drohende Hand erhoben – Michel schloß die Augen, um dieses Anblickes loszuwerden; aber dieses Bild war tief in seiner Seele eingegraben und wich auch da nicht.

Er schrie laut, daß man den fremden Mann, der ihn so quäle, von seinem Bette wegjage; alle Versicherungen, daß ja niemand in der Stube sei, fruchteten nichts: Das böse Gewissen und die Fieberphantasien ließen das Bild des Fremdlings nicht den Augen des Kranken entschwinden, er schrie, tobte und lästerte. Da wurde der Krankenwärterin des Schustermichels, einer alten Magd, ganz bange; sie glaubte, ihr Herr sei vom Teufel besessen. Sie ging daher zu ihrem Beichtvater und bat ihn, ihrem Dienstgeber den bösen Geist auszutreiben.

Dieser beruhigte die alte Hanne, so hieß die Magd, und machte ihr klar, daß es nur die Fieberphantasien seien, die aus dem Munde ihres Brotherrn sprächen; doch sie blieb fest und steif bei ihrer Behauptung und ließ es sich nicht nehmen, daß der leibhaftige „Gottseibeiuns“ in ihren Herrn gefahren sei und aus ihm rede. Der Priester, der einsah, daß es vergebliches Mühen wäre, die Alte von ihrer Meinung abzubringen, ließ sich zu einem Besuche des Schwerkranken herbei, indem er hoffte, daß die Tröstungen der Religion dem armen Gequälten Beruhigung bringen würden; er machte sich deshalb sogleich auf den Weg. Bald stand der Diener des Herrn vor dem Bette des fiebernden Wirtes. Dieser, den Geistlichen erblickend, schrie und tobte mehr denn zuvor und gebärdete sich wie wahnsinnig. Der Priester aber winkte der Hanne, daß sie sich entferne; nun war er mit dem Kranken allein; er richtete an ihn sanfte Worte des Trostes, die beruhigend auf den armen Unglücklichen einwirkten, so daß er vor dem frommen Mann sein Herz ausschüttete und ihm erzählte, wie er von einem Fremdling zur Sühne einer schweren Schuld eine große Summe Geldes als Widmung für die Gnadenkirche erhalten; wie ihn seine Habsucht verleitete, das fremde Gut zurückzuhalten; wie er seit dieser Stunde keinen ruhigen Augenblick mehr habe und glaube, daß ihm Gott dieser schweren Sünde halber nimmermehr verzeihen, sondern ihn auf ewig verstoßen werde. Der Priester sprach zu dem Kranken, daß er alles wieder gutmachen könne, wenn er das fremde Gut seiner Bestimmung zuführe; der Allbarmherzige werde ihm dann gewiß verzeihen.

Diese Worte schienen den Michel neu zu beleben; er richtete sich etwas von seinem Lager empor, nahm aus einem Beutel, welchen er an einer Schnur um den Hals befestigt trug, einen Schlüssel heraus, wies auf die im Zimmer stehende große Truhe und bat, dieselbe zu öffnen. Der Priester kam der Aufforderung nach. „Nehmt die zwei großen Geldsäcke heraus und stellt sie auf den Tisch! So! Schließt wieder die Truhe und gebt mir den Schlüssel!“ Der Priester tat, wie ihm geheißen wurde. „Nun hört, was ich Euch sage und um was ich Euch bitte“, sagte mit Anstrengung der Schustermichel.

„Das Geld händigt dem Pfarrverweser ein zur Verschönerung der Kirche, und abends kommt zu mir, ich will die Beichte ablegen. Noch bitte ich Euch, ruft mir die Hanne!“ Der Priester tat auch dieses. Hanne kam sogleich. „Trage die beiden Säcke dem hochwürdigen Herrn in den Pfarrhof hinüber und komme schnell wieder zurück.“ Der Geistliche empfahl sich und ging mit Hanne fort.

Der Wirt schloß die Augen und sank in erquickenden Schlummer. Nach längerer Zeit erwachte er und rief die alte Magd zu sich. „Hanne“, so sprach er mit zitternder Stimme, „knie zu meinem Bette nieder und sprich ein Gebet, ich will mit dir beten!“ Die Angesprochene machte große Augen, ihr Herr wollte beten! Jetzt war sie um so gewisser überzeugt, daß ihr Beichtvater ihrem Gebieter den Teufel ausgetrieben haben müsse; sie erfüllte daher augenblicklich das Begehren und betete mit großer Inbrunst, was auf den Kranken einen äußerst wohltätigen Eindruck zu machen schien. Abermals versank er in tiefen Schlaf. Als er wieder die Augen öffnete, gab er seiner Magd den Befehl, den Grundschreiber zu holen, er wollte noch, bevor er mit dem Himmel seine Rechnung abschließe, auch die irdischen Angelegenheiten in Ordnung bringen.

Der Grundschreiber und zwei Zeugen waren bald zur Stelle, Michel machte sein Testament, in welchem er sein Hausgesinde, vor allen Hanne, reichlich bedachte. Den größten Teil seines Vermögens vermachte er aber der Kirche, und einen besonderen Betrag bestimmte er zum Gusse einer großen Glocke. Nachdem das Testament ausgefertigt war, entfernten sich der Schreiber und die Zeugen, der Kranke war nun wieder allein und harrte sehnsüchtig des Priesters, der endlich erschien.

Michel legte die Beichte ab und empfing die letzte Wegzehrung. Ruhe, Friede und Glückseligkeit waren nach dieser heiligen Handlung in sein Gemüt eingezogen. Er übergab dem Priester das Testament und bat ihn, für die Vollstreckung desselben Sorge zu tragen, was jener auch zu tun versprach. Noch wollte er einige Worte sprechen, es versagte ihm aber die Zunge den Dienst – er entschlief sanft, und der Priester drückte ihm die Augen zu. Mit Gott versöhnt, starb Michel und nahm das Geheimnis seiner gesühnten Schuld mit ins Grab. Der rätselhafte Fremde aber blieb verschollen für immerdar.

Nach der Einsargung des Schustermichel gab es auf dem Mariahilfergrunde allerlei Gerede, und besonders war es das Testament Michels, worüber am meisten gesprochen wurde; viele Leute behaupteten, er müsse trotz alledem und alledem in der Hölle braten, da er im Leben den armen Leuten die Haut über den Kopf gezogen habe.

Wie es nun schon geht, so bildete Michel einige Zeit den Gesprächsstoff der Leute auf dem Mariahilfergrund. – Die Wiener von dazumal waren gerade so, wie ihre Nachkommen heute sind, sie mußten immer etwas haben, worauf sie sich lange freuen und wovon sie reden konnten.

Auch die Bewohner des Mariahilfergrundes von anno dazumal fanden in der bevorstehenden Einweihung der umgebauten Kirche wieder eine willkommene Gelegenheit zu allerlei Bemerkungen und zu lebhaften Unterhaltungen.

So vergingen die langen Wochen, und der heißersehnte Tag, an dem sich die Hallen des Gotteshauses in feierlicher Weise öffnen sollten, war angebrochen.

Jung und alt schmückte sich zu dem kirchlichen Feste, alles harrte mit Spannung des Augenblickes, da von den Türmen herab das Geläute zum Gottesdienste rufen werde, alles drängte sich auf dem Kirchenplatze zusammen und lauschte in Erwartung.

Der alten Hanne, welche sich unter der Menschenmenge befand, war es heute besonders feierlich ernst zumute; es sollte ja die Glocke, welche der Schustermichel gestiftet hatte, heute zum ersten Male ertönen.

„Wenn sie beim Läuten nur nicht Schaden nimmt oder gar zerspringt; da ist die Seele Michels verloren und ewig verdammt, da hat ihn Gott in die Hölle verstoßen!" Derlei Gedanken kamen der alten Hanne in den Sinn.

Da horch! Bim, bam! Dumpf und eintönig erklingt das Geläute der großen Glocke – da bedeckt Hanne ihr Gesicht mit den Händen und jammert: „Die Glocke ist zersprungen, der Michel ist verdammt!"

„Die Glocke ist zersprungen, der Michel ist verdammt! Was schwatzt Ihr da?" fragte einer von den Leuten.

Da erzählte die Hanne allen Umstehenden ihre Befürchtungen und jammerte, daß dieselben nun eingetroffen seien.

„Die Glocke ist zersprungen, der Michel ist verdammt", so tönte es nun aus aller Munde.

Und noch heute glauben viele in Mariahilf, daß die große Glocke (im Volksmunde der „Schustermichel" genannt) einen Sprung habe und deshalb so dumpf erklinge, und sie erzählen gerne den Kindern diese traurige Geschichte vom Schustermichel.

PATER ABRAHAM A SANCTA CLARA

Es war im Jahre 1663, also genau zwanzig Jahre vor der zweiten Türkenbelagerung Wiens, als ein junger, schmächtiger Mönch einen mit Körben und Säcken beladenen Esel durch ein Dörfchen an der heutigen Westbahn in der Nähe der Stadt Wien trieb. Es war ein Novize namens Abraham a Sancta Clara aus dem Augustiner-Barfüßerorden, welcher die saure Arbeit hatte, seinen Grauschimmel durch die Dörfer hindurchzutreiben, bei jedem Bauernhaus stehenzubleiben und die Leute um milde Gaben für die armen Klosterbrüder zu bitten. Der junge Novize schien sein Geschäft recht gut zu verstehen, denn die Körbe und Säcke füllten sich mit Brot und Fleisch, Mehl und Gemüse, und hie und da gab es auch manches Geflügel, gewiß als Aufputz für das Ganze.

Recht heiter sah unser Abraham drein, als er so mit seinem wohlbepackten Esel seinen Heimweg angetreten hatte. Er hätte sich's in seinen Knabenjahren wohl kaum gedacht, daß er mit Sandalen an den Füßen und mit einer schweren härenen Kutte am Leibe bettelnd durch die Straßen herumziehen werde. Aber es war so gekommen, er wußte nicht, wie, so ganz gegen seinen eigenen Willen. Weit aus dem Schwabenlande war er in seinem achtzehnten Lebensjahre auf Befehl des päpstlichen Nuntius in den Augustiner-Bettelorden gebracht worden, nachdem er zu Ingolstadt in Bayern das Gymnasium und in Salzburg die Benediktinerschule zur vollen Zufriedenheit seiner Lehrer durchgemacht hatte. Sein Onkel, Abraham von Megerlin, war Kanonikus in Alt-Ötting in Bayern und ein um die Kirchenmusik so wohlverdienter Mann, daß er vom Kaiser sogar in den Adelsstand erhoben wurde; dieser Onkel wollte, daß sein Neffe ein Mönch werde, und so wurde er es auch. Sein Vater, Matthäus Megerlin, war ein wohlhabender Wirt in Krecheinstetten bei Mößkirch in dem Großherzogtum Baden, starb aber, als der Knabe erst 15 Jahre alt ward; die Mutter hatte für sechs Mädchen und drei Knaben zu sorgen, und da mußte nun mindestens einer ein Geistlicher werden. Dann war sie wenigstens für diesen der Sorge enthoben.

Der junge Novize brachte seinen Esel glücklich in das Augustinerkloster und erntete viel Lob von den Klosterbrüdern, die sich eifrig bemühten, die Liebesgaben der frommen Leute in Kammer und Keller zu bringen. Er wußte bei dem Mahle auch eine Menge von seinen Erlebnissen zu erzählen. So ernst sein Beruf war, so heiter konnte der junge Novize sein, denn er war einer jener glücklichen Naturen, die sich in das Herbe und Unangenehme zu schicken wußten; und das war wohl ein Glück für sein ganzes ferneres

Leben. Seinen Namen Ulrich Megerlin vertauschte er mit dem Namen Abraham, und er pflegte wohl zu scherzen, der alte Abraham hätte Gott seinen Sohn I–sak opfern wollen, er aber trage den Bettelsack zur Ehre Gottes, und Sack bleibe Sack.

Nachdem er nun seine geistlichen Studien in Mariabrunn (an der Westbahn) im Jahre 1666 vollendet hatte und zum Geistlichen geweiht worden war, bildete er sich vorzugsweise zum Prediger heran und erfreute sich als solcher bald eines ganz ungewöhnlich guten Rufes. Im Jahre 1667 wurde er Prediger in dem Wallfahrtsort Kloster Maria Stern bei Augsburg. Dieses Kloster verdankte sein Entstehen einem Ei, auf welchem sich ein Muttergottesbild gezeigt haben soll. Die Predigten, die er dort hielt, hatten in Beziehung auf dieses Ei von Abraham den Titel: „Gack gack Gack a Gas" bekommen und füllten ein ganzes Buch, das vielfach neu aufgelegt wurde. Schon im Jahre 1670 kam Abraham a Sancta Clara wieder in das Augustinerkloster nach Wien zurück und fand hier die freundlichste Aufnahme. Sein erstes war, daß er sich zu dem damaligen Bürgermeister begab, um diesen zu bewegen, den Schweinemarkt, der damals auf dem heutigen Lobkowitzplatze gegenüber dem Augustinerkloster abgehalten wurde, aufzuheben. Der Bürgermeister machte Schwierigkeiten, „denn Schweinemärkte müsse es geben“; aber Pater Abraham gab nicht nach, „denn die Klosterbrüder“, sagte er, „mußten mit David psallieren, aber nicht mit E-Sau singen“. Und der Schweinemarkt wurde verlegt.

Wenn Pater Abraham in der Augustinerkirche predigte, konnte diese die Zahl der Zuhörer kaum fassen; denn er verstand es in ganz vortrefflicher Weise, seine Belehrungen und Ermahnungen in mancherlei kurzweilige Erzählungen zu kleiden, und wenn ihm dabai manch derber Spaß unterlief, so hatte das nichts zur Sache. Auch Kaiser Leopold I. hörte ihm sehr gerne zu und ernannte ihn sogar 1677 zum Hofprediger. Als solcher war er oft der Gast des Kaisers, verkehrte mit den vornehmsten Edelleuten und benützte diese Stellung gar klug zum Wohle armer und unglücklicher Menschen. Denn der fromme Mann wollte nicht nur schön predigen, sondern auch Gutes stiften, wo er nur konnte.

Und der Armen und Elenden gab es zu jener Zeit auch genug. So war damals in Lichtental eine große Feuersbrunst ausgebrochen. Gar viele Leute verloren Hab und Gut und mußten noch froh sein, mit dem Leben davongekommen zu sein. Das Elend war unbeschreiblich, und Abraham a Sancta Clara nahm sich vor, etwas ganz Besonderes zu tun, um recht viel Geld für die Abgebrannten zu erhalten. Als nun einmal viel Edelleute bei Hofe waren, trat Abraham in ihre Mitte, erzählte ihnen von dem Unglück in Lichtental und forderte sie auf, mit ihrem Gelde gutzumachen, was das Feuer so schrecklich schlecht gemacht hatte. Aber die Goldmünzen flossen nur spärlich. Da schlug Abraham den Edelleuten eine Wette vor, er wolle ihnen eine Predigt halten, und sie solle so beschaffen sein, daß die einen von ihnen weinen, die andern von ihnen aber herzlich lachen sollten. Gewinne er, so müsse jeder Edelmann mindestens einen Dukaten bezahlen, verliere er, so müsse er eine bestimmte Summe Geldes für die Abgebrannten erlegen. Darauf gingen die Edelleute ein. Denn es schien ihnen sicher, daß der Hofprediger verlieren müsse, da es doch unmöglich sei, daß bei einer und derselben Predigt die einen weinen und die anderen lachten. Abraham führte nun seine Zuhörer in einen großen Saal der kaiserlichen Hofburg und ließ dieselben so sich niedersetzen, daß die einen in einer langen Reihe auf ihren Sesseln saßen und die anderen in einer zweiten Reihe ihnen gegenüber. Dann stellte er sich in die Mitte, mit dem Gesichte gegen die eine Reihe zugewendet, so daß er der anderen Reihe seinen Rücken zeigte. Und nun fing er an zu predigen. Er schilderte den Jammer der armen Abgebrannten in einer so herzergreifenden Weise, den Hunger der Kinder, den Schmerz der Weiber, die Verzweiflung der Männer, daß die Edelleute, so sehr sie sich auch bemühten, die Tränen in ihren Augen nicht zu unterdrücken vermochten. Als nun die einen weinten, nahm er ganz unversehens einen großen Fuchsschweif aus seiner Kutte, legte denselben auf seinen Rücken und fing an, mit diesem herumzuwedeln. Das sahen nun die in der zweiten Reihe sitzenden Edelleute und brachen in ein schallendes Gelächter aus. Pater Abraham hatte seine Wette gewonnen. Er ergriff den nächstbesten Hut, trat ernst vor jeden der Edelleute, und diese warfen mit vollen Händen ihre Goldmünzen in denselben. Überglücklich fuhr Abraham sofort mit einigen von den Herren nach Lichtental, versammelte die armen Abgebrannten und verteilte das Geld unter sie. Das gute Beispiel wirkte allenthalben in Wien, und es flossen nun so reiche Gaben, daß den armen Leuten wirklich geholfen werden konnte.

Im Jahre 1679 wurde ganz Wien in großen Schrecken versetzt, denn die Pest, der Schwarze Tod, wie sie oft genannt wurde, wütete in dieser Stadt. Da war es wieder Pater Abraham a Sancta Clara, der sich der armen Pestkranken in der unerschrockensten Weise, mit wahrhaft christlicher Nächstenliebe annahm. Er eilte in die Hütten der Armen, tröstete sie, sorgte, daß die Toten begraben, die Kranken von den Gesunden abgesondert, die Notleidenden mit Nahrungsmitteln reichlich versehen wurden. Es war für die armen Leute schon ein Trost, wenn der brave Gottesmann unter sie getreten war, und so manchen rettete er vor völliger Verzweiflung. Bei Hofe konnte er nun nicht erscheinen und sein Predigeramt auch nicht ausüben; so kam er denn als Kaplan in das Haus der niederösterreichischen Stände.

Wie er sich in der Seelsorge als Priester, als Prediger auf der Kanzel, als Wohltäter der Armen und als leuchtendes Beispiel strenger Sitte der allgemeinsten Liebe und Verehrung erfreute, so war er auch ein kluger Vertreter seines Ordens, dessen Prior Conventus Viennensis er auch im Jahre 1680 wurde.

Daß ein solcher Mann überall dorthin gerufen wurde, wo die schwierigsten Verhältnisse herrschten, ist selbstverständlich, und so kam der neue Prior an die Klosterkirche seines Ordens in Münzgraben zu Graz, wo er sich ebenfalls der größten Ehren erfreute. Die meisten seiner Predigten ließ er drucken; sie fanden die weiteste Verbreitung und galten als Muster für die übrigen Geistlichen.

Mittlerweile war für die Wiener die furchtbare Zeit der zweiten Türkenbelagerung 1683 und ihre glückliche Erlösung aus schweren Nöten herangekommen. In dieser Zeit aber war Abraham a Sancta Clara nicht in Wien, sondern, wie schon bemerkt, in Graz, von wo er erst im Jahre 1690 als Provinzial seines Klosters zurückkehrte.

Pater Abraham a Sancta Clara genoß unter allen Barfüßermönchen ein so großes Ansehen, und sie vertrauten seinem weisen Rate so sehr, daß sie ihn in Angelegenheiten ihres Klosters sogar zweimal nach Rom zu dem

Papste Innozenz XII. schickten, damit er bei dem Heiligen Vater größere Freiheiten für das Kloster erwirke, was seiner Gelehrsamkeit und Beredsamkeit auch wirklich gelang.

In seiner Zeit fällt auch der große Sieg Prinz Eugens über die Türken am 11. Dezember 1697 bei Zenta, was Abraham a Sancta Clara die willkommenste Veranlassung bot, ein großes Dankfest in der Augustinerkirche abzuhalten und in einer herrlichen Predigt den Retter des Vaterlandes, Prinz Eugen, zu feiern. Eine ähnliche Feier hatte er schon nach dem Siege bei Szlankamen über die Türken gehalten.

Zu dieser Zeit war es üblich, daß in einzelnen Kirchen die sogenannten Mysterien aufgeführt wurden. Das waren Schaustellungen, in welchen einzelne Geschichten aus der Bibel wie Theaterstücke behandelt und von verschiedenen Personen vor den versammelten Gläubigen dargestellt wurden.

So wurde im Jahre 1706 an der Augustinerkirche ein solches Mysterium unter dem Titel „Der schlafende Josef" aufgeführt. Man erblickte da den schlafenden Josef, wie ihm im Traume elf Garben und elf Sterne erschienen und Sonne und Mond sich vor ihm neigten und wie ihm so kundgemacht wurde, was für ein gewaltiger Herr er einmal sein werde. An dieses Schauspiel reihte sich ein zweites über die Geburt Jesu Christi, in welchem das Jesukindlein in der Krippe lag, die heilige Maria und der heilige Josef die Geschenke der Hirten und der drei weisen Könige aus dem Morgenlande für den neugeborenen Erlöser der Welt entgegennahmen. Selbst Kaiser Joseph I., die Kaiserin und die Kaiserinwitwe mit dem ganzen Hofstaate waren zum Besuche dieser Mysterien gekommen, und Pater Abraham erntete viel Lob für die von ihm so geschickt eingerichteten geistlichen Schaustellungen.

Aber die vielen und aufreibenden Arbeiten und wohl auch manche schweren Sorgen hatten Abraham a Sancta Claras körperliche Kräfte sehr geschwächt, er wurde leidend, und nur seiner unermüdlichen Arbeitslust und seinem regen Geiste ist es zuzuschreiben, daß er auch noch in den letzten Jahren seines Lebens allen seinen mannigfachen Pflichten mit der vollsten Gewissenhaftigkeit nachkam.

Am 1. Dezember 1709 starb dieser seltene Mann ruhig und gottergeben in seiner Zelle im Augustinerkloster, in das er vor 47 Jahren als Novize eingetreten war und zu dessen Ruhm und Ehre er so viel beigetragen hatte, wie keiner der Klosterbrüder vor ihm. An ihn erinnert die Abraham-a-Sancta-Clara-Gasse im 1. Bezirke.

GENERAL GIDEON ERNST FREIHERR VON LAUDON UND DER DICHTER GELLERT

Unter den geschichtlich denkwürdigen Männern aus der Zeit der großen Kaiserin Maria Theresia und ihres unsterblichen Sohnes Kaiser Joseph II. nimmt General Laudon eine der hervorragendsten Stellen ein. Er stammte aus einer ursprünglich normannischen Familie und wurde 1716 zu Tootzen in Livland (Rußland) geboren. Er war frühzeitig in russische Dienste getreten, trat aber als Hauptmann aus der russischen Armee aus und wandte sich nach Berlin, um sich dort dem so kriegslustigen König Friedrich dem Großen vorzustellen und diesen um Aufnahme in die preußische Armee zu bitten. Aber der preußische König fand keinen Gefallen an dem schmächtigen Mann mit dem rötlichen Haare und wies ihn mit seiner Bitte ab.

Fast verzweifelt reiste nun Laudon nach Wien zur Kaiserin Maria Theresia, stellte sich der hohen Frau vor und bot ihr in ehrfurchtsvoller Weise seine Dienste als Offizier an.

Lange hatte ihn die Kaiserin betrachtet, aber ihr Scharfblick erkannte bald, daß in diesem Manne eine Heldenseele wohne. Sie nahm ihn als Offizier in die österreichische Armee auf und folgte so dem großen Beispiele ihres Vorfahren Kaiser Leopold I., der den kleinen unscheinbaren Prinzen Eugen von Savoyen vor ungefähr sechzig Jahren trotz dessen unscheinbaren Ansehens dennoch in die österreichische Armee aufgenommen hatte.

General Laudon wurde wohl kein Prinz Eugen im Hinblicke auf dessen ruhmgekrönte Siege, aber er zählt doch zu den besten Feldherren der österreichischen Armee. Einer seiner berühmten Zeitgenossen war der Leipziger Professor und Fabeldichter Gellert, und mit diesem stand Laudon in den herlichsten, freundschaftlichsten Beziehungen. Wie grundverschieden auch die Lebensstellungen dieser beiden Männer waren, so hatten sie doch beide in ihrem innersten Gemütsleben ungemein viel Ähnliches. Gellert war gottesfürchtig und fromm; sein ganzes Leben gibt Zeugnis von der tiefen Religiosität, die ihn erfüllte. Und das rauhe Kriegerhandwerk hatte auch bei Laudon nicht vermocht, seiner Gottesfurcht und seiner Frömmigkeit auch nur den geringsten Abbruch zu tun. So wurden sie denn Freunde, wie auch aus dem folgenden Briefe erhellt, den Gellert im Jahre 1763 aus Karlsbad über Laudon geschrieben hat und welcher Brief wörtlich heißt: „Eine meiner ersten und liebsten Bekanntschaften war General Laudon, ein Mann von besonderem Charakter, ernsthaft, bescheiden, halb traurig, fast wie ich, der wenig redete, fast wie ich, aber richtig und wahr redete; nichts von seinen Taten, wenig vom Kriege sprach; der aufmerksam zuhörte und in seinem ganzen Betragen, in seiner Art sich zu kleiden, eben die gefällige Einfalt zeigte, die in seinen Reden herrschte. Er ist nicht groß von Person, aber wohl gewachsen, hager, aber weniger als ich, und hat nachsinnende, tief im Kopfe eingeschlossene, lichtgraue Augen oder wohl auch bläuliche, fast wie ich. Er wurde nur nach und nach vertraulich gegen mich und vielleicht war meine traurige Miene schuld daran. ‚O', sagte er einmal zu mir, als er mich in der Allee fand, ‚ich käme oft gerne zu Ihnen, aber ich fürchte mich, ich weiß nicht, ob Sie mich haben wollen.' Ein andermal fing er an: ‚Sagen Sie mir nur, Herr Professor, wie es möglich ist, daß Sie so viele Bücher haben schreiben können und so viel Munteres und Scherzhaftes? Ich kann's gar nicht begreifen, wenn ich Sie so ansehe!'

‚Das will ich Ihnen wohl sagen', antwortete ich, ‚aber sagen Sie mir erst, Herr General, wie es möglich ist, daß Sie die Schlacht bei Kunnersdorf haben gewinnen und Schweidnitz in der Nacht einnehmen können? Ich kann's gar nicht begreifen, wenn ich Sie so ansehe.' Damals habe ich ihn das erstemal lachen sehen, sonst lächelte er nur. Er hatte sich genau nach meinem Geschmacke erkundigt. Er bat mich nicht eher zu Tische, als wenn er allein war, ließ meistens weiche Speisen zubereiten, ließ meinen eigenen Wein kommen, ließ mich bald nach der Tafel gehen, kurz, er nahm meinen Willen fast ganz an. Ich habe aus seinem Munde nichts als Gutes gehört und immer gemerkt, daß er religiös war. Ich mußte ihm eine kleine Bibliothek aufsetzen, denn das war seine Klage, daß er nichts studiert hätte. Aber in der Tat ersetzte sein natürlich scharfer Verstand und seine große Aufmerksamkeit auf alles bei ihm den Mangel der Wissenschaften. Überdies liest er auch gerne. ‚Was gebe ich Ihnen denn', fing er einmal an, ‚das Ihnen lieb ist, ich möchte es wohl gerne wissen.' – ‚Herr General, und wenn Sie mir die ganze Welt geben, das ist mir in meinen jetzigen Umständen ganz gleichgültig.' Sein Neffe, der unter dem Laudonschen Regiment Leutnant ist, bat mich, ich möchte seinen Onkel bewegen, daß er ihn ein Jahr in Leipzig studieren ließe, er möchte gerne noch studieren. ‚Gerne', sagte der General, ‚wofern Sie sich ihn wollen empfohlen sein lassen.' Wenn er im Vertrauen mit mir reden wollte, so führte er mich von der Gesellschaft in eine entferntere Allee, und niemand störte uns alsdann. – Unser Abschied war sehr kurz. – ‚Was ich Ihnen gesagt habe', sprach er, ‚das behalten Sie auf Ihrem Gewissen! Leben Sie wohl, ich werde an Sie schreiben.' – ‚Leben Sie auch wohl, lieber General, Gott beschütze Sie und segne Ihr Leben.'"

Als die Kaiserin Maria Theresia 1780 gestorben war und ihr Sohn Kaiser Joseph II. die Regierug übernommen hatte, war der General Laudon eine der wichtigsten Persönlichkeiten, namentlich in dem Kriege gegen die Türkei. Kaiser Joseph II. hatte mit der Kaiserin Katharina II. von Rußland ein Bündnis abgeschlossen. Diese begann gleich darauf einen Krieg gegen die Türken, und dem General Laudon wurde die schwere Aufgabe zuteil, das von den Türken schwer bedrängte österreichische Heer wieder zu einem großen Siege zu führen. Er eroberte am 9. Oktober 1789 Belgrad und drang in das türkische Reich ein. Dieser glänzende Sieg Laudons war wohl des Kaisers Joseph II. letzte Freude.

In dem uralten Hadersdorf, dessen schon in Urkunden aus dem 11. Jahrhundert Erwähnung geschieht, bewohnte General Laudon in seinen letzten Lebensjahren das schöne Schloß, in dessen großem Parke er am liebsten verweilte. Er war eine der beliebtesten Persönlichkeiten in Wien und war fast von jedermann gekannt. Noch in seinem letzten Lebensjahr erhielt er den Oberbefehl über die österreichische Armee in Mähren, weil ein Krieg mit Preußen auszubrechen drohte; doch ereilte ihn der Tod 1790 im Hauptquartier zu Neutitschein. Seinen letzten Anordnungen gemäß wurde er nach Hadersdorf gebracht und in einer Gruft in dem großen Schloßparke beigesetzt. Das herrliche Grabdenkmal dieses um unser Vaterland so hochverdienten Mannes ist ein Meisterwerk des Bildhauers Franz von Zauner.

Hadersdorf ist ein beliebter Ausflugsort der Wiener, und selten wird wohl einer derselben den schön gepflegten Park betreten, ohne an dem Grabdenkmal des berühmten Helden seiner zu gedenken und der Kaiserin Maria Theresia, die ihn für Österreich gewonnen, und des Kaisers Joseph II., der in ihm auch den teuersten und besten Ratgeber gefunden hat.

MEISTER PILGRAM

Wenn man von der Seite des Riesentores oder Haupteinganges der Kirche an der linken Seitenwand bis ungefähr in die Mitte des Schiffes kommt, so zeigt sich ein äußerst künstlicher, aus einer steinernen Knospe entwickelter, von unten nach oben sich ausbreitender Blumenkelch, welcher, oben mit leichten zierlichen Spitzbögen umrandet, einst als Chor eine Orgel trug.

Daran erblickt man unten eines Mannes Bild, altersgrau, ja geschwärzt, aus einer Fensteröffnung hervorgelegt, das hält in der Rechten einen Zirkel, in der Linken ein Winkelmaß. Buschige Haare überwallen Haupt und Rücken, und erstere deckt ein altdeutsches Barett. Der Hals ist bloß und offen, das Oberkleid zeigt Bauschärmel, das Untergewand ist an der Brust mit Riemen zugeschnürt. Das Gesicht ist bartlos, mager und hager, zeigt lebensvolle, starke Züge, hervorragende Backenknochen, eingefallene Wangen und breites Kinn. Darunter die Buchstaben *M. A. P.*

Dieses Bild stellt den Meister *Anton Pilgram* dar, den Schöpfer dieses kunstvollen Orgelchors der prachtvollen und über alle Maßen kunstreichen steinernen Kanzel und – des weltberühmten *Stephansturmes*.

Zum Turme wurde zwar bereits im Jahre 1360 durch Herzog Rudolph der Grund gelegt, aber den Hochbau begann und setzte Meister Pilgram von 1407 an fort und vollendete ihn 1433.

Eine alte Chronik sagt aus, daß bis zu 1407 kein behauener Stein an und in dem Turme sei, der nicht an Wert und Arbeit einen Dukaten halte, und daß bis zu jener Zeit bereits am Turme allein mehr als vierundvierzigtausend Gulden verbaut wurden.

Der Taglohn für einen Steinmetzen war 5 Pfennige, für die übrigen Werkleute und Handlanger nur 3 Pfennige.

Hoch oben unter der Spitze des kunstreich durchbrochenen Münsterturmes brachte Meister Pilgram an den vier Ecken *Hirschgeweihe* an und nicht weit davon abwärts eine in Stein gehauene Viehweide, zum Wahrzeichen, daß vor alters in dieser Gegend nur Wald und Weide gewesen sei. Von diesen Zeichen soll der Gebrauch stammen, daß man alljährlich zur Zeit des Kirchweihfestes an die Fahnen, welche an den vier Ecken des Turmes aufgesteckt wurden, Viehschellen hing, die harmonisch im Winde tönten.

Der Turm neigt sich an seiner Spitze merklich nordwärts, die Abneigung beträgt über drei Schuh; das habe er getan, geht die Sage, bei der ersten Belagerung Wiens durch die Türken.

In der Nähe des großen und kunstreichen Uhrwerkes ist ein kleines Stübchen für die Feuerwächter und vor demselben so viel Raum, daß man darauf bequem kegelschieben kann, was sonst für eine gar große Merkwürdigkeit des Stephansturmes erachtet wurde.

DIE GRABESFLAMME AM LEOPOLDSBERG

Nimm mich auf in deinen Schatten, liebliche Vergangenheit! Schwebet vorbei dämmernde Schatten der grauen Vorzeit. Ha! Lieblich besaumt euer Gewand der Erinnerung, Silberschimmer und Wehmut breitet nur ihre Schwingen über euch! Seid mir gegrüßt im trieben Schimmer; laßt mich schweben unter euch sanfte Gestalten; laßt mich in eurer Mitte wandeln und Linderung suchen in eurem Kreise für die Wunden meines blutenden Herzens!

Wie sie so freundlich vorüberschweben die Gestalten! Lieblich winkt mir die sanfte Bertha; ernst im feiernden Blicke sieht der kühne Rudolph; über einem Grabeshügel reichen sie sich lächelnd die Hände! – Was leuchtest du so lieblich, schauriges Flämmchen?

Ich erwache – Stille alles um mich her. An einen Hügel bin ich gesunken; stille sanfte Gefühle haben meinen Busen gepreßt. – Liebliches Lüftchen des Maies! Willkommen!

Wie der Vollmond so prächtig schon sich in die Täler verbreitet; wie er so manche magische Gestalten bildet; angenehm aber vorübergehend; reizend in der Ferne; in der Nähe zu Schatten verschwindend – wie die Freuden der Sterblichen.

Wie sich die Strahlen in den tausend Krümmungen der Donau verschieden spiegeln!

Wie das Säuseln der Büsche, das Gezirpe der Heimchen doch so melodisch sich vereinen!

Schon hat der Mond die Hälfte seiner Laufbahn vollendet; – horch, es schlagt die Geisterstunde im Tale. – Flämmchen, du erscheinst? – Mit dir die Kunde der Vorzeit.

Tiefer im Gebirge lag Forstburgs Schloß, zur alten Zeit der Stärke und Redlichkeit. Ermüdet von der Jagd war er eingeschlafen. Ein Hüfthorn tönte vor seinem Fenster. Er sprang auf.

„Öffne deine Burg", schallte eine männliche Stimme herauf, „edler Rudolph! – Du sollst helfen und schützen!"

Rudolph sprang vom Lager – ein Vermummter stand mit einem Mädchen vor ihm. „Was willst du von mir?" fragte Rudolph.

„Sieh das Mädchen! Dir übergebe ich sie; du sollst, wenn's möglich ist, noch weiter von ihr hören." Des Fremden Stimme war gedämpft, sein Ton düster.

„Wer bist du? Wer –"

„Du sollst das Mädchen schützen! – *Ritter,* das sollst du – wer sie ist, frage nicht – Rudolph, wenn du mein Vertrauen täuschtest!“

Rudolphs Blick widerlegte diesen Verdacht.

„Leb wohl! – Ich sehe dich immer.“

Er verschwand beinahe. Rudolph blieb mit dem Mädchen allein stehen. Sie war beinahe ohnmächtig, er wies ihr ein Zimmer an. Sie dankte leise; Rudolph konnte kein Auge schließen.

Morgens früh versammelte er seine Burgleute: „Niemand soll der fremden Dame, die sich auf der Burg befindet, mit Fragen beschwerlich fallen. Was sie wünscht, soll aufs eiligste geschehen.“

Er ging zu ihr. Eine einnehmende Physiognomie, ohne eben eine Schönheit zu sein. Ein interessantes blaues Auge. Dunkles gelocktes Haar. Ein Zug tiefen Leidens um ihren Mund.

„Verzeiht, Ritter, die höchst sonderbare Art meines Aufdringens bei Euch. Nur Euer bekannter Edelmut –“

„Fräulein, ich kenne Euch nicht. Ihr seid ein Weib, wie es scheint, ein unglückliches Weib. Weiber zu schützen gebietet mir meine Ritterpflicht. Unglückliche – mein Herz. – Es soll Euch an nichts mangeln – als – an Unterhaltung.“

Sie lächelte wehmütig, legte ihre Hand an ihr Herz. Eine Träne rann die Busenschleife herab.

„Tröstet Euch“, sagte der Ritter, „besucht unsern Burggarten. – Er ist sehr verwildert, aber doch ist er neu für Euch; er kann Euch zerstreuen.“

„Ritter, um Gottes willen! Tiefstes Geheimnis über mein Hiersein, sonst ist's um mich geschehen.“

Ihr Ton war leidenschaftlich, ihre Bewegungen zeigten von der Angst ihrer Seele.

„Ich gebe Euch mein Wort – Euer Name?“

„Bertha.“

„Gut also, Bertha, ich gebe Euch mein Wort, keine Seele soll etwas von Eurem Aufenthalte hier erfahren. Ich muß Euch verlassen. Die Burgleute hier – es sind ihrer wenige – werden zu Eurer Bedienung hinreichen. Bald sehe ich Euch wieder.“

Wahrester Dank glühte in Berthas Blicken, der Ritter entfernte sich gerührt.

Einsam verlebte Bertha die Tage auf der Burg des Ritters. Alles stimmte hier zu ihrem Grame. Wie die wild verwachsenen Hecken im Garten; die bemoosten Mauern und die alten Eichen so ehrwürdiges Ganzes bildeten. Dicht an dem Garten führte ein kleines Pförtchen in den Wald. Ein Waldstrom brauste neben der Mauer vorbei und drohte dem Brückchen, das hinüberführte, baldigen Untergang. Eine Rasenbank war hier in eine felsige

Höhle gehauen. Einige Erlen verdeckten den Eingang. Hier war Berthas Lieblingsörtchen. Hier vergaß sie ihre Tränen, hier lebte sie in glücklicheren Tagen der Vorzeit. Selten besuchte sie der Ritter, besonders anfangs; weil er ihren Schmerz ehrte; obwohl er seine Ursache nicht kannte. Aber als seine Besuche häufiger wurden, als er in Bertha ein sanftes, obwohl wehmütiges Wohlwollen gegen ihn bemerkte, als sie ihm obwohl sehr unmerklich und stufenweise den Unterschied zwischen einem Gespräche mit ihr und den rauschenden Gelagen seiner Trinkgesellen kennenlehrte; da fing er an in ihrer Abwesenheit eine Leere zu fühlen, die das Jagdgetöne und der Becherklang nicht zu füllen vermochten. Er kehrte öfter nach Forstburg zurück und weilte immer länger als gewöhnlich. Einmal war er auch unvermutet angekommen. Er suchte Bertha in ihrem Gemache und fand sie nicht. Er eilte in den Garten. Die Abenddämmerung war herangekommen. Eine glühende Röte hatte das Firmament überzogen. In dunkler Erhabenheit streckten die majestätischen Eichen ihre Gipfel empor. Die Pappeln im Garten rauschten vom Winde bewegt. Eine feierliche Stimmung füllte Rudolphs Seele. Er suchte Agnesen im Garten und fand sie nicht. Schon wollte er in die Burg zurückkehren, als ihn dünkte, als vernehme er Waffengeräusche. Er stutzte und wandte sich um. Es schallte von der Höhle her. Als er dort ankam, trat eben Bertha heraus, und das Türchen fiel zu, das gegen den Wald führte. In dem Augenblicke erwachte seine Eifersucht; und er fühlte, daß er Bertha liebe; Verstellung war seine Sache nicht. Bertha eilte ihm entgegen. Er empfing sie kalt.

„Seid Ihr allein gewesen, Fräulein?"

Bertha errötete. „Ja", antwortete sie, indem sie sich zu fassen suchte. „Wer sollte hier bei mir gewesen sein? Eure Burgleute –"

War's mir doch, als ob ich das Türchen hier gegen den Wald zuschlagen gehört hätte. – Sieh da, auch ist der Riegel offen. Seine Stirne zog sich in Falten.

Bertha faßte seine Hand. Wahrheit lag in ihrem Auge: „Nun denn, ich war nicht allein; aber verlangt nicht zu wissen, wer mein Gesellschafter war."

Der Ritter war bewegt. „Bertha, ich bin Euch so herzlich gut. Seht, ich habe mich lange Zeit am Hofe des Herzogs herumgetrieben und manches schöne Auge und manches blühende Mädchen gesehen, aber so gut wie Euch war ich noch keinem. Aber es war auch keine so gut wie Ihr –"

„Ihr schmeichelt mir Ritter."

„Nein, liebe Bertha, das tut der Mann nie – der liebt. – Da habt ihr's – lange schon fühlt ich eine Neigung zu Euch, lange schon befand ich sowohl bei Euch und nur da –. Die Begebenheit von heute hat mir meine Gefühle deutlich gemacht."

Berthas Blick ruhte mit Wohlgefallen auf dem Ritter. Eine schöne Gutmütigkeit blickt ihm aus dem düstern Auge. Sie hatte seine Hand in die ihrige gelegt und drückte sie sanft. Sie wendete ihr Gesicht ab.

Er ließ ihre Hand los. „Bertha, Ihr wendet Euch weg, Ihr seid unwillig; traurig wenigstens – das sollt Ihr nicht."

„Lieber Rudolph, Ihr seid so brav – aber –"

„Ich verstehe Euch. – Ich bin kein Jüngling mehr – auch ist meine Liebe nicht brausende Leidenschaft. Gleichheit der Jahre, ist auch zu der Liebe wie sie, ein jugendliches Herz, das mit Feuer umfaßt, lodert, sehr nötig. Ihr habt vielleicht eine solche Verbindung getroffen. – Auch so rechnet auf mich."

„Mein Rudolph, Ihr irrt. Aber kennt Ihr mich. – Nie, nie, Ritter kann ich Euch meine Abkunft entdecken, nie mein Geschlecht. Würde das nicht das Vertrauen hindern, das doch zum Glücke der Ehe so nötig ist. Würde nicht der Gedanke in Euch lebhaft werden, daß Ihr Euer Lager mit einer Lasterhaften oder Unedlen teilt?"

„Bertha, Euer Betragen, Euer Blick, zeugt das von einem Verbrechen?"

„Mein Rudolph, ich kann nicht! – Wie könnte ich es von Euch fordern, daß Ihr nie mich fragen, nie nur Auflösung wünschen –"

„Wenn nur das Euch Kummer macht, so beruhigt Euch! – Neugierde ist mein Fehler nicht. – Und dann bin ich so glücklich, Euch zu besitzen, was kümmert's mich, wie Euer Geschlecht und Wappen sei, Bertha!"

Er hatte seinen Arm um ihren Leib geschlungen. In seinem Blicke lag die reine kräftige Liebe des Mannes. Sein Edelmut, während ihres ganzen Aufenthaltes bei ihm, stand vor ihrer Seele, sie sank an seinen Busen.

Er küßte sie als seine Verlobte. Die Stunden bis Mitternacht gingen ernst und feierlich, nicht im Taumel heißer jugendlicher Gefühle, sondern in traulichen Gesprächen der Zukunft vorbei.

„Noch eine Bedingung, guter Rudolph; ehe ich dich Mann meiner Seele nenne."

„Bertha, fordre; fordre alles!"

„Höre, nie darf es jemand wissen, daß ich dein Weib, daß du verehelichet bist; selbst deine Kinder, Rudolph, sollen erst nach meinem Tode ihre Mutter kennenlernen."

„Was forderst du?"

„Nur einsam wie jetzt sollst du mich besuchen; keine Frage, wenn ich Besuch von meinem Unbekannten erhalte. Hörst du, Rudolph?"

„Bertha, das ist schwer!"

„Eifersucht ist nur für kleine Seelen. Laß uns größer sein, Mann! – Ein Weib geht dir mit ihrem Beispiele vor. Schwärme am Hoflager des Herzogs mit den Schönen. Mir bleibt dein Herz, dafür bürgt mir das meinige."

„Schwärmerin! Liebe Schwärmerin!“

„Willst du das, Rudolph?“

„Ich will's, ich verspreche es dir.“

Sie flog in seine Arme. „Nun, nun bist du mein. Also doch noch ein Strahl in der Nacht meines Lebens!“

„Bertha, mein ganzes Hingeben, meine innige Liebe, nur ein Strahl?“

„Sieh, Rudolph, den ersten Strahl des Mondes! – Sieh, ihm folgt die ganze glänzende Scheibe, und die Gegend schwimmt in Silber. – Nimm das als günstige Vorbedeutung unserer Verbindung.“

Ein glühender Kuß; und sie war in ihr Gemach entschlüpft.

Gedankenvoll blieb der Ritter sitzen. Das eintönige Geräusch des Waldstroms lullte ihn sanft in Schlummer.

So war die Verbindung ihrer Herzen geschlossen; so verflossen ihnen die Tage ernst und tatenvoll. Rudolph wirkte am Hoflager des Herzogs, war tätig und spannte alle seine Kräfte zum Wohl des Ganzen; aber wenn er auf seine einsame Burg zurückkehrte, wenn ihm die gute Bertha, der Himmel in ihrem Auge entgegenkam, da hatte er nur Gefühl und Gedanken für sie; und von seinem Felsenschlosse sah er auf die kämpfenden und sich kreuzenden Leidenschaften der Menschen wie ein höheres Wesen hernieder.

Aber doch bei aller Freude, die Bertha, die gute Bertha, darüber hatte, daß sie Rudolph so innig liebte, war sie doch nie ganz heiter; immer schwebte ein trübes Lächeln auf ihrer Stirne. So fand sie Rudolph öfters tief in Gedanken, und noch immer war das düstere Plätzchen am Waldbache ihr Lieblingsort.

Rudolphs Seele fing an, sich mit Argwohn zu füllen. Zwar nur unmerklich entkeimte bei ihm der Verdacht, daß Bertha schon früher geliebt habe, daß der Gegenstand dieser Liebe auch jetzt noch der Grund ihrer Schwermut und Niedergeschlagenheit sei; und bald konnte er seinen Seelenzustand auch vor Bertha nicht verbergen.

Bertha erschrak, als sie sein Mißtrauen wahrnahm, fest blickte sie dem Ritter ins Auge, leidenschaftlich ergriff sie seine Hand.

„Ritter, Rudolph! Wenn du gegen mich mißtrauisch zu werden anfängst, dann sind wir beide auf immer unglücklich!“

Rudolph widersprach ihr! Vergebens! Berthas scharfer Blick sah in den Grund seiner Seele.

In seiner Brust regte sich noch immer der Verdacht, den der Besuch beim Hintertürchen in ihm entzündet hatte. Er wollte wissen, wer der sei, der seinem Weibe im Geheimen einen Besuch mache.

Er beschloß, sie einmal zu überraschen. Eine Reise nach dem Hoflager mußte zum Vorwand dienen.

Rudolph hielt sich in der Nähe seiner Burg auf. An dem brausenden Waldstrome lag er unter einer Eiche; stürmisches Wetter brauste um ihn herum. Der Platzregen rasselte durch die Blätter. – Der Waldstrom stieg zu einer ungewöhnlichen Höhe. Noch mehr stürmte es in Rudolphs Brust.

Wenn die Eifersucht einmal sich des Gemütes bemeistert hat, dann versucht es der Mensch vergebens, dieser wütenden Leidenschaft Meister zu werden. Alle Gefühle reißt sie unwiderstehlich mit sich fort, wie ein Strom, der aus seinen Ufern tritt, Bäume und Häuser im unwiderstehlichen Laufe fortführt. Jede Freude des Lebens verwelkt vor ihr, wie Leben und Gesundheit vor dem giftigen Hauche einer tödlichen Seuche. Je mehr sie verborgen wird, desto stärker wütet sie, verzehrt die edelsten Lebenskräfte und bricht dann zuletzt in Wirkungen des fürchterlichsten Wahnsinns aus.

So war es auch Rudolphen ergangen. Schon fing die Mitternacht an, sich über die Wolken zu lagern, die das düstre Firmament bedeckten, und ein kühler Nachtwind strich über die benäßten Bäume hin.

Noch immer harrte Rudolph. Seine Empfindung war schrecklich gespannt. Er dachte an sein Versprechen, das er Bertha gegeben hatte, aber seine Eifersucht riß ihn hin.

Hoch über die brausenden Wogen des fürchterlichen aufgeschwollenen Waldstroms gleitet ein Nache dahin. Er kann nur eine Gestalt darauf unterscheiden.

Alle seine Seelenkräfte sind gespannt; sind in fürchterlichster Aufruhr. Seine Hand hält ein Schwert mit eiserner Stärke.

Immer weiter bewegt sich der Nachen, Rudolph folgt ihm mit schnellen Schritten.

Er hält an dem Hintertürchen. Rudolph folgte ihm durch einen ihm allein bekannten Fußsteig.

Das Türchen öffnet sich! Bertha stürzt dem Fremden entgegen.

„Otto, bist du endlich wieder hier! Ha, willkommen!“

„Liebe Bertha! Die Nacht stürmt schrecklich, aber die Gefahr wird immer größer. Ich werde dich nicht mehr oft sehen können!“

„Nicht mehr sehen! – O nein, das kann ich nicht ertragen!“

„Auch ich nicht“, stürmte Rudolph herein! „Ha, Treulose! Ist das der Lohn meiner Liebe?“

Bertha bedeckte ihr Gesicht. Mit einem Schrei stürzte sie auf ein Ruhebett: „Rudolph!“

„Fackeln!“

Man bringt sie. Bertha blaß und beinahe ohnmächtig. Rudolph starr vor Wut, sein Schwert gezogen. Der Fremde hat das Visier herabgelassen und steht ruhig da.

„Wer seid Ihr?“

„Meinen Namen, Rudolph, sollt Ihr nie erfahren; auch nicht den Namen meiner Schwester."

„Elendes Gaukelspiel! Glaubt ihr mich mit einer so abgenutzten Erfindung zu täuschen?"

Der Fremde (ohne ihm zu antworten): „Arme Bertha!"

Rudolph (wütend auf ihn eindringend): „Ich will wissen, wer Ihr seid."

Der Fremde: „Das werdet Ihr nie erfahren!"

Rudolph, außer sich vor Wut, stürmte gegen den Fremden ein. Bertha warf sich zwischen die Kämpfer.

„Töte mich, Grausamer!"

„Agnes! Du machst mich rasend!"

Der Fremde stand noch immer kalt da.

„Rudolph, seit wann brichst du dein Wort? Hast du vergessen, was du Bertha versprachst?"

Rudolph: „Ich versprach es im Wahnsinne, im Rausche der Liebe! Zum letzten Male, wer bist du?"

Der Fremde: „Zum letzten Male, laß mich ruhig ziehen!"

Rudolph: „Nimmermehr! – Knechte!"

Der Fremde: „Ha! Das ist zuviel! Rudolph, entferne deine Knechte, dir allein will ich mich zeigen – [mit Anstand] du fürchtest doch keinen Meuchelmörder in mir."

Rudolph: „Knechte! Entfernt euch! – Nun sind wir allein, nun wer bist du?"

Der Fremde schlug das Visier auf: „Kennst du mich?"

Rudolph taumelte zurück. „Du, du, woher?"

Der Fremde warf sein Schwert weg! „Töte mich, Rudolph!"

Rudolph vermochte sich kaum zu halten!

„Leb wohl, jetzt siehst du mich nicht mehr wieder –" (mit Bedeutung). „Bertha! Aber wir sehen uns."

Bertha hatte sich noch nicht erholt.

Der Fremde stürzte durch den Garten ungehindert. – Dort sprang er in seinen Nachen, und fort im brausenden Strome.

Rudolph blieb in Gedanken verloren im Saale. Bertha hatte sich, wie er glaubte, zur Ruhe begeben.

Am folgenden Morgen fand er einen Zettel in Berthas Gemache.

„Ich hielt dich für stärker, Rudolph, als du warst; das war meine Schuld! Noch kannst du dich retten; schweige! – Aber mich siehst du nie wieder. – Nur eine Möglichkeit dämmert noch in der Ferne. Leb wohl!"

Rudolph war zermalmt, seine Kräfte gelähmt. Er nahm den Zettel, konnte kaum seinen Augen trauen. Dann legte er ihn wieder hin und lächelte kalt; als wenn ihm der Inhalt sehr gleichgültig wäre.

Er ging in dem Garten mit gemäßenen Schritten auf und ab, auf einmal blieb er stehen, zog sein Schwert und wütete vor sich in den Gebüschen herum. Dann besah er sein Schwert und steckte es lächelnd in die Scheide. So trieb er es einige Wochen; dann wurde sein Schmerz ruhiger und verschlossener.

Dringende Geschäfte forderten seine Abreise. Er mußte ans Hoflager.

Man fand ihn da äußerst verändert. Seine vorige Heiterkeit war dahin.

Am Hoflager des Herzogs befand sich eine glänzende Schönheit, Kunigunde von Schwindenstein. Ein äußerst gefährliches Weib. Sie vereinigte mit den höchsten Reizen eine tiefe Menschenkenntnis und einen sehr hellen Verstand – ihre Leidenschaften waren im höchsten Grade heftig. Sie liebte und haßte gleich unmäßig.

Ihre Wahl war auf einen Grafen von Mergenburg gefallen. Ein Mann von starker, riesenhafter Bildung und höchster Flatterhaftigkeit.

Eine Zeitlang hatte er ihren Reizen gehuldigt; aber sein Hang zur Flatterhaftigkeit überwog seine Liebe zu Kunigunden, und er verließ sie.

Kunigunde raste insgeheim, aber gegen den Grafen war sie ganz Höflichkeit und Gefälligkeit. Sie suchte nur eine Gelegenheit, ihre Rache zu kühlen.

Rudolph und der Graf kamen von ungefähr beim Herzoge zusammen. Sie hatten sich nie leiden können.

Rudolph stand wie gewöhnlich finster und verschlagen da. Der Graf war ganz Fröhlichkeit und Laune.

Der Anblick eines Glücklichen ist schon selbst Beleidigung für den Unglücklichen. Rudolph wollte sich entfernen. Der Graf bemerkte das. „Scheint es doch, als ob Ihr meinen Anblick fliehet."

„Ich fliehe nichts und niemanden," antwortete Rudolph ganz hingeworfen.

„Eure Grillen solltet Ihr fliehen. Was habt Ihr Euch zu grämen? Ihr seid gesund, reich, nicht alt."

„Ich bitte Euch, schweigt!"

„Wißt Ihr auch, mit wem Ihr sprecht?"

„Mit einem Laffen", sprudelte Rudolph, und sein Auge blitzte; und jede seiner Muskeln war gespannt.

„Ruhe!" gebot der Herzog. – „In meiner Gegenwart, Ritter!"

„Das ist auch das einzige, was mich zurückhält", entgegnete der Graf.

Rudolph warf dem Grafen einen Blick zu, worin dieser das höchste Gefühl des Übermutes fand, der aber in der Tat nur Stolz war.

Kunigunde erfuhr bald, daß sich der Graf und Rudolph entzweit hatten; sie beschloß, das zur Ausführung ihrer Rache zu benutzen. Sie ließ Rudolph zu sich bitten.

„Wie kommt's denn, Rudolph, daß Ihr jetzt gar so selten seid, da Ihr doch sonst wohl zuweilen bei mir einsprachet?"

„Verzeiht, schöne Kunigunde!"

„Ihr habt das Schmeicheln noch nicht verlernt!"

„Wohl hab' ich das –. Also – ich bin gar nicht mehr zur Unterhaltung für Weiber tauglich."

„Ihr tut Euch selbst Unrecht, aber da seid Ihr auch immer so mißmutig, ohne daß man nur eine Ursache wüßte."

„Hat man doch Ursache genug, wenn man sich immer mit den Hofschranzen herumbalgen muß."

„Habt Ihr etwa beim Herzoge Verdruß gehabt?"

„Beim Herzoge eben nicht, über den Laffen – ach verzeiht! Kunigunde, da hätte ich bald einen dummen Streich gemacht."

Kunigunde: „Ob das also ist's. – Ihr habt mit Mergenburg Euch zertragen."

Rudolph: „Kunigunde! Ich weiß, der Graf ist Euch teuer – aber ich, ich kann ihn einmal nicht ausstehen."

Kunigunde (heftig): „Ihr irrt, ich kann ihn nicht sehen; der Treulose!"

Rudolph: „Auch Euch hat er beleidigt?"

Kunigunde: „Ich hass' ihn, hass' ihn wie die Sünde! Hört mich, Ritter, wie wenn Ihr mir zu meiner Rache behilflich sein wollt?"

Rudolph: „Laßt hören!"

Kunigunde: „Ich habe ein Landhaus an der Donau; dorthin will ich den Verräter locken, noch einmal will ich die ganze Nacht meiner Reize gegen ihn aufbieten. – Dort wollen wir unsere Rache sättigen."

Rudolph (erstaunt): „Kunigunde, womit hat Euch der Graf so beleidigt, daß Ihr Euch so schrecklich rächen wollt an ihm? Denn ich lese in Eurem Auge, Ihr habt etwas Schreckliches im Sinne."

Kunigunde: „Ihr könnt fragen, womit er mich beleidigt hat? – (mit Nachdruck) Ich liebte ihn, und er hat mich verlassen."

Vor Rudolphs Seele stand seine Bertha. Er starrte den Boden an, als wollte er ihn durchbohren. „Verlassen", rief er, „und Ihr liebtet!" Sein Auge flammte Funken empor. Er ward fürchterlich.

Kunigunde ergriff seine Hand. Der Blitz ihres Auges traf das seinige. Sie warf sich dem Ritter um den Hals. „Vortrefflich! Gefährte meiner Rache! So bist du mir recht! Herrlich!"

In des Ritters Brust waren alle bitteren Gefühle zu einer unnennbaren Last zusammengedrückt. Sein Zorn gegen den Grafen so klein, auch der Anlaß war vollendet in ihm, den Übergang von Unmut zum Menschenhasse. So enthält ein Gefäß eine Menge Wasser, bis es ganz voll ist; aber dann ein einziger Tropfen. – Aber der ist zuviel!

Alle seine Empfindungen strömten in den Wunsch nach Rache und Vernichtung zusammen. Er faßte Kunigundes Hand mit fürchterlicher Heftigkeit. „Ja! Ich bin dein Gefährte!“

Kunigunde selbst erschrak beinahe, als sie ihn so erblickte; aber ihre Rache überwog. „Komm“, rief sie und reicht ihm einen Becher. „Komm, trinke mit mir auf das Verderben dieses Menschen.“

„Ja“, rief Rudolph mit dem bittersten Tone. „Verderben dem Menschen!“

Als er am folgenden Tage am Abend nach seiner Wohnung zurückkehren wollte, stellte sich eine verhüllte Gestalt in den Weg.

„Was willst du von mir?“

„Rudolph, du kennst Kunigunde von Schwindenstein?“

„Wer hat mir Rechenschaft abzufordern?“

„Niemand! – Aber [mit fester Stimme] vergeßt bei Eurer Rache nicht, daß ein unsichtbarer Gehilfe Euch zur Seite stehe.“

„Halt, Gestalt, die im Finstern schleicht, enträtsele deine Worte.“

„Meine Handlungen werden das tun!“

„Du sollst mir nicht von der Stelle.“

„Rudolph, willst du noch lange deiner Neugierde frönen?“ rief ihm eine bekannte Stimme zu. Er erschrak und ließ des Fremden Mantel fahren, den er bis jetzt gehalten hatte.

„Vergiß nicht, Rudolph, daß ich auf deiner Seite streite!“

Der Graf war unmutig über seinen Zank nach Hause gekommen und hatte sich auf ein Ruhebett geworfen. Brunno von Dillenburg trat vor ihn. Der Graf bemerkte ihn nicht.

„So in Gedanken? Was beschäftigt dich so sehr? Etwa eine neue Liebschaft –“

„Ach, Brunno! – O nichts dergleichen Possen; ich habe mich beim Herzoge geärgert!“

„So wohl nicht mit ihm?“

„Behüte, mit dem Fortburger; der ist ja so rauh geworden wie mein Streitkolbe.“

„Wohl wahr – aber der Ausgang?“

„Der Herzog befahl uns zu schweigen.“

„Laß uns von ernsteren Dingen reden. – Keine Spur von Rüdiger?“

„Keine.“

„Sonderbar! Sollte er allein uns entgehen? Er, der doppelte Verbrecher! [aufspringend] Nimmermehr, und sollte unser ganzer Bund zertrümmern!“

Brunno (ernst): „Die heilige Feme wirkt zum Wohle des Ganzen.“

Der Graf (lachend): „Aber doch – durch uns – und also für uns. – Laß das.“ (Ein Knappe tritt ein.) Ein Knecht von Kunigunde.

Der Graf (erstaunt): „Wie? Höre ich recht; was mag er wollen? – Laß ihn kommen!“

Der Knecht: „Mein Fräulein laßt Euch ihren freundlichen Gruß entbieten, und hier schickt sie Euch ein Briefchen.“

„Und will Antwort?“

„Die Antwort würde aus Ja oder Nein bestehen, sagte sie; ich könnte sie also gleich mitnehmen.“

Der Graf durchlas den Brief. – „Nun denn, ja, ich komme.“

„Höre nur einmal“, rief der Graf, nachdem der Knecht fortgeeilt war, seinem Freunde Brunno zu. „Höre einmal, was mir die stolze Kunigunde schreibt, kaum kann ich meinen Augen trauen.“ (lesend) „Noch immer Geliebter! Ist gleich deine Liebe gegen mich verloschen; so flammt doch noch in mir jene süße Erinnerung im vollsten Feuer. Nur die letzte Bitte schlage deiner Kunigunde nicht ab; und schenke der Armen nur einige Stunden in ihrem Landhause am Fuße des Berges des hl. Leopold. Dort will sie von dem Reste deiner Liebe sich für das freudenlose Schmachten ihres übrigen Lebens sich Stärke erbitten.“

Brunno: „Das ist in der Tat seltsam; wahre dich, daß nicht eine Verräterei da im Hinterhalte laure.“

Der Graf: „Einige meiner Leute könnte ich allenfalls mitnehmen, in der Nähe zu bleiben.“

Brunno: „Weißt du – ich selbst will mit einigen unsrer Brüder das Geschäft übernehmen. – Wann schlägt die Stunde?“

„Morgen um 7 Uhr abends.“

„Lebe wohl.“

Kunigunde frohlockte über das Gelingen ihres Planes. Rudolph war wieder abgekühlt. Der Augenblick des Menschenhasses, in dem er beschlossen hatte, Kunigunde die Hand zur Ausführung ihres Planes zu bieten, war vergangen, und er fühlte das Unedle der Rache überhaupt; insbesondere aber wegen einer solchen geringen Beleidigung. Aber er hatte auch auf der andern Seite sein Wort gegeben und konnte nicht zurücktreten. Er beschloß den Ausgang abzuwarten.

Der Tag erschien. Ein trüber Nebel hatte sich über die Auen der Donau gelagert; nur der Kahlen- und Leopoldsberg streckten ihre majestätischen Häupter über ihn empor. Das Landhaus Kunigundens, lag an dem Fuße des letzten, sein Rücken lehnte sich an die Gebirge, von vorne war die Aussicht auf die vorüberfließende Donau. Kunigunde hatte alles aufgeboten, was ihre Schönheit erheben konnte. Ein reizendes weißes Gewand wehte die schönen Formen herab, in reizender Unordnung rollten ihre schönen braunen Locken auf dem alabasternen Nacken auf und nieder. Sie eilte dem Grafen entgegen.

Ihn klemmte eine sonderbare Empfindung die Brust. Er hatte Kundigunden geliebt, hatte sie verlassen, und jetzt stand sie da vor ihm mit einer solchen leidenden Engelsmiene, so rein, so sanft –

Sie hatte ihre Züge ganz in ihrer Gewalt. „Willkommen hier; noch muß sich doch eine günstige Erinnerung für mich in Eurem Busen geregt haben, daß Ihr meine Bitte gewährt."

„Eure Winke werden mir immer Befehle bleiben."

„Laßt, o laßt das jetzt. Seht, an jenes Fenster wollen wir uns setzen, wo wir zwischen den Auen hindurch das Schloß dort gerade im Gesichte haben. Das war ja immer Euer Lieblingsplätzchen."

Des Grafen Lage wurde immer peinlicher, je mehr Kunigundens Ton und Stimme ins Zärtliche überging; das Verhältnis wurde ihm hier unerträglich. Er suchte sich durch eine allgemeine Bemerkung aus der Sache zu ziehen. „Die Aussicht hinüber ist ganz durch den Nebel verdüstert."

Kunigunde bemerkte mit Kennerauge jede Stufe der Seelenbewegung, die der Graf durchging; aber sie wollte ihn weiter werben.

„Jawohl", antwortete sie, „ist der Tag trübe und düster, wie mein künftiges Leben!"

Der Graf wollte etwas sagen.

Kunigunde fuhr fort. „Kommt, laßt mich noch einmal in Eurer Gegenwart mich erinnern an die seligen Stunden unserer Liebe."

„Ich bitte Euch, Kunigunde!"

„Laßt mich, Graf; sollte auch dies Andenken Euch sogar lästig werden; so verzeiht mir, dies ist doch unsre letzte Unterredung."

„Schöne Kunigunde –"

„O schweigt, ich kenne Euer Verhältnis mit Klara von Hohenau und will das nicht zerstören, auch wenn ich's imstande wäre."

Ihr Auge wurde immer schmachtender. Der Graf fühlte die Erinnerungen der Vergangenheit. Er fing wieder an, Kunigunden mit einiger Leidenschaft zu betrachten.

Sie tat, als bemerkte sie es nicht, und fuhr fort. „Ja damals, als ich Euch auf Euer dringendes Ersuchen, die Erlaubnis mich zu besuchen, erteilte; als Ihr alles über mich vergaßet und die ganze Erde nur mit mir zu teilen wünschtet."

Der Graf hatte ihre Hand gefaßt und küßte sie mit Feuer. Er schlang seinen Arm um ihren Arm und stürzte zu ihren Füßen.

Wie eine Furie stürzte Kunigunde mit geschwungenem Dolche, den sie im Busen verborgen hatte, auf ihn ein. „Damals", rief sie wild, „schwur ich mich zu rächen, und sollte es mein Leben kosten, wenn Ihr mir ungetreu würdet!“ Sie führte den Stoß gegen den Grafen. Zugleich öffnete sie eine Seitentüre, und Rudolph trat in das Zimmer.

Aber die Heftigkeit ihrer Leidenschaft machte, daß ihr Arm zitterte; der Graf wand sich, und sie verwundete ihn am Schulterblatt.

Kaum war dieser etwas freier, als sein Hüfthorn ertönte und er sein Schwert zog, um Kunigunden zu bestrafen.

Rudolph stellte sich ihm in den Weg. Gleicher Kampf.

Brunno von Dillburg stürzte mit mehreren Gerüsteten ins Zimmer. Der Kampf ward sehr ungleich. Rudolph war noch unverwundet, aber verteidigte sich mit sinkenden Kräften.

Da stürzte ein ganz schwarz geharnischter Riter mit mehreren Knechten herein und eilte Rudolph zu Hilfe. „Nur zu“, rief der Schwarze dem Grafen zu, „gegen mich kehre deine Waffen!“

Als der Graf die Stimme hörte, wurde er beinahe wütend. „Rüdiger! Du bist’s; wie kommst du daher?“ Sie stürzten aufeinander wie zwei Tiger in Afrikas Wüsten. Der Fremden Knechte hatten gesiegt. Brunno war entflohen.

Lange hatte der Graf und der Schwarze gekämpft, und immer blieb der Sieg zweifelhaft. Des Fremden Knechte, auch Rudolph wollten ihm zu Hilfe eilen. Auch Kunigunde wollte gegen den Grafen ein Schwert ergreifen.

„Aber – laßt mich“, rief der Fremde, „ich muß den Grafen allein haben.“ Ein fürchterlicher Schwertschlag; der Schwarze hatte gesiegt. Der Graf sank zu Boden.

Der Fremde schlug das Visier auf. „Noch einmal sollst du mich sehen.“

Der Graf schäumte. „Ha, hundertfacher Mörder! Du nahest deinem Schicksale.“ – Seine Lebenskräfte waren entschwunden.

Kunigunde eilte auf den Ritter zu, schloß ihn in ihre Arme. „Willkommen, Rächer!“

Rudolph stürzte auf ihn zu. – „Wo ist meine Bertha?“

„Rudolph! Jetzt kennst du mich, auch ist nun mein Tod und der deinige gewiß; aber sie sollen uns doch so leicht nicht in ihre Gewalt bekommen, die Meuchelmörder im verborgenen!“

„Ich muß meine Bertha noch sehen, und sollte mir selbst ihr Anblick Tod sein!“

„Ist das dein fester Entschluß?“

„Mein unwandelbarer!“

„Gut also. – Jetzt gleich verstecke dich in die Wälder – wenn um Mitternacht die Strahlen des Mondes den Gipfel des Leopoldsberges beleuchten, triffst du an jener Anhöhe deine Bertha und mich. Dort sollst du über alles Aufschluß erhalten.“

„Ich erscheine."

„Ihr aber, Kunigunde, flieht, sonst seid Ihr verloren! Verloren unwiederbringlich. Der Graf –"

„Der Graf –"

„Ist Freigraf und oberster Femerichter!"

Kunigunde lächelte. „Also mein Tod gewiß – ich fliehe nicht."

„Rudolph, um Mitternacht!"

„Am moosigsten Felsen – ich komme!"

Der Mond strahlte durch das düstere Gewölbe sterbenden Schimmer, alles ruhte in tiefster liebender Stille. Murmelnd wogten die Wellen der Donau am Fuße der Berge dahin, und nur hie und da zischte eine einsame Grille. Ein Abendwind säuselte in den Blättern; und der Mond fing an, die Spitzen des Berges zu beleuchten. Da stand der kühne Rudolph! – Ohne Furcht, ohne Zagen, und schaute in die Nacht. Mit festem ruhigem Blick sah er in die Vergangenheit; auch für die Zukunft bangte ihm nicht, nie hatte ihn der Gedanke des Todes erschreckt! Aber Bertha sollte kommen. Die Mitternachtsstunde verkündete die volle glänzende Scheibe.

Einige Schatten schienen sich am Gebüsche her zu bewegen.

Ruhig stand Rudolph, die Hand am Schwerte; er wartete, was kommen würde.

Endlich kamen zwei Gestalten. Es war Bertha und ihr Bruder.

Bertha sank an Rudolphs Brust. „So sehen wir uns wieder!“

Er hielt die Geliebte umfaßt. An Vorwürfe zu denken hatte er nicht Zeit, seine Gefühle stürmten; er konnte sich nicht aus ihren Armen winden.

„Rudolph, fasse dich und höre! Bald winkt die Stunde der Trennung!“

Rudolph wand sich aus ihren Armen. Sie setzten sich auf den bemoosten Stein.

Rüdiger war auf sein Schwert gestützt, düster starrte sein Blick in die Nacht. Rudolph hatte Mühe, sein Auge von Berthas blassem Gesichte abzuwenden. Der Mond erhöhte sie zum Überirdischen.

„Mein Name“, begann der Fremde, „ist Rüdiger von Scherffenstein, und Bertha ist meine Schwester.“

„Du warst und bist noch geachtet von dem furchtbaren Femegerichte, geachtet wegen des Mordes deiner Geliebten?“

„Höre weiter! – Hildegard von Wolfsheim war ein Mädchen, schön wie die Rose im ersten Aufblühen, und unschuldig – wie meine Bertha.“

Bertha schmiegte sich an Rudolph, der kalte Nachtwind befeuchtete ihre Locken.

„Ich liebte das Mädchen mit inniger Leidenschaft, auch sie war mir gut. Ich hatte Schlösser und Festen, mein Adel war rein und unbescholten, ich warb um ihre Hand. Ihr Vater versprach sie mir. – Wer war glücklicher als ich?

Schon war der Tag unserer Vereinigung bestimmt! Als der Graf von Merkenburg meine Hildegard sah. Er sah sie, und der Wunsch, sie zu besitzen, entstand in dem nämlichen Augenblicke bei ihm. Er gestand ihr seine Liebe, sie wies ihn höflich, aber anständig ab.

Aber seine Leidenschaft schlummerte nicht, er wendete alle Mittel an, sich Hildegardens zu bemächtigen.

Mit Hilfe einiger verräterischer Knechte gelang es ihm, sich ihrer zu bemächtigen und sie auf sein Felsenschloß Merkenstein tief im Gebirge zu bringen.

Ich war wahnsinnig, als ich das erfuhr, aber ich argwohnte doch gleich, daß der Graf der Entführer sei; und schlich um alle seine Schlösser herum, ob ich nicht vielleicht eine Spur finden könnte.

Vergebens und immer vergebens, bis ich nach Merkenstein kam.

Die schroffsten, steilsten Gebirge waren jetzt meine Lieblingsgegenden. Alles Wilde, Rohe stimmte zu meiner schrecklichen Gemütsstimmung.

So hatte ich auch die Rückseite des Berges erklettert, wo nur ein kleines Fenster, das stark vergittert war, eine Aussicht gewährte.

Ich hörte eine klagende Stimme, in der ich Ähnlichkeit mit Hildegardens Stimme wahrzunehmen glaubte.

Ich rief ihr. – Sie antwortete. Hier erfuhr ich nun das schändliche Bubenstück. Der Graf hatte sie entführt und hier eingeschlossen – acht Tage hatte er ihr Bedenkzeit gegeben; jetzt drohte er mit Gewalt. Am folgenden Tage war der Termin verflossen.

Ich machte alle möglichen Versuche, durch das Gitter für sie einen Ausweg zu bahnen. Alles vergebens; wütend biß ich in das Eisen. ‚Rüdiger', bat sie durch diese kleine Öffnung, ‚gib mir deinen Dolch, so kann ich mich doch gegen Gewalt schützen.'

‚Hildegarde', sagte ich zweifelhaft. Eine Kündung ihres schrecklichen Vorhabens stieg meiner Seele vorüber.

‚O gib mir', fuhr sie fort, ‚gib mir den Dolch, ich will ihn nur gegen den Grafen gebrauchen; vielleicht kann ich gar dadurch zu meiner Freiheit gelangen.'

Ich gab ihr den Dolch.

Als ich am folgenden Tage kommen wollte, um meine Geliebte aus ihrem Gefängnisse zu befreien, war die Burg geöffnet und alle Burgleute in stummer Verzweiflung.

Ich eile hinein – da sehe ich Hildegarde tot daliegen; den Dolch in ihrer Brust.

Höllisches Bubenstück – wütete ich und sank ohne Besinnung auf den Leichnam nieder.

Aber der Graf hatte seine Besonnenheit schon wieder erlangt. Mich klagt er als den Mörder an.

Er hätte den Leichnam vor seiner Burg gefunden, gab er vor; und ich hätte Hildegarden, wahrscheinlich aus unbegründeter Eifersucht, umgebracht.

Ich war unfähig, etwas zu denken und zu tun. Des Grafen Leute wollten mich ergreifen. Ich litt alles ganz geduldig.

‚Laßt ihn', befahl dieser, ‚der heiligen Feme soll er nicht entrinnen.'

Was soll ich Euch die Folge meiner Empfindungen schildern. Ich ward vor das heimliche Gericht geladen. Vergebens schilderte ich des Freigrafen Verbrechen. Ich ward verurteilt.

Als mich zwei der Henker zum Tode abführten, ergriff mich eine fürchterliche Wut, ich entriß einem den Dolch und durchbohrte ihn, der andere entfloh; ich kam glücklich auf die Burg, wo meine Bertha sich aufhielt.

Des andern Tages fand ich einen Zettel an das Burgtor angeschlagen, ich sei nebst meiner Schwester, meiner armen, unschuldigen Bertha, des Todes schuldig erklärt; und jeder, der meiner schonen wird, in eben den Bann verfallen. Man hatte auch meiner guten Bertha eine Menge Verbrechen zugemutet. Man wußte, wie sehr ich sie liebte.

Ich suchte Hilfe, alles floh mich. Mir blieb kein anderes Mittel, als dir,

Rudolph, meine Bertha unbekannt zu übergeben. Aber ich wollte dich gegen Gefahren bewahren.

Aber als ich nun diese Gelegenheit zur Rache fand, da konnte ich mich nicht länger halten. Er fiel, der Mörder meines Glückes, und Ihr, Rudolph, seid in unser Schicksal verflochten."

„Und Euer Aufenthalt bis jetzt?"

„In einer Höhle des Waldes. Ein Einsiedler teilte sein Weniges mit uns."

„Komm", rief Rudolph seiner Bertha zu, „nun wollen wir uns allein in einem Winkel des Waldes genügen. Laß sie unsre Schlösser nehmen. Bleiben wir doch uns. – [verweisend] Rüdiger, du hattest zuwenig Zutrauen auf mich."

Rüdiger: „Ich fürchte die Verborgenen, sie sind überall."

„Ja", scholl eine Stimme aus dem Dickicht, und Brunno stand mit vielen vermummten gerüsteten Männern vor ihnen. „Ihr alle seid des Todes schuldig. Gleich jetzt ist die Stunde eures Scheidens."

Man hatte sie überfallen und entwaffnet.

„Kunigunde?" fragte Rüdiger düster.

„Ruhet schon im Grabe."

Bertha hatte sich an ihren Rudolph gelehnt. – Sie fielen, umschlungen von den Dolchen der Vermummten.

Ein Knecht, den sie für tot gehalten hatte, hatte sich erholt und alles verraten.

Schweigend verschwanden die düsteren, schwarzen Männer in den Gebüschen.

Einen Grabhügel errichteten die Bauern den Gebliebenen. Ein blaulichtes Flämmchen wogte dort in späteren Zeiten um Mitternacht.

Versunken ist jetzt der Hügel des Grabes – verloschen das Flämmchen.

DIE BRÜDER AM DONAUSTROME

Kunz von Streitenhorst lebte schon seit mehreren Jahren einsam mit seinen Knechten in einer Burg, die er im tiefen Walde bewohnte. Unglücksfälle und Kränkungen hatten Furchen in seine Stirne gezogen und seine blühende Jugendfarbe ihm geraubt. Sein Vater war unschuldig geächtet worden, alle seine Güter waren ihm entrissen, nur diese einzige Waldung war ihm geblieben, von der schauerlichsten Lage. Sie lag auf steilen Felsen, die sich noch eine Strecke von der Festung breit hinzogen und dann sich in tiefe Abgründe verloren. Hier war ein einziger Weg über diese Klüfte durch ein Brückchen, das nur vermittelst eines gewissen Kunstgriffes herabgezogen werden konnte; sonst war die Burg ganz unzugänglich.

Kunz lebte hier eigentlich vom Raube. Zwar hatte er nie gemordet, aber manchem unschuldigen Kaufmanne hatte er die Hälfte seiner Habe abgenommen, und für manches Geleite, das er den Vorüberreisenden gab, hatte er sich sehr teuer bezahlen lassen.

Erich von Schroffenstein war sein vertrauter Freund und Waffenbruder gewesen; aber dieser hatte einmal, als sie sich beim Humpen entzweiten, gedroht, Kunzens Zufluchtsort seinen Feinden zu verraten, und von dem Augenblicke an trennten sich beide, nachdem Erich vorher mit einem schweren Eide hatte versichern müssen, daß er Kunzens Aufenthalt niemanden verraten oder auch nur im geringsten davon Meldung machen wolle.

Das erhöhte Kunzens Ernst zum Menschenhasse, und er würde bald ganz schwermütig geworden sein, wenn nicht eine andere Leidenschaft ins Spiel gekommen wäre. Wer errät nicht, daß es die Liebe war?

Von der Jagd ermüdet, hatte sich Kunz unter einen Baum niedergeworfen, und trübe Gedanken von seinem traurigen, einsamen Leben da im Walde gingen vor seiner Seele vorüber. Auf einmal gewahrte er etwas Weißes und ging darauf zu. Es war ein Mädchen, das auf dem Grase lag und sich ganz ihrem Schmerze zu überlassen schien. Als sie etwas rauschen hörte, richtete sie sich auf und sah schüchtern umher. „Wer bist du?“ fragte sie Kunz hervortretend.

Mit innigem Schmerz sah ihn das Mädchen an. Ihr langes blondes Haar floß zerstreut ihre schlanke Gestalt herab, und ihr blaues Auge schien so gutmütig um Hilfe zu bitten.

„Mein Vater!“ jammerte das Mädchen, „mein Vater!“

„Was ist mit deinem Vater?“

„Der Tod seines geliebten Sohnes, meines Bruders, hat ihn wahnsinnig gemacht. Schon bei drei Monaten irrt er im Walde umher; eine Höhle ist sein Aufenthalt, eine Tierhaut seine Kleidung."

„Wo ist er?"

Das Mädchen zeigte auf eine Gegend im Walde. „Dort", sagte sie, „dort! Ach! Du willst es versuchen ihm zu helfen? Vielleicht gelingt es dir – obgleich ich es nicht glaube", setzte sie wehmütig hinzu.

Kunz trat in die Höhle; er fand den Menschen nicht, den ihm das Mädchen als ihren Vater beschrieben hatte. Er suchte noch eine Zeitlang im Walde und fand ihn noch nicht.

Unmutig warf er sich unter einem Baume nieder. Auf einmal trat ein Mann, mit einer Tierhaut bekleidet, eine Keule in der Hand, auf ihn zu.

Kunz richtete sich auf. „Bist du der Unglückliche?"

„Bist du Mensch", rief die Gestalt, „so fliehe! Ich kann den Anblick von Menschen nicht ertragen!"

Kunz richtete sich ganz auf, sah den sonderbaren Mann näher an. „Tillenstein!" rief er.

„Ihr kennt mich?"

„Ha! So hat auch an Euch das Schicksal seine Tücke ausgelassen. Kommt mit mir. Wir wollen gemeinschaftlich die Menschen hassen."

„Hassen! Ja, da habt Ihr meine Hand; aber wo ist ein Aufenthalt, den ihr giftiger Atem nicht erreicht?"

„Auf meiner Burg! – Unzugänglich jedem andern als mir."

„So kommt doch – meine Tochter!"

„Auch sie soll uns begleiten – kommt, laßt sie uns aufsuchen."

Bald fanden sie die schöne Hildegarde. Diese war voll Entzücken, als sie ihres Vaters ansichtig ward, und glaubte, er wolle sich nun zurück nach ihrer Burg begeben; ward aber traurig, als sie seinen Entschluß vernahm, in des fremden Ritters Gesellschaft auf sein einsames Schloß zu kehren. Aber als eine gehorsame Tochter folgte sie ihres Vaters Befehlen.

Als sie nun im tiefen Gebirge an dem einsamen Schlosse ankamen; als das Zugbrückchen niederrasselte und Hildegarde sich umsah und nichts als schroffe Felsen und dichte Wälder erblickte, da schlug das Herz des Mädchens wohl etwas ängstlich, und ein Schauer durchdrang sie. Endlich waren sie in dem Innern der Burg angelangt. Ihr Vater aber fand die Gegend ganz seinem Grame angemessen und freute sich hauptsächlich darüber, daß er nun nicht mehr so viele Menschen sehen dürfe.

„Nun, schöne Hildegarde", fragte Kunz eines Tages das Mädchen, das dem neuen Aufenthalt noch immer keinen Geschmack abgewinnen konnte, „wie gefällt es Euch bei mir auf meiner einsamen Burg?"

„Euch die Wahrheit zu gestehen – gar nicht. Es ist hier alles so schrecklich, so finster! – Ich weiß nicht, mir ist immer so ängstlich zumute."

Kunz lachte wild. „Gewohnheit wird das schon anders machen, wenn Ihr erst längere Zeit hier verweilt haben werdet."

Hildegarde seufzte.

Noch einmal rückte der alte Ritter zurück nach seinem Stammschlosse, um alles wegen seiner Besitzungen zu berichtigen; dann aber beschloß er, sein Leben auf Kunzens Burg mit seiner Tochter zuzubringen.

Er kam zurück; und nach und nach linderte sich sein Gram so sehr, daß er doch wenigstens zu sprechen anfing. Etwas, das er vorher nie getan hatte.

Es war an einem traulichen Sommerabende, als er und Kunz unter einer Eiche vor der Burg beim Humpen beisammensaßen und die düstere Gegend vor ihnen langsam im Schimmer der letzten Sonnenstrahlen verglühte.

Durch die dichten Gebüsche her, die die Abgründe begrenzten, schallte noch der Ton einiger Vögel, sonst war alles stille. Auch Tillenstein saß düster in sich gekehrt da.

„Laßt doch einmal", begann Kunz, „das dumpfe Hinbrüten über Euern Schmerz, und erleichtert Euren Busen, vertraut mir Eure Klagen."

Der Ritter seufzte. „Wohl", sprach er endlich nach einer Pause, „Ihr wollt es wissen, und Ihr seid seit einiger Zeit mein einziger Freund. Wohlan denn, Ihr sollt ihn erfahren, den Kummer, der mir jede Freude meines Lebens verbitterte."

„Als ich mit meinem guten Weibe ein Jahr getraut war, gebar sie mir einen Sohn, der mir bald alles wurde. Schon als er mir gleich nach seiner Geburt so freundlich entgegenlächelte und seine kleinen Arme nach mir ausstreckte; als mein liebendes Weib mich so herzlich ansah, und ‚Vater, siehe deinen Sohn! mir zurief, da entbrannte in mir ein ganz unbekanntes Gefühl, das alle andern mit größter Stärke in sich vereinte, das Gefühl Vater zu sein!"

Seine Empfindungen erneuerten sich. Eine Träne floß über die Wange des Greises herab. Er ermannte sich und fuhr fort:

„Auch hing der Knabe, als er größer ward, immer mehr an mir, als an seiner Mutter gegen die Gewohnheit anderer Kleinen, und ich fand meine Seligkeit darin, mich mit ihm zu beschäftigen. Kleinigkeiten für andere gewährten mir die größte Seligkeit."

„Muß doch", rief Kunz, „ein sonderbares Gefühl sein, die Empfindung, einen Sohn zu haben, und auch so nach seinem Tode gewissermaßen fortzuleben! Ich zwar habe das nie erfahren." Er trank.

„Und als er nun größer wurde, mein Albert, als sich in ihm die Züge seiner Mutter nur mit männlicher Schönheit entwickelten, als er bald alle seine Mitgespielen ebenso an Geist übertraf, als er ihnen an Schönheit überlegen war – oh! Da war ich oft ganz glücklich und wiegte mich in holde Träume der süßen Zukunft."

„Ihr saht", wendete ihm Kunz ein, „wohl nur die guten Eigenschaften Eures Sohnes; aber für seine Fehler hattet Ihr kein Auge."

„Wohl sah ich einige Fehler bei ihm entkeimen, und trachtete sie in der Geburt zu ersticken. Aber das war mir unmöglich, und ebendiese waren es, die ihn in der Folge ins Verderben stürzten.

Er hatte nämlich bei sehr vielen vorzüglichen Eigenschaften auch den Hauptfehler, daß er neidisch war. Wenn einem seiner Spielkameraden etwas besser gelang als ihm, so war er darüber verdrüßlich, und seine Laune verstimmt. Ich suchte ihn durch Vorstellungen zu bessern. Alles vergebens.

Er kam in die Jünglingsjahre. Die Jagd wurde nun seine einzige Beschäftigung, die er leidenschaftlich liebte. Den ganzen Tag war er im Forste anzutreffen, und selten konnte ein Mädchen oder Weib auch nur seinen Blick auf sich ziehen.

So standen die Dinge, als ein gewisser Hugo von Ollenstein mit meinem Sohne bekannt und bald vertraut wurde. Sie wurden bald unzertrennliche Freunde, und einer war nun ohne den anderen nicht mehr zu sehen. Sie jagten miteinander, tranken miteinander, und es schien, als ob nichts ihre Freundschaft zerstören könnte."

„Und sie wurde doch gestört?"

„Durch ein – Weib. Wie viele Männerfreundschaften sind nicht schon durch diese zu Grabe gegangen! – Hugo nämlich liebte ein gewisses Fräulein Agnes von Schreckenstein, ein Mädchen von einer blendenden Schönheit, aber ihr Herz war nicht ganz so wie ihr Gesicht. Hugos Freundschaft gegen meinen Sohn erlaubte ihm nicht, Albrechten etwas von seinen Empfindungen zu verhehlen, und er vertraute meinem Sohne seine Liebe zu dem Fräulein.

Als mein Sohn die Schilderungen hörte, die ihm sein Freund von der Schönheit seiner Geliebten entwarf, so bemächtigte sich seiner wieder die unselige Leidenschaft des Neides. Er mahlte sich das Bild noch vollständiger aus, und beneidete seinen Freund um den Schatz, den er in solch einem Mädchen gefunden hätte. Bald verursachte dies eine Kälte in seinem Benehmen, deren Veranlassung sich Hugo nicht zu erklären wußte.

Des letzteren Freundschaft gegen meinen unglücklichen Albrecht ging so weit, daß er ihn sogar mit Agnesen bekannt machte, weil er glaubte, daß er als sein Freund auch herzlichen Anteil an seinem Glücke nehmen müßte.

Aber als mein Sohn jetzt das Mädchen sah und seine Erwartungen von ihr noch übertroffen fand, da entbrannte in ihm eine heftige Leidenschaft gegen das Mädchen. Agnes nun liebte zwar Hugo, aber Albrecht war ihm an Gestalt und Benehmen überlegen; die glühende Leidenschaft des Jünglings schmeichelte ihrer Eitelkeit, und kleine Zeichen ließen ihn erraten, daß auch sie gegen ihn mehr als Freundschaft empfinde.

Das spannte meines Sohnes Leidenschaft noch höher, und er glaubte, es sei ein Verrat an der Freundschaft, wenn er sich offen um des Mädchens Liebe bewerbe. So quälte er sich umsonst, und seine edelsten Kräfte verzehrten sich.

Einmal bei einem Bankette im Feuer des Tanzes und der Unterhaltung gewahrte denn doch Hugo meines Sohnes Leidenschaft zu seiner Geliebten. Er erschrak darüber und machte Agnesen Vorwürfe, die sie nur halb beantwortete."

„Aber woher wißt Ihr denn das Tun Eures Sohnes so genau?"

„Sein treuer Knappe Kurt hat mir alles, leider zu spät, erzählt.

Agnes ließ einen Handschuh beim Tanze fallen. Beide bückten sich zugleich, ihn aufzuheben, und es gelang meinem Sohne zuerst. In Hugos Brust entflammte sich rasende Eifersucht.

Als nun auch Agnes mit meinem Albert die Reihen dahinflog und Hugo liebende Blicke, die sie ihm zuwarf, bemerkte oder zu bemerken glaubte, wuchs seine Leidenschaft bis zur Wut. In einem Vorgemache ließ er seinen Handschuh fallen. ‚Wollt Ihr nicht auch mit mir im Mondscheine einen Tanz versuchen?' rief er ihm höhnisch zu. Mein Sohn hob den Handschuh stolz auf und ging in den Saal zurück. Nach einiger Zeit verlor er sich aus der Menge und traf wieder mit Hugo zusammen.

‚Die Wahl der Waffen!' rief er diesem zu.

‚Nur Schild und Schwert', rief dieser, ‚entscheide; mit dem verräterischen Freunde, mit dem Mörder meines Glückes kämpfe ich nur auf Leben und Tod!'

Mein Kurt erzählte mir genau die ganze Szene. Als sie im Burggarten beide schweigend ankamen, stellten sie sich zum Gefechte. Der Mond beleuchtete Hugos Züge und ließ meinem Albert daraus die schrecklichen Leidenschaften entdecken, die in ihm stürmten.

‚Hört mich, Hugo', begann mein Albrecht, ‚ihr wollt kämpfen mit mir; kämpfen auf Leben und Tod! Habe ich euch je Gelegenheit gegeben, an meinem Mute zu zweifeln?'

‚Wozu das jetzt? – Ihr wollt mich doch nicht schrecken mit eurer Tapferkeit?'

‚Nein – aber reden will ich mit euch. – Ihr liebt Agnes – auch ich liebe sie.'

‚Verteidigt Euch', rief Hugo und drang wütend auf meinen Albert ein.

Ruhig fing Albrecht den Streich mit dem Schilde auf und wollte weitersprechen. Vergebens. Hugo drang wütend auf ihn ein. Er mußte sich verteidigen. Mein Sohn war sonst immer Hugo gewachsen, aber diesmal schien die Verzweiflung jenem Riesenstärke zu geben. Er drang mit einem fürchterlichen Hiebe durch meines Sohnes Schild. Ein zweiter."

Der Greis ließ sein Haupt in die Hand sinken. Kunz hatte aufmerksam zugehört. „Und was geschah mit Agnes?" fragte er.

„Sie nahm Hugo zum Gemahl, nachdem mein Sohn für sie verloren war."

„In der Tat Weibersitte", brummte Kunz.

„Da muß ich meine Hildegarde loben", fuhr der Alte fort; „nein, so ein Mädchen findet man auch nicht so leicht mehr. So zuvorkommend, teilnehmend und unschuldig. Wie sie ihren Bruder beweinte, wie sie so sehr Anteil an meinem Schmerze nahm, mich zu trösten suchte! . . . Aber er, mein Albrecht, ist mir entrissen."

„Wißt Ihr, was, Ritter? Mir kommt da ein Gedanke, den ich Euch schon lange sagen wollte. Wie wär' es, wenn Ihr mir Eure Hildegard zum Weibe gebet?"

„Wie, Ritter?"

„Ja, über die Jahre des Jünglings bin ich hinaus; auch scheint die Lage meiner Glücksumstände eben nicht die beste; aber sie scheint es auch nur. Komm mit mir." Er führte den Greis in seine Schatzkammer, die ganz gefüllt war mit Gold und Kleinodien, die er den Reisenden abgenommen hatte. Des Alten Augen wurden beinahe geblendet durch den Glanz so vieler Reichtümer.

„Aber", fragte er Kunzen, „woher habt Ihr diese Güter, und wie kommt's, daß Ihr Euch bei so vielem Reichtume so im Walde allein in diesem düsteren Aufenthalt versteckt?"

Die Güter, überredete ihn Kunz, wären Familiengüter, die er noch gerettet hatte, und an seinem Aufenthalte im tiefen Walde wäre seine Liebe zur Einsamkeit schuld.

Der Ritter fand kein Bedenken, Kunzen seine Hildegarde zuzusagen.

Diese saß eben an ihrem Fenster, gedankenvoll den Kopf in ihre Hand gestützt, und betrauerte schon in voraus ihr Schicksal, wenn sie ihr Leben hier auf der Burg würde zubringen müssen. So in Betrachtungen überraschte sie ihr Vater. Feundlich ging sie ihm entgegen und faßte seine Hand. „Wie geht's Euch, mein Vater? Hat die Einsamkeit schon etwas Euern Gram gemildert?"

„Nicht sehr, meine Tochter. In deiner Macht könnte es stehen, ihn etwas zu lindern."

„Bei mir, o sagt, mein Vater, alles – alles will ich gerne tun!"

Er küßte sie. „Recht so, meine Tochter, du warst ja nach dem Tode meines Sohnes immer die einzige Stütze, auf die ich rechnete."

„Ihr sollt Euch nicht betrogen haben!"

„Meine Tochter, was soll ich lang durch Umschweife mit dir reden? – Kunz verlangt dich zur Ehe, ich habe dich ihm zugesagt!“

„Ihr habt das? – Unmöglich!“

„Warum? – Er ist ein Mann in seinen besten Jahren – wohlhabend – reich – sehr reich sogar; du solltest seine gefüllte Schatzkammern sehen!“

„Sie reizen mich nicht.“

„Er ist nun mein einziger Freund; die Verbindung mit dir die letzte Aussicht, die mich noch ans Leben fesselt, und du wolltest mir diesen Trost versagen?“

„Aber ich kann ihn nun nicht lieben – ich habe einen Widerwillen gegen ihn. In seinem Gesichte liegt so etwas Widriges – Höhnisches.“

„Das kommt dir nun wohl nur so vor. – Warum habe denn ich das nie an ihm bemerkt?“

„Ich kann Euch den Grund nicht angeben; aber ich fühle, daß ich mit ihm sehr unglücklich sein werde.“

„Das wird sich alles geben – bleibe nicht immer ich bei dir? – Gute Hildegarde! – Oder liebst du vielleicht einen andern?“

„Nein“, antwortete die unbefangene Hildegarde.

„Alles andre also wird durch eine Heirat sich schon fügen. Man gewöhnt sich da leicht aneinander.“

Aber der Satz ist im allgemeinen gewiß falsch; und es gibt Menschen, die sich nicht zusammengewöhnen würden, und wenn sie Jahrhunderte beieinander blieben.

Hildegarde hatte wirklich noch nie geliebt, und da sie für ihren Vater, der sie so sehr leiden sah, alles gerne aufgeopfert hätte, so widersprach sie ihm wenigstens nicht, und er eilte, ihre, obwohl stillschweigende, Einwilligung seinem künftigen Schwiegersohne zu hinterbringen.

Dieser triumphierte, seinen Zweck auf eine so leichte Art erreicht zu haben, und der Abend verging bei den Rittern unter Humpenklange und Gesprächen der fröhlichen Zukunft.

Aber desto peinlicher schlichen die Stunden der Nacht für die arme Hildegarde vorüber. Das Bild, mit Kunzen vermählt zu sein, schien ihr immer schrecklicher, um so mehr, da ihr ihr Herz sagte, was sie einem Manne, den sie liebte, was er ihr sein könnte. So entschlummerte sie. Lange Träume raubten ihr den ruhigen Schlaf, der sie sonst immer süß umschwebt hatte, und der dämmernde Morgen fand sie schon erwacht und im Freien, um ihren traurigen Gefühlen mehr Spielraum geben zu können.

Am andern Tage kam Kunz zu ihr, der ihr ganz trocken den Tag ankündete, den er mit ihrem Vater zu ihrer Vermählung angesetzt hatte, und man hatte sie um ihre Einwilligung dazu gar nicht befragt.

Der Tag kam heran, die Vermählung wurde vollzogen. – Hildegarde opferte sich selbst ihrer kindlichen Liebe.

Nachdem nun Kunz durch Hildegardens Besitz ihr Herr geworden war, glaubte er, ihr Tyrann sein zu müssen, und das arme Weib litt unsäglich. Aber doch suchte sie ihr Leiden so sehr als möglich vor ihrem Vater zu verbergen, um ihm Gram und Kummer zu ersparen.

Nach einem Jahre gebar sie ihrem Manne einen Sohn, den sie Thilo nannte.

Und ein Jahr darauf wieder ein Knäbchen, das Heinrich genannt wurde.

Und endlich den letzten Sohn; Adalbert hieß er; nach diesem hatte sie keine Kinder mehr.

Der Charakter dieser Brüder ward äußerst verschieden, wie wir in der Folge sehen werden.

Einmal war Hildegarde ihrer Gewohnheit nach allein in den Wald gegangen und hatte sich da unter einen Baum gelagert, und ihre Tränen flossen die Wangen herab. O Gott! Wie unglücklich bin ich, seufzte sie; denn nicht einmal die Erziehung ihrer Kinder wollte ihr der rauhe Kunz überlassen; nur den jüngsten, Adalbert, ließ er ihr, weil er eine unerklärbare Abneigung gegen den Knaben fühlte.

Ein Ritter in einem Jagdkleide trat aus dem Gebüsche hervor. Erstaunt betrachtete er Hildegarden, als ob er seinen Augen nicht trauen sollte; endlich aber, endlich rief er mit höchstem Erstaunen: „Ist's möglich? Hildegarde?"

Sie sah sich um. Der Ritter war ein schöner Mann. In seinem Baue lag strebende Kraft; sein dunkles braunes Auge flammte Feuer.

„Hildegarde!" rief er noch einmal, und stürzte zu ihren Füßen. „Hildegarde, endlich – endlich habe ich Euch gefunden."

Sie kannte den Ritter nicht. „Wer seid Ihr? Woher kennt Ihr mich?"

„O mein – o Hildegarde! Wohin seid Ihr auf einmal verschwunden? – Alle Winkel Deutschlands habe ich vergebens durchstrichen; aber Euer Bild stand immer fest vor meiner Seele!"

„Aber woher kennt Ihr mich denn?"

„Einmal sah ich Euch bei einem Turniere, das Euer Vater kurz vor dem Tode eures Bruders gab. – Da sah ich – und der Wunsch, Euch zu besitzen, entstand zugleich mit Euern Anblicke in meiner Seele. – Aber auf einmal waret Ihr verschwunden – doch nun habe ich Euch wiedergefunden." Er überdeckte ihre Hand mit Küssen!

Es dürfte vielleicht unwahrscheinlich sein, daß der Ritter nach einer dreijährigen Ehe Hildegardens und nach so vielen Leiden, die sich doch auf ihrem Gesichte ausdrückten, keine Veränderung bei ihr bemerkt haben sollte. Aber es war der erste Augenblick des Wiedersehens.

Seine Empfindung war auf das stärkste aufgeregt. Er hatte das Bild *seiner* Hildegarde vor Augen, die er überall gesucht hatte. Jetzt war er ganz Wonne.

„Steht auf, Ritter", rief Hildegarde endlich, „steht auf, Ihr kommt viel – viel zu spät – ich bin verheiratet!"

„Verheiratet?" wiederholte der Ritter und blieb starr in seiner vorigen Stellung.

„Ja, verheiratet! Und wie ist's möglich, daß Ihr mir das nicht ansehen konntet? – Ich habe mich doch sehr verändert."

Der Ritter betrachtete sie jetzt aufmerksam und kälter, und da wurde ihm freilich die Veränderung deutlich, die Hildegardens Züge erlitten hatten.

„Verheiratet also? – Also umsonst alle meine Züge, meine Bemühungen? Nun habe ich auch nichts mehr zu suchen! Aber wer ist denn der Glückliche, dem eure Hand zuteil wurde?"

„Kunz von Streitenhorst."

„Unmöglich! Schrecklich! Und Ihr wißt nicht . . .?"

„Was? Um Gottes willen! Ritter, Eure Miene verkündet schreckliche Dinge."

„Euer Gemahl ist – ein Räuber!"

Hildegarde sank zurück. „Schrecklich! Ich ahnte lange so etwas."

Fest umschlang sie der Ritter, drückte ihre Hand mit Heftigkeit an sein Herz. „Auch Ihr seid nicht glücklich, Hildegarde! Oh, das ist schrecklich, aber wie konntet Ihr?"

„Meines Vaters Vorstellungen – eine Reihe von Umständen."

„Hildegarde, entflieht mit mir! Ich kann, ich werde Euch schützen."

„Nein, Ritter, das nicht! Drei Kinder, mein Vater – Ihr seht auch ohne weiters das nicht! Es ist genug, daß ich unglücklich bin; ich will nicht noch dazu Verbrecherin sein."

Hildegardens Bildung und Erziehung hatte die Natur um sie angefangen und vollendet. Wie sie doch oft ohne menschliche Hilfe eine so schöne Gestalt auch in moralischer Hinsicht entwickelt.

„Aber sehen muß ich Euch doch noch. Hildegarde! Ihr werdet, Ihr müßt einen Freund brauchen. Ich fühle Kraft in mir, es zu sein, mich ganz Eurer Freundschaft zu weihen, da mir Eure Liebe versagt ist. Hildegarde! Ich beschwöre Euch, wann sehe ich Euch wieder?"

„In acht Tagen zur nämlichen Stunde."

Sie ging tränenvoll nach der Burg zurück.

Eine Menge Empfindungen strömten auf die arme Hildegarde mit aller Heftigkeit ein. Ihr Gemahl, ein Räuber! – Nun erklärte sich alles. Daher sein langes Fernbleiben oft durch ganze Nächte lang; daher seine Reichtümer.

Und im Gegenteil der Ritter! – Wie konnte der finstre, stürmische Kunz eine Vergleichung mit ihm aushalten? Sein Anstand so männlich, seine ganze Art, sich zu betragen, so edel!

Eben hatte Kunz seinen ältesten Sohn vor sich und hatte seine Freude daran, wie der Knabe schon nach dem Pokale langte, als Hildegarde wieder ankam.

Sie eilte zu ihrem Vater. Der Greis war beinahe kindisch geworden. „Schrecklich“ rief sie. „Vater! Wir sind in abscheulichen Händen.“

„Wieso, meine Tochter?“

„Kunz, mein Mann, ist – ein Räuber.“

Der Alte hatte zwar schon lange so etwas geahnt; aber er hatte seine Besorgnisse unterdrückt, um ihren Jammer nicht zu mehren.

„Wer hat dir das gesagt, Hildegarde?“

„Ein edler Mann! Ich kenne ihn nicht – oder ja, ich kenne ihn, obgleich ich seinen Namen nicht weiß.“

Sie erzählte ihrem Vater nun die ganze Begebenheit im Walde und fragte ihn um Rat, ob sie ihr Versprechen halten sollte.

„Ja“, meine Tochter, erwiderte ihr der Greis, und sein Verstand schien seine vorige Stärke erlangt zu haben und neue Kraft sich in seine Adern zu ergießen; „ja, geh hin zu dem edlen Manne und nimm seine Freundschaft an; sie kann dir und deinen Kindern nützen!“

„Selbst das, was sonst das Los unglücklicher Frauen erheitert, selbst das vermag mir keinen Trost zu gewähren. Wenn Kunz meine Söhne auch zu Räubern erzieht?“

„Fasse dich, meine Tochter! Noch ist nicht alles verloren – vielleicht wird der gütige Himmel noch alles zu einem guten Ausgange leiten.“

Mit diesem leidigen Troste mußte nun die gute Hildegarde zufrieden sein.

Der Tag erschien, und Hildegarde war in der bestimmten Zeit im Gebüsche. Sie fand den Ritter schon auf sie wartend, der gedankenvoll an einen Baumstamm gelehnt stand und sie erwartete. Als er sie kommen hörte, reichte er ihr mit gehaltenem Schmerze seine Hand entgegen. „Ich danke Euch, Hildegarde, daß Ihr Wort gehalten habet.“

„Ich bin gekommen, Euch um Eure Freundschaft für mich und meine Kinder zu ersuchen, und dann –“

„Dann sollt Ihr mich nicht mehr wiedersehen, Hildegarde? – Wodurch habe ich Euren Unwillen verdient?“

„Ich kenne Euch ja gar nicht!“

„Das ist’s? – Nun gut, Geierstein heißt mein Geschlecht; es ist bekannt.“

„Wie, der reiche und mächtige Graf Ulrich von Geierstein, von dem das Gerücht so viele Edeltaten erzählt?"

„Was hilft mir der Ruhm und die Ehre, wenn ich selbst so äußerst unglücklich bin?"

„Ulrich – der edle Ulrich – jetzt wird mir leichter ums Herz. Nun habe ich Zutrauen zu Euch – nun will ich frei mit Euch sprechen."

„Hildegarde! Weib meiner Seele!" Er wollte sie ungestüm umarmen.

„Nein, Graf, nicht so! Als Freunde wollen wir reden. Haltet ein! Nach einem Augenblicke will ich als Geliebte mit Euch sprechen."

„Nun, meine geliebte Hildegarde!"

„Ihr müßt mir etwas heilig versprechen, mit Eurem Handschlage versiegeln."

Er gelobte es.

„Zu schonen meines Mannes! Solang er lebt, nichts wider ihn zu unternehmen!"

„Hildegarde! Ihr seid unglücklich und doch so edel! – Aber das wird mir schwer werden. Ich muß das Land meiden."

„Er ist mein Mann! Ist Vater meiner Kinder, und – was das zweite betrifft – sehen sollen wir uns nie wieder."

„Es ist hart, sehr hart – aber Ihr wollt es. Hildegard, du willst es, es sei! Aber jetzt beschwöre ich dich, Weib meines Herzens, wenn dich der Unmensch einmal mißhandelt, wenn du Hilfe oder Rettung brauchest, schicke nur einen Knecht nach Geierstein, und laß deinen Namen meinem Burgvogt melden. Ich ziehe jetzt in fernere Länder; aber wie der Blitz sollen mich Eilboten zurückrufen. Vergiß das nicht, Weib meines Herzens, und lebe wohl!"

Er hielt ihren schlanken Leib umspannt. Sie wehrte es ihm nicht. Ihr Auge war in den seinigen versunken. Sie war ganz Hingebung. Er fühlte das; alle seine Muskeln waren strebend gespannt – aber er war größer als der Augenblick.

Einen brennenden Kuß drückte er auf ihre Lippen – sie erwiderte ihn. Noch einmal flammte sein Auge in den ihrigen, dann riß er sich los. „Lebe wohl!" rief er wild und schwang sich auf seinen bäumenden Rappen. – Da flog er hin!

Hildegarde fühlte seinen Edelmut, und als der Staub seines Rosses selbst nicht mehr sichtbar wurde, streckte sie noch ihre Arme nach ihm aus, als wollte sie sein Bild umfassen. Fürchterlich war der Abstand zwischen ihm und ihrem Kunz.

Letzterer aber ward nun schwach und kränklich, und das hatte bei ihm die Folge, daß er auch sanfter wurde. Hildegarde wartete und pflegte seiner, als wäre ihre Verbindung das Werk der Liebe gewesen. Er sah nun doch ein, was die Gute alles für ihn tat, und quälte sie nicht mehr so arg, als er es sonst wohl getan hatte.

Aber auf die Erziehung jener beiden ältesten Söhne hatte das gar keinen Einfluß. Sie mußten mit ihm trinken, und wenn sie auf der Jagd es recht toll machten, so war die Erzählung ihrer Begebenheiten ihm eine wahre Freude. Auch quälten sie alle Bauern in den umliegenden Dörfern, zündeten ihnen Scheuern und Häuser an und schienen ihrem Vater gleichzukommen.

Dieser eiferte sie immer mehr an. Er erzählte ihnen seine Rittertaten, wie er seine Räubereien nannte, und gefiel sich in den beiden Söhnen vorzüglich, so wie er seinen jüngsten Sohn und dessen Mutter immer verächtlich behandelte.

Er flößte auch seinen beiden älteren Söhnen diese Verachtung gegen ihre Mutter ein. Nur der jüngste blieb ihre Stütze und ihr Trost.

Adalbert war ein blühender schöner Knabe. Alles, seine Brüder und sein Vater behandelten ihn zurückstoßend und hart. Nur an seiner Mutter fand er seine Erzieherin, Freundin und alles, sie lehrte ihn die schwere Kunst, selbst seine Feinde nicht zu hassen; denn bei solcher Behandlung mußte er doch wohl seinen Vater und seine Brüder dafür ansehen.

Einstmals, als der alte Kunz wieder mit seinen zwei älteren Söhnen beisammen war, fiel ihm der Gedanke ein, für sie seine Reichtümer zu verwenden. Er führte sie daher in seine Schatzkammer und zeigte ihnen da die aufgehäuften Schätze. „Nehmt", sagte er, „soviel ihr braucht, zieht hinab ins flache Land und gebt euch für fremde Edle aus. An dem Ufer der Donau kauft euch dann beide Grundstücke; man wird euch dies nicht verwehren. Darauf bauet unüberwindliche Festen, und so sollen euch die Vorüberfahrenden alle ihre Waren reichlich verzinken müssen. Ich selbst will euch begleiten und bei einem von euch bleiben. Hildegarden mag hier mit ihrem Vater und ihrem schwächlichen Sohne nach Gefallen seufzen oder schwärmen, wie es ihnen beliebt."

Ein wildes Beifallsjauchzen. Man machte auch gleich Anstalt, den Vorschlag auszuführen.

In der Ebene erschienen unsere Brüder mit ihrem Vater, bauten sich die Festungen an dem Ufer der Donau, ohne jedoch jemanden zu beeinträchtigen; und nannten sich Strombürger. Hildegarde blieb gerne mit ihrem Sohne in ihrer Einsamkeit. Zwölf Jahre waren verflossen, und noch hatte sie Ulrich nicht vergessen. Dieser war wohl öfter in der Gegend gewesen, aber immer auf neue Züge ausgegangen; denn noch lebte ja Kunz immer, und er dachte seines Eides.

Nach und nach fingen Kunz und seine Söhne an, die vorüberfahrenden Schiffe anzuhalten, ihnen einen unmäßigen Zoll aufzulegen und auch andere Streitereien in die Fläche zu wagen. Man fing an, aufmerksam auf sie zu werden.

Eines Tages hatten sie auch ein Schiff aufgehalten, das eine Lieferung führte, die dem Grafen von Geierstein gehörte, und es gezwungen, einen unmäßigen Zoll zu entrichten. Als das Ulrich hörte, beschloß er, geldlos zu dem Ritter zu gehen und Genugtuung zu verlangen; denn es könne, meinte er, doch sein, daß nur Knechte ohne Wissen ihrer Herren solche Streiche ausübten.

Man warnte ihn vor den Rittern.

Er nahm eine Menge Reisige mit sich und versteckte sie in den nahen Wäldern.

Als er am anderen Morgen an das Burgtor kam, öffnete man es ihm ohne Anstand, und er trat in den Saal, wo er eben die beiden Brüder und ihren Vater versammelt fand.

„Ich bin Ulrich von Geierstein", fing er an, „und begehre Genugtuung für den Zoll, den ihr so unrechtmäßiger Weise von meinem Schiffe gefordert und ihm sogar abgezwungen habet."

Kunz richtete sich in die Höhe. Da fiel des Grafen Blick auf ihn. Ulrich fuhr zurück. Er erkannte ihn augenblicklich. Doch faßte er sich und fuhr fort: „Ritter, Eure Antwort?"

Thilo erhob sich. „Wir geben niemandem Rechenschaft von unserem Verfahren; wer bei uns vorbeizieht, muß uns seinen Zins entrichten."

„Stromburger nennt ihr euch", fuhr der Graf fort; „erinnere ich mich doch, nie von einem solchen Geschlechte etwas gehört zu haben."

„Steht Euch", sagte der Alte, „noch etwas zu Gebote, so sagte es – über unsere Abstammung haben wir Euch keine Rechenschaft zu geben."

„Ihr seid noch immer der alte rauhe Mann – Kunz von Streitenhorst; aber ehe Ihr die Waidburg bezoget, ward Ihr auch ein redlicher Mann!"

Kunz sprang auf. „Wir sind entdeckt und verloren – nur der Tod dieses Mannes kann uns retten. – Knappen!"

Ulrich riß ein Fenster auf, rief seinen Reisigen; aus dem Gebüsche rückten die Haufen hervor.

„Halt!" rief der Graf, als die zwei Brüder an der Spitze ihrer Knechte auf ihn eindringen wollten. „Eine Bewegung meines Schwertes, und ihr seid verloren."

Sie sahen des Grafen Leute, traten zurück.

„Dankt es Eurem Weibe – und ihr eurer braven Mutter, daß ihr diesmal so abkommt. Aber wagt nicht wieder solche Räubereien."

Er warf sein Schwert in die Scheide und ging stolz und ungehindert zu seinen Leuten.

Aber in Kunzens Brust tobten alle Leidenschaften. Er konnte nicht begreifen, woher ihn der Graf kennen sollte; denn daß er einmal oft beim Hoflager des Herzogs mit ihm zusammengekommen war, hatte er lange vergessen.

Endlich als er sich auf des Grafen letzte Worte erinnerte, schien es ihm sehr wahrscheinlich, daß Hildegarde ihn verraten und es dem Grafen Ulrich entdeckt hätte. Sie hatte öfter von Ulrich gesprochen und ihn mit Feuer gelobt. Freilich nur so, als ob sie ihn bloß vom Gerüchte aus kenne; aber dieser Umstand machte jetzt Kunzens Vermutung in seinen Augen zur Gewißheit.

„Sie sterbe!“ rief er endlich, „samt ihrer Natternbrut, die sie so sorgfältig wartet und brütet.“ Er gab einigen seiner Vertrauten den Befehl, sie und Adalbert umzubringen. Nachdem er das getan hatte, verkündete er es seinen beiden älteren Söhnen.

Ein Schauer überflog sie; aber bald ergaben sie sich in den Willen ihres Vaters.

Aber einer der Knechte, die zu Hildegardens Morde bestimmt waren, hatten ihrer sorgsamen Pflege, als sie noch im Walde waren, seine Wiederherstellung aus einer sehr gefährlichen Krankheit zu danken. Das vermochte er nicht zu verschweigen. Er eilte voraus und verkündete ihr die Schreckenspost. „Flieht!“ rief er, „flieht mit Euerem Sohne vor Anbruche des Tages, oder ihr seid verloren!“

Adalbert stellte sich kühn vor seine Mutter.

„Durch meine Brust geht der Weg zu meiner Mutter Leben.“

„Alles vergebens. Ihr allein könnt nicht widerstehen; Flucht ist die einzige Rettung.“

Hildegardens schmerzlicher Blick löste sich in raschen Zorn auf. „Es ist genug“, rief sie, „es ist zuviel. Daß er mir das Leben nehmen wollte, verzeihe ich ihm – aber meinem unschuldigen Sohne – komm, laß uns nach Geierstein fliehen! *(zum Knechte)* Weißt du den Weg?“

„Recht gut. Kommt mit mir.“

Sie langten nicht lange nach Mitternacht vor Geierstein an; der Torwächter wollte nicht öffnen. „Eile!“ rief Hildegarde; „wecke deinen Herrn, rufe ihm meinen Namen; er wird erwachen.“

„Hildegarde!“ rief Ulrich und flog selbst die Treppe hinab, sie nebst ihrem Sohne hinaufzuführen.

Das rief er wild: „Entbindet mich meines Versprechens!“ Augenblicklich sandte er Eilboten an seine Vasallen und sammelte seine Reisige.

Die Nacht vorher hatten die Brüder eine ihm gehörige Meierei angezündet und einige Knechte, die sich widersetzten, getötet.

Mit Anbruche des Tages stürmte Ulrich die Burgen. Die Brüder sammelten einige Knechte und widersetzten sich. Sie fielen im Kampfe, auch ihr Vater.

Ulrich reichte auch jetzt seiner geliebten Hildegarde die Hand; er bekam keine Kinder: Adalbert blieb sein einziger Erbe. Hildegarde war jetzt so glücklich, als sie vorher Elend gewesen war; und statt verwüsteter Dörfer und unglücklicher Bettler übersahen jetzt die Burgen an der Donau ruhige und glückliche Menschen.

STIERWASCHER UND FLASCHENTRÄGER

Zu einer Zeit, an die sich kein Mensch mehr erinnern kann, haben einmal die Salzburger an der Salzach – die, wie jeder weiß, mit dem Inn in die Donau fließt – eine wunderschöne Kuhherde gehabt.

Auf die waren die guten Leute auch ganz ausnehmend stolz. Nur eines kränkte sie sehr: Der Stier war nämlich kohlschwarz wie ein Mohr; man hätte ihn für den leibhaftigen Teufel halten können.

Das tat nun den braven Salzburgern sehr weh, denn bei Licht betrachtet, war er doch ihr Landsmann, und sie konnten den Gedanken nicht ertragen, daß er das Unglück haben sollte, ihnen so unähnlich zu sein. „Am Ende muß er auch in die Hölle!" sagten sie besorgt zueinander. „Nein, das können wir nicht zugeben. Lieber wollen wir es uns was Rechtes kosten lassen, um das zu verhindern." Darauf beschlossen sie, den Stier einmal so gründlich zu waschen, daß er so weiß werde, wie die anderen Salzburger Stiere es zu sein pflegten.

Sie warfen also den schwarzen Stier in die Salzach und fingen an, ihn tüchtig einzuseifen und abzureiben, mit starken Bürsten und mit groben Reibtüchern. Sie wandten so viel Seife auf, daß sie damit alle Pferde der kaiserlichen Armee hätten putzen können. Und sie rieben, daß ihnen der Schweiß in Strömen herunterlief und daß sie Schwielen an den Händen bekamen.

Aber es nützte alles nichts. Der Mohr wurde nicht weiß, und es schien, daß die ganze kostbare Seife verschwendet war, zu keinem anderen Zweck, als die Donau hinunterzufließen und von dem grausigen Höllenschlund des Schwarzen Meeres verschluckt zu werden.

Doch es sollte anders kommen.

Die Donau trug den Seifenschaum bis vor Wien. Dort standen am Ufer ein paar Leute und schauten nach Schiffen aus, die allerhand gute Sachen zum Essen aus Oberösterreich bringen: Obst und Fische und Butter und Milch und Eier und frisches Fleisch.

Wie sie da so stehen und ihnen schon der Mund wässert, sieht der eine von fern das Wasser der Donau weißlich gefärbt. „Seht nur, dort kommt die Milch schon geflossen!" rief er und zeigte hinauf gegen Heiligenstadt. Und die anderen schrien: „Gott tut ein Wunder für uns! Er hat das Donauwasser in süße Milch verwandelt!" Und sie liefen, was ihre Beine sie tragen konnten, um Flaschen zu holen und die Milch darin aufzufangen. Dabei verbreiteten sie die frohe Kunde in den Gassen von Wien, und bald sah man aus allen Häusern Leute mit Flaschen, Krügen und Häfen herauslaufen und eilig der Donau zustreben. Sie schöpften den Schaum vom Flußwasser ab, bis nichts Weißes mehr zu sehen war.

Ein Schiffer aber, der aus dem Salzburgischen kam und das Narrenstückchen seiner Landsleute mit angesehen hatte, fuhr gerade am Rotenturmtor vorbei, als die Wiener die vermeintliche Milch freudestrahlend in ihre Flaschen faßten. Er lachte sie nicht wenig aus, erzählte ihnen die ganze Geschichte und nannte sie spottend „Flaschenträger". Die Wiener blieben ihm nichts schuldig und gaben ihm den Spitznamen „Stierwascher" dafür. Seitdem verspotten die Wiener und die Salzburger einander mit diesen beiden Namen.

CAPISTRANUS-KANZEL

Am Münster zu St. Stephan wird noch die Steinkanzel gezeigt, auf welcher im Jahre 1454 der heilige Johannes Capistranus, vom Orden des heiligen Franziskus, gepredigt gegen die Sündhaftigkeit der Welt und ihre Freuden, der gewaltiglich eiferte gegen Putz und Spiel, gegen Schimpf und Scherz. So wundersam wirkte, wie die Sage geht, sein Wort, daß, obgleich er lateinisch predigte, doch von allem Volke, Männern, Frauen, Mägdlein und Knaben, seine Rede ebenso verstanden wurde, als ob er in deutscher Sprache geredet. Da strömte alles hinzu, und die Männer brachten herbei vor die Kanzel ihre Schachzabel, Brett- und Pochspiele, ihre Karten und Bälle, die Frauen Perlen und Ringe, Schmuck und Geschmeide, Hauben und Zierkleider, Gold und Agtstein, Silber und Edelgesteine, und die holdseligen Jungfrauen schnitten ihre langen Zöpfe ab, die der eifernde Capistranus auch als sündlich verdammte. Und wenn ein großer Haufen von Schmuck und Zierat, Spiele und Tand beisammen war, da ließ der Heilige es mit Feuer anstoßen und brannte den ganzen Haufen zu Asche.

Viele der Zuhörer taten sich ihrer Sünden ab, taten zerknirscht Buße, legten das härene Gewand des Pater Seraphicus, Franz von Assisi an, oder griffen zum Schwerte gegen den Erbfeind der Christenheit und folgten dem heiligen Manne, der voranzog, die Scharen gegen Mohammed zu Kampf und Sieg zu führen.

DES TREUEN VORLAUF UND SEINER GEFÄHRTIN GRABMAL

Vor dem Eingang zur kaiserlichen Gruft im Münster ist ein rotmarmorner Denkstein ersichtlich mit messingeingelegter Schrift. Dieser zeigt die Namen Konrad *Vorlauf,* Konrad *Ramperstorffer* und Hans *Rockh,* der erste Bürgermeister, die beiden andern Ratsherren der Stadt Wien.

Die Herzöge Leopold und Ernst, Brüder, hatten sich entzweit auf Tod und Leben um die Vormundschaft des Knaben Albrecht, nachherigen römisch-deutschen Kaisers. An dieser Entzweiung nahm auch das Volk Anteil, spaltete sich in zwei Parteien, und während das niedere Volk und die Handwerker zu Leopold hielten, standen der Stadtrat und die Patrizier zu Herzog Ernst. Es gerieten aber die obengenannten drei Männer in die Gewalt Herzog Leopolds, und er ließ sie alle drei hinrichten. Dies geschah im Jahr 1408.

Wie die drei Todesgenossen auf dem Blutgerüste standen, umarmten sie einander zärtlich, und es griff der Nachrichter zuerst nach dem ersten, ältesten, dem Ratsherrn Ramperstorffer; da trat aber der Bürgermeister Vorlauf vor und sprach laut: „Der Vorlauf war euer aller Vorläufer in dieser Sache, womit wir zwar nicht meinen konnten, den Tod zu verschulden gegen Albrecht, unsern rechten Herrn, und auch jetzt noch soll mein Name wahr bleiben durch die Tat! Euer Bürgermeister soll euer Vorläufer sein im Tode wie im Leben!"

Damit fiel er auf die Knie, des Todesstreichs gewärtig, und empfahl Gott seine Seele.

Starr und bebend stand der Nachrichter, und das Schwert zitterte in seiner Hand und vermochte es nicht zu schwingen gegen den Nacken des Gerechten.

Aber Vorlauf blickte nach ihm um und ermahnte ihn: „Zage nicht, sondern warte deines Amtes! Ich verzeihe dir von Herzen den Streich, der mich unschuldig trifft! Führe ihn herzhaft und rasch!"

Als die drei Männer enthauptet waren, blieben ihre Leichen noch bis gegen Abend auf dem Schafott, dann wurden sie nach St. Stephans Friedhof gebracht.

Noch heute rühmt der Grabstein ihren treuen Tod.

NEIDHART FUCHS, DER BAUERNFEIND

Gegenüber den Häuserfronten des Stock-am-Eisen-Platzes ist links neben einem Eingange in den Münster das steinerne Grabmahl eines fränkischen Ritters, *Otto Fuchs,* genannt *Neidhart,* ersichtlich. Dieser Ritter war wegen seiner Scherzhaftigkeit und seines fröhlichen Wesens gar sehr beliebt bei dem Herzog Otto von Österreich und war des Fürsten lustiger Rat. Er verirrte mannigfach die Bauern und turbirte sie auch bisweilen über die Maßen.

Nun war es damals Hof- und Landsitte, daß, wer zuerst zur schönen Frühlingszeit ein Veilchen fand, den Ort sich heimlich merkte, wo das Veilchen blühte, und schnell davon den Freunden Nachricht gab. Dann zog des Hofes oder der Dörfer scherzfreudige Jugend mit Sang und Klang hinaus zu dem Orte und grüßte durch Tanz und Becherlust den freudenbringenden Frühling.

So fand nun eines Märztages Herr Neidhart das erste Veilchen, deckte es sorgsam mit seinem Hute und eilte zum Hofe, des Fundes frohe Mähr kundzutun.

Siehe, da trat aus dem Gehölz ein Bäuerlein, dem Ritter Otto oft Schimpf angetan, nahm den Hut, pflückte das Veilchen, setzte ein ganz anderes übelriechendes hin, deckte den Hut darauf und schlich hinweg.

Nicht lange, so kamen aus der Stadt Wien die fröhlichen Junggesellen, an ihrer Spitze der Herzog und Ritter Fuchs, zogen um den Hut den üblichen Reigen, und einer deckte den Schatz auf, welcher darunter lag. Gelächter mischte sich mit Ausrufen des Unwillens; alle glaubten, daß der Ritter sie geäfft mit diesem plumpen, bäuerischen Scherze, und der Herzog schaute ungnädig drein. Beschämt und beschimpft enteilte von Schauplatz seines Glücksfundes Herr Neidhart und kam in das nächste Dorf.

Schon von weitem hörte er lustigen Gesang und Reigenklang, und als er näher kam, sah er sein Veilchen an einen Stab gebunden, um den sich alt und jung mit fröhlichen Sprüngen drehte.

Schrecken ergriff den Bauer, der den Raub begangen; in seinem Antlitz stand das Geständnis seiner unsaubern Schimpftat, und Ritter Otto entbrannte vor Zorn.

Er schlug den Bauer tot und ein paar andere noch dazu.

Solche Taten sind an seinem Grabsteine abgebildet und verewigt worden.

DER VOM MÜNSTER GESTÜRZTE LEHRLING

An des Münsters Ostseite erblickt man den *unausgebauten Turm,* der an Kunst und Zierlichkeit der Skulpturen, die verschwenderisch an ihm angebracht sind, den ausgebauten Turm noch übertrifft. So geht nun die Sage: Als Meister Pilgram den großen Turm gebaut hatte, betörte ihn der Stolz über alle Maßen, und er vermaß sich hoch, daß keiner es ihm nachtun könne. Da wettete der Lehrbub, daß er den zweiten Bau noch schöner ausführen wolle, und der Meister nahm die Wette an. Der Lehrling baute nun rüstig und guten Mutes, brachte auch den Turm bis zu einer gewissen Höhe, und alle Welt bewunderte den erfindungsreichen Fleiß des Jünglings; darüber erweckte der böse Feind Groll und Neid im Herzen des Meisters und das Gift der Eifersucht; denn der Meister sah gar wohl, daß der Lehrling ihn übertreffen werde. Und Meister Pilgram legte dem treuen und fleißigen Gesellen Buchsbaum eine Falle auf dem Gerüst; darauf ist dieser unversehens getreten und hat sich zu Tode gestürzt.

Als Wahrzeichen dieser so untreuen Tat zeigt man außen an der Kirche überm Portal des Riesentores unter andern abenteuerlichen Gestalten die Steinfigur eines Menschen, der seinen Fuß auf dem Knie eines andern aufstemmt.

DES STARHEMBERGERS SITZ

Auf Sankt Stephans Riesen
In dem Söllergang,
Wird ein Sitz gewiesen,
Dem nur ehrfurchtvoll
Jeder nahen soll.

Auf dem Stephansturme
Saß Graf *Starhemberg*
Bei dem Türkensturme,
Auf dem Stuhl von Stein,
Starren Blicks – allein.

Ha, wie scharf du blickest,
Kommandant von Wien!
Und zum Himmel schicktest
Flammendes Gebet:
„Herr! Komm nicht zu spät!"

Ringsum lagern Heere
Kara Mustaphas;
Ringsum blinken Speere,
Und der Türke droht
Unerhörte Not.

Schlachtendonner toben,
Und der Kommandant
Auf dem Turme droben
Fliegt vom Sitz von Stein
In die Schlachtenreih'n.

Bald im blut'gen Tanze
Kämpft der Starhemberg
Auf bedrohter Schanze.
Mutig allerwärts
Schlägt sein Heldenherz.

Bald im Feld vernichtend
Mäht des Grafen Schwert;
Bald auch straft er richtend,
Und allen den zeigt
Er sich ungebeugt.

Bald auch wieder eilt er
Hoch empor zum Turm,
Spähend dort verweilt er;
Über Stadt und Feld
Blickt vom Turm der Held.

Vierzig lange Tage!
Sturm erfolgt auf Sturm.
Lauter wird die Klage;
Armes Wien! Du bangst
Ach, in Todesangst.

Flammend wie Gebete
Rauscht vom Stephansturm
Hoch auf die Rakete.
Und ihr Leuchten fleht:
„Herr! Komm nicht zu spät!"

Ha! Wie ferne Blitze
Flammt's dort überm Berg.
Auf von seinem Sitze
Fährt der Kommandant:
„Gott hat es gewandt!"

„Das sind gute Zeichen!
Morgen! O brich an,
Morgen ohnegleichen!
Gottes Trost ist da,
Sobieski nah!“

Seit dem Türkensturme
Trug der Starhemberg
Von dem Stephansturme
Frank im Wappenschild
Das erhabne Bild.

DER LÖWENRITTER

Im Jahre 1485 wurde die Kaiserstadt Wien an der schönen blauen Donau von dem Ungarnkönig Matthias Corvinus hart belagert. So lang es ging, hielten sich die Wiener überaus tapfer und mutig, doch brach eine große Teuerung und eine Hungersnot über die unglückliche Stadt herein, und es blieb den Bürgern nichts anderes übrig, als die Stadt dem Ungarnkönig zu übergeben.

Matthias Corvinus zog in voller Pracht in Wien ein. Seine ungarische Tracht blitzte von Edelsteinen, und seine Waffen und Rüstung funkelten von weitem. Auch sein zahlreiches Gefolge war mit ebenso verschwenderischer Pracht gekleidet. Und den Schluß des Zuges bildeten mehrere prachtvolle Löwen und Tiger, die nach damaliger Sitte zur Erlustigung der hohen Herren gehalten wurden. In einem geräumigen Zwinger der Wiener Hofburg wurden die wilden Bestien untergebracht, und es war die liebste Zerstreuung des Königs Matthias Corvinus, die Löwen zu beobachten. Ganze Stunden brachte er vor dem Zwinger zu, immer wieder die geschmeidige und wilde Grazie der Raubtiere bewundernd.

An einem schönen Märztage des Jahres 1486 fühlte sich Matthias Corvinus nach einem bösen Fieberanfall sehr leidend – er hatte ein kränkliches Aussehen, und peinigende Gichtschmerzen verließen ihn keinen Augenblick. Der Hofarzt bat den König dringend sich zu schonen. Matthias Corvinus fuhr ihn an: „Warum schickst du mich ins Bett? Mir fehlt nichts! Das Bett ist gut für alte Weiber – aber nimmer für einen König – der ein Löwe sein soll. Ich will vom Krankenbett nichts wissen! Verschafft mir lieber Zerstreuung und Unterhaltung!"

Da sprach Graf Nostiz, einer der böhmischen Edlen am Hofe des Ungarnkönigs: „Erhabener Herr, gehen wir doch zum Löwenzwinger – es ist bald Fütterungszeit, und da gibt es immer Abwechslung!"

„Du hast recht, Nostiz – begeben wir uns zu unseren gefangenen Brüdern!"

Der König begab sich mit großem Gefolge zu den Löwenkäfigen – vor einem derselben, in dem drei Löwen sich befanden, blieb der König stehen.

Die mächtigen Tiere, die schon ihre tägliche Nahrung witterten, streckten mit Gebrüll ihre Pranken durch die Gitterstäbe. „Diese herrlichen Tiere möchte ich einmal im höchsten Zorne sehen!" sagte Matthias Corvinus.

Da befahl der Schatzkanzler, der dem Grafen Nostiz schon lange spinnefeind war, dem Löwenwärter: „Zeigt doch einmal den Löwen ihr Futter, aber gebt es ihnen nicht!"

Der Wärter gehorchte. Er brachte das Fleisch so nahe an den Käfig, daß das Männchen durch das Gitter ein Stück erfassen konnte – während es mit seinem wütenden Gebrüll alles um sich her zittern machte.

„Nun!" sprach der Schatzkanzler, „wäre es doch ein Hauptspaß, Majestät, wenn jemand aus Eurem Gefolge den Mut hätte, dem Löwen seinen fetten Bissen wieder zu entreißen. Im grauen Altertume gab es gar viele Helden, die dergleichen ausführten, nur um ihren hohen Herren zu gefallen!"

Da sprach der König Matthias Corvinus: „Der Einfall ist fürwahr nicht schlecht! Dich, Nostiz, halte ich für den Kühnsten unter meinen Rittern – du hast schon viele Kämpfe bestanden. Wag doch einmal einen Strauß mit einem Löwen!"

„Nostiz vermag alles!" riefen die Umstehenden, doch der hinterlistige Schatzkanzler schüttelte zweifelnd das Haupt.

„Ich zweifle nicht an dem Mute des kühnen Grafen Nostiz, doch zweifle ich sehr, daß er dies zu tun imstande ist!"

Darauf rief der König gereizt: „Ich wette, daß er es tut! Geh, Nostiz, zeige, daß du der Held bist, für den ich dich halte."

Graf Nostiz, der schlank und biegsam war wie ein junges Reis, war dabei stark wie eine junge Eiche, und seine Körperstärke war von allen gefürchtet.

Nun sah Nostiz alle die kalten, hohnlächelnden Blicke seiner Neider auf sich gerichtet; rasch entschlossen zog er sein Schwert aus der Scheide und betrat furchtlos und kühn den Zwinger, in dem die drei Löwen sich um das Fleisch balgten.

„Her mit dem Raube!" schrie er die Tiere an; die Löwen erhoben sich drohend und ließen ein dumpfes Gebrüll hören. Nostiz trat aber kühn zwischen sie, entriß ihnen das Fleisch und verließ festen Schrittes den Zwinger.

Als der junge Graf die eiserne Gittertür hinter sich zuschlug, wurde er von allen Leuten umringt und beglückwünscht. Er aber wich zurück, und bleichen Antlitzes, eine Träne im Auge, legte er die Beute vor des Königs Füßen nieder.

„O Herr!" sprach er zu Matthias Corvinus gewandt, „warum setztest du das Leben eines treuen Dieners in so freventlicher Weise auf das Spiel? In unzähligen Schlachten und Turnieren bewies ich dir meinen Mut – der heutige Scherz war zu ernst! Spaße so mit einem andern! Ich verlasse deinen Dienst!" Spornklirrend verließ Nostiz den kaiserlichen Burggarten.

Matthias Corvinus sah ihn nie wieder – denn Nostiz trat in den Dienst des Königs von Polen.

Seit jener Begebenheit führte Nostiz den stolzen Beinamen: der Löwenritter.

IN DER NOT FRISST DER TEUFEL FLIEGEN

In der guten alten Zeit, in der die Menschheit noch nicht so klug war wie heutzutage, gefiel es bekanntlich Seiner Hoheit dem Höllenfürsten, einen oder den anderen seiner Teufel auf die Erde zu senden, um daselbst den Versuch zu machen, irgendeine arme Seele zu kapern.

Zuweilen gelang es, wenn man der Sage glauben darf, zuweilen aber wurde Meister Urian schmählich abgetrumpft und mußte mit Schand' und Spott wieder zur Hölle fahren, wo ihm der grämliche Gebieter nicht den freundlichsten Empfang bereitet haben mag. Besonders vor „alten Weibern" hatten alle die Teufel, die sich auf der Oberwelt herumtrieben, einen wahrhaft höllischen Respekt, und sie unterließen es niemals, wenn ein junger Höllengenosse sich zur Geschäftsreise rüstete, diesen auf das eindringlichste zu warnen, sich mit alten Weibern in einen Handel einzulassen.

Da sandte Meister Beelzebub einmal einen jungen Teufel, der zu den schönsten Hoffnungen berechtigte, auf die Oberwelt. Der junge Fant hörte wohl die guten Lehren seiner erfahrenen Genossen, lachte sich aber dabei ins Fäustchen und dachte: „Ich will euch's herunterputzen, daß ihr grün und blau werden sollt vor Neid. Mich soll ein altes Weib nicht über den Daumen drehen – ich will euch lehren, daß ihr Hasenfüße waret."

Durch dick und dünn gings auf die Oberwelt, und mit einem Male saß Junker Abandon in schmucker Jägertracht, die lange Hahnenfeder auf dem Spitzhut, am Saume eines frisch grünenden Rebengeländes und blickte mit neugierigen Augen über eine vom hellen Sonnenlicht bestrahlte reizende Gegend, als deren Mittelpunkt eine Stadt gelten mochte, über deren spitzen Dächern ein mächtiger Turm zum Himmel ragte.

Junker Abandon fühlte sich seelenvergnügt; der würzige Duft der zu seinen Füßen blühenden Blumen stieg ihm wohlgefällig in die Nase, der leichte Zephir fächelte seine Wangen, und das Licht der Sonne schien seinem Auge weit gefälliger als der Widerschein der Flammen des Feuermeeres, in dem die Verdammten brieten.

Das Nahen eines Menschen störte des jungen Teufels stilles Behagen. Neugierig verfolgten seine Blicke das Treiben des Herankommenden. Dieser war klein, gut gewachsen, einfach bürgerlich gekleidet und mochte höchstens vierundzwanzig Jahre zählen. Sein Antlitz war ziemlich hübsch zu nennen, aber bleich und eingefallen, und der Ausdruck tiefen Mißmutes hing darüber ausgebreitet. Der erste Mensch, den Junker Abandon zu Gesicht bekam, gebärdete sich gar sonderbar. Bald blieb er stehen, sprach mit sich selbst, dann ballte er die Faust zurück gegen die große Stadt. Wo am Saume des Weges ein Baum stand, trat er hinzu und versuchte, ob er mit der ausgestreckten Hand einen der Äste erreichen konnte; gelang dies nicht, dann schritt er murrend weiter und kam endlich dem Teufel bis auf zehn Schritte nahe, ohne ihn jedoch zu bemerken. Dort stand ein in herrlichem Blütenflor prangender Kirschbaum, von dem sich, ein Klafter über dem Boden, ein starker Ast wegstreckte. Zudem lag am Fuße des Baumes ein großer Stein. Der Mann stieg auf den Stein, zog einen Strick aus der Tasche, machte eine Schlinge in denselben und knüpfte das andre Ende an den Ast. Eben wollte er den Kopf durch die Schlinge stecken, da war Junker Abandon mit einem Sprunge bei ihm, faßte seinen Arm und rief:

„Was soll das, Gevatter, warum wollt Ihr Euch aufhängen?"

Das Männlein blickte etwas verdutzt auf den schmucken Jägersmann, zog dann den Kopf wieder vorsichtig aus der Schlinge und stieg herab vom Stein.

„Warum, warum?" entgegnete er, sich am Kopfe krauend; „ja, seht, Gevatter Jäger, mich freut eben das Leben nicht mehr – mir ist nicht zu helfen –, da dachte ich denn der Geschichte ein Ende zu machen. Doch, wenn der Baum da Eurer Herrschaft gehört und Ihr's nicht erlauben wollt, daß ich ihn benütze, so will ich weiterziehn und einen andern suchen."

„Pah, bleibt nur immer da, doch erzählt mir erst, was Euch in den Tod treibt. Dann will ich Euch freien Willen lassen. So eilig habt Ihr's wohl nicht."

„Na, ein Viertelstündchen mehr oder weniger", antwortete das Männlein gemütlich, „darauf kommt's nicht an. Hört also! Das schöne Wien, wie's da vor uns liegt, ist eine Vaterstadt. Vor zwei Jahren starben meine Eltern und ließen mir ein kleines Vermögen, das ich mit guten Freunden bald wieder los wurde. Als ich nichts mehr hatte, kamen schlechte Zeiten, insbesondere als ich nicht sonderlich Lust zur Arbeit empfand. ‚Bist ein schmucker Bursche, Hans', dachte ich mir, ‚sieh dich um ein Weibchen um, ob alt, ob jung, wenn sie nur bares Geld hat.' Nun, ich fand eine. Da saß seit langem am Salzmarkte die ehrsame Wittib Frau Dorothea Pempflingerin, befugte Kleinsalzmäßlerin; die blickte mich immer so freundlich an, lud mich in ihr Quartier, traktierte mich mit Süßwein und Brezeln und tat so zutunlich, daß ich kirre wurde. Freilich war sie mindestens doppelt so alt wie ich und häßlich wie des Teufels Großmutter." Junker Abandon rümpfte hier die Nase, als er so despektierlich von der verehrten Dame reden hörte. „Aber sie hatte Geld, viel Geld, ihre Brezeln schmeckten mir, ihr Wein nicht minder, und da ich meinte, es würde immer so fortgehn, so schlug ich ein, manchte Frau Dorothea zu meinem Weibe und wurde befugter Kleinsalzmäßler."

„Na“, fuhr das Männlein nach einem schweren Seufzer fort, „da hatt' ich's gut getroffen. Kaum hatte der Pfaff den Segen über uns gesprochen, so ging's aus einem andern Ton: Keine Spur von Süßwein und Brezeln – Brot, Wasser, Kraut und Rüben – an Sonntagen ein Stückchen Fleisch wie ein Finger groß – das gab's als Kost in meiner neuen Wirtschaft. Und als ich mich einmal zusammennahm und dagegenredete – hui! Da flog mir ein Flederwisch um die Ohren, und die fünf Finger meines Weibes fuhren in meinem Gesicht herum wie die Hexem am Blocksberg. Seht mich an, wie ich herabgekommen bin – von lauter Kraut und Rüben – und 's sind doch erst sechs Monate, seit ich Dorotheas Mann bin. Von Geld keine Spur, sie hält ihren Kasten in sicherer Hut. Prügel genug und dazu ewig Kraut und Rüben – das wurde mir endlich zuviel. Na, heut mag sie vergebens auf mich warten mit dem Mittagmahl – ich hab's satt.“

Dem Junker Abandon wässerte der Mund, da hatte er ja, was er wollte: den Kampf gegen ein altes Weib. Nun war Gelegenheit, seine Höllenkollegen zu beschämen.

„Was gäbet Ihr darum“, sagte er, „wenn Euch jemand Euer Weib so zahm machte, daß Ihr fortan der Herr im Hause wäret?“

„Was ich drum gäbe? Ich hab' ja nichts. Und dann – die Dorothea zwingt keiner.“

„Wer weiß – wenn Ihr einen Preis machtet.“

„Pa! – Ich habe schon nach dem Teufel gerufen – meine Seele wollt' ich ihm verschreiben.“

„Topp, schlag ein!“ rief Junker Abandon, dem Männlein die Rechte bietend.

Der kleine Mann wurde freilich noch ein bißchen blässer und fuhr zurück; dann aber nahm er eine trotzige Miene an und sagte:

„Topp, Herr Teufel, ich geh' den Handel ein!“

Flugs zog Junker Abandon ein Papier aus der Tasche und schrieb den Pakt nieder, kraft welchem der Kleinsalzmäßler Hans Tüftler ihm nach dem Ableben seines Leibes die Seele verschrieb, falls Meister Urian ihm sein böses Weib Dorothea binnen acht Tagen so zahm und gefügig machte, daß besagter Hans Tüftler fortan der unbeschränkte Herr im Hause sei. Dabei sollte es – das war ausdrücklich bedungen – Frau Dorotheen nicht an Leib und Leben gehen.

Als der Pakt geschrieben war, ritzte Junker Abandon dem Hans die Ader, und der bedrängte Ehemann unterzeichnete mit seinem Blute die höllische Verpflichtung.

„In wenig Stunden vielleicht“, sagte der Teufel stolz, „habe ich meine Aufgabe gelöst. Da, nehmt den Beutel mit Geld, zieht ins Land und laßt's Euch wohl geschehen.“

Mit vergnügtem Lächeln nahm Hans das Geld; als er nach dem Jägersmann blickte, war der verschwunden.

„Glück auf!“ rief Hans. „Meister Urian – Ich will mir's wohlergehen lassen mit seinem Gelde; seht, wie Ihr mit meiner Alten fertig werdet.“

Es war eben Mittag, als Junker Abandon in Gestalt des Kleinsalzmäßlers Hans in dessen Wohnung trat, die sich in einem Hause auf dem Salzgries befand.

Frau Dorothea, ein häßliches, derbes Weib, empfing ihn mit einer Flut von Scheltworten.

„Kommst du, Tagedieb, Lungerer!“ Und so ging's fort in dem Ton.

Junker Teufel erschrak, als er das garstige Weib bemerkte, denn er hatte mit der Umwandlung in einen Menschen auch seine höllische Macht eingebüßt; indessen raffte er all seinen Mut zusammen, um sich mit Ehren aus der Sache zu ziehen.

„Du Schelm!“ schrie Dorothea, ihm eine Schüssel mit Rüben vorsetzend, „beklagst dich über mein Essen – du bist das nicht wert.“

Der Teufel, in der Hoffnung, einen großen Schlag zu tun, nahm die Schüssel und warf sie seiner Ehehälfte an den Kopf.

„Du magst das selber essen!“ schrie er trotzig.

Eine Sekunde lang starrte ihn Frau Dorothea, deren Haare und Kleider voll Rüben hingen, sprachlos an, dann aber ging der Rumor los. Heulend fiel sie über den armen Teufel her, ihm die Nägel ins Gesicht krallend. Junker Abandon setzte sich wacker zur Wehr, aber er besaß ja nicht seine Teufelskräfte, sondern nur jene des ausgehungerten Hans, und die waren denen des derbknochigen Weibes nicht gewachsen.

Nachdem im Getümmel des Kampfes alles in der Stube durcheinandergeworfen worden war, unterlag der Teufel, und in wenigen Augenblicken war er mit guten haltbaren Stricken an eine Bettsäule gebunden.

„So, jetzt hab' ich dich!“ höhnte ihn Frau Dorothea, „meine Rüben willst du nicht, Schelm, Nichtsnutz, mein Kraut ist dir zu schlecht – oh, ich will dich an andre Kost gewöhnen. Fliegen sollst du fressen, und ehe du mir nicht die letzte, die da in der Stube herumsummt, verschlungen hast, eher sollst du mir nicht los, eher sollst du keinen Bissen Brot in den Magen bekommen.“

Frau Dorothea ging fort und schloß den Gefangenen ein.

Junker Abandon war völlig verblüfft.

„Jetzt geht's gut!“ dachte er. „Da bin ich in einer schönen Klemme.“ Er versuchte sich loszumachen, umsonst – die Stricke schnitten nur um so tiefer ins Fleisch.

Abends kam Frau Dorothea und labte sich an Wein und Braten, ihrem vermeintlichen Ehegespons erlaubte sie das Zusehen. Als sie gesättigt war, fing sie eine große Fliege und hielt sie dem Teufel an die Lippen:

„Hast du Hunger?“ frug sie höhnisch, „da – friß!“

Der Teufel wendete voll Ekel das Antlitz ab.

„Wirst schon fressen“, sagte Dorothea. Dann ging sie ins Nebenzimmer zur Ruhe.

Junker Abandon verwünschte den Leichtsinn, mit dem er die Warnungen seiner gewitzigten Brüder und Vettern in den Wind geschlagen. Indessen verlor er, trotz der Unbehaglichkeit seiner Lage, nicht den Mut. Am meisten ärgerte ihn, daß er hier an die Bettsäule gebunden war, während der Mann, dessen Stelle er vertrat, froh im Lande herumzog und sich mit dem Gelde, das er ihm gegeben hatte, belustigte.

Am nächsten Morgen wiederholte sich die Szene vom Abend, Dorothea aß und trank, dem Gefesselten bot sie eine Fliege. So ging's weiter, mittags, abends und wieder am Morgen.

Der Teufel sah elend aus, der Hunger wütete in seinen Eingeweiden, die Glieder schmerzten – aber noch blieb er standhaft. So verging Tag um Tag – sein Zustand wurde immer qualvoller, er glich nur mehr einem Schatten, als der achte Tag anbrach. Es war ein Sonntag. Dorothea ging nicht aus dem Hause, sondern schien heute besonders zum Quälen gelaunt. Der Teufel war am Verenden, er fürchtete, die Stunde seiner Befreiung nicht mehr zu erleben, und wenn er als Mensch starb, dann wurde er, nach den höllischen Satzungen, in die Reihen der niedersten Teufel versetzt. Was also tun? Seine Kräfte waren am Erlöschen, wenn er nur irgend etwas in den Magen bekam, könnte er sich vielleicht bis zu dem Augenblicke erhalten, wo die Verpflichtung, die er eingegangen, ablief, und er seine höllischen Kräfte wiederbekam; vor ihm tanzte Frau Dorothea herum, in jeder Hand eine große Fliege, die sie ihm abwechselnd an den Mund führte.

„Gib her!“ schrie er endlich, „in der Not frißt der Teufel auch Fliegen.“

Lachend schob ihm Dorothea eine Fliege in den Mund, er schluckte sie hinab; eine zweite, er verschlang sie.

„Friß, mein Püppchen“, höhnte Dorothea, immer neue Fliegen fangend und ihn fütternd. „Fliegen haben ein zartes Fleisch und sind besser als Kraut und Rüben.“

Da schlug die Mittagstunde.

Abandon fühlte seine ganze Kraft wieder, im Hui flog er in seiner wahren Teufelsgestalt aus dem Körper des armen Hans und sauste aus dem Fenster.

Frau Dorothea, als sie den Teufel erblickte, schrie gellend auf und fiel, vom Schlage getroffen, tot zu Boden.

Fast um dieselbe Zeit war Hans wohlgemut in einer Dorfschenke gesessen und sah, Messer und Gabel in der Hand, mit wässerndem Munde nach dem Wirte, der eben in die Stube trat, einen Teller in den Händen, auf dem ein saftiges Stück Braten lag.

„Her damit, her damit!“ rief Hans lustig, da fühlte er sich plötzlich emporgerissen, und als er wieder zu sich kam, sah er sich in seiner Wohnung an die Bettsäule gefesselt, auf den Lippen krabbelte ihm eine häßliche Fliege, die er mit Ekel wegblies, und vor ihm auf dem Boden lag sein böses Weib kalt und starr.

Hans brach in ein brüllendes Geschrei aus.

Die Nachbarn liefen herbei, banden ihn los; jetzt erst fühlte er, wie elend und hinfällig er war. Er wurde bewußtlos. Als er zu sich kam, vernahm er, daß sein Weib bereits begraben sei. Nach und nach gesundete er, um so mehr, als ihm all das Geld, das Dorothea hinterlassen hatte, zufiel und er nun essen konnte, was er wollte.

Eines Morgens trat der Jäger in seine Stube.

„Nun“, sagte er, „ich habe Wort gehalten und Euch befreit von Eurem bösen Weibe.“

„Sagt, wie das zugegangen ist.“

Der Teufel erzählte.

Hans hielt sich den Bauch vor Lachen.

„Na – ich bin froh, daß ich's nicht war", rief er aus. „Gehabt Euch wohl – schön' Dank, aber jetzt haben wir nichts mehr miteinander zu tun."

„Ihr vergeßt den Pakt?"

„Der gilt nicht mehr. Ihr habt mein braves Weib ums Leben gebracht", sagte Hans, „packt Euch, sonst rufe ich den Teufelsaustreiber."

Junker Abandon sah ein, wie dumm er gewesen war, und fuhr zur Hölle.

Hans Tüftler aber wurde ein ordentlicher Mensch, hielt Rat mit seinem Gelde und heiratete ein junges Weib, mit dem er ein glückliches Leben führte.

Und wenn er gut gelaunt war, erzählte er den Freunden, wie der Teufel einmal in so arge Not gekommen, daß er Fliegen fressen mußte. Freilich verschwieg er wohlweislich, welchen Anteil er selbst bei der Sache gehabt, denn er wußte zu gut, daß ihn, wäre das ruchbar geworden, der Teufelsrichter bald beim Kragen gefaßt und seinem Glücke ein schnelles Ende gemacht hätte.

Auf vieles Zureden seiner Freunde aber, denen das Märlein ausnehmend wohl gefiel, ließ er die Hauptszene durch einen kunstgewandten Maler verewigen, und bald erhielt er zahlreiche Besuche, die das Gemälde zu betrachten wünschten, wo der arme geplagte Teufel, an den Füßen des Bettes angebunden, von dem bösen Weibe mit Fliegen gefüttert wird. Von da an erhielt sein Haus die Bezeichnung „Wo der Teufel die Fliegen frißt", und die Wiener, die die seltsamsten, aber auch zutreffendsten Redensarten zu schaffen vermögen, bereicherten ihre volkstümlichen Ausdrücke alsbald mit dem Sprichwort: „In der Not frißt der Teufel Fliegen", das sich bis heute erhalten hat.

DIE WALDNYMPHE ODER: DAS „JUNGFERNBRÜNDL" IM SIEVERINGER WALDE

Im tiefsten Dunkel des seitwärts von Klosterneuburg liegenden Sieveringer Waldes, beschattet von einer knorrigen Buche, sprudelt eine erfrischende Quelle, welche von den Bewohnern der Gegend allgemein „das Jungfernbründl" genannt wird.

Hier erzählt der Landmann, seien viele geheimnisvolle Schätze verborgen, welche von guten und bösen Geistern bewacht, in einer unermeßlichen Tiefe der Erde ruhen; und wirklich scheint Geistergeflüster das bezaubernde Dunkel dieses Ortes zu durchziehen, und ein sanftes Fächeln der Lüfte macht diese Stätte zu einem angenehmen Ruheplatz an heißen und schwülen Sommertagen.

Die Nymphe dieser Quelle, obwohl jetzt nicht mehr sichtbar, erstreckt doch noch ihre wohltätige Wirkung auf den müden Wanderer, indem sie seine trockenen Lippen mit eiskaltem Wasser ihrer Quelle benäßt.

Vor zwei Jahrhunderten, so erzählt die Sage, bewohnte ein Kohlenbrenner mit seiner Familie in diesem Walde eine armselige Hütte. Der Wald lieferte ihm Holz in Fülle, um sich und seine kleine Familie zu ernähren und zufrieden zu leben.

Er und sein Weib Martha hatten einen einzigen Sohn, den sie Karl nannten, ein schöner und blondlockiger Knabe, dessen eigentümliche Anlagen die Bewunderung eines jeden Menschen, welcher ihn kannte, erregten.

Er durchstreifte schon in seinem zehnten Jahre allein, bloß mit einem Holzknüttel bewaffnet, die umliegenden Wälder und Gebirge, ohne von Furcht und Grauen befangen zu werden. So wuchs der Knabe heran bis zu seinem zwölften Jahre, ohne Geschwister oder Gespielen zu besitzen, als plötzlich ein geheimnisvoller Zufall die Köhlerfamilie mit einem neuen Familienmitgliede beschenkte. Der Hergang dieses Ereignisses war folgender: Eines Tages ging der Köhler in den Wald, um Buchenholz zu fällen; sein Weg führte ihn an der Quelle vorüber, und er bewunderte mit Kennermiene die mächtige Buche, welche dieselbe beschattete. Dieser Buchenstamm gibt eine prächtige Kohle, dachte er bei sich und schickte sich an, mit der mitgenommenen Axt den ersten kräftigen Schlag zu führen, als ihn plötzlich eine pietätvolle Scheu ergriff und er überlegte, ob es wohl recht sei, diese Quelle des blühenden Schattens zu berauben; lange stand er sinnend vor der Buche, welche ihre Äste bittend zusammenzuneigen schien, als er endlich die Axt sinken ließ, sein Werkzeug zusammenraffte und tiefer in den Wald hineinging, um sein Tagewerk zu vollenden.

Es mochte ungefähr um die Mittagsstunde gewesen sein, die Hitze war drückend, und der Köhler legte sich auf einen bemoosten Platz, um einige Augenblicke zu schlummern. Die Sonne beschien die Erde mit ihren versengenden Strahlen, die Lerche schwirrte empor zum azurblauen Äther, die Bäume flüsterten geheimnisvoll, und der Köhler träumte einen sonderbaren Traum.

Ihm erschien im Traume eine wunderherrliche Frauengestalt mit engelgleichen Gesichtszügen und goldblondem Haare, welches bis zum Moos des Waldes hinabreichte. Ihr Antlitz umfloß ein himmlisches Lächeln, und ihren anmutigen Körper umwallte ein langes weiches Gewand. Sie neigte sich zu ihm in das Moos und sprach: „Ich bin die Nymphe des Baumes an der Quelle, den du heute so gütig verschontest. Mächtiger als eines Sterblichen ist meine Macht, obschon beschränkt, und das Leben jenes Stammes ist mit dem meinigen innig verknüpft. Du hast mir mein Leben bewahrt, ich werde dir's lohnen; erkenne meine Winke." – Die Nymphe verschwand. – Der Köhler erwachte, rieb sich die Augen und dachte über seinen Traum nach. – Du hast mir mein Leben bewahrt, ich werde dir's lohnen, erkenne meine Winke! – Was wollte sie damit sagen? Die Zeit wird's lehren, dachte er, und trat den Heimweg an. –

Der mochte ungefähr fünfzig Schritte des Weges zurückgelegt haben, als plötzlich ein klägliches Wimmern aus einem nahe liegenden Gebüsche ertönte; er eilte hin und war nicht wenig erfreut über den Anblick, welcher sich seinen Augen darbot. Zwischen dem Gesträuche lag in einem aus Weiden geflochtenen Korbe ein neugebornes Kind, welches beim Anblick des alten Mannes mit dem Weinen innehielt und demselben die zarten Händchen entgegenstreckte. Sonderbar! dachte der Köhler, wer doch hier dies Kind weggelegt haben muß? Reisende kommen nie durch, und in der Nähe ist auch kein Dorf. – Unterdessen, komm du armes Würmchen! – Komm! – Mein gutes Weib wird sich nicht weigern, dir einen Bissen unseres wenigen zu gönnen. Er nahm das Kind und trug es nach Hause.

Martha staunte, als ihr Gatte mit seinem Funde hervorrückte. Erst hatte sie Lust gehabt zu schmollen, wenn nicht das freundliche Lächeln des Kindes allen Unmut von ihrer Stirne getrieben hätte. „Nun denn", sagte sie, „Gott wird uns wohl ferner das Nötige wie bis jetzt bescheren."

„Das wird er, gute Martha!" erwiderte der Alte und drückte sein treues Weib an sein Herz.

Martha hielt es nun für nötig, zur näheren Untersuchung des Korbes sowie seines Inhaltes zu schreiten; weil sie glaubte, ein Kind, das so schön vom Angesicht und in so feine Linnen gekleidet ist, würde wohl auch einen Notpfennig für sich oder wenigstens die Erziehungskosten auf einige Jahre bei sich tragen. Aber nichts von dem allem fand sich bei dem Kinde vor. Die ganze Habe derselben bestand in den Linnen und einem goldenen Kränzchen von Buchenblättern, welches sie an einem grünen Bande am Halse trug. Etwas unzufrieden nahm Martha das Kind, welches ein Mädchen war, aus dem Korbe und legte es auf ein Lager von Baumblättern, welches ihr der gute Alte schon vorsichtig und weich bereitet hatte.

Die beiden Kinder wuchsen heran, und bald entwickelten sich in Agnes vorzügliche Gaben. Auch ihr Äußeres schien mehr eine Äthergestalt, als die Tochter eines Kohlenbrenners zu verkünden. Ihr Gesicht war weiß wie Marmor, und nur ein leichter Anflug von zartem Rot überzog ihr schönes Gesicht; der Ton ihrer Stimme war wohlklingend und ihr Gang majestätisch, jedoch nicht stolz. Karl, die wilde Seele, welcher immer umhertobte und sprühte, ward wie ein Lamm, wenn er an ihrer Seite eilte und mit ihr den Aufgang der Sonne betrachtete. „Karl!“ sprach sie dann, mit unnennbar feierlicher Stimme, „mir ist so wehmütig wohl, so traurig und doch so gut zumute, wenn ich die prächtige Sonne den Bergen entsteigen sehe. – Karl! Ich könnte weinen, daß ich nicht zu ihr hinschweben kann, um ihr Wesen zu begründen und zu bewundern.“ Karl war freilich einer solchen schwärmerischen Stimmung nicht fähig und sah sie dann an, als ob er sie nicht begriffe. Und sie, wenn sie das bemerkte, senkte den Ton ihrer Stimme und setzte traurig hinzu: „Ich weiß nicht, wie das kommt, aber mir ist immer so zumute, so oft ich die Sonne aufgehen sehe.“ So wuchsen die beiden Kinder auf, und ihre Liebe zueinander wuchs auch mit Riesenkraft trotz der Verschiedenheit ihres Charakters. – Der wilde Karl irrte noch immer mit seiner Keule herum und erlegte Hirsche und Eber sowie alles, was ihm von Tieren aufstieß. Einst hatte er einen grimmigen Eber einen Fehlschlag gegeben, und dieser stürzte auf ihn zu, und er wäre unfehlbar verloren gewesen, wenn nicht ein Wunder ihn gerettet hätte. Es wölbte sich nämlich plötzlich zwischen ihm und den Eber der vorstehende Baum mit einem andern zusammen und hinderte den Eber durchzudringen. Umsonst wütete das grimmige Tier wider die Bäume und kehrte endlich in den Wald zurück. Karl erkannte die Hand einer wohltätigen Gottheit und dankte ihr in seinem Herzen für seine Rettung. Mit dem Gedanken über seine wunderbare Rettung beschäftigt, ging er tiefer in den Wald, verirrte sich und mußte die Nacht im Walde zubringen. Des andern Morgens kamen ihm Vater und Mutter entgegen, die, weil sie seine Kühnheit kannten, schon für sein Leben gezittert. Nur Agnes bezeugte zwar auch ihre Freude, aber sie war sanft und still, nicht so freudig, als er erwartet hatte. „Agnes!“ sagte er, als sie allein waren und er ihr seine wunderbare Rettung erzählte, „Agnes! Du nimmst so wenig Anteil an meinem Schicksale?" – „Lieber Karl!" sagte sie sanft, und ihre Hand drückte die seinige, „lieber Karl! Sehr vielen; ich bin nachdenkend über einen Traum – ja Karl! Es war aber auch ein bedeutungsvoller Traum; sieh, die halbe Nacht hatte ich geträumt, und mich um dich gegrämt; endlich, endlich gegen einbrechenden Morgen schloß ein unruhiger Schlag meine Augen. Da erschien mir eine schöne Frau, ähnlich der in dem Traume unseres Vaters, von welchem er uns so oft erzählt hat. ‚Agnes!' sprach sie, mit rührender Stimme, ‚sage deinem Karl, daß er sich nicht mehr so unvorbereitet, so ohne Waffen in die größten Gefahren wagen sollte, ich möchte nicht immer so in der Nähe sein, wie heute. Deinem Karl sage das', sprach die Gute", setzte Agnes mit schmelzender Stimme hinzu. – „Teure Agnes!" erwiderte Karl, und seine Lippen hingen an den ihrigen. „Du bleibst mein, so lange ich lebe und noch zu atmen imstande bin! – Wie könnte ich auch ohne dich leben, die du mir werter als alle Schätze der Erde bist!" – Küsse unterbrachen ihn. – So sehr auch diese Szene Agnes' Herz entzückte, war sie doch nie ganz heiter; immer war eine melancholische Stimmung der Hauptzug ihrer Seele. – Karl schätzte und liebte sie, wie man eine Freundin und Geliebte schätzt, die einem alles ist. Aber, obgleich er mit dem ersten Feuer des kaum gewordenen Jünglings an der Geliebten hing, so war er doch nicht imstande, sie völlig zu verstehen. Sein Geist reichte nicht dem ihrigen hinan, und er mußte das auch wohl selbst in manchen Augenblicken fühlen, deren wir oben gedacht haben. So standen die Verhältnisse, als der alte Köhler einmal beschloß, seine Kinder mit nach Wien zu nehmen, wo er damals meistens seine Kohlen abzusetzen pflegte. Karl konnte schon Tags vorher vor Ungeduld und Neugierde nicht schlafen, bis er die Stadt zu sehen bekäme. Ganz anders war Agnes; ruhig und kalt tadelte sie Karl, zwar nicht wegen seiner Neugierde, aber lächelte darüber. „Was", sagte sie, „kann ich in Wien sehen, das mich mehr reizen könnte, als hier mein Lieblingsplätzchen? Was finden, das ich lieber haben könnte, als unsere Eltern und dich, Karl! – Ich sehne mich nicht nach der Stadt." Endlich erschien der Tag, wo Karls Ungeduld und Neugierde befriedigt werden sollte. – Der Köhler fuhr also mit seinen Kindern nach Wien. – Oft schon hatte Karl mit Staunen das Gewirr von Türmen und Häusern betrachtet und sich hinabgesehnt, und jetzt sollte sein Wunsch erfüllt werden. Anders war es bei Agnes; diese sehnte sich nicht im geringsten danach, die große Stadt zu sehen, und auf die Frage Karls, ob sie kein Vergnügen daran habe, antwortete sie trochen: „Nein!"

Besonders die Zudringlichkeit der Männer ekelte sie an, und sie äußerte sich zu Karl im Nachhausefahren: „O Karl! Was sind das für Menschen! Nein, unmöglich könnte ich's da auch nur einen Tag aushalten. Mich, die sie das erste Mal sahen, so zu loben, als ob sie mich von Geburt an gekannt hätten. – Nein, Karl! Ich gehe nicht wieder noch einmal in die Stadt. Und du?“ – „Ich bleibe bei dir“, antwortete Karl, „wo du auch weilst. Wir wollen Wien meiden. Hier am Gemurmel dieses Baches, hier, wo uns die Aussicht auf Gebirge und Wälder liebliche Erquickung gewährt, können wir die bunten Lustbarkeiten der Stadt leicht entbehren, ja Agnes, wir bleiben beisammen, nichts soll uns mehr trennen.“ So verlebten die Liebenden noch einige Jahre ruhig und glücklich in der Waldeinsamkeit zur Freude ihrer Eltern.

Um diese Zeit flammte das Kriegsfeuer auch gegen Österreich zu, und die Türken fingen an durch Ungarn vorzudringen. Ofen fiel, und die Ungläubigen wendeten sich mit der ganzen Macht ihrer Hauptarmee gerade gegen Wien zu. Jetzt wurde dem armen Köhler bange für seine Kinder; wenn die Türken Wien belagerten, was war gewisser, als daß sie die nahe liegenden Wälder besetzen würden und dann, wenn sie die beiden jungen Leute sehen, was müßte ihr Los sein? Elende Sklaverei, oder wenn auch das Glück sie auszeichnend begünstigt, daß sie den Türken unentdeckt blieben, so war doch auf alle Fälle wenigstens die Zufuhr nach Wien aufgehoben, und wovon sollen sie während dieser Zeit leben? Auch den beiden jungen Leuten leuchtete die Gefahr ein, in die ein längerer Aufenthalt in diesen Wäldern sie versetzen könnte. Einmal aber, als sie an der Quelle unter der Buche saßen und Karl seiner Agnes den Vorschlag machte, sich tiefer in den Wäldern zu verbergen und das Mädchen seinen Vorschlag billigte, da ertönte auf einmal die unsern Lesern schon bekannte harmonische Stimme der Driade. „Halt!“ lispelte sie. „Halt! – Meine geliebten Kinder, ihr eilt in euer Verderben. Bleibt hier und verlaßt diese Stätte nicht, ich will und werde euch beschützen. –Karl! Dir winket von hier aus Ruhm und Ehre; tue nichts ferner ohne meinen Befehl, und eure Wohlfahrt soll so lange gesichert sein, bis ihr euch selbst eines oder das andere unwürdig werdet gemacht haben. Sagt das auch euren Eltern.“

Beider Herz klopfte, beide horchten noch lange, als schon lange der Silberton in der Luft geronnen und die Stille wieder in den Wald zurückgekehrt war. – „Komm!“ sprach Agnes jetzt, und ihr Ton war feierlich. „Komm, Karl, diesen Befehl unseren Eltern zu bringen. Oh, es ist ein wohltätiges, erhabenes Wesen.“ Sie erzählten das, was sie gehört hatten, ihren Eltern, und die guten Alten würden ihnen vielleicht doch nicht geglaubt haben, wenn nicht die Nymphe den beiden Eltern selbst im Traume erschienen und ihnen das, was sie ihren Kindern befahl, bekräftigt hätte. So vielen einstimmigen Überzeugungen wagten sie doch nicht zu widerstehen und beschlossen also in dieser Gegend zu bleiben. Sie versorgten sich daher mit so vielen Lebensmitteln, als sie aufzutreiben vermochten; denn es war auch die höchste Zeit, da die Türken Bruck a. d. Leitha genommen und unaufhaltsam gegen Wien vorrückten. Alle umliegenden Wälder wurden von

den Türken durchstreift, um zu sehen, ob keine Christen im Hinterhalte verborgen lauerten; nur der Bezirk, den unsere Köhlerfamilie bewohnte, war dem Versprechen der Nymphe getreu von ihnen verschont geblieben, und wenn auch einige Türken sich in die Nähe wagten, so flößte ihnen ein donnerähnliches Geräusch und ein augenblicklich entstehender dicker Nebel so viel Grausen ein, daß sie sich straks zurückzogen und einen Ort verließen, wo die Zauberei so sichtbar wirkte. Die Köhlerfamilie genoß dadurch den wohltätigen Schutz der gütigen Nymphe, auch von feindlichen Horden umgeben, Ruhe und Sicherheit. Immer enger wurde indessen Wien eingeschlossen, immer hartnäckiger die Gegenwehr; da hatte der Groß-Sultan beschlossen, sich durch einen Generalsturm zum Herrn der Stadt zu machen und schickte deshalb dem Großwesir, der die Belagerung leitete, seine Befehle zu. Sehr traurig wäre es gewesen, wenn diese zur rechten Zeit angelangt wären; denn, hätten die Türken in diesem Augenblicke, da durch einzelne Stürme fast alle Mauern um Wien zertrümmert waren, einen allgemeinen Sturm gewagt, so würde Wien verloren gewesen sein. Aber anders hatte es die Vorsehung beschlossen, und nichts widersetzt sich ihren unaufhaltsamen Beschlüssen. Eines Tages, als der junge Karl allein unter einem Baume schlummerte, stand die Nymphe der Quelle vor ihm. „Nun“, sprach sie, „Karl! Nun ist es Zeit sich auszuzeichnen. Du kennst mich, daß ich die Nymphe des Jungfrauenbrunnens bin, und ich habe dir mein Wohlgefallen schon oft zu erkennen gegeben; empfange hier noch ferner eine unzweideutige Probe. Morgen bei Anbruch des Tages komme zu meinem Bache, dort findest du Waffen und ein Pferd; bewaffne dich und merke wohl, was ich dir sage: Morgen zwischen der fünften und sechsten Stunde eile gegen das westliche Ende des Waldes und dort warte bis zu einen schnell reitenden Türken auf dich wirst zukommen sehen; dem eile entgegen und fordere ihn zum Kampfe auf, falls er ihn aber ausschlägt, so zwinge ihn dazu. Die Vorsehung hat dir die Ehre zugedacht, der Retter Wiens zu werden. – Auf, eile – doch noch eins: Du wirst Schriften bei ihm finden, diese nehme und bewahre sie sorgfältig auf, sie werden dir einst zu hohem Ansehen verhelfen.“ Sie verschwand.

Der Jüngling erwachte staunend und machte seinen Eltern den Traum bekannt; diese waren sehr bestürzt darüber, und besonders Karls Mutter glaubte, diesmal werde es nicht so nötig sein, den Wünschen der Driade zu gehorchen; doch Agnes war dieser Ansicht entgegen und überredete Karl, der Nymphe zu gehorchen.

Karl war daher schon mit Tagesanbruch bei der Buche und fand dort einen schönen stählernen Helm und Panzer, ein Schwert, ein Schild und eine Lanze. Auf dem Schilde war ein goldener Buchenkranz befestigt. An einem Buchenstamme gebunden, wieherte ihm ein feuriger Rappe entgegen, der mit seinem Hufe ungeduldig den Sand scharrte; aufgezäumt mit grünem Sattelzeuge und einer prachtvollen Decke.

Karl waffnete sich, empfahl seine lieben Zurückgelassenen dem Schutze der Nymphe und ritt der Gegend zu, welche ihm die Nymphe bestimmt hatte. Zur angegebenen Stunde gewahrte er auch einen Reiter, der auf einem flüchtigen Renner dem türkischen Lager zueilte. „Halt!“ rief Karl und stellte sich gerade in den Weg. „Halt! So geht es nicht, ich fordere dich auf, einzeln mit mir zu kämpfen; mache dich fertig.“

Der Türke, der ihn nicht verstand, aber doch aus seinen Mienen und Bewegungen auf sein Vorhaben schloß, schüttelte den Kopf und wollte weiterreiten; doch Karl flog mit Blitzesschnelle auf ihn zu und verwundete mit der Lanze sein Pferd. Der Türke, darüber erbittert, sprang ab und zog seinen krummen Säbel. Ebenso geschwind als sein Gegner, war Karl vom Pferde, um nicht einen so beträchtlichen Vorteil im Kampfe voraus zu haben.

Das Gefecht begann. Karl wollte mit Gewalt vordringen und trotzte auf seine Kraft; der Türke parierte seine Hiebe mit seinem kleinen, runden Schilde mit größter Geschicklichkeit und suchte ihn zu unterlaufen.

Nachdem der Kampf schon eine geraume Weile währte, nahm Karl endlich seine ganze Kraft zusammen und zerschmetterte mit einem Hiebe den Schild des Türken, mit einem zweiten den Feind selbst zu Boden. Nun untersuchte er, ob er nicht die versprochenen Schriften bei demselben finden würde; und er fand sie wirklich. Sorgfältig verbarg er dieselben, dem Befehle seiner Beschützerin gemäß, und machte sich auf den Heimweg. Er mochte eine kurze Strecke des Weges zurückgelegt haben, als abermals die Silberstimme der Nymphe ertönte. „Mutiger Jüngling“, sprach sie, „noch bleibt dir manches zu tun und zu verrichten übrig. In acht Tagen kommt der König von Polen zu dem Entsatze Wiens; tue also auch du, was Ehre und Vaterlandsliebe von dir erheischt.“ Karl kam nach Hause und wurde jubelnd von allen empfangen; er teilte ihnen auch seine neue Aufgabe mit und bereitete sich vor, seine Mission zu vollenden. Der Großwesir erwartete unterdessen vergeblich den Befehl zum Sturme und wollte es ohne diesen ausdrücklich zu haben, nicht wagen, so viele Leute aufzuopfern, welche wahrscheinlich dabei umkommen würden. Endlich nach Verlauf von acht Tagen ordnete er doch, des Harrens und Zauderns müde, auf den nächsten Morgen den Sturm an.

Aber am Mittage dieses Tages kam Johann Sobiesky zum Entsatze von Wien über den Kahlen- und Leopoldsberg herangezogen; die Sonne verschmelzte die Stahl-Kürasse zu einem glänzenden, blendenden Diamant, sie zog in den Rüstungen flammende Streifen. Hoch flatterten in der Luft die christlichen Fahnen und drohten Tod und Verderben dem türkischen

Monde, welcher sich stolz in der Ebene brüstete. Als Karl das Heer heranziehen sah, sattelte er sein Pferd, legte seine Rüstung an, verabschiedete sich von seinen Eltern und von seiner geliebten Agnes und ritt durch das Heer gerade dem polnischen Könige zu. „Ein Unbekannter", sprach er, „bietet Euch, gnädigster König, seine Dienste und seinen Arm gegen die Feinde des Glaubens an, Ihr möget seinen guten Willen gütig aufnehmen." – „Streiter sind uns immer willkommen, und nach deinem Aussehen zu schließen, bist du kein gewöhnlicher Knecht; streite daher mir zur Seite." Kaum hatte der König geendet, so schmetterten schon die Trompeten, wirbelten alle Trommeln, und das Heer zog in Schlachtordnung die Berge hinab. Über einmal hundertzwanzigtausend Mann stark war die Macht der Türken; die Hälfte ungefähr machte das Heer des Königs aus. Der Großwesir war von seiner linken Seite gegen den König zu durch eine sehr befestigte Schanze gedeckt, von der noch heute die Überreste unter dem Namen die Türkenschanze bekannt und berühmt ist. Sein rechter Flügel dehnte sich bis an das Ufer der Donau aus, und er selbst kommandierte in der Mitte. Der König mit dem Kern-Fußvolke ging gerade auf ihn zu und hatte die Reiterei auf beide Flügel gestellt. Seine leichte Reiterei sollte einer Heeresabteilung dazu dienen, die Schanze zu erobern, an der sehr viel gelegen war. Aber das Geschütz aus der Schanze und die aus einem Hinterhalt hervorbrechenden Janitscharen würden bald den Sieg auf die Seite der Türken geleitet haben, wenn nicht Johann Sobiesky die Gefahr ersehen und sogleich ein Korps zur Unterstützung abgeschickt hätte. Karl war dabei. Der Anführer fiel, bald von einer Kugel getroffen, und die Mannschaft wollte sich eben schon zurückziehen, als Karl vom Pferde sprang und die übrigen ein gleiches zu tun ermahnte, welcher Aufforderung die Krieger Folge leisteten. Die Schanze ward eingenommen und das Schicksal der Schlacht dadurch entschieden; denn jetzt richteten die Polen das türkische Geschütz auf ihre Feinde, und der linke Flügel zerstäubte in Unordnung; die leichte Reiterei dieses Flügels hatte nun Gelegenheit, in die Mitte dem Großwesir in die Flanke zu fallen, und tat dies mit einer so erstaunlichen Gewalt, daß ihr nicht zu widerstehen vermochte. Der König war gerade vorgedrungen, die schwere Kavallerie des rechten Flügels hatte die türkische auf den ersten Angriff geworfen, der Sieg war entschieden, Wien entsetzt und gerettet. Die ganze Armee der Türken wurde beinahe aufgerieben, entweder gefangen, getötet oder in die Donau gesprengt, nicht der zehnte Teil kehrte zurück; der Großwesir brachte sich selbst ums Leben.

Jetzt, als Sobiesky siegend in Wien einzog, jauchzte dem heldenmütigen Könige alles entgegen. Kränze und Segenswünsche flogen aus allen Fenstern dem Befreier Wiens zu. Jetzt erinnerte sich Sobiesky des tapferen Unbekannten, der so viel zum glücklichen Ausgang der Schlacht beigetragen hatte, und erkundigte sich nach ihm. Karl mußte nun bei dem Könige erscheinen, welcher ihn freundlich bewillkommte, ihn um seinen Namen und Stand fragte; er erstaunte, als er beides erfuhr. „Woher aber", sprach der König, „diese Rüstung? Woher den Anstand, der mich in Euch den Sohn eines Ritters zu hoffen veranlaßte? Woher diese Geschicklichkeit im Felde und die gehörige Anwendung des dargebotenen Vorteils?" – „Gnädigster Herr", antwortete Karl, „Ihr erweiset meinen wenigen Anlagen zu viel Ehre; bloß Natur ist's, was mich das alles lehrte. Ich kehre wieder in meinen Wald zurück und bitte Euch nur meines Namens, wenn der Kaiser zurückkommt, bei ihm eingedenk zu sein. – Ich habe ihm ohnedem noch einige Papiere zu übergeben und da möchte ich nicht lange suchen dürfen, um Eintritt bei ihm zu bekommen." – „Dafür laßt mich sorgen", antwortete der König. „Gott geleite Euch, junger Mann! – Doch so ohne Belohnung sollt Ihr nicht von mir scheiden." Er nahm seinen Gürtel ab und gürtete ihm demselben mit folgenden Worten um: „Nehmt dies zum Andenken für Eure Tapferkeit, sowie den Ritterschlag, welchen ich Euch hiermit erteile und empfanget auch zuerst meinen Glückwunsch." Karl dankte gerührt und entfernte sich. – Seine Lieben waren, indessen er sich auf dem Schlachtfelde Lorbeeren sammelte, um ihn schon sehr besorgt und bekümmert gewesen. Agnes insbesondere, als er am dritten Tage noch nicht zurückkehrte, grämte und härmte sich ab und benetzte die Buche mit Tränen. – Da sprach die Driade sanft und rührend: „Weine nicht, meine Tochter! Bald kommt Karl zurück, und dann soll sich auch das Rätsel deiner Geburt lösen."

Agnes vertraute den Worten der Nymphe und Ruhe und Heiterkeit kehrte in ihre Seele ein. Ja, die Nymphe hatte wahr gesprochen. Karl kam herangeeilt und stürzte in die Arme seiner Eltern und seiner Geliebten. Er erzählte nun alles und auch wie gnädig ihn der König belohnt habe; da nahm Agnes das Kränzchen von goldenen Buchenblättern, welches sie bei ihrem Funde am Hals getragen, herab, und hing es an seine Brust. „Sieh!" sagte sie und betrachtete ihn schwärmerisch. „Sieh! Diese Belohnung erteilt dir die Liebe, ob sie dir wohl weniger wert ist als die andere?" Eben wollte Karl zärtlich antworten, da erhellte plötzlich ein Schimmer das Gemach, ähnlich dem, der das Silber des Mondes auf die Berge zauberte, lieblich und mild und die Nymphe des Brunnens stand in ihrer Mitte. Mit unnennbarem schmelzendem Tone sprach sie: „Agnes! Meine Tochter! Komm in deiner Mutter Arme." Agnes eilte ihr entgegen, und mit den Küssen ihrer Mutter schien ihr ein neues ätherisches Leben die Adern zu durchwallen. „Kommt, meine Lieben", sagte sie „fasset Mut! – Kommt mit mir zu meinem Baum, dort will ich euch meine Geschichte erzählen. Folgt mir." – Sie kamen zu der Buche, und freundlich setzte sich die Nymphe in ihren Kreis. Jetzt war alles Überirdische von ihr gewichen. Ihr Anzug, ein weißes

Gewand, ihr Kopfputz, ein Buchenkranz. Sie begann: „Ich bin eines deren Wesen, welche zwar nicht Menschen sind, aber doch viele ihrer Gebrechlichkeiten und Leidenschaften an sich haben. Ich bin eine Waldnymphe; mein Leben ist mit dem dieses Baumes innig verknüpft, den ich bewohne. Ich kann mich zwar nach Gefallen von ihm trennen, allein dann bin ich allen Schwachheiten der Menschen ausgesetzt.

Nun sind es ungefähr zwanzig Jahre her, daß hier ein Ritter vorbeizog und gereizt vom Durste, seinen Helm abnahm, um zu trinken. Nie noch habe ich ein so reizendes Männerantlitz gesehen; sein blondes Haar umfloß den blauen Stahlharnisch in mächtigen Locken, seine dunklen blauen Augen sprachen von durchdringendem Ernst, ein Zug um die Augenbrauen verriet Kummer, und ein wehmütiges Lächeln bekräftigte diese Vermutung. Nachdem er getrunken hatte, legte er seinen Helm neben sich und überließ sich der Ruhe. Ich konnte nicht unterlassen, den schönen Jüngling in der Nähe zu betrachten, und als er aufwachte, sah er mich vor sich stehen. Er schien auch an meiner Gestalt Wohlgefallen zu finden und erzählte mir, daß er, nachdem seine Eltern von ihren Feinden ermordet worden, und seine Geliebte, der er alles aufgeopfert hatte, ihn verräterisch verlassen habe, nun entschlossen sei, der Welt ganz zu entsagen, um ein Einsiedler zu werden. ‚Aber was macht ihr denn allein in dem Walde, schöne Jungfrau', sagte er, nachdem er seine Mitteilung geschlossen, indem er mich erstaunt anblickte. Ich entdeckte ihm meinen Zustand und meine günstigen Eigenschaften. Bald wurden wir vertrauter, und endlich fühlten wir Liebe! – Oh! Wir verlebten selige Tage; da zog einmal ein Gewitter den Horizont herauf, fürchterlich grollte der Donner und hallte in den Klüften und Bergen doppelt wieder. Feuersterne leuchteten am Himmel, und im fürchterlichsten Aufruhr kämpften die Elemente. Ich zitterte für meinen Stamm, an dessen Leben das meinige hing. Noch mehr als ich, war Otto um mein Leben besorgt. Er umfaßte den Stamm mit beiden Händen und beschloß, wenn ein Strahl meinen Baum träfe, zugleich mit ihm zu sterben. Vergebens warnte ich ihn, da ich wußte, daß das Eisen den Blitz an sich ziehe. – Alles vergebens! Und nur zu bald zeigten sich die Folgen seiner Unvorsichtigkeit. – O nein! seiner Liebe zu mir. Ein heftiger Blitz, begleitet von einem fürchterlichen Donnerschlage fuhr gerade auf mich zu, als ihn das Eisen von Ottos Helm an sich zog und ihm das Haupt zerschmetterte. So rettete der Edle mein Leben, indem er großmütig das seinige dafür opferte. – Unzählig sind die Tränen, mit denen ich ihn beweinte. Als du geboren wurdest und ich dich vermöge eines hohen Befehls nicht selbst erziehen durfte, da gab ich dir, als ich dich deinem Schicksale überließ, diesen goldenen Buchenkranz, mit dem ich die Gabe vereinte, daß es ein Ruf nach mir ist, wenn du ihn vom Halse nimmst. Nun aber glaube ich, für euer Glück genug getan zu haben, und also nur mit dir Karl noch einige Worte. Du wirst dem Kaiser deine gefundenen Schriften bringen und von ihm mit Ehrenstellen und Reichtum belohnt werden; du bedürftest dessen nicht, aber du mußt deine Dienste dem Staate nicht entziehen. – Nur eines merke dir: Sei deiner Agnes treu und du wirst dann glücklich leben! Und so ihr Lieben, lebt wohl! Und bedient euch dessen weise, was euch meine Freundschaft hinterläßt; bald, ich sehe in die Zukunft, wird sich meine Laufbahn enden und die nämliche Todesart mich mit meinem Otto vereinigen. Noch das! An ebendieser Stelle pflanzt eine neue Buche; sie wird lange grünen und späteren Enkeln einst noch Schatten und Kühlung gewähren."

Die Nymphe zerfloß in Luft. Trauernd sahen Karl und seine Eltern Agnes nach. – „O lebe wohl!" rief sie. „Lebe wohl, geliebte teure Mutter! – Komm, Karl", sagte sie und faßte seinen Arm, „komm Karl! Du bist mir nun alles! Ich will auf dich allein mich stützen." – Als sie zu Hause anlangten, wie verändert war da alles! Statt einer einfachen Köhlerwohnung stand ein prächtiger Palast auf der Stelle der Hütte; alle Schränke voll Kostbarkeiten, die Tische besetzt mit den feinsten Speisen, alle Keller voll der köstlichsten Weine. Vorzüglich behagte alles dieses den beiden Alten, und am Hochzeitstage ihrer Kinder küßte der Alte seine Martha recht herzlich und sagte: „Siehst du, Weib, die Worte der Nymphe: ‚Die Gottheit belohnt den Gutmütigen', sind bei uns im vollen Maße in Erfüllung gegangen." – Endlich, nachdem die Liebenden sich aus dem ersten Taumel erholt hatten, erinnerte sich Karl, daß er dem Kaiser noch seine Schriften übergeben müsse. – Unverzüglich eilte er nach Wien und lieferte selbe in die Hände des Monarchen. Dieser nahm ihn sehr gnädig auf und erteilte ihm, da er die Wichtigkeit dieser Papiere einsah, eine Stelle an seinem Hofe. Karl hätte sie gerne abgelehnt, aber die Worte der Nymphe: „Du mußt deine Dienste dem Staate nicht entziehen", bestimmten ihn zum Gegenteil. – So verlebte er einige Jahre, die er teils in der Stadt oder bei seiner Agnes zubrachte. Zwei Kinder gebar ihm seine Gattin, da fing seine Liebe zu wanken an, und seine Besuche wurden seltener. Der junge blühende Mann hatte den Damen Wiens so gut gefallen, und sie hatten Mitleid mit seiner wenigen Art und seiner vielen Herzlichkeit, daß sie sich die Mühe nahmen, ihn mit den feineren Sitten des Stadtlebens bekannt zu machen. Seine Eitelkeit wurde dadurch gereizt, und die Kokettenkünste gefühlloser Puppen zogen ihn mehr an als die tiefe herzlich innige Liebe seiner Agnes. – Sie gewahrte das, und keine Klage entschlüpfte ihrem Munde, nur im stillen seufzte sie und härmte sich ab. Das nächste Gewitter zerschmetterte die Buche der Quelle, und die alten Köhlerleute setzten gehorsam dem Befehle der Nymphe eine neue an ihre Stelle, welche noch jetzt grünt und blüht. Der Tod ihrer Mutter vermehrte Agnesens Gram und Kummer und brachte sie dem Grabe nahe. Wie eine Schattengestalt wankte sie herum. Oft, wenn Karl ihr engelähnliches Duldergesicht betrachtete, schwur er sich selbst, sich zu bessern, aber Welt und Zerstreuungen rissen ihn bald wieder mit sich fort. Endlich starben auch die Eltern, lebenssatt und ruhig eines sanften Todes. Das war zuviel für Agnes, und bald schwebte auch ihre Seele dem stillen und besseren Vaterlande zu. Kaum hatte sie die Augen geschlossen, als das Schloß verschwand und alles in seinen alten Zustand zurückkehrte. Karl fühlte nach ihrem Tode erst, was er an ihr verloren hatte, entfloh dem Getümmel der Welt und beschloß tief im Walde als Einsiedler reuevoll sein Leben.

Noch jetzt beschattet die wunderbare Buch die liebliche Quelle mit ihren schützenden und blühenden Zweigen und erinnert den unter ihrem Blätterdache ausruhenden Wanderer an die vergangene sagenhafte Zeit.

DER PRATER UND SEINE GESCHICHTE

Wer von euch, liebe junge Leser, kennt nicht den Prater in Wien? Hat doch sonst keine Stadt der Welt einen Prater, und würde man auch die Wiesen, Auen und Alleen auf irgendeinen anderen Punkte der Erde, heiße er, wie er wolle, vereinigen können, es wäre doch kein Prater, denn ihm fehlte der Geist der Natürlichkeit, Heiterkeit, Behaglichkeit, des wahren, gemütlichen Volkslebens der Österreicher, welches ihn zu dem echten Volksgarten gemacht hat, der er ist und hoffentlich bleiben wird. Darum, liebe Freunde, vergeßt mir, wenn ihr einmal gereifte Männer seid, nicht des Praters, in dem ihr sicher eure glückliche Jugendzeit verlebt habt.

Wie der Prater entstanden ist? Das muß euch, hoffe ich, interessieren.

Das Alter des Namens reicht in das zwölfte Jahrhundert zurück. Es schenkte im Jahre 1194 Herzog Friedrich I. von Österreich, aus dem Stamme Babenberg – beigenannt der Katholische –, einige Wiesen dieser Au einem adligen Geschlechte, de Prato, und diese Familie stritt noch im Jahre 1329 mit anderen um den Besitz der nach ihr genannten Au. Sie schrieb sich später Prater und nahm von den Wiesen ihres Besitztumes noch den zweiten Beinamen „von Wiesen" an, unter welchem sich dieses Geschlecht ferner in Österreich fortpflanzte.

Zu vorerwähnter Zeit war diese Gegend Eigentum des jeweiligen Landesfürsten, im dreizehnten Jahrhundert erhielt das Stift Klosterneuburg einen Teil davon. Die Stadt Wien, einige geistliche Institute besaßen ebenfalls Gründe daselbst. Während der Anwesenheit der Ungarn unter Matthias Corvinus (1484) wurde der Name dieser Gegend in „Bardea" verwandelt, doch Kaiser Maximilian I. gab ihr 1505 die ursprüngliche Benennung zurück.

Im Jahre 1564 gelangte Kaiser Maximilian II., der gewaltige Jäger und Jagdfreund, derselbe, der auch das Jagdschlößchen Schönbrunn erbaut hat, zur Regierung und wollte in nächster Nähe der Residenz sich den Vergnügungen der Jagd hingeben. Er löste nun einige Teile des Praters ein, nahm andere in Pacht und verschloß endlich den ganzen Bezirk mit Zäunen und Planken, und so entstand der kaiserliche Forst.

Bereits in den Jahren 1537 und 1538 waren vom Kaiser Ferdinand I. die Kastanienalleen angelegt worden, wobei die jetzige Hauptallee eine Länge von 4734 Meter erhielt und bis zum Jägerhause (heute „Lusthaus" genannt) führte. Der Grund zur Jägerzeile (heute Praterstraße) wurde 1569 gelegt, da Kaiser Maximilian II. auf dem Boden dieser Vorstadt für seine Jäger kleine Häuser in einer „Zeil" (Reihe) bauen ließ.

Im Jahre 1592 erging unter Kaiser Rudolf II. in betreff des Praters das Verbot: „Niemand soll in unserer Au, dem Prater, zur Sommer- oder Winterzeit gehen, fahren, reiten, hetzen, jagen oder fischen, ohne Willen des kaiserlichen Forstknechtes (Hofjägers) Hanns Bengel." – Dieser Förster entsprach seinem Namen in der Tat, denn er entwickelte gegen harmlose Naturfreunde, die ihn um die Erlaubnis ersuchten, sich in den Auen ergehen zu dürfen, eine urwüchsige Grobheit; gegen solche aber, die ohne Erlaubnis den Prater betraten, ging er auf die roheste Weise vor.

Der Zwang des Einlasses wurde wohl unter Kaiser Karl VI. gemildert, aber nur der hohe Adel hatte das Glück, des Praters Grün, nota bene aus dem Wagen heraus, zu genießen, am Gesange der Vögel sich zu ergötzen; denn er wurde nur im Monat Mai für elegante Equipagen geöffnet, wobei es streng verboten war, aus dem Wagen zu steigen. Der damalige Forstmeister, Herr Johann Franz Bernrieder, war mit der Aufsicht betraut, und er bot gerade das Gegenteil vom rohen „Bengel", denn er zeichnete sich durch so übergroße Höflichkeit aus, daß, als einst der Erzherzogin Maria Theresia (der späteren großen Kaiserin) ein prachtvolles Schoßhündchen aus der Equipage fiel, er dasselbe mit der an das quietschende Tierchen gerichteten respektvollen Ermahnung: „Euer Gnaden sollten halt künftig vorsichtiger sein!" der hohen Herrin in den Wagen reichte. Auf Maria Theresia machte diese Szene einen so unvertilgbar komischen Eindruck, daß sie noch in den spätesten Tagen gern diese Begebenheit erwähnte und sich im vertraulichen Scherze dieses Ausdruckes als Sprichwort bediente.

Im Jahre 1766 bestimmte aber der unvergeßliche Menschenfreund Kaiser Joseph II. diese Au zu einem allgemeinen Belustigungsorte und gestattete während der Sommermonate den Spaziergang in derselben jedermann bis zum Untergange der Sonne. Erst mit einbrechender Nacht wurde das Einlaßgitter geschlossen, welche Sperre drei Böllerschüsse dem Publikum verkündeten. Bei der Eröffnung machte ein Kavalier den Kaiser darauf aufmerksam, daß Seine Majestät sich jetzt unter das gemeine Volk werde mengen müssen, worauf der erhabene Schätzer der Menschheit trocken erwiderte: „Wenn ich stets unter meinesgleichen herumwandeln wollte, dürfte ich nur in der kaiserlichen Gruft spazierengehen."

Im Jahre 1775 ließ Joseph II. auch das Gitter niederreißen, und der Prater war somit zu jeder Jahres- und Tageszeit zugänglich. Gleich nach dieser allgemeinen Eröffnung war die schöne Kastanienallee im Hauptteile der Sammelplatz der besseren Gesellschaft geworden, 1786 wurden dort Kaffeehäuser angelegt, später ein Panorama errichtet und im Jahre 1808 der weltberühmte Zirkus de Bach eröffnet.

Die sogenannte Praterfahrt entfaltete schon zur Zeit Kaiser Josephs ihren üppigsten Flor, aber auch schon damals erlaubte man sich Unzukömmlichkeiten, insbesondere mit dem Schnell- und Vorfahren. Ein Bürger, der von einem reichen Kavalier überfahren worden war, kam zu Kaiser Joseph in den Kontrollorgang der Burg und zeigte seinen verwundeten Arm. Der Kaiser fragte, was er für eine Entschädigung begehre. „Ich bin selbst vermöglich", antwortete der Bürger, „und verlange bloß, daß der Übermütige einen derben Denkzettel in öffentlicher Beschämung erhalte, damit andere seinesgleichen den Bürger besser schonen." – Der Kaiser erfüllte die Bitte, und von da an fuhr man langsamer.

In dem verhängnisvollen Jahre 1809 war der Prater der Schauplatz kriegerischer Vorgänge. Am 10. Mai wurden von den österreichischen Truppen vom Augarten an, über den sogenannten Schüttel, bis an die Donau Schanzen aufgeworfen, hohe Bäume umgehauen und zu Verhauen verwendet, die ganze Linie bis zum Lusthause im Prater mit Kanonen, einem Bataillon Grenadiere und mit der Landwehrmannschaft besetzt. Am 11. Mai beorderte Napoleon I., Kaiser von Frankreich, am Donauarme bei Simmering zwei Kompagnien Voltigeurs, um das Lusthaus einzunehmen. Vom jenseitigen Ufer wurden Schiffe geholt, eine Brücke geschlagen, die Kapitäne setzten mit den Kompagnien über, und es begann nun der Kampf um das Gebäude, der so hartnäckig geführt wurde, daß es den Franzosen nicht gelang, den aus Wien abrückenden österreichischen Truppen den Übergang auf das jenseitige Donauufer abzuschneiden. Im Jahre 1814 war der Prater der Schauplatz der glänzendsten Festlichkeiten des Wiener Kongresses.

Ja, wo ist denn der Wurstelprater geblieben? So höre ich euch, liebe Leser, fragen. Die Geschichte des Wurstelpraters will ich euch gesondert im nachfolgenden erzählen. Den Wurstelprater gründete der – Taffern-Micherl.

Was dessen Familie und Herkommen betrifft, hat er einen sehr interessanten Stammvater. Es lebte erselbe am Hofe des ersten deutschen Kaisers, Karl des Großen, bei dem er bedienstet war. Er hieß Änother, auch Einheer, und war deshalb so genannt, weil er – ein furchtbarer Riese – bloß durch seinen Anblick ein ganzes Heer in die Flucht trieb, sich im Kriege gegen die Böhmen, Wenden und Hunnen auszeichnete und den Feinden seines Monarchen stets den größten Schrecken verursachte. Er war ein geborener Schweizer, und von ihm erzählt ein Zeitgenosse Rudolfs von Habsburg: „Änother konnte die großen Stöme, so nicht bebrücket waren, durchwaten, wann sie auch noch so tief waren. Als er unter seine Feinde, die Wenden, kam, da zuckete er sein Schwert und meyete [mähte] nicht anders darunter, als ein Großmeyer auf der Wiesen zu tun pflegt. Die erschlagenen Menschen steckte er, als wären es kleine Vöglein, an seinen baumlangen Spieß und hing sie über seine Schulter. Wann er, nachdem er wieder nach Hause zu den Seinigen gelanget, wegen des Ausgangs des Krieges befragt wurde und wie stark der Feind gewesen, hatte er im Zorne geantwortet: ‚Was soll ich von den kleinen Fröschlein viel erzählen? Ich habe manchmal ihrer sieben bis acht an meinen Spieß gesteckt und sie hin und wider getragen, wiewohl sie, ich weiß nicht was, dagegen gequaket haben. Der Kaiser und wir haben ganz vergeblich wider solche kleine Würmlein so große Unkosten zum Kriege angewendet.'"

Als Kaiser Karl im Jahre 791 gegen die Awaren zog, war Änother in seinem Gefolge. Damals wurde auch die Gegend, in der einst die Römerstadt Vindobona gestanden, von der Barbarenherrschaft befreit, und Änother machte sich nach beendigtem Kriegszuge in diesem Landstriche ansässig. Wohl mag bei der Aufzählung seiner Taten nach damaliger Sitte viel Fabelhaftes mit unterlaufen sein, aber dieser Riese an Gestalt und Körperkraft hat unstreitig wirklich existiert, auch sind solche Leute bis in die neueste Zeit auffindbar gewesen, wenngleich von ihnen keine Wunderdinge berichtet werden.

Das Geschlecht des Riesen Änother pflanzte sich in Österreich fort und war durch altgewohnte Umgestaltung aller Namen endlich als Familie Ainöder oder Eineder eingebürgert. Die Nachkommen wurden sämtlich Gewerbsleute, die sich ehrlich ernährten; und wie es mit dem Menschenstamme überhaupt ging, so geschah es auch mit diesen oder jenen Familien, sie unterschieden sich immer mehr von ihren Ahnen, die ihnen an Geistes- und Körperkräften oft weit überlegen waren. Eines der hervorragendsten Beispiele ersehen wir aus folgendem:

Zu Anfang des siebzehnten Jahrhunderts befand sich am Stubentore die sogenannte „Stadt-Tafferne“ (Weinschenke, Weinstube), und zwar in dem Hause der Wollzeile, welches heute die Nummer 17 (früher 778) trägt. Von dieser alten Weinstube erhielt auch das Stubentor- und Viertel seinen Namen. In derselben war ein absonderlich klein und verkrümmt gewachsenes, etwa zwanzigjähriges Bürschchen namens Michael Ainöther als Schankjunge (Kellner) bedienstet. Er war ein gerader Abkömmling des vorerwähnten Riesen, aber wie verkümmert sah er aus. Michael war kaum 1¹/4 Meter hoch, rückwärts mit einem hochgewölbten Höcker versehen, er hielt sich aber wacker auf seinen Krummbeinen aufrecht und bediente seine Gäste mit einer Sorgfalt, Aufmerksamkeit und Gewandtheit, daß – statt über die Mißgeburt zu spotten, was leider gar viele unvernünftige Leute tun – die Schenkebesucher große Achtung vor dem tätigen Zwerglein hatten, welches das Geschäft besser verstand als sein wohlgebauter Chef, der sich auf seine männliche Schönheit und seinen Vermögensbesitz nicht wenig einbildete, ja sich beinahe entwürdigt hielt, wenn er an etwas selbst Hand anlegen sollte. Das blasse, aber geistvolle Gesicht des Jünglings spähte jedoch schon vorher nach den Bedürfnissen eines Gastes, bevor dieser darum sich meldete, und so kam es, daß der „Taffern-Micherl“, wie er allgemein hieß, mehr Gönner unter den Bürgern der Reichshauptstadt Wien zählte, als sich der geckenhafte Wirt, sein Herr, träumen ließ.

Michael mochte über ein Jahr Kellnerdienste in der Tafferne versehen und an ersparten Geschenken bei seiner einfachen Lebensweise ein paar Groschen sich zurückgelegt haben, als der Geist seines Ahnherrn, des Riesen, über ihn kam und eine treffliche Idee in dem Gehirne des kleinen Köpfchens auftauchte.

Zu jener Zeit gab es in Wien keine öffentlichen Vergnügungsorte, aber die Wiener gingen gern in der Richtung der Praterauen spazieren, da die herrlichen Wiesen doch gar zu einladend waren. Besonders tummelte man sich dort auf einem Platze herum, der am Ende der Jägerzeile, von der Gegend des jetzigen Nordbahngebäudes an bis zum heutigen sogenannten Praterstern oder Eingang in den Prater, lag, mit schönen Bäumen besetzt war, der Gemeinde Wien gehörte und deshalb das Stadtgut hieß.

Michael teilte nun einst seinen Gästen die köstliche Idee mit, auf dem Stadtgute ein Wirtshaus zu errichten, was die ehrenfesten Wiener Bürger für so herrlich erklärten, daß sie sich erboten, dem durch seinen Fleiß sowie durch Kenntnisse im Geschäft und seine so oft bewährte Rechtschaffenheit beliebten Jungen die nötigen Summen vorzustrecken. So erbat denn Michael Ainöther vom Magistrate die Bewilligung und erhielt sie durch rege Fürsprache. Das neuerbaute, bescheiden eingerichtete Lokal wurde am 1. Mai 1603 eröffnet und trug über dem Eingangstore die ergötzlichen Verse:

„Gott behuet dies Haus so lang,
Bis ein Schneck die Welt umgang,
Und ein Ameis dürst so sehr,
Daß 's austrinkt 's ganze Meer."

Das Glück, welches das Unternehmen hatte, war fabelhaft. Schon im Sommer desselben Jahres mußte das Lokal vergrößert werden. Es wurde eine Kegelbahn angelegt, und bereits im Jahre 1608 verwandelte sich die hölzerne Hütte in ein hübsches steinernes Haus, auf welches die vorerwähnte Inschrift ebenfalls übertragen wurde. Anfangs bekam man daselbst nur Bier und Wein geringer Sorte, dazu Cervelatwürste und Käse; da aber bald die ansehnlichsten Bürgerfamilien Wiens dort abends und an Feiertagen Erholung suchten, wurden feinere Getränke und Speisen ebenfalls verabreicht.

Michael wurde reich, heiratete ein braves hübsches Mädchen, das seinerzeit schon mit ihm in der Stadt-Tafferne gedient und seine guten Eigenschaften schätzengelernt hatte, kaufte sich 1625 eine kleine Besitzung in Haugsdorf, trieb aber seine einträgliche Wirtschaft bis zu seinem am 25. April 1651 im 71. Lebensjahre erfolgten Tode mit stets gleichem Eifer weiter.

Nach seinem Tode ging das Praterwirtshaus durch Kauf in andere Hände über, und es fanden sich andere Unternehmer, die in der Nähe Gebäude aufführten und zu den Kegelbahnen und Marionetten, die Michael schon eingeführt hatte, noch Schaukeln und andere Belustigungen fügten. Namentlich wurden zur Ergötzung der Kinder in einfachen Holzbuden etliche Puppentheater errichtet, an denen der lustige Hanswurst eine Hauptrolle spielte. Danach wurde die Örtlichkeit „Wurstelprater" genannt.

Im Jahre 1723 geriet dieser Vergnügungsort durch abermaligen Fortschritt aus dem Gemütlichen heraus in das Elegante; man aß dort Spargel, Krebse, Schinken, Hühner, Wildbret, feines Backwerk usw. Als Kaiser Joseph II. im Jahre 1766 den Prater freigab, zog sich der noch übriggebliebene gemütliche Teil des Wurstelpraters in den noch heute also bezeichneten Teil der Auen, während der elegante sich in der Hauptallee und den dort erbauten Kaffeehäusern ausbreitete. Der Schöpfer aber aller heutigen Praterbelustigungen ist der „Taffern-Micherl", und sein Verdienst um das populärste Vergnügen der Wiener Bevölkerung ist sicher eines Andenkens wert.

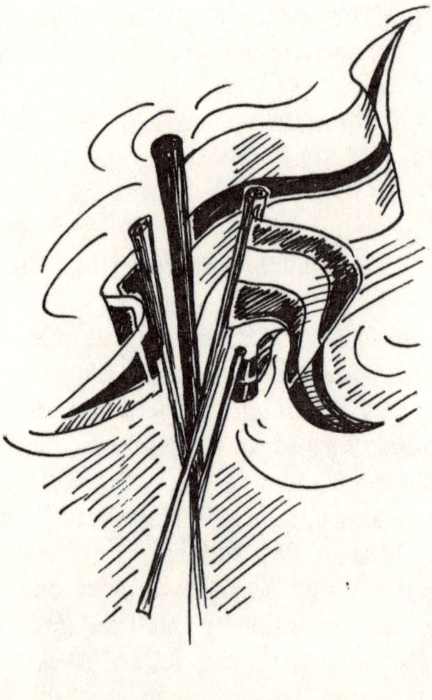